Wenn der Groschen fällt...

Münzautomaten – gestern und heute

1 »Eieruhr« (1975) von Klaus Geldmacher.
Seit den frühen 60er Jahren lassen sich in der Bildenden Kunst Reflexe auf die Spiel- und Unterhaltungsautomaten nachweisen. Vor allem das Wechselspiel der Zahlen und Farben und seit neuerem auch die akustischen Reizsignale haben zu künstlerischer Gestaltung angeregt.

Wenn der Groschen fällt...

Münzautomaten – gestern und heute

Herausgegeben von
Cornelia Kemp und Ulrike Gierlinger

Deutsches Museum · IMS

Ausstellung
vom 1. Dezember 1988 bis 1. Oktober 1989
im Deutschen Museum

Sponsor und Förderer für Katalog und Ausstellung
IMS Informationsgemeinschaft MÜNZ-SPIEL GmbH, Bonn

Ausstellung und Katalog
Cornelia Kemp und Ulrike Gierlinger

Ausstellungsgestaltung
Herbert Klophaus, Deutsches Museum

Projektbetreuung
Friedrich Heilbronner, Deutsches Museum

Katalogredaktion
Cornelia Kemp, Ulrike Gierlinger,
Rolf Gutmann, Birgit Heilbronner

CIP-Titelaufnahme der Deutschen Bibliothek

Wenn der Groschen fällt...: Münzautomaten gestern u. heute ; [Ausstellung vom 1. Dezember 1988 - 1. Oktober 1989] / Dt. Museum. Hrsg. von Cornelia Kemp u. Ulrike Gierlinger. [Ausstellung u. Katalog: Cornelia Kemp u. Ulrike Gierlinger]. - München : Dt. Museum, 1988
ISBN 3-924183-11-2
NE: Kemp, Cornelia [Hrsg.]; Deutsches Museum von Meisterwerken der Naturwissenschaft und Technik ◁München▷

ISBN 3-924183-11-2

Graphische Gestaltung des Umschlags mit fünf Automaten:
Photo: Rolf Zwillsperger, Deutsches Museum
Graphik: Herbert Klophaus, Deutsches Museum
Reproduktion der Abbildungen: Brend'amour, Simhart GmbH & Co. KG, München
Satz: FotoSatz Pfeifer, Germering bei München
Druck: rother druck, München
Printed in Germany

Inhalt

Vorwort

Es war in den achtziger Jahren des vorigen Jahrhunderts, als die Kölner Firma Stollwerck erstmals in großem Stil Automaten in Deutschland aufstellen ließ, die nach dem Einwurf von Münzen Schokolade, Bonbons und andere Leckereien herausgaben und jederzeit in geschlossenen Räumen wie auch im Freien ihre Dienste taten. Zwar kannte man solche Geräte schon aus England und den USA, doch erst mit den Stollwerckschen Apparaten begann in Deutschland eine eigenständige Produktion, die bald auch andere Bereiche, wie die Unterhaltung und die Dienstleistung erfaßte.
Die Sonderausstellung »Wenn der Groschen fällt ... Münzautomaten – gestern und heute« bietet nun die willkommene Gelegenheit, die hundertjährige Geschichte dieser Erfindung vorzustellen.

Der Besucher erlebt den Münzautomat in unterschiedlichen Aspekten: Da ist zunächst einmal die für unsere Zeit so typische Rationalisierung, Technisierung und Automatisierung, für die der Automat neben dem Computer das bekannteste und beliebteste Beispiel darstellt. Da ist – um das genaue Gegenteil zu nennen – der menschliche Spieltrieb und der Wunsch nach Unterhaltung und Amusement. Auch hier hat die »Automatie« ein vielfältiges und reizvolles Angebot entwickelt, das diesen Bedürfnissen entgegenkommt. Und da ist nicht zuletzt der Charme und die Faszination des »Selbsttätigen«, ein Abglanz des antiken Mythos vom künstlichen Leben, der in den Münzautomaten eine säkularisierte Fortführung findet.

Wir sind glücklich, die Sonderausstellung in unmittelbarer Nähe zur Abteilung »Informatik und Automatik« zeigen zu können. Denn zu den besonderen Schätzen dieser Abteilung zählen nicht allein bedeutende Automatenuhren der Barockzeit, sondern auch der berühmte »Trompeter« von Friedrich Kaufmann aus dem Jahre 1810, ein »Androide«, der die Zeit E.T.A. Hoffmanns lebendig werden läßt. Diese Nachbarschaft entspricht aber auch der engen Verbindung von Hochtechnologie und modernem Münzautomatenbau: Mikrochips sind heute ein wesentlicher Bestandteil der Waren- und Spielautomaten. Und vergessen wir nicht zuletzt den deutschen Computerpionier Konrad Zuse, der als junger Student einen Warenautomaten aus Stabilbaukastenteilen konstruierte.

»Wenn der Groschen fällt ...« ist das Ergebnis einer intensiven Gemeinschaftsarbeit: Das Deutsche Museum hat für dieses Projekt seine Ausstellungserfahrung zur Verfügung gestellt, die IMS Informationsgemeinschaft MÜNZ-SPIEL GmbH, Bonn, hat als Interessenvertretung der Spielautomatenbranche dieses Unternehmen finanziell gefördert und dazu beigetragen, daß Münzautomaten erstmals in diesem Umfang Gegenstand einer wissenschaftlichen Präsentation geworden sind.
Mit Dr. Cornelia Kemp und Ulrike Gierlinger konnten zwei engagierte Mitarbeiterinnen gewonnen werden, die das Konzept der Ausstellung erarbeitet und den Katalog zusammengestellt und herausgegeben haben.
Mit besonderer Dankbarkeit vermerken wir, daß der verstorbene Bayerische Ministerpräsident Dr. h. c. Franz Josef Strauß die Schirmherrschaft für diese Sonderausstellung übernommen hatte.

München, im November 1988

DR. OTTO MAYR
Generaldirektor
des Deutschen Museums

HEINZ WARNEKE
Geschäftsführer der
IMS Informationsgemeinschaft
MÜNZ-SPIEL GmbH, Bonn

Leihgeber

Die Ziffern verweisen auf die Nummern im Katalog

Bally Wulff Automaten GmbH, Berlin 117
Theodor Braun-Automatenbau, Wien 24
Georg Bremer, München 52
Bundespostmuseum, Frankfurt a. M. 13
Deutsches Museum, München 77, 78, 94, 96, 97, 109, 110, 111, 112, 114
Gärtner & Co. KG, Frankfurt a. M. 23, 25, 26, 116
Unternehmensgruppe Gauselmann, Espelkamp 9, 10, 15, 17, 19, 27, 31, 32, 34, 35, 37, 38, 39, 40, 44, 45, 48, 49, 55, 56, 58, 60, 61, 63, 65, 67, 69, 73, 75, 79, 81, 83, 84, 87, 88, 101, 102, 104, 105, 118
Jukebox Mersch, Steinfurt 103, 106, 107
LÖWEN Spielautomaten, Bingen 21, 33, 43, 46, 47, 50, 51, 53, 54, 57, 59, 62, 64, 66, 68, 70, 72, 74, 76, 79, 80, 86, 89, 108, 113, 120
Münchner Stadtmuseum – Puppentheatermuseum, München 90
Museen der Stadt Wien, Wien 85, 91
Museum mechanischer Musikinstrumente, Zweigmuseum des Badischen Landesmuseums, Schloß Bruchsal, Sammlung Jan Brauers 92, 99, 100
Ninna Nordström, Kunst & Antiquitäten, Grünwald 20, 41
Annette Noschka, München 30
GV Nestlé GmbH, Frankfurt a. M. 30
Philipp Reclam jun. GmbH & Co., Stuttgart 8
Schweizerisches Musikautomaten Museum, Dr. H. Weiss-Stauffacher Stiftung, Seewen 93
Siegfrieds Mechanisches Musikkabinett, Rüdesheim 95, 98
Firma Sielaff GmbH & Co., Automatenbau Herrieden, Herrieden 5, 11, 12, 16
Slot Machine's Store, Playhome AG, Basel 6, 22, 71, 82
Stollwerck AG, Köln 1, 2, 3, 4, 7, 18, 28, 29, 30
Tabakhistorische Sammlung Reemtsma, Hamburg 14
Sammlung der Westdeutschen Spielbanken GmbH & Co. KG, Spielbank Hohensyburg, Dortmund 36, 42
Workout Bekleidungs GmbH, Köln Eiscafé
Oskar Wurst Apparatebau, Singen 115
Deutsche Wurlitzer GmbH, Stemwede 119

Dank

Bei der Vorbereitung der Ausstellung haben wir von Kollegen und Mitarbeitern aus dem Bereich der Automatenbranche vielfältige Unterstützung und Hilfe erfahren. Ihnen möchten wir an dieser Stelle unseren Dank aussprechen.
Den Initiatoren der Ausstellung, Dr. Otto Mayr und Dr. Klaus Maurice, Deutsches Museum, und Heinz Warneke, IMS Informationsgemeinschaft MÜNZ-SPIEL GmbH, Bonn, gilt unser besonderer Dank für das Vertrauen, mit dem sie die Entstehung des Projekts begleitet haben. Die Verwirklichung des Vorhabens wurde von Dr. Friedrich Heilbronner, Deutsches Museum, mit Rat und Tat gefördert. Zu Dank verpflichtet sind wir auch Friedrich K. Struckmeier, IMS, der die Entstehung der Ausstellung und den Fortgang der Arbeiten mit dem Engagement eines »Insiders« begleitete.
Durch die bereitwillige Mitwirkung zahlreicher Sammler und Museen war es erstmals möglich, einen historischen Überblick über das gesamte Spektrum der Münzautomaten-Herstellung zu geben. Dieses Vertrauen hat uns in unserer Arbeit bestärkt.
Die Autoren des Kataloges haben durch ihre Sachkenntnis dazu beigetragen, daß zugleich auch ein repräsentativer Textbeitrag über die historische Entwicklung der einzelnen Bereiche vorgelegt werden kann. Angesichts mangelnder Vorarbeiten und einer überaus dürftigen Quellenlage für gewisse Bereiche war es in der gegebenen Zeit nicht möglich, allen offenen Fragen bis ins Detail nachzugehen. Der Katalog versteht sich daher als ein erster Versuch der Rückschau und Zusammenfassung, der zu weiteren Arbeiten anregen will.
Fundierte Unterstützung in Einzelfragen verdanken wir Jürgen Berger, Deutsches Filmmuseum, Frankfurt, Dr. Ralf Bülow, Forschungsinstitut des Deutschen Museums, Dr. Wolfgang Scheibe von der PTB, Berlin, sowie zahlreichen Mitarbeitern der verschiedenen Automatenhersteller. Bei der Zusammenstellung der Patentschriften und Gebrauchsmuster half uns Anita Kuisle, München.

Die langwierige und beschwerliche Fotoaktion für den Katalog wurde von Jürgen Gilbert, Lübbecke, und seinem Atelier durchgeführt; weitere Aufnahmen entstanden im Deutschen Museum durch die Fotografen Rolf Zwillsperger, Hans-Joachim Becker und Alfred Krause. Umfassende Restaurierungsarbeiten, die von Günter Maler, Dirk Bringewatt, Stefan Groneik in Espelkamp, Rainer Knoop in Bingen und Elena Agnini in München durchgeführt wurden, lassen die Geräte in neuem Licht erscheinen. Manch »toter« Automat lockt nun wieder zur Entdeckung seiner Geheimnisse.
Aufbau und Gestaltung der Ausstellung wurde von Herbert Klophaus, dem Leiter der Graphikateliers im Deutschen Museum, und seinen Mitarbeitern mit großem Engagement durchgeführt. Rolf Gutmann und Birgit Heilbronner, Publikationsstelle des Deutschen Museums, haben durch ihren unermüdlichen Einsatz dazu beigetragen, daß der Katalog unter großem Zeitdruck termingerecht fertiggestellt werden konnte.

CORNELIA KEMP ULRIKE GIERLINGER

CORNELIA KEMP

Vom Schokoladenverkäufer zum Bajazzo – Die Anfänge der Münzautomaten-Herstellung in Deutschland

Als Ende des vorigen Jahrhunderts die große Neuerung des automatischen Restaurants eingeführt wurde, geschah dies unter der Devise »Kein Trinkgeld, bediene Dich selbst, zwanglos, rasch und gut«. In diesem Motto finden wir alle Wesensmerkmale vereinigt, die für die Zeitgenossen den Vorzug und die Modernität des Münzautomaten ausmachten: Befreiung von gesellschaftlichen Verpflichtungen, unmittelbarer Zugang zur Ware oder Dienstleistung, ohne die Vermittlung anderer Personen in Anspruch nehmen zu müssen, und Schnelligkeit. Ihre Allgegenwart, die sich nahezu auf alle Bereiche des öffentlichen Lebens erstreckte, ließ die Münzautomaten bald zu einem neuen Symbol des technischen Fortschritts werden. So erschienen sie Walter Benjamin als »Penaten« eines modernen Zeitalters, als eine neue Art von Hausgöttern, die dem Vergnügungssuchenden an der Schwelle der modernen Unterhaltungs- und Zerstreuungseinrichtungen entgegentreten.[1]

Echte und falsche Münzautomaten – Vorgeschichte

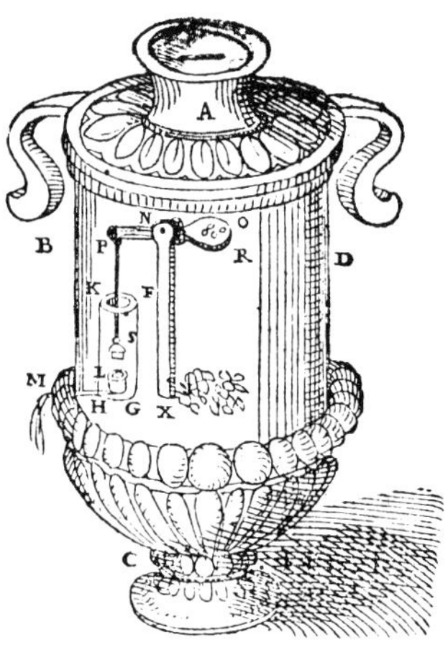

2 Weihwasserautomat nach Heron von Alexandria, Holzschnitt aus der lateinischen Übersetzung des Federico Commandino, Urbino 1575

Das erste schriftliche Zeugnis über einen Münzautomaten geht auf den griechischen Mathematiker Heron von Alexandria (2. Jh. v. Chr.) zurück, der in seinem Werk über hydraulische und pneumatische Apparate auch »manche Opfergefäße« beschreibt, die so eingerichtet seien, »daß Weihwasser zum Besprengen herausfließt, wenn man ein Fünfdrachmenstück hineinwirft.«[2] Die Formulierung des Textes legt es nahe, daß es sich hier nicht etwa um eine eigenständige Erfindung handelt, sondern vielmehr auf eine bereits bestehende Tradition hingewiesen wird.[3] In dem Gefäß befindet sich ein zweiter kleinerer Behälter, der mit Weihwasser gefüllt ist. Die Ausflußöffnung wird durch einen Deckel versperrt, der über eine Stange an dem einen Ende eines pendelnd aufgehängten Waagebalkens befestigt ist. Fällt nun die eingeworfene Münze auf die Platte am anderen Ende des Waagebalkens, so senkt sich dieser herab, gleichzeitig wird die Stange mit dem Verschluß angehoben und damit der Ausfluß geöffnet. Sobald die Münze von der Platte herabgeglitten ist, kehrt der Waagebalken wieder in seine Ruhestellung zurück, und der Ausfluß wird wieder verschlossen. Die Vorstellung über das vermutliche Aussehen dieses Heronschen Automaten, wie er heute in allen einschlägigen Publikationen wiedergegeben wird (Abb. 2), stützt sich auf einen Holzschnitt in der ersten lateinischen Übersetzung des Textes durch Federico Commandino, Urbino 1575.

Die Übersetzung Commandinos fällt in eine Zeit der wachsenden Bedeutung mathematischer und mechanischer Problemstellungen, in der auch die Überlieferung der antiken Automaten auf ihre technische Realisierbarkeit hin untersucht oder als phantastisch abgetan wurde. Eine praktische Umsetzung erfuhr die Rückbesinnung auf die antiken Automaten in den berühmten Wasserspielen der Gartenanlagen von Tivoli, Pratolino und Fontainebleau sowie in der Übertragung der mechanischen Konstruktionsprinzipien der Räderuhr auf die verschiedensten Formen mechanischer Spielereien, wie Glockenspiele und mechanische Puppen.[4] Bis ins 18. Jahrhundert verbindet sich mit dem Begriff des Automaten in erster Linie die Vorstellung vom Androiden, d.h. von Automaten in menschlicher Gestalt, wie sie durch den Flötenspieler und den Trommler von Jacques de Vaucanson (1709–1789), den Schreiber (Abb. 114), den Zeichner und die Cembalospielerin von Pierre Jaquet-Droz (1721–1790) und seinem Sohn Henri-Louis Jaquet-Droz (1752–1791) bekannt und berühmt wurden.[5] Diese selbstbeweglichen Androiden, denen die schnatternde, fressende und anscheinend verdauende Ente von Vaucanson als berühmtestes Beispiel für viele vergleichbare Tierautomaten an die Seite zu stellen ist, erregten die Bewunderung der Zeitgenossen durch die geheimnisvolle Kunstfertigkeit ihrer Konstruktion. In der Kunst hat die Idee vom »L'Homme machine«[6] in unzähligen dichterischen Schöpfungen ihren Ausdruck gefunden, die von E.T.A. Hoffmanns Olympia bis zu den beängstigenden Visionen in Fritz Langs Film »Metropolis« reichen.[7]

Das Moment des Kommerziellen, wie es heute das Verständnis des Automaten prägt, ist dieser Zeit noch fremd. So ist es auch nicht verwunderlich, daß für das gesamte Mittelalter und die beginnende Neuzeit keine gesicherten Zeugnisse über münzbetätigte Automaten vorliegen. Dennoch hat es nicht an Versuchen gefehlt, auch für diese Gattung des Automaten eine bis ins Mittelalter zurückreichende Traditionslinie nachzuzeichnen, die jedoch einer wissenschaftlichen Nachprüfung nicht standhält. So erschien 1931 unter dem Pseudonym »Philibert« eine vielzitierte Abhandlung »Aus der Geschichte des Spielautomaten«.[8] Die hier vorgelegte Aufzählung von Münzautomaten reicht von einem Kugelautomaten am Hof Alexanders d. Gr. über einen Spielautomaten in Aachen aus dem Jahre 1108 bis hin zu Schaustellungsautomaten aus den Jahren 1648 und 1792, bei denen der geschickte Spieler dem Feldherrn der katholischen Liga, Graf Tilly, das Herz mit dem Schwert durchbohren konnte oder dem abgesetzten französischen König, Ludwig XVI., den Kopf abschlagen konnte. Wenngleich diese Automaten lediglich der blühenden Phantasie eines engagierten Förderers der Spielautomaten entwachsen sind, so wird man doch davon ausgehen können, daß vergleichbare Spiel- und Schaustellungsautomaten vereinzelt auf Jahrmärkten und Messen gezeigt wurden. Da es sich hierbei ausschließlich um Einzelanfertigungen handeln konnte, die zudem von ihrem Konstrukteur oder Besitzer begleitet wurden, war die Notwendigkeit einer Münzbetätigung kaum gegeben.

Die ersten Münzautomaten in England und Deutschland

Es ist nicht verwunderlich, daß die ersten gesicherten Nachrichten über Münzautomaten, zumeist Verkaufsautomaten, aus England stammen. Mit der Bevölkerungsexplosion[9] und der zunehmenden Verstädterung war hier ein Absatzmarkt entstanden, der die gewinnbringende Aufstellung von Münzautomaten sinnvoll erscheinen ließ. Die beginnende Industrialisierung mit ihren verbesserten Möglichkeiten der Rohstoffverarbeitung und der preiswerten Massenproduktion schuf darüber hinaus die wirtschaftlichen Voraussetzungen, die zunehmend auch die Herstellung von Münzautomaten als profitträchtige Investition möglich machte.

Ein primitiver Vorläufer des Verkaufsautomaten war die bereits seit dem 18. Jahrhundert bekannte sogenannte »Honor-Box«, eine in englischen Herbergen aufgestellte Tabaksdose, die sich gegen Einwurf einer Münze öffnen ließ. Ihr Name zielt auf die Ehrlichkeit des Benutzers, da der Tabak nicht portioniert war und die Menge des entnommenen Tabaks daher allein von der Aufrichtigkeit des Käufers abhing.[10] Das erste englische Patent für einen Münzautomaten wurde 1857 vergeben, weitere Patente für den automatischen Verkauf von Photographien, Zigaretten und anderen kleinen Artikeln, für Horoskopautomaten, automatische Bagatelle- und Billardspiele und eine automatische Türverriegelung ergingen in den folgenden Jahren.[11] In großem Stil wurde die Herstellung und der Vertrieb von Münzautomaten erstmals durch den englischen Erfinder Percival Everitt organisiert. Mit seinem gemeinsam mit J. G. Sandeman entwikkelten automatischen Postkartenverkäufer, der vor allem auf den Bahnhöfen aufgestellt wurde, erregte er 1885 internationales Aufsehen (Abb. 3).[12] Zwischen 1883 und 1891 erhielt Everitt 24 weitere Automatenpatente; zudem gründete er fünf größere Gesellschaften, die neben der Herstellung auch den Vertrieb und die Zulieferung betreuten.[13]

Das älteste deutsche Patent für einen Münzautomaten erhielten Emil Wirba und Ferdinand Uecker in Berlin am 2. Mai 1883 für einen »Automatischen Verkaufsbehälter für Cigarren« (D.R.P. 24 721). Die locker in dem Gerät aufgestapelten Zigarren werden hier durch eine Schaufelwalze zur Ausgabe befördert, nachdem ein Sperrmechanismus durch die eingeworfene Münze entriegelt und die Walze durch Drücken des Knopfes auf dem Deckel des Gerätes bewegt

3 Automatischer Postkartenverkäufer von Percival Everitt, 1885

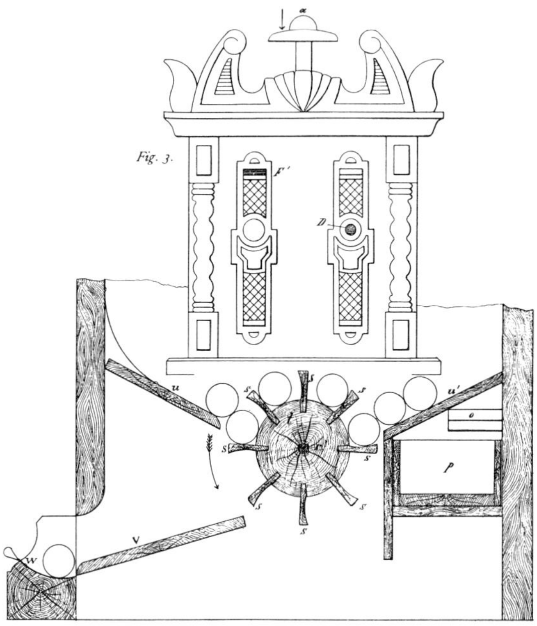

4 Verkaufsautomat für Cigarren, 1883 (D.R.P. 24 721)

worden ist (Abb. 4)[14]. Zwei Jahre später wurden ein »Cigarrenverkaufs-Automat« (D.R.P. 34 630) des Schweden P. C. Österberg und ein »Waarenverkaufs-Apparat« (D.R.P. 37 153) des Engländers Ch. H. Russell patentiert. 1886 waren bereits zehn Münzautomaten im Patentregister verzeichnet, wobei sich der Vorsprung der englischen Konstrukteure deutlich macht, die allein sechs der Patente erhielten. 1887 schnellt die Zahl der ergangenen Patente für Münzautomaten auf 35 hinauf.[15] Neben Verkaufsautomaten für Waren aller Art, darunter auch ein »Selbstthätiger Verkaufsapparat für Parfüms in Form eines Sprühregens« (D.R.P. 42 710), finden sich hier bereits Konstruktionen für Schaustellungsapparate, Elektrisierer, Kraftmesser und Waagen.

Im Jahre 1887 reagierte auch die Presse erstmals auf die neue Erfindung, die zunehmend in das Bewußtsein der Öffentlichkeit drang. In München wurde die wiederholte Aufstellung von Münzwaagen notiert (vgl. Kat. Nr. 113)[16], und in Hannover erregte ein kleiner Schokoladenautomat, der im Restaurant des hannoverschen Zoos aufgehängt wurde, staunende Bewunderung.

»Von den Automaten für Chocoladen= und Bonbons=Verkauf, welche in anderen Gegenden, so namentlich am Rhein und in Süddeutschland nicht mehr Fremdlinge sind, hat sich nun auch ein Exemplar nach Hannover verirrt und Unterkommen im Zoologischen Garten gefunden. Das niedliche Schränkchen, welches neben dem Aufgange zur altdeutschen Weinstube befestigt ist, macht in seiner Ausstattung einen freundlichen Eindruck. Zwei Räume enthalten zierliche Päckchen Chocolade oder Confitüren, welche unter einer Glasplatte verwahrt, sich dem Käufer verführerisch präsentieren. Je nach Wunsch, d.h. ob man ein Päckchen Chocolade oder Bonbons erwerben will, wirft man rechts oder links ein 10=Pfennigstück in eine kleine Öffnung: letzteres setzt im Innern ein Mechanismus in Bewegung, der dann das Gewünschte unten auf ein Täfelchen fallen läßt. Der Käufer zieht dieses hervor und empfängt die so gekaufte Ware. In München hat sich ein Consortium gebildet, das durch Aufstellung solcher Automaten Hunderttausende verdient; denn es brachte es bereits mit 1500 dieser kleinen Apparate auf einen täglichen Reingewinn von durchschnittlich 1280 M.«[17]

Die Frage, ob zu diesem Zeitpunkt bereits eine umfangreiche Produktion von Münzautomaten bestand, scheint durch den Hinweis auf die 1500 Schokoladenautomaten des »Münchner Consortiums« hinreichend geklärt. Möglicherweise handelte es sich bei diesem Automaten um das Modell »Columbus« der Gebr. Stollwerck in Köln (Abb. 5), das in seiner Konstruktion mit der Beschreibung völlig übereinstimmt.[18]

5 »Columbus«-Verkaufsautomat, Gebr. Stollwerck, Köln, nach 1887

Die Anfänge der Münzautomaten-Herstellung in Deutschland sind eng mit Ludwig Stollwerck verbunden, dem mit seinem Engagement für die Herstellung und Verbreitung dieser Automaten eine mit Percival Everitt in England zu vergleichende Bedeutung zukommt. Die Gebr. Stollwerck sind selbst nur mit wenigen Erfindungen im Bereich der Münzprüfung und der Selbstverkäufer hervorgetreten,[19] doch gelang es Ludwig Stollwerck schon frühzeitig, durch Kontakte zu anderen Konstrukteuren und Herstellern die Produktion eines umfangreichen Sortiments zu verwirklichen. Max Sielaff in Berlin entwickelte einen Großteil der Mechanik für die verschiedenen Automaten, und die Bergmanns Industriewerke in Gaggenau/Baden lieferten die dazu benötigten Gehäuse.[20] Neben kleinen Wand- oder Thekenapparaten zum automatischen Verkauf (Abb. 6) entstanden bald auch große Standautomaten, als deren bekanntestes Beispiel der zunächst sechsteilige, nach 1890 auch zwölfteilige »Merkurautomat« weite Verbreitung gefunden hat (Abb. 7, vgl. Kat. Nr. 1). Diese Automaten waren zunächst als Probenverkäufer und damit als Werbemittel für die eigene Schokoladenproduktion gedacht, doch kam es bald zu Vertragsabschlüssen mit anderen Firmen, wie etwa Johann Maria Farina, dem alleinigen Hersteller von Kölnisch Wasser, und dem führenden Zigarettenhersteller Laferme in Dresden, deren Produkte ebenfalls durch die Stollwerck-Automaten vertrieben wurden.

Im Jahre 1889 wurde auf der »Hamburgischen Gewerbe- und Industrie-Ausstellung« ein Automatenpavillon mit siebzehn Automaten errichtet, der »einen neuen, und zwar höchst interessanten Fortschritt« bezeichnete.[21] Dieser Pavillon bot mit seinen Automaten für den Verkauf von »Blumenduft, Eau de Cologne, Chocolade, Bonbons, Cognac, Champagner, Selterswasser,

6 »Universum«-Verkaufsautomat, Gebr. Stollwerck, Köln, nach 1887

7 Anzeige für den »Merkur«-Automat, 1894

Cigarren, Cigaretten«, einem Panorama, einem Elektrisierer, einer Waage und einem Selbstfotografierer (Abb. 171) einen Überblick über den damaligen Stand der Münzautomatenproduktion. Veranstaltungen wie die häufigen Gewerbe-Ausstellungen und Fachmessen sorgten für die nötige Publizität und waren der geeignete Ort, um ein breiteres Publikum mit den neuesten Erfindungen vertraut zu machen. Eine ähnliche Gelegenheit bot sich 1891 auf der »Internationalen Elektrotechnischen Ausstellung« in Frankfurt. Als münzbetätigte Automaten waren dort Elektrisierautomaten, Sprechautomaten, Musikautomaten von Schäfer & Montanus, der bereits in Hamburg vorgestellte Fotografierautomat von Raders und der aufsehenerregende »Schnellseher« von Ottomar Anschütz (vgl. Kat. Nr. 77) zu sehen.[22]

8 »Postillon«-Verkaufsautomat aus dem Angebot der DAG, Köln 1895/96

9 »Savoyard«, Polyphon Musikwerke, Leipzig 1894

Warenautomaten

Mit der 1894 in Köln gegründeten Deutschen Automaten-Gesellschaft Stollwerck & Co. (DAG) wurde der Vertrieb von Münzautomaten in großem Stil organisiert. Eine »Preisliste« der DAG von 1895/96[23] mit über 100 Automaten gibt einen Eindruck von der weitgefächerten Palette des damaligen Angebots an Münzautomaten. Dabei wird deutlich, daß Gehäuse und Mechanik vieler Verkaufs- und Unterhaltungsautomaten von verschiedenen Herstellern geliefert wurden. Neben der bereits erwähnten Zusammenarbeit zwischen Th. Bergmann in Gaggenau/Baden und Max Sielaff in Berlin bezog die DAG auch aus der Geschäftsverbindung der Kölner Firmen Pelzer & Co. (Gehäuse) und Schaefer & Reiner (Einrichtung) etliche Verkaufsautomaten, darunter so reizvolle Figurenautomaten wie den »Postillon« in verschiedenen Ausführungen (Abb. 8) und den Neger »Jimbo«. Zahlreiche weitere Verkaufsautomaten lieferten C. Kobrow & Co. in Hamburg und C. F. Schulze in Berlin.[24] Außer den Wand-, Theken- und Standautomaten erfreuten sich vor allem die figürlichen Selbstverkäufer besonderer Beliebtheit. Die spielerische Nachahmung beschränkte sich hier nicht allein auf eine reizvolle Form der Warenausgabe, wie etwa bei der eierlegenden Henne (vgl. Kat. Nr. 7), sondern wurde oftmals noch durch Schreivorrichtungen akustisch untermalt. Andere Automaten unterhielten den Käufer durch kleine Darbietungen, wie etwa der »Gute-Fee-Automat«, bei dem sich nach Einwurf der Münze eine Türe öffnete und eine »hübsch angekleidete Figur« erschien, die dem Käufer unter Musikbegleitung und elektrischer Beleuchtung ein Täfelchen Prinzess-Schokolade mit einer Verbeugung überreichte (Abb. 37).[25] Der »Glückauf-Automat« stellte ein kleines Bergwerk dar.

»Nach Einwurf eines 10 Pf.-Stückes kommt aus einem Bergwerk-Schacht ein kleiner Kohlenwagen, auf welchem ein Bergmännchen sitzt; der Wagen fährt nach vorne und entladet dem Einwerfenden ein Chocoladen-Brikett; währenddem wird das Bergwerk elektrisch beleuchtet und das Berg-Glöckchen läutet.«[26]

Eine Steigerung dieser Darbietungen bot der »Kyffhäuser-Automat« der Union-Automatenfabrik C. Günther & Co., Dresden. Dieser war

»bekrönt mit dem Kyffhäuser-Denkmal, unter dem man eine Felsengrotte mit dem schlafenden Kaiser, umgeben von Gnomen sieht. Das ganze versinnbildlicht die Kyffhäusersage und gewährt einen hübschen Anblick, der noch erhöht wird, sobald der Automat in Funktion tritt. Nach Einwurf eines Geldstückes und Tritt auf einen Hebel wendet sich ein Gnom, eine Schale haltend, nach dem unterirdischen Schacht, empfängt dort eine gefüllte Bombonnière und bringt dieselbe zur Ausgabe. Gleichzeitig tritt aus einem Felsspalt ein Herold, erhebt die Fanfare zu einem Signal oder Liedchen, um dann wieder zu verschwinden, während die Felsengrotte elektrisch beleuchtet wird und darin schaukelnde und fackeltragende Gnomen sich um den neuerwachten Kaiser Barbarossa bewegen.«[27]

Das Angebot der Verkaufsautomaten umfaßte alle möglichen Arten von Kleinwaren wie Schokolade, Bonbons, Pfefferminz, gebrannte Mandeln, Zigaretten, Zigarren, Streichhölzer, Duftstoffe, Seife mit Handtuch- und Abort-Papier, Broschüren, Postkarten und Fotografien. Zur Steigerung des Absatzes fügte die Stollwerck AG ihren Automatenpackungen kleine Bilder hinzu, die als Serien angelegt waren und die Sammelleidenschaft der Kinder anregen sollten (vgl. Kat. Nr. 29).

10 »HEY KIDS«, Musikautomat mit tanzendem Clown, 50er Jahre

Musikautomaten

Neben den Selbstverkäufern war um 1896 auch die Produktion von Musikautomaten, die zunehmend auch mit Geldeinwurf ausgestattet wurden, zu einem bedeutenden Wirtschafts- und Handelsfaktor angewachsen. In Leipzig, dem Zentrum der Musikautomaten-Industrie, wurden die neuesten Erfindungen im Frühjahr und im Herbst auf der Messe vorgestellt, einschlägige Fachpublikationen sorgten für die nötige Publizität der Produkte.[28] Auch hier entstanden frühzeitig Vertriebsorganisationen wie der »Verein Deutscher Musikwaaren-Grossisten«, in dem 18 Hersteller zusammengeschlossen waren.[29] Die DAG in Köln war an dem Vertrieb dieser Musikautomaten ebenfalls lebhaft beteiligt. In ihrem Sortimentskatalog finden sich große Posten aus der Fabrikation der Lochmann'schen Musikwerke, Leipzig-Gohlis, und der Musikwerke

H. Peters & Co., Leipzig. Mit Namen wie »Meyerbeer«-, »Rossini«-, »Mascagni«-, »Millöcker«-, »Franz-Abt«-Automat etc. wurde auf die beliebtesten Vertonungen hingewiesen.[30] Als Programmträger dieser Musikautomaten dienten Stiftwalzen, gelochte Blechscheiben (vgl. Kat. Nr. 94f.) und Papierstreifen (vgl. Kat. Nr. 96), die Instrumentierung reichte von einfachen Stahlzungen über Orgelpfeifen, Blasinstrumente, Zithern und seit etwa 1900 auch Streichinstrumente bis hin zu den sogenannten »Orchestrions«, in denen die genannten Instrumente mit Trommeln, Pauken, Triangeln, Kastagnetten und Glocken kombiniert waren. Die Lautstärke einiger dieser Automaten konnte durch entsprechende Vorrichtungen reguliert werden, die Spieldauer konnte im Lauf der Zeit durch Verbesserungen wie das automatische Auswechseln der Notenscheiben[31] verlängert werden. Eine eigene Entwicklung nahm die Herstellung elektrischer Klaviere, die um 1892 eingeführt worden waren, bald auch mit dem Orchestrion vereint wurden und mit dem »Welte Mignon Reproduktionsklavier« (vgl. Kat. Nr. 97) einen vielbeachteten Höhepunkt erreichten.

11 Straßburger Uhr als Münzautomat, um 1896

Auch auf dem Gebiet der Musikautomaten wurde ständig nach Neuerungen im Bereich der Tonvielfalt, des Tonvolumens und der äußeren Gestalt gesucht, um die Gunst des Publikums zu erhalten. Besondere Aufmerksamkeit erregten Figurenautomaten wie der drehorgelspielende »Savoyard« der Polyphon Musikwerke (Abb. 9)[32] und der klarinettespielende Savoyardenknabe der Fabrik Leipziger Musikwerke, vorm. Paul Ehrlich & Co.;[33] ebenso beliebt waren die Automaten mit Musikkapellen im Aufsatz[34] und die »Visionsautomaten«, bei denen zur Musik eine kleine Vorstellung mit tanzenden Figuren geboten wurde (vgl. Kat. Nr. 93)[35], und schließlich die Musikautomaten mit großen beweglichen Figuren, wie dem »Zauberer«, dem »Schlangenmensch« und dem »Clown«.[36] Zur Unterhaltung für Kinder sind Tierkapellen (vgl. Kat. Nr. 116) und tanzende Figuren in den 50er Jahren wieder als Münzautomaten gebaut worden (Abb. 10). Rückgriffe auf ältere Automatentypen bilden die seit dem 18. Jahrhundert beliebten künstlichen Vogelstimmen (vgl. Kat. Nr. 92) und die Nachbildung der berühmten Straßburger Uhr als Münzautomat durch Ketterer & Co. in Frankfurt um 1896 (Abb. 11), mit der ein Urahn der Automatengeschichte als Unterhaltungsgerät verfügbar gemacht wurde.[37]

Als die Musikwerke »Orpheus«, Leipzig-Neuschönefeld, auf der Leipziger Frühjahrsmesse 1898 erstmals ein »Gramophone« nach dem Patent von Emil Berliner vorstellten[38] und sich in den folgenden Jahren der vielversprechende Erfolg dieser neuen Geräte abzuzeichnen begann, reagierte auch hier die DAG prompt und übernahm die Produktion der 1898 gegründeten Deutschen Grammophon Gesellschaft in ihr Sortiment. Im Jahre 1902 hatte Ludwig Stollwerck den Erfinder Thomas Alva Edison in dessen Fabrik in West Orange besucht und besonderes Interesse für den »Phonographen« gezeigt.[39] Bereits im Sortimentskatalog der DAG von 1895/96 war ein »Viktoria-Phonograph«, der auch mit Münzbetätigung ausgestattet war, enthalten. Über längere Zeit schien es unentschieden, ob das mechanische Musikinstrument oder aber das Grammophon in der Gunst des Publikums den Sieg davontragen würde. Um dieser Unsicherheit abzuhelfen, brachten die Polyphon-Musikwerke, Leipzig, 1902 den »Grammo-Polyphon-Automat« heraus, bei dem je nach Verlangen zwischen Schallplatten und Notenscheibe gewechselt werden konnte.[40]

Geldspielautomaten

Die deutschen Musikautomatenhersteller erwiesen sich als außerordentlich einfallsreich bei der Entwicklung ihrer Produkte. Über die Kombination von Schaustellung und Musik hinaus wurden Musikautomaten auch mit Warenautomaten,[41] Stereoskopen,[42] Kraftmessern, Elektrisierern[43] und Billard (Abb. 12)[44] verbunden. Auch die ersten deutschen Geldspielautomaten stammen aus der Produktion der Musikautomatenhersteller. Zu den wohl ältesten Geräten dieser Art gehören die mechanischen Würfelspiel-Automaten, die 1895 von den Plagwitzer Musikwerken »Ariophon«, Leipzig-Plagwitz, und E. G. Lochmann & Co., Leipzig-Gohlis, gebaut

12 Anzeige für einen Billard-Musik-Automat, 1899

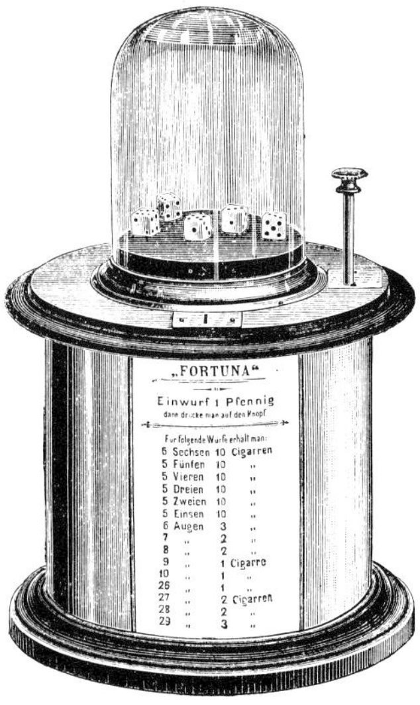

13 »FORTUNA«-Würfelautomat, Plagwitzer Musikwerke, Leipzig 1895

wurden (Abb. 13). Nach Einwurf von einem Pfennig wurde der seitliche Knopf gedrückt und damit die Platte unter der Glashaube, auf der fünf Würfel liegen, in Bewegung gesetzt. An Hand der Gewinntabelle auf dem Gerät erhielt der Spieler für gewisse Summen der Würfelaugen sowie für fünf gleiche Zahlen eine Warenprämie, die von einer bis zu zehn Zigarren gestaffelt war.[45] Kaum waren die ersten dieser Würfelautomaten in Schanklokalen aufgestellt worden, als auch schon die Frage nach der Zulässigkeit dieser Automaten aufgeworfen wurde.[46] Nach verschiedenen Verboten durch örtliche Polizeibehörden entschied das Reichsgericht am 22.9.1896, daß die Würfelautomaten gemäß § 286 StGB als Glücksspiel anzusehen seien und daher der Genehmigung durch die örtlichen Behörden bedürften.[47] Neben den Würfelautomaten kamen auch die ersten Münzschleuderautomaten auf den Markt, die unter der Bezeichnung »Tivoli« bekannt wurden (vgl. Kat. Nr. 52). Von den Gubener Musikwerken bezog die DAG um 1895/96 ein derartiges Spielgerät (Abb. 59),[48] weitere »Automaten zum Erproben der Geschicklichkeit« bot das Musterlager von H. Peters & Co. zur Leipziger Herbstmesse 1898 unter der Bezeichnung »Tivoli« und »Bravo« an.[49] Der mit reizvollem Jugendstildekor verzierte »Waaren-Automat Duplex« der Metall-Industrie Schönebeck AG, Schönebeck, aus dem Jahre 1902 (Abb. 14) ist ebenfalls ein Tivoli-Gerät, bei dem als Gewinnprämie Schokolade ausgegeben wurde. Bei diesem Spielprinzip handelt es sich um eine Weiterentwicklung der Kugelspiele, die unter dem Namen Bagatelle und Tivoli bekannt waren und auf eine lange Tradition zurückgehen. Das traditionelle Tivoli besitzt ein horizontales, leicht geneigtes Spielfeld, das mit Löchern zur Aufnahme und mit Nagelreihen zur Ablenkung der Kugeln versehen ist. Die zunächst mit einem Queue manuell bewegte Kugel wurde gegen Ende des vorigen Jahrhunderts durch einen Federschlagbolzen automatisch ins Spielfeld abgeschossen.[50] Bei den Münzschleuderautomaten, wie sie um 1900 beliebt wurden, ist nun das Spielfeld aufgerichtet; die durch einen Schlagbolzen in das Spielfeld geschossene oder durch einen Fingerschlag seitlich hereingeschleuderte Münze gleitet von oben zwischen versetzten Nagelreihen herab und landet bei einem Treffer in entsprechenden Fangvorrichtungen, die sich mitten im Spielfeld oder auch am Sockel des Spielfeldes befinden können.[51]

Unterhaltungsautomaten

Waren die Prämienspielautomaten von Anfang an mit Verboten bedroht, so gab es darüber hinaus um 1896 bereits eine Reihe von reinen Unterhaltungsautomaten, bei denen dem Benutzer für seinen Einsatz lediglich eine kleine Sensation geboten wurde. Hierzu gehörten die beliebten Elektrisierautomaten, die oftmals mit dem Verkauf von Schokolade oder mit Musik verbunden waren (Abb. 15).[52] Durch Berühren zweier Griffe wurde hierbei ein Stromkreis geschlossen, der sich bei schwacher Stromstärke als ein leichtes Kribbeln an den Händen bemerkbar machte und sich durch unterschiedliche Vorrichtungen weiter verstärken ließ (vgl. Kat. Nr. 82f.). Da die erreichte Stromstärke auf einer Skala angezeigt wurde, war dieses Gerät besonders für einen Wettbewerb geeignet, bei dem mehrere Personen ihre Nerven erproben konnten.

Zum Wettkampf forderten auch die verschiedenen Typen der Kraftmesser heraus, die 1887 durch Percival Everitt in Deutschland eingeführt wurden.[53] Konnte hier die Muskelkraft durch Schlagen, Drücken oder Ziehen erprobt werden, so boten die »Lungenprüfer« Gelegenheit, durch Blasen in einen Schlauch ebenfalls einen bestimmten Ausschlag auf einer Skala zu erzielen und damit die Stärke der Lunge zu testen (Abb. 140).[54]

Sportliche Geschicklichkeit war bei den Schießautomaten (Abb. 16), Kegelspielen (Abb. 98) und Billards (Abb. 12) gefordert, die als besondere Spezialität der Firma E. G. Lochmann & Co. in Leipzig-Gohlis hergestellt wurden.[55]

14 Tivolispielautomat »Duplex«, Metallindustrie Schönebeck AG, Schönebeck 1902

In vielen Varianten als Stand- (vgl. Kat. Nr. 85), Wand- und Tischgeräte waren bereits vor der Jahrhundertwende auch die Horoskopautomaten im Handel (Abb. 253),[56] denen als besonders reizvolle Abwandlung die vermeintlich die Handlinien befragenden »Chyromant«-Automaten an die Seite zu stellen sind (vgl. Kat. Nr. 87). Die glückbringenden Orakelsprüche wurden auf kleinen Kärtchen ausgegeben, auf ein fortlaufendes Band ausgedruckt oder auch aus einer an der Front des Automaten befindlichen Auswahl durch einen Zeiger ausgewählt.

Zur belehrenden Unterhaltung dienten die in vielen Ausführungen angefertigten Bildbetrachter, die zunächst mit dem Prinzip der Stereoskopie arbeiteten. Die DAG bot 1895/96 einen »Prinzess-Panorama-Automat« als Standgerät und auch als Wandautomaten an, der in zwei weiteren Ausführungen mit vier verschiedenen Einblicksmöglichkeiten ausgestattet war (Abb. 17). Innerhalb von 1 ½ Minuten konnten hier nach Einwurf von 10 Pfennig 12 verschiedene Glasstereoskopien betrachtet werden, wie die »Eröffnung des Kaiser-Wilhelm-Kanals, Kriegerfeier auf den Schlachtenfeldern bei Metz, Saarbrücken, Wörth; Leichenbegängnis des Cardinals Melchers zu Köln etc.«[57] Weitere Stereoskopautomaten wurden unter dem Namen »Diorama«[58] und »Kalloscop« (Abb. 246) herausgebracht. Wenig später kam das »Mutoskop« als technische Neuerung hinzu (vgl. Kat. Nr. 78), und alsbald entbrannte ein heftiger Kampf um die alleinigen Rechte der Herstellung. Die Deutsche Mutoskop- und Biograph-Gesellschaft in Berlin führte zahlreiche Prozesse gegen verschiedene Hersteller, deren Geräte unter der Bezeichnung »Vitaskop«, »Dramatoskop« und »Kosmoskop« (Patent Messter) mit dem »Mutoskop« konkurrierten.[59] Während diese Automaten, die einen Bewegungsablauf durch schnelles Abblättern von Papierfotografien sichtbar machen, preiswert angefertigt werden konnten und bald auf jedem Jahrmarkt und in jedem Vergnügungslokal zu finden waren, blieb die Herstellung des älteren, für die Vorgeschichte des Films so bedeutsamen elektrischen »Schnellsehers« von Ottomar Anschütz (vgl. Kat. Nr. 77) auf die geringe Stückzahl von annähernd 100 Geräten beschränkt. Das seit 1890 entwickelte und 1894 öffentlich vorgestellte »Kinetoscope« von Thomas Alva Edison,[60] ein Bildbetrachtungsgerät, das bereits mit einem ca. 30 m langen Filmstreifen ausgestattet war und in den amerikanischen »Nickel-Odeons« großen Zulauf fand, wurde durch die DAG ebenfalls in Deutschland vertrieben und war seit März 1895 in »Castans Panoptikum« in Berlin zu sehen (Abb. 153).[61]

Ein Betrachtungsgerät besonderer Art stellte der 1896 von C. Buderus in Hannover entwickelte »Prof. Röntgen's X-Strahlen-Automat« dar (Abb. 18), »vermittelst dessen man nach Ein-

15 Elektrisierautomat mit Schokoladenausgabe aus dem Angebot der DAG, 1895/96

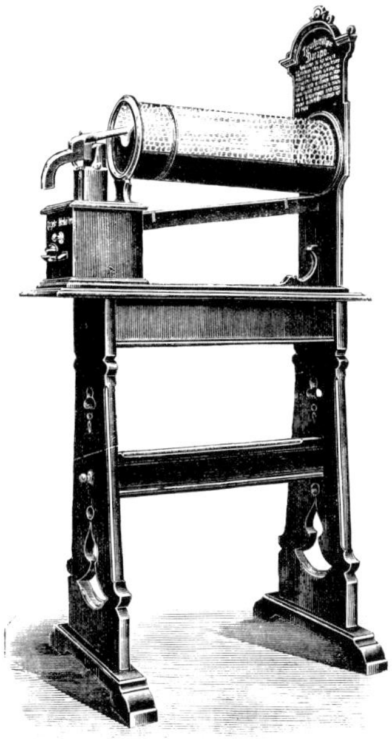

16 »Dacapo«-Schiess-Automat, E. G. Lochmann & Co., Leipzig-Gohlis, 1901

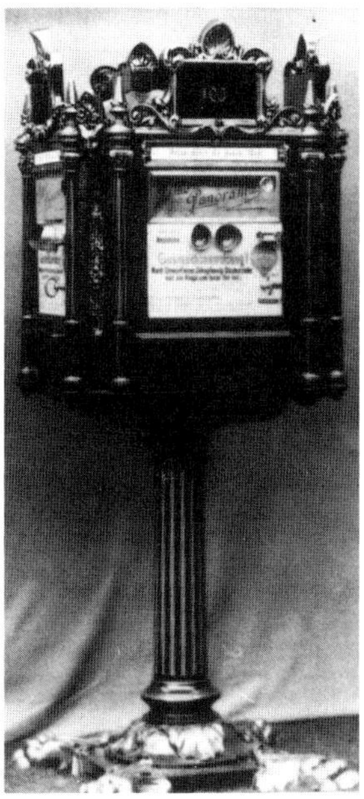

17 »Prinzess Panorama« der DAG, Köln, 1895/96

18 »Prof. Röntgen's X-Strahlen-Automat«, 1896

wurf eines 10 Pfennigstückes nicht nur seine eigene Hand, sondern auch fremde Gegenstände, wie Holz, Leder, Papier usw. durchleuchten lassen kann.«[62] Röntgenautomaten dieser Art waren, ungeachtet ihrer schädlichen Wirkung, bis nach dem Zweiten Weltkrieg in Gebrauch.

Dienstleistungsautomaten

Die durch Münzautomaten angebotenen Dienstleistungen umfaßten bereits vor der Jahrhundertwende eine schier unüberblickbare Vielfalt, die neben Zeitschaltungen für Gas- und Elektrizitätsselbstverkäufer und allen möglichen Arten der Verschlußvorrichtungen vor allem Waagen, Fernrohre, Schuhputzgeräte und vieles andere umfaßt.[63] Die Selbstfotografierer (vgl. Kat. Nr. 109), die mit zu den ältesten Münzautomaten gehören, nehmen wegen ihrer komplexen Mechanik einen besonderen Platz innerhalb dieser Gruppe ein.

Münzprüfer

Überblickt man die geschilderte Entwicklung im Bereich der Münzautomatenherstellung, so wird deutlich, daß in der kurzen Zeit zwischen 1886 und 1900 bereits alle erdenklichen Gerätschaften mit einem Münzeinwurf ausgestattet worden waren. Voraussetzungen für diesen vielfältigen Einsatz von Münzautomaten war ein funktionierender Münzprüfer, der um 1891 bereits soweit verfeinert war, daß Gewicht, Dicke, Durchmesser, Härte, Prägung und Rändelung der Münze geprüft werden konnten.[64] Der Münzeinwurf machte die ständige Betreuung der Geräte überflüssig und sparte somit Arbeitskräfte ein; zugleich wurden der Umsatz von Waren und die Einnahmen bei Musik-, Unterhaltungs- und Dienstleistungsautomaten durch die ständige Verfügbarkeit der Geräte gesteigert.

Automatenrestaurants

Der Erfolg der »Automatie«[65] in Deutschland führte bald zur Gründung von Tochtergesellschaften der DAG in ganz Europa; Lizenzverträge mit bedeutenden Herstellern wie der Pariser Parfümerie- und Automatenfabrik Philippe Leoni stellten ein Höchstmaß an Vielfalt und technischer Vollkommenheit für das angebotene Sortiment sicher.[66]

Die Entwicklung des Verkaufsautomaten erreichte ihren vorläufigen Höhepunkt, als im Jahre 1896 mit der Einrichtung von Automatenrestaurants begonnen wurde. Bereits um 1892 war in Paris eine »selbstthätige Ausschankvorrichtung« in der Rue Montmartre eröffnet worden, in der kalte und warme Getränke gegen Münzeinwurf zu erwerben waren (Abb. 19).[67] Das erste deut-

19 Automatenbar in Paris, 1892

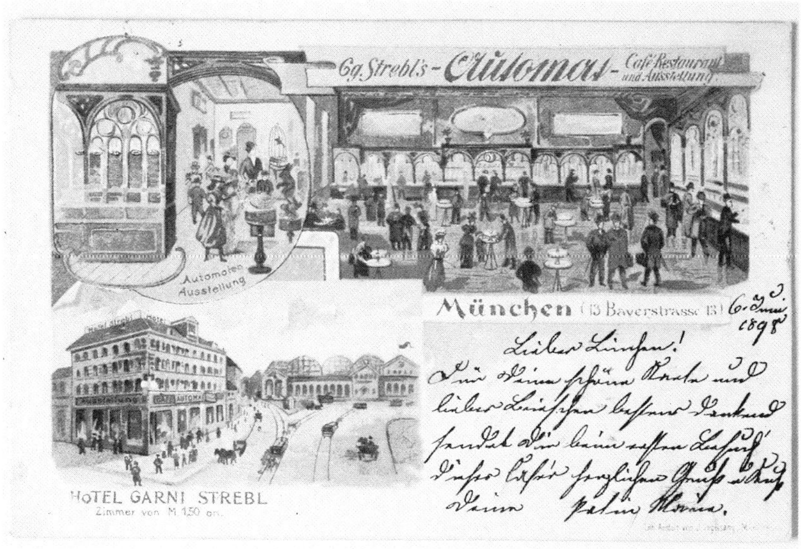

20 Georg Strebl's »Automat« Café Restaurant, München, Bayerstr. 13, 1898

sche Automaten-Restaurant, in dem Speisen und Getränke angeboten wurden, wurde 1896 auf der Berliner Gewerbeausstellung vorgestellt (vgl. Kat. Nr. 30).[68] Dies war der Auftakt zu einer schier unüberschaubaren Flut von Neugründungen automatischer Restaurants in ganz Deutschland: 1897 wurde das erste ständige Selbstbedienungsrestaurant »Automat« in der Leipziger Straße 13 in Berlin eröffnet (Abb. 34), 1898 folgte in München Georg Strebls »Automat« Café Restaurant in der Bayerstr. 13 (Abb. 20),[69] 1901 erhielten Aachen[70] und Hannover in der Georgspassage[71] je ein Automatenrestaurant. In einem Bewerbungsschreiben zur Genehmigung eines Automatenrestaurants aus dem Jahre 1902 weist der Antragsteller auf die bereits florierenden Lokale in »Köln, Aachen, Düsseldorf, Elberfeld, Barmen etc.« hin.[72] Bis zum 1. Weltkrieg war das Automatenrestaurant in allen größeren deutschen Städten eingeführt.[73] Initiator dieser neuen Selbstbedienungsrestaurants war Max Sielaff in Berlin, dessen 1898 gegründete »Automat-Gesellschaft«[74] die technische Ausstattung für die Lokale lieferte. Die häufig in die Innendekoration integrierte Devise dieser Gesellschaft lautete »Kein Trinkgeld, bediene Dich selbst, zwanglos, rasch und gut«.[75] Die Außengestaltung und die Innenarchitektur der Restaurants wurde in vielen Städten nach einem einheitlichen Konzept verwirklicht, so daß auch in diesem Bereich auf verbindliche Richtlinien der »Automat-Gesellschaft« geschlossen werden kann. Ein anläßlich der Eröffnung des »Automat« in Kiel erschienener Zeitungsbericht aus dem Jahre 1902 vermittelt einen Eindruck von der optischen Wirkung dieser Lokale. Fensterfront und Eingangsbereich zierte ein

»modern-graziöses Arrangement ... aus facettiertem Spiegelglas, gerahmt in lustig geschwungenes, leuchtend rotbraunes Mahagonigeripp ... Schimmerndes Spiegelglas und leuchtend rotbraunes Mahagoniholz schlagen den Grundakkord der Interieurstimmung an, in die eine Fülle von bunten Farben und hellen Metallblitzen hineinspielt.«[76]

Diese Grundausstattung mit Marmor, Mahagoni und Spiegelglas wurde durch einen üppigen Dekor aus Stuck und Farbe und durch Wandmalereien mit lokalen Anspielungen angereichert (Abb. 21). Unter dem Einfluß veränderter Geschmacksvorstellungen fand dieses »Klischee mit allem möglichen Firlefanz an buntem Glas und Holz«[77] nach der Jahrhundertwende schon bald keinen Gefallen mehr. Der mit dem Hause Stollwerck verbundene Berliner Architekt Bruno Schmitz[78] unterzog die Innenausstattung der Automatenrestaurants einer funktionalen Purifizierung, deren Wirkung allein auf dem Zusammenspiel von farbiger Marmorverkleidung, Metall und Glas beruht. Als die ersten Beispiele dieser Modernisierung wurden 1907 der »Kaiser-Automat« in Göttingen und die Gaststätte »Automat« in der Friedrichstr. 167 in Berlin der Öffentlichkeit vorgestellt.[79] Dieses Gestaltungsprinzip blieb bis in die 30er Jahre verbindlich (Abb. 22).[80]

21 »Automat«-Restaurant, Leipzig, Grimmaische Straße, 1902

22 Reklamebild für den »Treffpunkt Automat« (1911–1924) in München, Arnulfstr. 26

Die Automaten für alkoholische und nichtalkoholische, warme und kalte Getränke waren hinter Marmorverkleidungen, aus denen schräge Holzstifte für die bereitgehaltenen Gläser hervorragten, und in freistehenden Fässern verborgen; die »Tempel für konsistente Gaben«[81] boten durch Glasscheiben hindurch Einblick auf das Angebot an belegten Broten, Salaten und Kuchen. Die Ausgabe von warmen Gerichten erfolgte durch ein Aufzugssystem, das die bestellte Speise aus der Küche unter dem Restaurant heraufbeförderte.

»Auf kleinen Täfelchen neben den Einwürfen stehen die disponiblen Gerichte verzeichnet; ein Fünfzigpfennigstück in den Einwurf, man erhält eine Marke, und gleichzeitig meldet der Telegraph nach der mit allem modernen Bedarf ausgerüsteten Küche das Begehrte. Wenige Minuten, und die gewünschte Speise wird hinter dem Glasfenster sichtbar; man steckt die Marke in den Einwurf und die Speise kann dem Schrank entnommen werden.«[82]

Als 1902 in New York das erste Automatenrestaurant in Amerika aus der Produktion von Max Sielaff eröffnet wurde, mußten die Berichterstatter neidvoll anerkennen, daß diese Erfindung deutschen Ursprungs war.[83] Mit Sielaff konkurrierten u.a. seit 1895 »The Quisisana Company, Automatischer Verkauf warmer und kalter Getränke« mit Sitz in Berlin[84] und seit 1903 auch Weber, Kallmann & Co. in Köln.[85]

Vom Bahnhof zur Automatenhalle – Aufstellplätze

Angesichts des überaus reichhaltigen Angebots an Münzautomaten um 1900 erhebt sich die Frage, an welchen Orten diese Geräte dem Publikum überhaupt zugänglich waren. Die meisten Verkaufsautomaten waren durch ihr Gehäuse aus Eisenblech witterungsbeständig und daher auch für die Aufstellung im Freien geeignet. Standautomaten wie der »Merkur« (vgl. Kat. Nr. 1) etwa waren sowohl in Restaurationsbetrieben (Abb. 186) als auch an öffentlichen Plätzen zu finden (Abb. 23). In einem gegenseitigen Abkommen zwischen den Gebr. Stollwerck und der Reichsbahn verpflichteten sich die Gebr. Stollwerck zur Lieferung von Automaten für Eisenbahnfahrkarten und Bahnsteigkarten und erhielten dafür die Genehmigung, auf den Bahnhöfen auch ihre Schokoladenautomaten aufstellen zu dürfen.[86] Dieser Standort sicherte in den ersten Jahren die höchsten Umsatzzahlen.

Hauptabnehmer von Musikautomaten waren die Gastwirtschaften und Tanzlokale, die zur Unterhaltung ihres Publikums besonders lautstarke Musikautomaten wie die Orchestrien bevorzugten.[87] Durch separat aufgehängte Münzeinwürfe konnte die Automatik dieser Geräte auch an weiter entfernten Plätzen im Lokal ausgelöst werden, wodurch sich der Anreiz zur häufigen Betätigung der Automaten erhöhte (vgl. Kat. Nr. 98). War das Grammophon zunächst wegen seiner geringen Tonstärke auf den privaten Gebrauch beschränkt, so konkurrierte es bald auch in den Cafés mit den mechanischen Musikautomaten.

Während Unterhaltungsautomaten in England und den USA in den zahlreichen Passagen aufgestellt wurden und die sogenannten »Penny-Arcades« aus dem Boden schossen,[88] waren Galerien in Deutschland ein eher seltener Bautyp. Die wohl berühmteste deutsche Passage war die 1869 bis 1873 in Berlin errichtete »Kaisergalerie« an der Kreuzung Unter den Linden/Friedrichstraße, in der die neue Hauptstadt des Deutschen Reiches ihren Aufstieg zur europäischen Metropole zum Ausdruck brachte.[89] Wie die späteren Automatenrestaurants, die häufig den Namen »Kaiser-Automat« trugen, standen auch die Passagen in der Gunst des Kaisers und durften sich daher mit seinem Namen schmücken. In der »Kaisergalerie« befanden sich neben Geschäften, Lokalen, einem Hotel und einem automatischen Büffet auch verschiedene Unterhaltungseinrichtungen wie das »Kaiserpanorama«, das »Anatomische Museum« und das 1888 eröffnete »Passage-Panoptikum«. Von den hier aufgestellten Automaten sind ein Chyromantautomat, eine figürliche Gebärmutteroperation und verschiedene automatische Bildbetrachtungsgeräte, wohl Mutoskope, überliefert, in denen pikante Szenen wie »Geheimnisse des Schlafzimmers«, »Das Astloch im Zaun des Damenbades«, »Heirat auf Probe« und »Die Brautnacht« dargeboten wurden.[90] In der Kölner »Königin-Augusta-Halle« an der Hohen Straße hatte die DAG 1896 in einem Lokal etwa 80 Schokoladen- und Musikautomaten aufgestellt,[91] darüber hinaus unterhielt sie in fünfzehn Städten »Automatenhallen« mit Verkaufs- und Musikautomaten sowie Kinetoskopen.[92] Musik- und Unterhaltungsgeräte wurden auch in den Automatenrestaurants aufgestellt. In Strebl's »Automat« in München waren sie zusammen mit figürlichen Verkaufsautomaten wie einem Hasen in einer eigenen »Automaten-Ausstellung« neben dem Lokal zugänglich (Abb. 20).[93] Zu den ortsfesten Aufstellungen von Automaten kamen neben den Messen und Gewerbeausstellungen auch die Schausteller, die häufig auch durch kinetoskopische Geräte und durch Kraftmesser die Attraktivität ihres Geschäftes zu steigern versuchten.[94]

Die Anfänge der Spielautomatenindustrie

Das Jahr 1903 bildet einen Markstein in der Firmengeschichte der deutschen Spielautomatenhersteller. In diesem Jahr meldete die Automatenfabrik E. G. Lochmann in Leipzig-Gohlis, die neben Musikautomaten bevorzugt die Herstellung von Spiel- und Unterhaltungsautomaten betrieben hatte, Konkurs an.[95] Im gleichen Jahr wurde die Firma Max Jentzsch & Meerz in Leipzig ins Leben gerufen, die sich die Produktion von Spielautomaten zur Hauptaufgabe machte

23 »Merkur«-Automaten und Münzwaage vor den Lunaparkterrassen in Berlin, 1905

und gegenüber der Konkurrenz als »älteste deutsche Spielautomaten-Fabrik Europas« auftrat.[96] Damit endete die Ära, in der Spielautomaten ausschließlich als Nebenerzeugnis der Hersteller von Verkaufs- und Musikautomaten auf den Markt gebracht wurden. In den kommenden Jahren nahmen weitere Fabrikanten, deren Firmen bis in die Weimarer Zeit bestanden, die Produktion auf: 1906 wurde die Th. Bergmann & Co., Automatenbau, in Hamburg-Altona gegründet mit dem Schwerpunkt Unterhaltungs- und Geldspielautomaten,[97] die Automatenfabrik Paul Schülke begann 1907 in Berlin mit der Produktion von Verkaufs- und Spielautomaten[98], und Wilhelm Hugo Kegel arbeitete in Dresden an der Mechanik von Geschicklichkeitsspielen.[99] Die 1907 in Berlin eingetragene American-Automaten-Fabrik GmbH sorgte für die Verbreitung amerikanischer Geschicklichkeitsspielautomaten in Deutschland.[100]

Angesichts der wenigen überlieferten Spielgeräte aus der Zeit vor dem Ersten Weltkrieg und der dürftigen Quellenlage[101] bieten die Gebrauchsmuster und Patente die einzige Möglichkeit zu einem Überblick über die Produktion der Spielautomaten. Unter den Spielgerätetypen errangen die Münzschleuder- und Kugelspielautomaten bald die größte Popularität. Das Grundmodell des »Tivoli« mit aufrecht stehendem Nagelfeld und Fangtaschen wurde nun in vielen Varianten abgewandelt. Um den Anspruch an die Geschicklichkeit heraufzusetzen, konnte die Münze oder Kugel z.B. auch auf eine bewegliche Bahn über den Gewinnöffnungen geleitet (Abb. 24)[102] oder mittels zweier Druckstangen zu den Gewinntrichtern emporgehoben werden.[103] Ebenso ließen sich auch die Zielvorrichtungen vor Abschleudern der Münze oder Kugel bewegen, indem eine Auffangvorrichtung entsprechend vorgeschoben (Abb. 225) oder vor einem ausgewählten Ziel eingestellt wurde.[104] Mit dem »Bajazzo« von ca. 1906 (vgl. Kat. Nr. 45)[105] erreichte die Entwicklung der Kugelspiele ihren Höhepunkt, da dieses Gerät es möglich machte, die über dem Spielfeld durch ein Loch austretende und durch ein Nagelfeld herabgleitende Kugel durch eine bewegliche Auffangvorrichtung zu fangen. Dieses Spielprinzip erwies sich als die begehrteste Variante unter den Geldspielautomaten, die bis in die späten 20er Jahre hinein bestimmend blieb (Abb. 25) und selbst nach dem Zweiten Weltkrieg wieder auflebte (vgl. Kat. Nr. 46). Einen weiteren Spielanreiz bot die Möglichkeit, zu höheren Gewinnprämien zu gelangen[106] oder seine Geschicklichkeit in einer Gruppe zu erproben.[107] Andere Schleuderspiele mit horizontaler Spielanordnung waren mit geschlitzten Umlaufkörpern ausgestattet, auf die die Münze im rechten Moment abgeschossen werden mußte,[108] oder ermöglichten es, eine Kugel über ein bewegliches Spielfeld[109] oder auf bestimmte Bahnen zu lenken.[110] Durch sogenannte »Selbstkassierende Drehspiele«[111] wurde das Spielprinzip des Roulette imitiert, und auch das

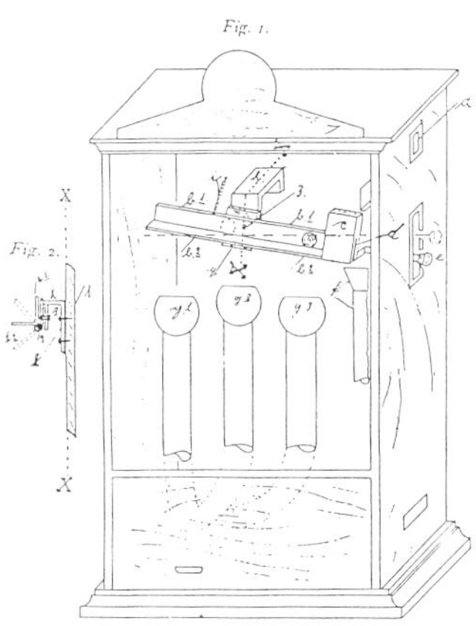

24 Geschicklichkeitsspiel mit beweglicher Laufschiene für die Münze, 1907 (D.R.P. 205 220)

25 Automatenhalle im Berliner Lunapark mit »Bajazzo«-Spielgeräten, 1922

Kartenspiel wurde durch Automaten simuliert, wobei sich »durch Einwurf eines Pfennig-Stükkes und Herabdrücken eines Hebels, eine Walze und vier damit verbundene Kartenrollen in Bewegung setzen und je nach der Zahl der Augen oder der Art der Kartenbilder, welche beim Stillestehen der Walze und Kartenrollen, also rein zufällig, oben sichtbar wurden«,[112] der Einsatz entweder verloren war oder aber 1 bis 10 Zigarren gewonnen werden konnten.

Verbote und Steuern

Ein Blick auf die eingetragenen Gebrauchsmuster für Spielautomaten nach 1895 läßt zunächst bis 1904 eine gleichbleibend geringe Zahl von einigen wenigen Geräten erkennen. Im folgenden Jahr setzt eine steile Aufwärtsbewegung ein, die mit ca. 96 Gebrauchsmustern im Jahre 1907 ihren Höhepunkt erreicht, um im folgenden Jahr bereits wieder auf die Hälfte herabzusinken und bald darauf bei weniger als 10 Eintragungen zu stagnieren. Diese statistische Übersicht spiegelt die rechtlichen Maßnahmen der Behörden, die seit 1908 verschärft gegen die Aufstellung von Spielautomaten vorgingen.[113] Da hier, wie bei den ersten Würfelautomaten,[114] das Kriterium des Zufalls von Gewinn oder Verlust gegeben war, konnte §§ 284ff StGB geltend gemacht werden, womit das Spielen an Münzautomaten der öffentlichen Veranstaltung von Glücksspielen gleichgesetzt wurde und damit einer ortspolizeilichen Genehmigung bedurfte. Eine wichtige Entscheidung fällte das Reichsgericht am 20.10.1908, als es den damals verbreiteten »Komet«-Automaten der Berliner Automatenfabrik Alfred Salomon, ein Fingerschlaggerät mit Warenprämienausgabe (Abb. 61), als Geschicklichkeitsspiel anerkannte.[115] Obwohl die umstrittenen Geldspielautomaten bei näherer Überprüfung allgemein nicht als Glücksspiel beanstandet werden konnten, setzte ab 1909 der »Automaten-Kehraus« ein,[116] da die Geldspielgeräte, soweit sie nicht überhaupt verboten waren, mit hohen Steuern belegt wurden; um 1911 war die Produktion von Geldspielautomaten in erster Linie nur mehr für den Export bestimmt.[117] Die nicht näher charakterisierten Geräte, die in den Gerichtsverhandlungen zur Diskussion standen, trugen Bezeichnungen wie »Imperator«, »Haut ihn den Lukas«, »Hoppla Hopp« der Berliner Automatenfirma Georg Beck, »Zielbewußt«, »Eliteautomat«, »Victoria« und »Rothschild«. Für den »Komet«-Automaten, der bis Ende der 20er Jahre von verschiedenen Herstellern gebaut wurde, wurde neben Salomon auch Georg Beck als Fabrikant aufgeführt. Darüber hinaus sind 1907 im Angebot des Grossisten Ernst Holzweissig Nachf. in Leipzig weitere Spielgeräte mit den Bezeichnungen »Havanna«, »Looping the Hopp«, »Triumph«, »Zwickmühle«, »Hopp-Hopp« und »Teutonia« genannt.[118] Um die Verbote zu umgehen, richteten sich die Erfindungen nach 1908 auf eine Umwandlung der als Glücksspiel verfolgten Geräte in Geschicklichkeitsspiele[119] oder kombinierten das Geldspiel mit einem Musikwerk, einem Elektrisiervorgang oder einem Verkauf.[120]

Mit der zunehmenden Popularität des Münzautomaten mehrten sich auch die kritischen Stimmen, die nach einer behördlichen Kontrolle der Warenautomaten verlangten. In einem Schreiben an den Innenminister und den Minister für Handel und Gewerbe in Berlin wies der Regierungspräsident von Westfalen im Jahre 1900 auf die »sittliche Gefährdung der Schulkinder durch Zuckerwaren-Automaten« hin.[121] Nicht genug damit, daß diese Automaten die Naschsucht der Kinder förderten, sie verleiteten sie darüber hinaus zu Diebstählen, um sich das nötige Kleingeld zu verschaffen, und zur Anfertigung von Falschgeld, mit dem die Automaten überlistet würden. Zur Abhilfe dieser Mißstände machte der Regierungspräsident eine polizeiliche Genehmigungspflicht geltend, wie sie für das »Aufstellen von Gegenständen auf öffentlichen Strassen und das Anbringen von Schaukästen an der Außenseite der Häuser« in vielen Straßenpolizeiverordnungen zugrundegelegt war. In einer Gegendarstellung[122] wurden die beschriebenen Gefahren als »meist imaginärer Natur« abgetan und der automatische Verkauf als eine zeitgemäße Einrichtung gerechtfertigt, die dem modernen Lebensgefühl entspreche.

»Selbst in Lehrerkreisen hat man aber hervorgehoben, dass unsere schnelllebende Zeit alle Bedürfnisse gesteigert, auch die der Jugend und dass der Automat daran durchaus keine Schuld habe. Es wird überall intensive gearbeitet und mehr verdient wie früher, naturgemäss ist damit aber auch die patriarchalische Anspruchslosigkeit verloren gegangen. Könnte man wirklich das rastlos sich fortbewegende Rad industrieller Entwicklung zurückdrehen und mit einem Schlage alle Automaten auf ewig aus der Welt schaffen: soviel ist dann gewiß, unsere Jugend würde deshalb keinen Pfennig weniger verausgaben, vielmehr die Spar- und Sonntags-Pfennige für ungeeignetere Dinge anwenden als sie der Automat bietet.«

Als wirksamstes Mittel zur Eindämmung der Automatenflut erwies sich schließlich die Besteuerung. Nach der Jahrhundertwende wurde in einzelnen Städten und bald auch in verschiedenen preußischen Provinzen eine »Lustbarkeitssteuer« für Musikautomaten erhoben, nach der in einzelnen Bezirken Höchstsätze bis zu 20 RM pro Tag gefordert wurden.[123] Am 1. Juli 1908 trat in Preußen eine allgemeine Steuerpflicht für Münzautomaten aller Art in Kraft, nach der Münzautomaten nur gegen einen Erlaubnisschein aufgestellt werden durften und pro Gerät zwischen 2 und 50 RM Steuer zu entrichten waren.[124] Da neben dieser Landessteuer die zusätzliche »Lustbarkeitssteuer« nach eigenem Bemessen der kommunalen Behörden weiterhin bestand, sprach man auf seiten der Hersteller alsbald von einer »Erdrosselungssteuer«, die den Absatz von Musikautomaten im Inland um nahezu 60% verringert habe.[125] Beschränkungen der Spielzeit von Musikautomaten taten ein weiteres, um die Rentabilität der teuren Musikautomaten für viele Gastwirte in Frage zu stellen.[126]

Aus dem Wechselspiel zwischen den Angeboten seitens der Hersteller und den staatlichen Kontrollmaßnahmen ergibt sich eine bis heute periodisch wiederkehrende Folge von Prosperität und Rezession. Der hier nachgezeichnete Aufschwung der Münzautomatenindustrie zwischen 1890 und 1907 und der anschließende Niedergang durch Verbote und Besteuerung wiederholte sich nahezu spiegelbildlich in der Zeit zwischen den beiden Weltkriegen. Nach Jahren einer schier unstillbaren Nachfrage setzten um 1927 erneut staatliche Restriktionen ein, die mit der Gesetzgebung der Nationalsozialisten nach 1934 die Produktion von Geldspielautomaten erneut zum Erliegen brachten.

VÁCLAV HEPNER

Ludwig Stollwerck und die »Automatie«

Neben den automatischen Straßenverkäufern in den USA erschienen auch die englischen Warenautomaten ein, zwei Jahre früher auf den Straßen als in Deutschland. Schon im März 1886 waren am Piccadilly Circus in London sogar einige Süßwarenautomaten aufgestellt; wohl noch früher gab es bereits Automaten für Zigarren und Zigaretten.

Die Aktiengesellschaft für automatischen Verkauf in Hamburg, eine Tochtergesellschaft der englischen Postcard Automatic Supply Co. Ltd, London, erhielt bereits am 1.12.1883 ein Patent für einen »Apparat zur automatischen Ausgabe vorausbezahlter Gegenstände gleicher Art, als Postkarten, Couverts und Cigarrenpackete« (D.R.P. 27 454),[1] weitere deutsche Patente für Warenautomaten wurden 1886/87 an Ch. H. Russell in London (D.R.P. 37 153), Percival Everitt in London (D.R.P. 39 327, 40 881) und F. Ch. Lynde in Manchester (D.R.P. 39 847, 39 966) vergeben.

In dieser Zeit, als die ersten automatischen Warenverkäufer im Ausland (England, USA, Frankreich) bereits etabliert waren, wandte sich Ludwig Stollwerck aus der zweiten Generation der Fabrikantenfamilie Stollwerck dieser neuartigen Vertriebsmöglichkeit zu. Schon vor 1888 hatte er im Ausland (vor allem in den USA) Warenautomaten kennengelernt. Zu Hause in Köln experimentierte er dann mit Hilfe einiger Handwerker in der Herstellung von Automaten.[2] Durch die unvergleichbare Qualität der Geräte, die in den folgenden Jahren entstanden, erreichten die Stollwerckautomaten Weltniveau.

Für diese überregionale Geltung der Stollwerckautomaten spricht die Tatsache, daß schon Anfang der 90er Jahre des vorigen Jahrhunderts auf allen transozeanischen Dampfern der Norddeutschen Lloyd, der »Hamburg-Amerika-Linie«, der »Holland-Amerika-Line« und auch der »Antwerpener Red Star-Linie« Stollwerckautomaten aufgestellt waren. Auch in New York gab es zu dieser Zeit auf den Straßen, in den Passagen und auf den Bahnhöfen etwa 4000 Stollwerckautomaten, eine beeindruckende Zahl im Vergleich zu den einigen hundert Automaten amerikanischer Provenienz.

Mit dem weitgefächerten Sortimentsprogramm haben die Stollwercks in kurzer Zeit alle anderen Firmen übertroffen. Ludwig Stollwerck, der leitende Geist der Firma, beschäftigte sich bei diesem gewaltigen Unternehmen vor allem mit dem, was wir heute als Marketing bezeichnen würden. Er brachte neue Ideen in das Automatengeschäft, bestimmte die »Architektur« und das Design der Geräte und verfolgte mit einer beinahe wissenschaftlichen Akribie die Reaktionen des Publikums und die Bewegungen des Marktes. Diese sorgfältigen Studien ermöglichten eine flexible Anpassung an die Reaktionen der Öffentlichkeit und halfen bei der raschen Entwicklung immer neuer Projekte.

Die eigentliche technische Produktion der Automaten überließ Stollwerck zwei anderen im Maschinenbau bewanderten Firmen: Theodor Bergmann in Gaggenau und Max Sielaff in Berlin.[3] Prof. Bruno Kuske, Historiograph der Firma Stollwerck, war der Meinung, daß Ludwig Stollwerck durch Bergmann für die »Automatie« gewonnen worden sei.[4] Die im Stollwerck-Archiv erhaltene rege Korrespondenz der beiden spricht aber dafür, daß es eher umgekehrt war. Sicher ist jedoch, daß Ludwig Stollwerck durch Bergmann mit dem dritten Mann des dann entstandenen Triumvirats, Max Sielaff, bekannt gemacht wurde. Während Bergmann die gegossenen Bestandteile und die Gehäuse für die Stollwerckautomaten fertigte, befaßte sich Sielaff mit der Konstruktion des automatischen Mechanismus.[5] Die Ideen, die Korrekturen mit konstruktiver Kritik und die Koordination dieses ungewöhnlichen Zusammenspiels gingen jedoch von Ludwig Stollwerck aus.

26 Probenverkäufer für Stollwerck-Schokolade, nach 1887

Die Gebrüder Stollwerck hatten in dem Areal ihrer Fabrik eine eigene Maschinenfabrik errichtet, in der spezielle Maschinen für die Schokoladenproduktion hergestellt wurden. Diese waren nicht allein für den eigenen Gebrauch bestimmt, sondern wurden auch mit Erfolg bis in die USA exportiert. Die Existenz dieser Maschinenfabrik hat zu der falschen Annahme geführt, daß dort auch die Automaten gefertig worden seien. Heinrich, der dritte Sohn des Firmengründers Franz und Chef der Stollwerckschen Maschinenfabrik, lehnte es prinzipiell ab, in »seiner« Fabrik Automaten herstellen zu lassen.[6] Nur ausnahmsweise durften hier einige Halbfabrikate zusammenmontiert und gelegentlich auch Experimente auf diesem Gebiet angestellt werden; zu einer Serienfabrikation der Stollwerckautomaten ist es jedoch in dem Kölner Betrieb nie gekommen.

Als sich das Automatengeschäft Anfang der 90er Jahre auszudehnen begann, richtete Ludwig Stollwerck ein Lager für die Apparate und eine Reparaturwerkstatt ein. Die Automaten wurden hier gepflegt, angestrichen, mit Zubehör versehen und mitunter auch montiert. Wir kennen noch einige Namen der fähigen Meister, wie Reiner, Neumann und Schwoob, denen manche selbständige Verbesserung gelungen ist. Die bedeutsamste Erfindung dieser Werkstatt war ein Münzprüfer, der die Automaten vor dem Mißbrauch durch falsche Münzen schützen sollte. Max Sielaff hat diese Erfindung zur Serienfabrikation übernommen.[7]

Ende des Jahres 1886 bereitete Ludwig Stollwerck mit seinen Partnern die Aufstellung der ersten automatischen Straßenverkäufer vor, die im Frühjahr 1887 dann verwirklicht wurde. Es war dies noch immer die Zeit einer romantischen Sehnsucht nach festlicher Wiederholung der alten historischen Stile, in der sich die ruhmvolle Geschichte der deutschen Nation widerspiegeln sollte. Die seit langem angestrebte Vollendung des gotischen Domes in Köln (1880) war auch in den späten 80er Jahren noch sehr lebendig. Kein Wunder also, daß in der reich gegliederten »Fassade« der ersten Standautomaten ein gotischer Spitzbogen das Mittelstück bildet. Dieses Motiv verbindet sich mit Ornamenten der Neorenaissance, wie Maskarons, Akanthusvoluten und Festons, die plastisch und teilweise vergoldet oder bronziert auf das Gehäuse aufgebracht sind (vgl. Kat. Nr. 1). Neben dem Rotton des Gehäuses gab es später auch andere Färbungen, wie etwa Elfenbeinweiß. Vor den Augen der Kinder müssen diese Automaten wie Zauberschlösser, gefüllt mit Schokolade, gewirkt haben. Leider ließ sich bisher nicht feststellen, wer diese ersten Automaten bildnerisch entworfen hat.

Die Premiere war einmalig. Im ergiebigen Stollwerck-Archiv haben sich zahlreiche Miet- und Kaufverträge vom März, April und Mai des Jahres 1887 gefunden, die eindeutig bestätigen, daß bereits im Frühjahr dieses Jahres die ersten Stollwerckautomaten aufgestellt worden waren.[8]

Wie waren nun die Namen dieser ersten Automaten, die ich selbst noch in meiner Kindheit in den Straßen von Prag gesehen habe? Auf den rheinischen Patriotismus verweist der für die Stollwerckautomaten überlieferte Name »Rhenania«, doch in den Preislisten, Reklameabbildungen usw. finden sich sehr ähnliche Modelle auch unter der Bezeichnung »Merkur« oder »Hermes«. Das überlieferte Material trägt nicht zu einer Klärung in der Frage der Namenspriorität bei, doch dürfte wohl der »Rhenania« mit sechs Warensorten am Anfang gestanden haben. Als mehrere Gerätetypen verfügbar waren, wechselte man die Namen und wandelte das patriotische »Rhenania« in die mehr den kaufmännischen Aspekt betonenden Bezeichnungen »Merkur« und »Hermes« ab. Und dies zu Recht, denn der »Hermes« verfügte sogar über ein Angebot von 12 verschiedenen Waren wie Schokolade, Pfefferminzpastillen, aber auch Zigaretten, Zündhölzer usw.

Ludwig Stollwerck plante den automatischen Straßenverkauf zunächst nur als ein Angebot von Schokoladeproben zu Reklamezwecken (Abb. 26). Im Stollwerck-Museum befinden sich u.a. Papier- oder Blechschächtelchen aus dieser Anfangszeit, die beweisen, daß sich Ludwig Stollwerck in den ersten beiden Jahren konsequent an sein Musterverkaufsprogramm gehalten hat. Die Schächtelchen tragen Aufschriften wie: »Dieses Chocolade Täfelchen ist eine Probe von Gebr. Stollwerck's Gesundheits-Chocolade« oder »Probe Stollwerck'scher Vanille-Chocolade«. Diese Probezeit hatte Ludwig Stollwerck von den schier unbegrenzten Möglichkeiten des automatischen Verkaufs überzeugt. Daher blieb es bald nicht allein bei den Schokolade- und Bonbonmustern. Mit kaufmännischer Umsicht wurde das Warensortiment erweitert, was bald auch die Entwicklung neuer Automatentypen nach sich zog.

In einer relativ schnellen Folge erschienen der »Veranda-Apparat« (Abb. 27), »Victoria«, »Augusta«, »Diana«, »Oktava«, »Mariana«, »Concordia«, »Colonia«, »Liliput« (Abb. 28), »Panama«, »Havanna«, »Apollo« (Abb. 29) usw. Im Jahre 1895 war die Firma Stollwerck in der Lage, 16 unterschiedliche Gerätetypen zu liefern, die zum Teil wieder in verschiedenen Varianten gebaut wurden. Es ist sicher nicht falsch, von einem »Automaten-Boom« in der Mitte der 90er Jahre zu sprechen, der der Firma Stollwerck neben der Schokoladeproduktion bedeutende Gewinne erbracht hat.

Die Preise der einzelnen Apparate beliefen sich auf 39,74 RM für den »Victoria« mit eingebauter Uhr, 28,59 RM für den »Liliput«, einen kleinen gußeisernen Automaten, der als Wand- oder Tischmodell angeboten wurde, 100,– RM für den »Universum« mit Spiegel und Barometer (Abb. 6), 137,50 RM für den vierteiligen »Mariana«, 197,50 RM für den dreiteiligen »Tivoli«, 265,– RM für den sechsteiligen »Diana« und 295,– RM für den achtteiligen »Oktava«. Der teuerste und entsprechend leistungsfähigste Automat war der bereits um 1890 aufgestellte zwölfteilige »Merkur (oder auch Hermes)« mit 495,– RM, der als Zugabe noch eine Spieluhr enthielt.[9]

Die mehrschächtigen Verkaufsautomaten boten seit Ende der 80er Jahre neben den Süßwaren besonders auch Zigarren und Zigaretten an. Bei Bergmann wurde in dieser Zeit der »Liliput« dem Tabakverkauf angepaßt. Spätere Automaten enthielten Zigaretten mit in Blechdöschen hübsch verpackten Zündhölzern (Abb. 30). Ein Automat aus dem Jahre 1902 bot die Zigarettenmarke »Honora« der Dresdner Firma Jasmatzi AG für 10 Pfennig in einer eleganten Verpackung und dazu eine Zündholzschachtel für 5 Pfennig (Abb. 31). Mit diesen Automaten trug Stollwerck wesentlich zur Ausbreitung des Zigarettenkonsums in Deutschland bei, zugleich kann er als Begründer des heutigen Zigarettenautomaten angesehen werden. Zu dem Angebot an Süß- und Tabakwaren kamen noch die kleinen, aber oft unentbehrlichen Gegenstände des Alltags,

27 »Veranda«-Automat der DAG, Köln, um 1895

28 »Liliput«-Automat der DAG, Köln, um 1895

29 »Apollo«-Automat der DAG, Köln, um 1895

30 Automat für Jasmatzi-Zigaretten, 1905

31 »Monopol«-Zigaretten- und Zündholz-Automat, 1902

wie z.B. Stecknadeln, Sicherheitsnadeln, Nähnadeln, Knöpfe, Zahnstocher, Pflaster, Bleistifte, Briefpapier, Bücher, Toilettenpapier, Seife usw.

Wie schon die Probe- und Musterverpackungen der ersten Automatenzeit zeigen, pflegte Ludwig Stollwerck diese Verpackungen geschmackvoll und attraktiv zu gestalten. Nach dem Vorbild der »Liebig-Sammelbilder«, die seit den 70er Jahren jeder Dose des bekannten Liebig-Fleischextrakts beigegeben waren und der Firma zu einer enormen Umsatzsteigerung verhalfen, wurde ab 1897 auch jeder Schokoladentafel und jeder Probe ein Stollwercksammelbildchen beigefügt. Nur ein Jahr nach Einführung dieses Kaufanreizes war der Umsatz der Stollwerck-Schokolade bereits um 40% gestiegen.[10] Nach den anonymen und naiven Bildern der ersten Serie zeigte sich schon im ersten Sammelbilderalbum von 1897 der Wille zu einer stilbewußten und anspruchsvollen Produktion. Ludwig Stollwerck veranstaltete aus diesem Anlaß künstlerische Wettbewerbe oder bestellte die Entwürfe direkt bei renommierten Künstlern der Zeit.

So finden wir unter den Illustrationen für die Stollwercksammelbilder Werke von Adolf Menzel und Max Liebermann, von den Malern der Künstlerkolonie Worpswede, Otto und Paula Moderson, Fritz Overbeck und Heinrich Vogeler, wie auch von dem Mitbegründer der Berliner Sezession, Walter Leistikov, und vielen anderen.[11] Mit dem Kaufanreiz, der durch die Sammelbilder gefördert wurde, verband Stollwerck den Wunsch, auf diese Weise auch einen Beitrag zur belehrenden Unterhaltung der Jugend zu leisten. Der Erfolg gab ihm recht, denn bald verschwanden die kritischen, manchmal sogar feindlichen Artikel gegen die Automaten aus der Presse.[12] Zwischen 1897 und 1916 wurden 16 Sammelalben mit insgesamt 595 Seiten herausgegeben. Diese großangelegte Aktion zur Steigerung des Umsatzes von Stollwerck-Schokolade bildet ein wichtiges Kapitel in der Geschichte der Werbestrategien.

In den letzten Jahren des vorigen Jahrhunderts erreichte das Stollwercksche Geschäft mit den Automaten seinen Höhepunkt. Nachdem im Bereich der Warenautomaten alle technischen Probleme gelöst und die verschiedensten Bereiche des automatischen Verkaufs weitgehend erfaßt waren, suchte man bald nach neuen Möglichkeiten innerhalb der »Automatie«, wie dieser Bereich firmenintern genannt wurde. Die 1894 gegründete Deutsche Automaten-Gesellschaft Stollwerck & Co., kurz DAG, nahm bald eine Reihe technischer Neuheiten dieses erfindungsreichen Jahrhunderts in ihr Programm auf. Die Partnerschaft mit dem Pariser Parfumeur Philippe Leoni, der ebenfalls eine Vielzahl von Automaten auf den Markt brachte, erwies sich als eine Verbindung von weitreichender Bedeutung. 1894 schloß Ludwig Stollwerck mit Leoni einen Vertrag über die gemeinsame Nutzung der »Parfumeurs automatiques«, die in Cafés, Restaurants und Theatern, auf Bahnhöfen und in den Eisenbahnwagen das Pariser Publikum mit Duftflüssigkeiten versorgten (Abb. 32).[13]

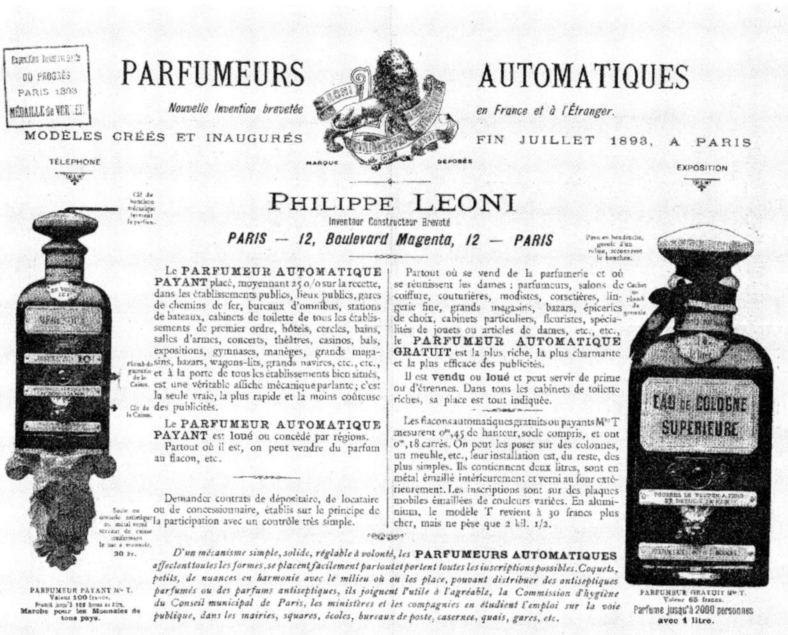

32 Werbeschrift für die »Parfumeurs automatiques« von Philippe Leoni, Paris 1893

Dieser Vertrag wurde durch ein Abkommen mit der Londoner Parfümfabrik John Gosnell & Co. erweitert. Gosnell verpflichtete sich unter günstigen Bedingungen, seine originalverpackten Parfums an Stollwerck und Leoni zu liefern. Dies waren die Voraussetzungen für den »Britania«-Parfümautomaten der DAG, der 1896 auf den Markt kam (Abb. 33).[14]

Dieser Parfumautomat war der Auslöser für die Entwicklung von weiteren Flüssigkeitsautomaten, die nun auch für Getränke eingesetzt werden konnten. Max Sielaff griff das System von Leoni und Gosnell auf, verbesserte es und entwickelte um 1895 die ersten brauchbaren Geräte dieser Art, die gegen Münzeinwurf Bier, Wein, Schnaps, Liköre oder Limonaden ausschenkten. In der Folge entstand das »Buffet« und schließlich das »Restaurant«, in dem alle in den Gastwirtschaften üblichen Getränke, einschließlich Milch, Kakao und Mineralwasser, automatisch verabreicht wurden. Den Höhepunkt dieser automatischen Gastronomie bildete das Automaten-

33 »Britania-Duft-Automat« der DAG, Köln 1896

34 Das erste ständige Automatenrestaurant in der Leipziger Straße in Berlin, 1897

restaurant nach dem Konzept von Sielaff, in dem neben den Getränken auch kalte und warme Speisen gegen Münzeinwurf zu erhalten waren.[15]

Die DAG stellte dieses neue Automatenrestaurant anläßlich der Berliner Gewerbeausstellung von 1896 erstmals der Öffentlichkeit vor (vgl. Kat. Nr. 30). Es wurde zu einer Sensation. Im folgenden Jahr war die Automatenrestaurants auch auf den Ausstellungen in Leipzig und Brüssel aufgebaut; Sielaff wurde hierfür in Brüssel mit einer goldenen Medaille ausgezeichnet. 1898 gab es in Deutschland bereits über 50 Automatenrestaurants, und bald waren sie in vielen Städten Europas zu finden (Abb. 34).[16] Ich selbst habe noch ein Automatenrestaurant dieser Art in den 20er und 30er Jahren an der Ecke Wenzelsplatz und in der Straße Am Graben in Prag erlebt. Die Ausweitung nach den USA kam durch den Kontakt mit dem weltbekannten deutsch-amerikanischen Bierkönig Adolphus Busch aus St. Louis zustande.[17] Sielaff als der Erfinder und Konstrukteur der Automatenrestaurants erhielt von der DAG die Hälfte des Verkaufspreises, der in den 90er Jahren 35.000 RM betrug.[18]

Was die Ausstattung betraf, so stellte Ludwig Stollwerck auch hier sehr hohe Ansprüche. Auf seinen Wunsch mußten die Automatenrestaurants »repräsentabel und würdig sein, wie auch gut gepflegt werden, damit sie ihre Anziehungskraft nie verlieren.«[19] Um diesem Ziel zu genügen, wurde der durch seine nationalen Denkmalsbauten berühmte Architekt Bruno Schmitz zu künstlerischen Entwürfen für die Innenarchitektur herangezogen. Diese künstlerische Leitung führte dazu, daß die Restaurants eine beständig wiederholte Gestaltung erhielten, an der mit kostbaren Materialien wie Marmor, Spiegel, Bronze und Glas nicht gespart wurde.

Der Ruhm der Automatenrestaurants hat auch manchen Fabrikanten, wie etwa die große Seifenfabrik Lever in Port Sunlight bei Liverpool dazu bewegt, bei Stollwerck eigene Café-Restaurants und Automaten zu bestellen.

Parallel mit dem europäischen Automatengeschäft, das sich unter dem führenden Einfluß von Ludwig Stollwerck in den 90er Jahren entwickelte, wuchs auch die Stollwerck-Automatenfabrikation in den USA. 1887 gründeten die Stollwercks in Verbindung mit dem Handelshaus Schilling & Co. in New York die Exportfirma Schilling Stollwerck & Co.[20] Durch den 1889 eingetretenen Teilhaber John Volkmann wurden in den USA bald die gewünschten Erfolge erzielt. Volkmann errichtete in Brooklyn eine eigene Fabrikation der Stollwerck-Automaten, die eine dem amerikanischen Geschmack angepaßte einfachere Gehäuseform erhielten. Neben der Schokolade boten diese amerikanischen Automaten in den späteren Jahren vor allem auch Kaugummi an (Abb. 35).

35 Stollwerck-Automat für Schokolade und Kaugummi aus der amerikanischen Produktion, um 1905

Zu den Warenautomaten kam eine Reihe weiterer technischer Neuerungen, die durch die DAG in großem Stil in Deutschland bekannt gemacht wurden. Es wurden dies zunächst die Phonographen und die Kinematographen, die, obgleich zunächst nicht mit Münzeinwurf betrieben, in der Firma Stollwerck unter der Bezeichnung »akustische« bzw. »optische Automatie« geführt wurden. Durch den freundschaftlichen Kontakt mit dem berühmten Erfinder Thomas Alva Edison war auch ein kommerzielles Interesse an der Verbreitung des Phonographen in Deutschland entstanden.[21] 1896 wurde in Köln die Phonographische Gesellschaft Th. A. Edison gegründet, an der Ludwig Stollwerck finanziell maßgeblich beteiligt war.[22] Aus dieser Verbindung ging 1903 der besonders reizvolle Kinderphonograph hervor, der auch mit Schokoladenschallplatten bespielt werden konnte (Abb. 36).

Die »optische Automatie« der Firma Stollwerck erlebte ihren Höhepunkt mit der erstmaligen Vorstellung eines Films in Köln am 16. April 1896. In der Volksküche der Fabrik ließ Ludwig Stollwerck an diesem Tag einige Filme der Gebrüder Lumière vorführen, weitere Vorstellungen folgten in Hannover, Berlin usw.[23]

Im Bereich der eigentlichen »Automatie« kam es in dieser Zeit zu weiteren, einigermaßen sensationellen Ideen. Eine geradezu poetische Sehenswürdigkeit bildete die »Gute Fee« aus dem Jahre 1897. Nach Einwurf einer 10-Pfennig-Münze erschien in der geräumigen Öffnung des Automaten die Gestalt einer Fee, die dem Kunden unter Musikbegleitung ein »Probetäfelchen der Stollwerck'schen Schokolade« überreichte (Abb. 37). Unter den figürlichen Verkaufsautomaten errang die an verschiedenen Unterhaltungsplätzen aufgestellte »Eierlegende Henne« wohl den größten Publikumserfolg. Von dem Berliner Erfinder Hermann Perl erwarb Ludwig Stollwerck 1895/96 den darreichenden Briefträger (Abb. 8) und den Dienstmann für die eigene Automatenproduktion.[24]

Eine gewichtige Gruppe innerhalb der Stollwerckschen »Automatie« bildeten die sogenannten Leistungsautomaten. Bereits 1890 stellte die Firma automatische Personenwaagen auf. Die Erfindungen hierzu kamen in erster Linie aus England, wo Percival Everitt 1844 eine der ersten Wiegemaschinen konstruiert hatte.[25] Beliebt waren auch die automatischen Kraftmesser oder Dynamometer, die Anfang der 90er Jahre u.a. von Firmen wie der AG für Feinmechanik Jetter

36 Kinderphonograph der DAG, Köln 1903

37 »Gute Fee«-Verkaufsautomat der DAG, Köln 1897

38 Wahrsageautomat »Schaue in die Ferne«, 1896

39 Postkarten-Automat, 1895

& Scherer in Tuttlingen und von Gustav Kleinknecht in Erlangen entworfen und gebaut wurden.[26] 1891 waren auch die automatischen Fernrohre bereits in Gebrauch, die an bemerkenswerten Landschaftsprodukten, in Seebädern und auf Seeschiffen aufgestellt wurden. Auch die heute verbreiteten Selbstfotografierer gab es 1896 bereits auf dem Kölner Bahnhof und in manch anderer deutschen Stadt. Ludwig Stollwerck erwarb das Patent hierfür im Jahre 1895 von dem Kölner Erfinder Paul Müller.[27] Hinzu kamen aus dem Bereich der Unterhaltungsautomaten die Elektrisierer (Abb. 15) und Orakelautomaten, wie etwa der Automat »Schaue in die Ferne«, der dem Kunden »hochfeine Photographien« mit humoristischen Aufschriften und Weissagungssprüchen über den Zukünftigen verkaufte. Bei Inbetriebnahme des Automaten zeigten sich in den beiden Glasgefäßen in der mittleren Öffnung zwei »geheimnisvolle« Figuren, die unter elektrischer Beleuchtung von oben langsam in die Tiefe tauchten (Abb. 38). Im Sortiment befanden sich des weiteren der Röntgenstrahlenautomat (Abb. 18), der Visitenkartendruckautomat, Trinkbecherautomaten, Tapetendruckautomaten, Plakatautomaten, Versicherungsautomaten und vieles andere mehr. Doch nicht alle diese Erfindungen ließen sich realisieren. So scheiterten der Sielaffsche Visitenkartendruckautomat wie auch die Versuche mit den Tapetendruckautomaten, den Versicherungsautomaten und den Trinkbecherautomaten.

Die Bestrebungen, die sich seit 1893 auf den Absatz von Postkarten und Briefmarken richteten, ließen sich hingegen mit Gewinn verwirklichen (Abb. 39f.). Den größten Erfolg im Bereich der Leistungsautomaten erzielten jedoch die Automaten für den automatischen Verkauf von Bahnsteigkarten (Abb. 41, 168) und Eisenbahnfahrkarten (Abb. 42, 169). Diese Geräte wurden den Eisenbahndirektoren sehr billig angeboten unter der Bedingung, daß Stollwerck dafür auch seine Warenautomaten auf den Bahnhöfen aufstellen durfte. Die ersten Aufstellungsverträge für Bahnsteigautomaten kamen 1893/94 mit der Bahndirektion Essen zustande, und zwar zunächst für die Bahnhöfe Bochum, Essen und Gelsenkirchen; weitere Aufstellungsplätze schlossen sich an.[28] Die Bedingungen sahen vor, daß die Firma Stollwerck die Kartenautomaten der Bahnhofsdirektion übereignete und als Gegenleistung die Berechtigung erhielt, die gleiche Anzahl an Warenautomaten für fünf Jahre an den von der Bahnverwaltung bestimmten Stellen unentgeltlich aufzustellen. Einen Eindruck von dem Ausmaß dieses revolutionären Automatengeschäftes liefern die Berichte über die Erfolge der Bahnhofsautomaten in anderen europäischen Ländern und in den USA.[29]

Mit dem Begriff der »Stollwerck-Automaten« verbindet sich heute, soweit sie nicht überhaupt vergessen sind, die nostalgische Vorstellung von romantischen Schokoladeautomaten. Dies sollte jedoch nicht den Stellenwert vergessen machen, den die Stollwercksche »Automatie« in der Entwicklung eines für uns heute so allgegenwärtigen Gebrauchs- und Unterhaltungsgerätes geleistet hat.

40 Postkartenautomat an einem Ausflugsziel im Gebirge, Tuschzeichnung von Henry Albrecht, 1898

41 Bahnsteigkarten-Automat, um 1893

42 Zeichnung für einen automatischen Fahrkarten-Verkaufsapparat, um 1893

Die Warenautomaten-Gesetzgebung ab 1934

Mit der beginnenden gewerblichen Nutzung des Warenautomaten – oder genauer: des automatischen Verkaufs durch selbsttätigen Münzeinwurf – am Ende der 80er Jahre des vorigen Jahrhunderts haben sich Gesetzgeber und Rechtsprechung erstmals 1899 beschäftigt. Zur Rechtsnatur des Warenautomaten wurde festgestellt, daß automatische Verkaufsapparate als »Gewerbebetriebsmittel« und nicht als selbständiges Gewerbe zu gelten hatten. Als solche unterlagen sie den Ladenschlußvorschriften für offene Verkaufsstellen, wie sie in den gesetzlichen Regelungen zum Ladenschluß für den Einzelhandel vom 1. Oktober 1900 und 1. Mai 1904 festgelegt worden sind[1] und teilweise bis in die 50er Jahre Gültigkeit behielten.

»Die selbständigen Verkaufsapparate (Automaten), mittels deren Konfitüren, Zigarren, Streichhölzer und ähnliche Waren abgesetzt werden, sind offene Verkaufsstellen. Der Besitzer der Automaten hat daher geeignete Vorkehrungen zu treffen, um die Entnahme der feilgebotenen Gegenstände während der Zeit, wo die Verkaufsstellen allgemein oder in dem in Frage kommenden Geschäftszweig geschlossen sein müssen, unmöglich zu machen.«

43 Verkaufsautomat der DAG, Köln, Standmodell um 1895

44 Thekenverkaufsautomat der Gebr. Stollwerck, Köln, um 1890

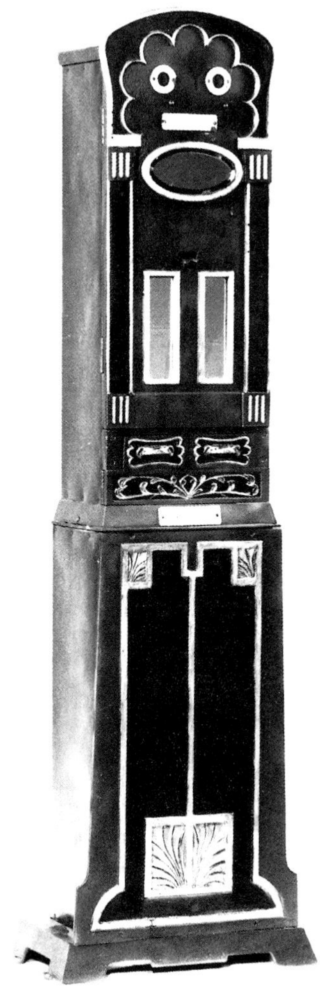

45 Zweischacht-Standautomat von Alexander Neubert, Dresden, um 1907

Diese Ladenschlußzeiten galten an Werktagen von 9 Uhr abends bis 7 Uhr morgens sowie an Sonn- und Feiertagen.

Von diesen Vorschriften gab es bis zum Erlaß des Warenautomatengesetzes vom 6. Juli 1934 keine Ausnahme.[2] Dieses Gesetz regelte die gewerberechtliche Seite des automatischen Warenverkaufs, indem es die Konkurrenzsituation zwischen dem allzeit verkaufsbereiten Apparat und dem an gesetzliche Ruhezeiten gebundenen Einzelhandel aufeinander abstimmte. In ergänzenden Bestimmungen wurde ein Ausnahmerecht geschaffen, das den automatischen Warenverkauf aus der Bindung an die Ladenschlußvorschriften herauslöste. Der Gesetzgeber wollte die Warenautomaten ihrer technisch-wirtschaftlichen Zweckbestimmung entsprechend von den allgemeinen Ladenschlußzeiten befreien, um bei der Güterverteilung und dem Güterabsatz an den Endverbraucher menschliche Arbeitskraft einzusparen.

Aus der amtlichen Begründung zum Automatengesetz geht hervor, daß »für die Freistellung des automatischen Spätverkaufs fortbestehende sozialpolitische Gründe bestimmend gewesen sind.«[3] Die wirtschaftlichen Belange des mittelständischen Einzelhandels, der eine Existenzbedrohung seiner Beschäftigten befürchtete und in dem Verkaufsangebot der Warenautomaten lediglich eine Bedarfsverschiebung anstelle der Schaffung von zusätzlichem Bedarf erkannte, wurden hierbei weitgehend berücksichtigt. Der Zweck des Warenautomatengesetzes, nämlich eine Konsumanregung und die Arbeitsbeschaffung auf dem Gebiet der Automaten-, Zulieferer- und Füllindustrie, war bis zum kriegsbedingten Verbot der Herstellung von Warenautomaten für Inlandszwecke vom 22. April 1940 vollauf erreicht worden.

Die Befreiung von den Ladenschlußzeiten für den automatischen Verkauf war allerdings an bestimmte Voraussetzungen geknüpft, die als »Residenzpflicht« bzw. als »Residenzrecht« in die Gesetzgebung eingegangen sind.

Durch das sogenannte »Residenzrecht« blieb der automatische Verkauf ausschließlich dem Fachhandel vorbehalten. Mit der Einführung der »Residenzpflicht« wollte der Gesetzgeber dem Widerstand des seßhaften Einzelhandels Rechnung tragen, der sich zur Erhaltung gleicher Wettbewerbsverhältnisse vor allem »gegen die Aufstellung selbständiger Warenverkaufsapparate auf öffentlichen Wegen, Straßen, Plätzen und anderen öffentlichen Orten durch berufs- und fachfremde Personen oder Unternehmen« gerichtet hatte.[4] Die »Residenzpflicht« setzte daher eine »wohlausgewogene fachlich-räumliche Verbindung des Warenautomaten mit einem Einzelhandelsgeschäft voraus, die den automatischen Verkauf als Hilfsmittel erscheinen läßt.« Damit diente die »Residenzpflicht« als Kernstück des Warenautomatengesetzes dem Bestandschutz des Einzelhandels und als Ordnungsfaktor für den Wettbewerb.

Folgende Bedingungen, die in ihrer Summe die »Residenzpflicht« bilden, mußten bei dem Betrieb von Warenautomaten berücksichtigt werden:

1. Die Warenautomaten mußten im räumlichen Zusammenhang mit einer zum dauernden Betrieb eingerichteten Verkaufsstelle stehen. Damit war der Kreis der infragekommenden Verkaufsstellen im wesentlichen auf Ladengeschäfte beschränkt.
2. In den Warenautomaten durften nur Waren feilgeboten werden, die auch in der offenen Verkaufsstelle selbst geführt wurden bzw. für diese fachüblich waren.[5]
3. Der Verkauf von Waren aus Automaten mußte ausschließlich auf Rechnung des Inhabers der offenen Verkaufsstelle erfolgen.[6]

Nach der Definition des Warenautomatengesetzes sind Waren all jene beweglichen Sachen, die Gegenstand des Kaufverkehrs sein können, soweit nicht der automatische Verkauf durch Sondergesetz – wie für Branntwein, Arznei- und Heilmittel – oder aus fertigungstechnischen Gründen – beispielsweise bei Lebensmitteln und anderen Bedarfsgegenständen, die nicht automatengerecht zu verpacken oder zu lagern sind – ausgeschlossen ist. Im Vordergrund steht dabei der Verkauf von Tabak-, Kolonial- und Süßwaren sowie anderer Markenpackungen oder Sammel-

46 Handtuch- und Seife-Automat, 1929

47 Zündholz- und Kaugummiautomat Typ Z 3, Sielaff Maschinenfabrik AG, Berlin, um 1936

und Kleinpackungen teilbarer Einzelhandelsartikel an Stadtverbraucher. Der Verkauf von Tabakwaren durch den Automaten war allerdings durch das »Jugendnotgesetz« vom Februar 1923 vorübergehend verboten und wurde erst mit dem Schankstättengesetz vom 4. Juni 1930 wieder aufgehoben.

Nicht unter das Warenautomatengesetz fielen jedoch Briefmarken-, Fahrkarten- und ähnliche Verkaufsautomaten, da Briefmarken, Fahrkarten, Jetons, Bons und Geld keine Waren im Rechtssinne sind, ähnliches gilt für die Leistungsautomaten. Die Spiel- und Unterhaltungsautomaten unterliegen dem gewerblichen Spielrecht,[7] für den Betrieb der Automatenrestaurants gilt das Recht des Gaststättengewerbes.

Die Vorschriften des Warenautomatengesetzes fanden ferner keine Anwendung für »Warenautomaten in Dienstgebäuden und Gemeindeeinrichtungen (z.B. Postämter, Bade- und Bedürfnisanstalten), auf Bahnhöfen vor und hinter der Bahnsteigsperre, auf Flughäfen, in Gaststätten, Wirtshausvorgärten und Gartenlokalen, Theatern und Kinos, Kantinen und anderen gewerblich genutzten Räumen.« Diese Innenautomaten waren als Zubehörbetriebe lediglich den für den Hauptbetrieb geltenden Bestimmungen unterworfen.

Obwohl das Warenautomatengesetz keine Genehmigungs- oder Anmeldepflicht für Warenautomaten vorsah, war deren Aufstellung jedoch durch bestimmte verkehrs- und baupolizeiliche Vorschriften eingeschränkt. Demnach konnten die Verkehrspolizeibehörden etwa die Aufstellung solcher Warenautomaten verbieten oder verhindern, die den »gegenwärtigen oder zukünftigen Verkehrsraum beanspruchen, die Abwicklung des Fußgängerverkehrs oder die Wirkung der amtlichen Verkehrseinrichtungen beeinträchtigen«.

Dieser recht vage formulierte Gesetzestext hat in der Praxis zu den verschiedensten Auslegungen durch die Verwaltungsbehörden geführt. Als mustergültig galt die Berliner Erlaubniserteilung für das Aufstellen von Warenautomaten, die »in jedem Falle der Überschreitung der Baufluchtlinie die erforderliche Genehmigung nur dann erteilte, wenn die Automaten bei einer Gehbahnbreite von weniger als drei Meter nicht mehr als 25 cm, bei drei bis weniger als fünf Meter Gehbahnbreite nicht mehr als 30 cm und bei einer Gehbahnbreite von fünf und mehr Metern nicht mehr als 35 cm über die Fluchtlinie hervorragen«.[8] Da die Tiefe der damaligen Vollsichtautomaten durchweg 19 bis 25 cm betrug, war die Berliner Genehmigungspraxis als vorbildlich zu bezeichnen.

Dies traf jedoch nicht für jene Städte und Gemeinden zu, die – entgegen der begriffsnotwendigen Entsprechung der »Residenzpflicht« – eine gesteigerte Nutzungsbefugnis des Warenautomaten durch den Inhaber verhinderten. Diese Kommunen verlangten für die Genehmigung von Warenautomaten, die über die Baufluchtlinie hinausreichten, eine besondere Abgabe, die als sogenannte »Luftraumgebühr« unrühmlich bekannt geworden ist.[9]

Ein häufiger Rechtsstreit zwischen den Aufstellern von Warenautomaten und den Verwaltungsbehörden entstand nach 1934 hinsichtlich der Frage von Wartung und Füllung der Automaten. Nach dem Gesetz über den Verkauf von Waren aus Automaten war jede Wartung und das Füllen der Automaten sowie die Herausnahme des Geldes an Sonn- und Feiertagen und während der gesetzlichen Ladenschlußzeiten verboten und zwar auch dann, wenn dem Einzelhandel allgemein oder einzelnen Branchen ausnahmsweise das Offenhalten für bestimmte Stunden gestattet war.[10] Am 3. August 1938 erhielt die Gewerbeordnung eine Neufassung, die besagte, daß »die Wartung der Warenautomaten an Sonn- und Feiertagen sowie außerhalb der werktäglichen Warenschlußzeiten von 7 Uhr abends bis 7 Uhr morgens nur dem Gewerbeunternehmer gestattet ist«. Dazu hatte der Reichsarbeitsminister bestimmt, daß der Begriff »Gewerbeunternehmer« sehr eng auszulegen sei und deshalb auch »Filialleitern und Angestellten mit Gewinnbeteiligung das Warten und Nachfüllen der Warenautomaten verboten bleibe«.

Eine Sonderregelung galt lediglich für den automatischen Verkauf an Bahnhöfen, da nach einem Gesetz vom 30. August 1924 »Automaten als Nebenbetriebe der Eisenbahn« von den Vorschriften der Gewerbeordnung befreit waren.[11] Für den automatischen Verkauf in Gaststätten galt die Bestimmung, daß nur jene Waren außerhalb der Ladenschlußzeiten verkauft werden durften, auf die sich auch die Konzession bezog, also beispielsweise Tabak, nicht aber Bonbons. Eine ähnliche Regelung galt auch für die Lichtspieltheater, wo der Verkauf von Süßwaren aus

48 Zeitungsautomat, C. Ade, Berlin, um 1930

49 Briefpapierautomat, Berlin 1927

50 Pfefferminzautomat, Sielaff GmbH & Co. Automatenbau, Herrieden, um 1950

Automaten im Rahmen des sogenannten Zubehörhandels auf Rechnung des Unternehmers erfolgte.

Das Warenautomatengesetz von 1934 war von der Automatenwirtschaft gegen den hartnäckigen Widerstand der Hauptgemeinschaft des deutschen Einzelhandels, des Deutschnationalen Handlungs-Gehilfen-Verbandes und des Gewerkschaftsbundes der Angestellten erkämpft worden. Nachdem die Bindung an die Ladenschlußzeiten aufgehoben waren, erlebte das Automatengeschäft in Deutschland einen starken Aufschwung. Dieser übertraf bei weitem die Erwartung der Gesetzgeber, die davon ausgingen, daß sich die Zahl von etwa 5000 in der Warenindustrie Beschäftigten nach Inkrafttreten des Gesetzes wesentlich erhöhen werde.

Nach dem Fortfall der Beschränkungen des automatischen Verkaufs fand die deutsche Automatenindustrie rasch wieder den Anschluß an die technologischen Entwicklungen, die in der Zwischenzeit vor allem in den USA zu einem erheblichen Vorsprung geführt hatten. Die Automatendichte in Deutschland blieb jedoch weit hinter anderen Ländern zurück. So waren Mitte der 30er Jahre in Großbritannien – ohne Schottland und Irland – ca. 3,5 Millionen Automaten aufgestellt, in Dänemark, dem klassischen Land des automatischen Verkaufs, kam während der 30er und 40er Jahre ein Warenautomat auf 70 Einwohner, rund 25% des gesamten Einzelhandelsumsatzes entfielen auf die Warenautomaten. Der Grund für diese günstige Entwicklung war, daß es in beiden Ländern keinerlei Beschränkungen für den Warenverkauf aus Automaten gab.

Mit dem Gesetz von 1934 setzte sich die Erkenntnis endgültig durch, daß der automatische Verkauf als alternative Vertriebsform des Einzelhandels ein zweites »Geschäftsbein« insbesondere an Sonn- und Feiertagen sowie nach dem werktäglichen Ladenschluß bedeutete. Das betraf vor allem den Tabak- und Süßwarenhandel, wo Umsatzsteigerungen um durchschnittlich 40% ermittelt wurden. Damit war auch die vorausgegangene Streitfrage entschieden, ob der automatische Verkauf den Absatz lediglich verschieben oder aber einen zusätzlichen Bedarf decken würde. Die Zahl der Warenautomaten stieg von rund 350.000 vor Inkrafttreten des Warenautomatengesetzes auf mehr als 500.000 bis zum 30. Juni 1936; die Ausfuhr der Warenautomaten stieg im Zeitraum von 1935 bis 1936 von acht auf mehr als neun Millionen Reichsmark.

Optisch zeichnete sich diese Entwicklung auf dem Inlandsmarkt durch das nach 1934 einsetzende Umtauschgeschäft ab, bei dem die meist kleinen, funktions- und werbeschwachen »Blechkästen« gegen moderne Geräte ausgetauscht wurden. Die neuen deutschen Warenauto-

51 Zigarrenautomat mit Anzünder, Hamburg 1951

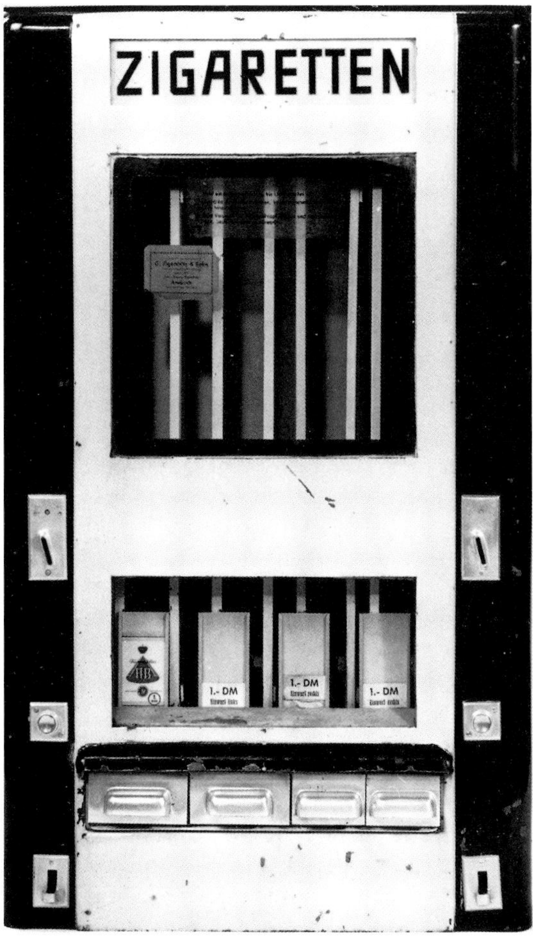

52 Zigarettenautomat, Sielaff GmbH & Co. Automatenbau, Herrieden, um 1951

53 Eis-Automat, 1952

54 Eier-Automat, um 1960

55 Apfel-Automat, Bonn 1961

maten ab Mitte der 30er Jahre wiesen zahlreiche technische Neuerungen auf, die bahnbrechend für den Automatenbau in der Welt wurden: verstellbare Kupplungen des Geldeinwurfs für die Warenabgabe, eine ausgeklügelte Kombination von Stapel-, Gefach- und Schachtsystemen, wobei Doppellagerung, Verstellbarkeit und Auswechselbarkeit der Schächte und Fächer, verbunden mit einem Paternostersystem, sowie die vollautomatisch-elektrische Warenausgabe eine weitgehende Ausnutzung des Raumes ermöglichten und damit die Rentabilität der Automaten steigerten.

Nach dem Zweiten Weltkrieg wurden neue technische Möglichkeiten erprobt: der Kalt- und Heißgetränkeautomat (vgl. Kat. Nr. 23), der Flaschenautomat (vgl. Kat. Nr. 22), der Milchautomat[12], der Tankautomat[13] und die verbesserte Kühlung von verderblichen Lebensmitteln. Als neue Aufstellbereiche für die Verkaufsautomaten mit einem umfangreichen Warensortiment boten sich die Kantinen in Betrieben und Fabriken an.[14]

Mit der Aufhebung der »Residenzpflicht« am 21.2.1962 entfiel die räumliche Verbindung von Warenautomaten und offener Verkaufsstelle.[15] Dies war der Auftakt für die Entwicklung von Automatenstraßen, -kiosken und -läden, die nun in rascher Folge aus dem Boden schossen. Die Einzelgeräte wurden in Automatenanlagen kombiniert, die durch verglaste Schauwände Einblick auf das Warenangebot gewährten. In Wien wurde 1961 die »längste Automaten-Straße Europas«, bestehend aus 150 Automaten mit je sieben Fächern, eröffnet (Abb. 56),[16] als weitere Neuerung kamen die dreh- oder versenkbaren Automatenfenster, die nach Ladenschluß in die Schaufenster oder in die Ladenfront geschwenkt wurden,[17] und die Autobahnraststätten hinzu.[18]

56 Automatenstraße in Wien mit über 1000 verschiedenen Angeboten, 1961

57 Automatenstraße in Essen, 1962

58 Spielautomaten-Halle in Berlin, 1919

FRIEDERIKE HABERBOSCH UND BRIGITTE DEGENER-BÖNING

Alles begann mit dem Bajazzo

Gerätevielfalt im Deutschen Reich und der Weimarer Republik

Zu den ersten nachweisbaren deutschen Geldspielgeräten gehören Münzschleuderspiele wie das »Tivoli« im Sortiment der Deutschen Automaten-Gesellschaft Stollwerck & Co. in Köln aus dem Jahre 1895/96 (Abb. 59) und der »ONKEL THEODOR« von ca. 1905 (vgl. Kat. Nr. 52). Dieser vor dem Ersten Weltkrieg verbreitete Typ des »Münzschleudergeräts mit Fangtaschen« wurde in vielen Versionen gebaut, so fällt z.B. in einem patentierten Schleuderspiel von 1907 (D.R.P. 196 643) die eingeworfene Münze zunächst vor eine Schleudervorrichtung in der Mitte des Spielfeldes und kann vor dort je nach Einstellung der Fangtasche nach links oder rechts ins Spielfeld geschleudert werden (Abb. 60). Landet die geschleuderte Münze vor einer Gewinnspalte, so wird hier, wie beim »ONKEL THEODOR«, ein Knopf vor der Spalte gedrückt, der durch ein Glokkensignal den Gewinn in Form einer Warenprämie akustisch anzeigt.

Eine andere Gerätegruppe dieser Zeit waren die »Münz- oder Kugelbalancierer«. Die über dem Spielfeld austretende Kugel oder die durch Fingerschlag seitlich hereingeschleuderte Münze konnten bei diesen Geräten durch bewegliche Elemente der Spielmechanik behutsam nach unten in die Fangvorrichtung befördert werden. Bei dem »Jemoc« von Max Jentzsch & Meerz, Leipzig (vgl. Kat. Nr. 51), glitt die Münze über querliegende, bewegliche Segmente von einer Etage zur anderen, beim »REKORD« von Hermann Enge, Leipzig-Wahren (vgl. Kat. Nr. 50), durchwanderte die herabfallende Kugel eine drehbare, mit Nägeln besetzte Scheibe. Da die »Balancier«-Automaten allgemein als Geschicklichkeitsspiele galten[1], wurden sie vielfach auch als Umbaumöglichkeit für die beanstandeten »Bajazzo«-Geräte angeboten (Abb. 226f.).[2]

Auch die bereits vor dem Ersten Weltkrieg verbreiteten »Fingerschlaggeräte« erfreuten sich in den 20er und 30er Jahren weiterhin allgemeiner Beliebtheit. Als dieser Spielautomatentyp gleichfalls die Gerichte beschäftigte, berief man sich wiederholt auf das Reichsgerichtsurteil

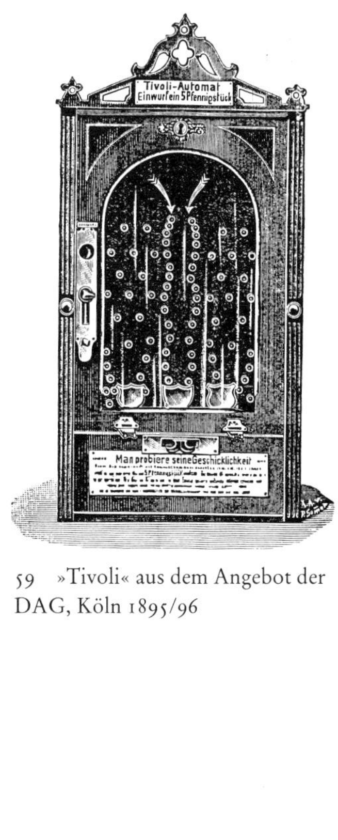

59 »Tivoli« aus dem Angebot der DAG, Köln 1895/96

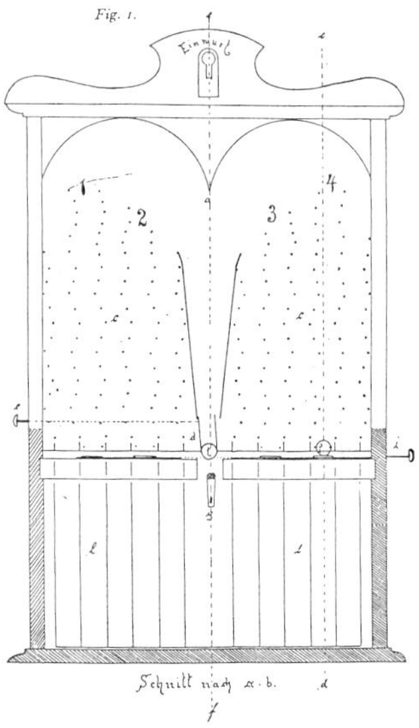

60 Münzschleuderspiel von 1907 (D.R.P. 196 643)

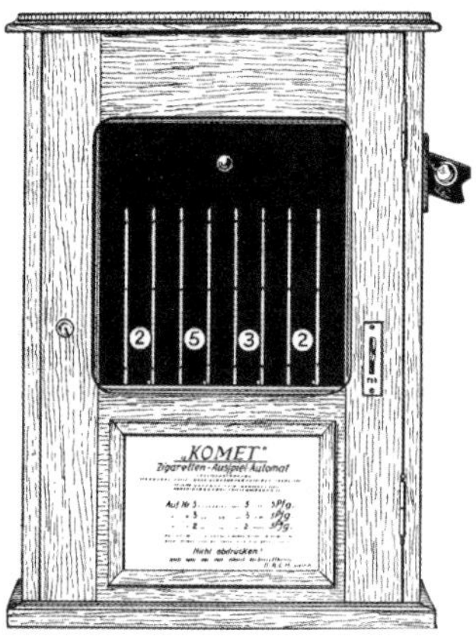

61 Zigaretten-Ausspiel-Automat »KOMET«, West & Ludwig Automatenbau, Leipzig 1930

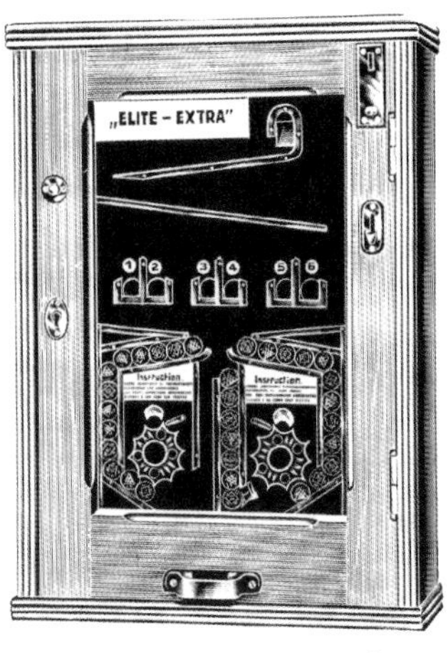

62 »ELITE-EXTRA«, Paul Schülke Automatenfabrik, Berlin 1930

vom 30.10.1908, in dem der Zigaretten-Spiel-Automat »Komet« als Geschicklichkeitsspiel anerkannt worden war.[3] Bei diesem nun von Fr. West, Automaten-Bau, Leipzig, hergestellten Gerät wurde die Münze seitlich durch einen Fingerschlag in das Spielfeld geschleudert und glitt von dort in verschiedene senkrecht angeordnete Münzführungen, in denen die Münze entweder verloren war oder aber einen bis zum achtfachen Einsatz reichenden Gewinn in Form von Zigaretten sicherstellte (Abb. 61). Unter der Bezeichnung »Elite«, die als eine Art Typenbezeichnung zu verstehen ist, kamen ab 1928 viele Geräte auf den Markt, in denen das System des »KOMET« weiter ausgebaut wurde. Die eingeworfene Münze rollt hier zunächst über eine Gleitschiene, die durch Knopfdruck in die Ebene der Rückwand zurückgeschoben werden kann und es damit ermöglicht, die Münze in eine der Fangtaschen zu befördern. Verlorene Münzen wurden nun in von außen sichtbaren Reservefächern angehäuft und im Fall von Gewinntreffern durch Auszahlräder zur Ausgabe gebracht (Abb. 62). Die Höhe des Gewinns ist bei einigen dieser Geräte, wie etwa der »OLYMPIA« (vgl. Kat. Nr. 54), durch zusätzliche Reservefächer auf das 12fache des Einsatzes heraufgesetzt.

Mit der 1928 vorgestellten »Mühle im Schwarzwald« von Hugo Kegel, Dresden (vgl. Kat. Nr. 57), wurde auch der bereits vor dem Ersten Weltkrieg bekannte Spieltyp des »Münzschleuderspiels mit geschlitztem Umlaufkörper« als Ziel neu belebt.

Der wohl erfolgreichste Spielautomat in der Zeit der Weimarer Republik war der »Bajazzo«, ein nicht mehr ganz neues Kugelfangspiel, bei dem man versuchen mußte, nach Einwurf von 10 Pfennig eine Kugel, die ein Nagelfeld passiert, mit dem Hut des Bajazzos aufzufangen (vgl. Kat. Nr. 45). Hatte der Spieler Glück, oder war er geschickt und fing die Kugel, so zahlte das Gerät einen Gewinn bis zur vierfachen Höhe des Einsatzes aus.

Eben an dieser Frage »Glück oder Geschick« schieden sich die Geister. Nach der Entscheidung des Reichsgerichts von 1919 wurde das Glücksspiel definiert, »als ein Spiel, bei welchem Gewinn und Verlust allein oder hauptsächlich vom Zufall abhängen und nicht größere oder geringere Geschicklichkeit des Spielenden den Ausschlag gibt«.[4] Die öffentliche Veranstaltung von Glücksspielen war genehmigungspflichtig, die der Geschicklichkeitsspiele hingegen nicht. Bei der Beurteilung des »Bajazzos« blieb die Frage, inwieweit der Gewinn vom Zufall abhängig sei, über lange Zeit umstritten. »Die Bajazzo-Apparate haben der Rechtswissenschaft eine harte Nuß zu knacken gegeben. Namhafte Kapazitäten auf dem Gebiet der Wissenschaft haben sich auf Ersuchen der Gerichte zu dieser Frage gutachterlich geäußert. Jedoch sind die Gutachten, so objektiv sie auch von den einzelnen Stellen bearbeitet sein mögen, sehr verschieden ausgefallen. Die Polizeibehörden haben durchweg das Bajazzo-Spiel als Glücksspiel bezeichnet ...«[5] Die Crux dieser Rechtslage, die in den späten 20er Jahren eine wahre Prozeßlawine auslöste, bestand darin, daß es den regionalen Verwaltungsbehörden und letztlich der Polizei anheimgestellt war, ein Spielgerät als Glücks- oder Geschicklichkeitsspiel zu bewerten.[6] Die Aufsteller waren aber nicht ganz unschuldig am Streit um den Bajazzo: Manipulationen am Abstand der Stifte, am Neigungswinkel der Kugellaufbahn und dem Kugeldurchmesser wurden den Beklagten häufig zur Last gelegt.[7] Durch Fallstudien in mehr als 17 000 Versuchen[8] und Zeitlupenaufnahmen der herabgleitenden Kugel[9] versuchte man vergeblich, zu einer eindeutigen Definition zu gelangen. Prof. Kockel, Leiter des Instituts für gerichtliche Medizin in Leipzig und bereits vor dem Ersten Weltkrieg als Sachverständiger bei der Einschätzung von Geldspielgeräten hinzugezogen,[10] geriet dabei als Vertreter der Glücksspieltheorie wiederholt ins Kreuzfeuer der Kritik.

Amerikanische Geldspielgeräte

Seit etwa 1925 wurden jährlich auf der Automatenausstellung im Central-Theater in Leipzig, später auch auf der Leipziger Messe im Ringmesshaus, dem interessierten inländischen und ausländischen Publikum die neuesten Spiel- und Unterhaltungsautomaten vorgeführt.[11] Der Kontakt mit dem Ausland, speziell mit Amerika, führte Ende der 20er Jahre auch zur raschen

Verbreitung der sogenannten »Mintautomaten« in Deutschland. Zur Charakterisierung dieser Automaten heißt es 1929:

»Damit ist die Einführung der Mintautomaten als eine Wohltat für die Bier in Massen vertilgende und Zigaretten fressende Menschheit geworden. Es war naturgemäß nicht so einfach, das Publikum zu einem Versuch dieses Erfrischungsmittels zu bestimmen, doch diese Schwierigkeit hat der geniale Erfinder gemeistert. Er hat nicht einen der üblichen Warenautomaten gebracht, sondern einen ganz originellen Selbstverkäufer, der jedem, der sich durch Einwurf des erforderlichen Geldstückes in den Besitz einer Rolle Pfefferminz gebracht hat, gestattet, ohne jede Zahlung, also ohne jeden Einsatz, ein Unterhaltungsspiel zu betätigen. Je nach dem Spielerfolg zahlt der Apparat selbsttätig Marken aus, ähnlich den bei den Spielen der Kinder üblichen Zahlungen, mit denen das Unterhaltungsspiel fortgesetzt werden kann, so daß sich der Käufer der Pfefferminzrolle kostenlos eine geraume Zeit (zu) unterhalten vermag.«[12]

Aus der Beschreibung geht hervor, daß bei diesen Geräten ein Geldspiel mit Gewinnmöglichkeit mit dem Verkauf einer Ware verbunden war. Als um 1910 die Geldspielautomaten in verschiedenen amerikanischen Bundesstaaten verboten wurden, kamen die Hersteller auf die raffinierte Idee, ihre Produkte mit einem Zusatzelement für den Verkauf von Kaugummi oder Pfefferminz zu verbinden. Anstelle von Münzen zahlten diese Geräte Wertmarken aus, die als erneuter Einsatz für das Spiel verwendet werden konnten.[13]

Die ersten Geldspielautomaten in Amerika enstanden bereits um 1890. Zu den frühen Geräten gehörten selbstkassierende Tivoli-, Karten-, Würfel- und Roulettespiele, die jedoch fast alle kein Geld auszahlten.[14] Einer der ersten erfolgreichen Geldspielautomaten mit Münzauszahlung war der »Three-For-One« der Jones Novelty Company von 1892, bei dem eine eingeworfene Münze in unterschiedliche Führungen gleiten kann und im Gewinnfall drei Nickel ausgezahlt werden.[15] 1897 stellte die Mills Novelty Company in Chicago mit dem »Kalamazoo« die erste »floormachine« her. Das Spielprinzip dieser mannshohen Geräte basiert auf dem Roulette, wobei anstelle der Kugel eine feststehende Markierung oben in der kreisrunden Scheibe Gewinn oder Verlust angibt, je nachdem, ob eine Farbe der in bunte Segmente unterteilten Drehscheibe bei Stillstand mit dieser Markierung übereinstimmt oder nicht. Auf jede der Farben konnte getrennt gesetzt werden, der Gewinn wurde in Bargeld ausgezahlt (Abb. 63; vgl. Kat. Nr. 31). Von dem Gerät »THE OWL« soll Mills zwischen 1897 und 1900 ca. 10 000 Stück zu einem Preis von 75–100 US $ verkauft haben.[16]

In San Francisco entwickelte der aus Vöhringen südlich von Ulm stammende Charles August Fey 1899 aus einem älteren Kartenspielautomat ein neues Spielprinzip, das sich als außerordentlich erfolgreich erweisen sollte. Seine »LIBERTY BELL«, ein gußeisernes Thekengerät, war mit drei rollenden Walzen anstelle der gebräuchlichen rotierenden Scheibe ausgestattet. Die Walzen schmückten verschiedene Symbole, wie Glocken, Kartensymbole und Hufeisen, die unterschiedliche 3er-Gewinnkombinationen ermöglichten (Abb. 215).[17] Mit der »LIBERTY BELL« von Mills, 1906 (vgl. Kat. Nr. 36), einer Kopie des ersten Bell-Geräts, begann der Erfolg der Dreiwalzengeräte, an dem sich bald auch andere Hersteller, wie Caille, Watling, Jennings, Pace und Rock-Ola beteiligten (Abb. 64). Die »Operators Bell« von Mills, 1910, war erstmals mit den heute noch gebräuchlichen Fruchtsymbolen auf den Walzen ausgestattet. Diese neuen Symbole greifen die verschiedenen Geschmacksrichtungen der Fruchtgummis auf, die durch Automaten verkauft wurden und zur Umgehung des Geldspielverbots seit 1910 häufig auch als Warenangebot mit Dreiwalzengeräten kombiniert wurden.[18]

Während der Prohibition zwischen 1919 und 1933 gerieten auch die Aufsteller von Geldspielgeräten in die Illegalität, die sich jedoch vielfach umgehen ließ und manchen schönen Gewinn erbrachte. Um den Absatz dennoch zu steigern, drangen amerikanische Automatenfirmen in diesen Jahren verstärkt auf den europäischen Markt.

63 »THE DEWEY«, Mills Novelty Company, Chicago, 1899 eingeführt

64 »Four Star Chief«, Jennings Manufacturing Company, Chicago 1936

Der Mintautomat in Deutschland

Seit 1928 tauchen in dem Fachorgan der deutschen Automatenhersteller, »Der Automat«, regelmäßig Anzeigen amerikanischer Hersteller wie Watling, Mills und Jennings auf, die Dreiwalzengeräte als »Mintautomaten«, d.h. in Kombination mit dem Verkauf von Pfefferminz, anboten. In der Hoffnung, mit diesen Geräten nicht auf gesetzlichen Widerstand zu stoßen, wurde dieses Angebot vom Reichsverband der deutschen Automaten-Interessenten e.V. in Leipzig unterstützt. Diese Erwartung erwies sich als trügerisch, zahlreiche Prozesse folgten, und schon bald erging die Aufforderung an die »Mint-Automaten-Aufsteller«, sich unter dem Stichwort »Existenzsicherung« an den Reichsverband zu wenden, um eine einheitliche Regelung mit den Behörden zu erzielen.[19]

Trotz der auftretenden Probleme begannen auch deutsche Hersteller mit der Produktion von »Mintautomaten«. 1929 brachten Max Jentzsch & Meerz in Leipzig ein als »Waren-Automat« bezeichnetes Dreiwalzen-Spielgerät heraus. »Nach Einwurf von 10 Pfennig ist die in der Mitte sichtbare Kurbel einmal nach rechts zu drehen, wodurch sich 3 Früchte-Rollen in Bewegung setzen. Je nach Bildstellung erhält man bei Modell A 2 bis 20, bei Modell B 2 bis 12 Marken zur Gratis-Weiterbenutzung. Die Pfefferminzrolle erhält man in jedem Falle nach 10 Pfennig Einwurf und Drehen des an der unteren rechten Seite angebrachten Knopfes.«[20] In verbesserter Version mit drei Bremsen für die Walzen wurde dieses Gerät zur Frühjahrsmesse 1930 präsentiert (vgl. Kat. Nr. 37); 1932 kam der Jackpot hinzu.[21]

Diese neuen Elemente des Geldspiels fanden bald auch die Nachahmung anderer deutscher Hersteller. 1931 bot die Automatenfabrik Santelmann & Priess in Hannover einen der beliebten, nach dem »Elite«-System gebauten Spielautomaten als »Warenautomat« in Verbindung mit dem Verkauf von Drops-, Pfefferminz- oder Schokoladerollen an,[22] der »Gold und Silber« derselben Firma erhielt 1932 einen Jackpot, der einen Gewinn bis zu 3,50 RM auszahlte.[23]

Zwei Jahre, nachdem Jentzsch & Meerz den ersten deutschen »Mintautomaten« vorgestellt hatten, begann auch die Firma Schwarz & Coppel GmbH in Leipzig mit der Herstellung dieser Geräte. Dieses Unternehmen vertrieb zunächst Dreiwalzengeräte von Mills, sicherte sich im Juli 1931 auch die General-Vertretung von Jennings[24] und kam zur Frühjahrsmesse 1931 mit dem »Rotary« auf den Markt (Abb. 65).[25] Die Werbung für diese Geräte betont die Bedeutung dieser Lizenznachbauten für die deutsche Wirtschaft: »... daß dieses und ähnliche Modelle in Zukunft in Deutschland aus deutschen Rohstoffen und von deutschen Fachleuten hergestellt werden.«[26] Nach der Trennung von Friedrich Coppel brachte die C. M. Schwarz GmbH in rascher Folge den »Astoria« (1931),[27] den »Jackpot-Astoria« (1931, Abb. 217),[28] und den »Silent« (1932), ebenfalls mit Jackpot,[29] heraus. Seit August 1932 firmierte Schwarz als Tura Automatenfabrik GmbH, die bereits kurz darauf als »die größte und aufs modernste eingerichtete Automaten-Fabrik für Spiel- und Unterhaltungs-Automaten in Europa«[30] auftrat. Aus der bis dahin beispiellosen Werbung spricht unverhüllt das ideologische Selbstbewußtsein der neuen Machthaber.

»Vorbildlich ist die Betriebsorganisation – jeder tut sein Bestes ohne durch Akkordlöhne hierzu gezwungen zu werden. Nur mit diesem Geiste konnte es überhaupt möglich sein während der katastrophalen Wirtschaftskrise ein solches Unternehmen aufzubauen.
Einen gewaltigen Aufschwung erlebte die Tura-Automatenfabrik, als in Deutschland deutsche Arbeit wieder geachtet und wieder begehrt wurde. Die Tura-Automatenfabrik war schon aufgebaut im Sinne unseres neuen Deutschlands, deshalb mußte der Erfolg durchschlagen, konkurrenzlos in jeder Beziehung werden als das neue Deutschland Wahrheit wurde.«[31]

Erst nach dem Zweiten Weltkrieg wurden die Ausmaße des unlauteren Wettbewerbs bekannt, dem die Tura-Werke ihren kometenhaften Aufstieg verdankten.[32]

65 »Rotary«, C. M. Schwarz GmbH, Leipzig 1931

Der Einheitsautomat

Im Rahmen der NS-Wirtschaftsprogramme kündigte sich Ende 1933 eine Neuorganisation der Automatenbranche an. Ziel dieser Neuerung war es, »... daß man einen Einheitsautomaten in der Type einfach bestimmen will, der gewisse Normalgrenzen der Gewinn- und Verlustchancen aufweist, so daß der Benutzer diesmal gegen eine zu große Benachteiligung gewahrt bleiben soll.«[33] Dreiwalzengeräte wurden für unbedenklich erklärt, wenn der Unternehmergewinn bei 1000 Spielen nicht mehr als 14% betrug.[34]

Im Januar 1934 wurden sechs Spielgeräte im »Automat« vorgestellt, die vom Landeskriminalpolizeiamt in Berlin für unbedenklich erklärt worden waren.[35] Der »Dirigent« der Firma Kegler & Bürk, Düsseldorf, vertrieben von Georg Tränkner & Carl Wietfeld, Düsseldorf (Abb. 66), der »KASUS« der Tura-Werke, Leipzig, und der »PERMISSA« von Jentzsch & Meerz, Leipzig, waren Dreiwalzengeräte, die nun weder einen Jackpot besaßen noch zum Verkauf von Pfefferminz eingerichtet waren. Gemäß den neuen Verordnungen wurden sie als »Geschicklichkeitsprüfer« bezeichnet, die mit einem Einsatz von 10 Rpf. zu bespielen waren und als Höchstgewinn 1 RM auszahlten. Mit dem »SIFRA« der Gebr. Lemmerz GmbH, Königswinter, wurde ein Einscheibengerät zugelassen (Abb. 213), der »Eidesko« (Abkürzung für »Ei des Kolumbus«) der DEWAG-Automatenbau, Hannover, stellte ein Münzschleuderspiel vor (Abb. 67)[36] und »Der Bierzapfer« der Firma Argus GmbH, Breslau, ein Standautomat in Form eines Bierfasses.[37]

Die seit 1928 ständig wiederholte Forderung nach »Prüfungsstellen für Automaten«[38] und einer »einheitlichen Regelung der Unterhaltungs-Automaten-Aufstellung«[39] wurde durch die Durchführungsverordnung vom 25.6.1934 eingelöst, die die Physikalisch-Technische Reichsanstalt (PTR) als Kontrollinstanz für die Zulassung aller Spielautomaten einsetzte. Damit war die Rechtsunsicherheit beendet, die bis dahin die Genehmigung einzelner Geräte von der Beurteilung lokaler Polizeibehörden abhängig gemacht hatte. Die Ausgabe von Richtlinien, die bei der Herstellung von Spielautomaten zu befolgen waren, ließ jedoch auf sich warten. Zunächst galt nur, daß »die Übung des Benutzers (Geschicklichkeit) von Einfluß auf den Spielerfolg ist«, daß ferner »durch unzulässige Eingriffe bewirkte Änderungen der durch die Zulassungsprüfung des Mustergerätes festgestellten Bauart und Arbeitsweise ausgeschlossen sind« und schließlich die »für den Spielvorgang wichtigen Bauteile sorgfältig und dauerhaft ausgeführt« zu sein hatten, um Veränderungen im Spielablauf zu verhindern.[40]

Die Unsicherheit im Spielautomatengewerbe steigerte sich zunehmend, als Neuzulassungen durch die PTR weiterhin ausblieben. Mit der Durchführungsverordnung vom 22.5.1935 wurde die Aufstellung von Spielautomaten auf zeitlich begrenzte Veranstaltungen unter freiem Himmel eingeschränkt. Damit war »den bisher üblichen Geld- und Marken-Spielautomaten nunmehr endgültig das Todesurteil gesprochen«.[41] Die Dreiwalzengeräte wurden gänzlich verboten, und für die übrigen Spielautomaten galt, daß sie anstelle von Bargeld wieder einen Warengewinn ausspielen mußten. Anstelle des Zufalls stand nun wieder die Geschicklichkeit des Spielers im Vordergrund, die durch vorgesehene Übungsspiele gesteigert werden konnte. Um Veränderungen des Spielablaufes zu verhindern, wurde die »Einkapselung des spielwichtigen Teils verlangt«, der zudem Zähler für die Einnahmen und die Gewinnausgaben enthalten sollte.[42] Am 11.12.1935 erfolgte schließlich die erste Zulassung der PTR für ein neues Spielgerät, den »Adler« von der Firma Adolf Leuschner, Leipzig (Abb. 68).[43] Dieses auch in Gastwirtschaften zugelassene Fingerschlaggerät spielte Gewinnmarken aus, die nach dem Gewinnplan gegen Waren eingetauscht werden konnten. Neubelebt wurde auch das »Bajazzo«-Prinzip des Kugelfangspiels, das in Geräten wie »Imosport« von Max Jentzsch & Meerz, Leipzig (Abb. 223), »VIKTORIA« der Mundlos AG, Magdeburg,[44] und »Glocke« von Johannes Möbius, Leipzig,[45] angeboten wurde. Eine Abweichung von diesem Spielprinzip bot allein der »OPTIMIST« der ATEBE, Breslau,[46] bei dem eine Kugel durch einen beweglichen Schlitten und einen Hammer in eine zweite Spielebene geschlagen werden muß (Abb. 69). Bei allen Geräten, die 1936 zugelassen wurden, war eine direkte Warenausgabe anstelle der Gewinnmarken vorgesehen. Diese wenigen Geräte konnten jedoch nicht die Gunst des Publikums gewinnen; im Februar 1937 waren vom »Adler« 625, vom »Imosport« 50, von der »Glocke« und dem »OPTIMIST« je fünf und sechs, und von der »VIKTORIA« ganze zwei Geräte zugelassen worden.[47]

In den Jahren bis zum Kriegsausbruch verlor der Geldspielautomat mit Gewinnausgabe völlig

66 »Dirigent«, Kegler & Bürk, Düsseldorf 1934

67 »Eidesko«, DEWAG Automatenbau, Hannover 1934

68 »Adler«, Firma Adolf Leuschner, Leipzig 1935

an Bedeutung, die Hersteller verlegten sich nun ganz auf die Herstellung von Warenautomaten, die seit dem 6.7.1934 nicht mehr an die Ladenschlußzeiten gebunden waren, und auf die Unterhaltungsgeräte, wie Flipper und Sportspiele, die keiner Einschränkung unterlagen.

69 »OPTIMIST«, ATEBE, Breslau 1936

Das Groschenspiel nach 1945

Nach dem Ende des 2. Weltkrieges richteten sich zunächst alle Kräfte auf die Versorgung der Bevölkerung mit den notwendigsten Lebensmitteln und den Wiederaufbau der zerbombten Städte. Viele Fabriken von Automatenherstellern lagen in Schutt und Asche oder wurden demontiert. Leipzig, das ehemalige Zentrum der Automatenindustrie, war durch die russische Besetzung gänzlich aus dem Wettbewerb ausgeschieden. Erst mit der Währungsreform und der Teilenteignung von privatem Geldvermögen durch die Besatzungsmächte im Juni 1948 wurde die Grundlage für die wirtschaftliche Wiederbelebung in der neu gegründeten Bundesrepublik geschaffen. Im Mai 1949 wurden die ersten neu geprägten 10-Pfennig-Stücke ausgegeben, 1950 folgten dann die 50-Pfennig- und die 1- und 2-DM-Münzen. Damit war auch die Voraussetzung für die Bespielung von Münzautomaten wieder gegeben.

Für die Zulassung der Geräte waren zunächst drei verschiedene Institutionen in Berlin (PTR), Braunschweig (PTB) und München (Staatliches Bayerisches Prüfamt für Technische Physik bei der TH) zuständig[48], seit 1953 dann allein die PTB (Physikalisch-Technische Bundesanstalt). Als rechtliche Basis für die Zulassung der Spielgeräte galt zunächst noch der § 33 d der Gewerbeordnung von 1935, der die Ausspielung von Geld nur zeitlich begrenzt und unter freiem Himmel gestattet hatte.

70 »Druplix Magnet«, Emil Plinke, Berlin 1952

Im März 1950 fand in Frankfurt die erste Automaten-Messe nach dem Krieg statt.[49] Die in dieser Anfangsphase auf den Markt gebrachten Spielgeräte mit Gewinnmöglichkeit greifen die Spielideen erfolgreicher Geräte aus den 20er und 30er Jahren auf. Das »Bajazzo«-Prinzip des Kugelfangs wurde mit Geräten wie dem »FUBA II« der Nordwestdeutschen Automaten-Herstellungs- und Vertriebsgesellschaft mbH, Hamburg, 1950,[50] neu belebt, die »Glücksspinne« von Th. Bergmann, Hamburg-Altona, 1953, und der »Druplix Magnet« von Emil Plinke, Berlin, 1952, greifen die Idee des Kugelbalancierens auf (Abb. 70). Mit dem »FAVORIT«, ebenfalls von Bergmann 1950, wurde das Münzschleuderspiel wieder eingeführt (Abb. 71),[51] und auch das Fingerschlagsystem kam mit Geräten wie dem »TREFF« von Walter Steiner, Berlin 1949 (Abb. 72),[52] und dem »TOTOMAT« von Günther Wulff, Berlin, 1950 (Abb. 228), wieder auf den Markt. Die 1949 gegründete LÖWEN-Automaten Vertriebsgesellschaft, Braunschweig, brachte 1950 eine »Angebotsliste« für den Aufsteller heraus,[53] in der sich neben Fingerschlaggeräten und Unterhaltungsspielen, wie Schießautomat, Hockey und Fußball, auch Drei-Walzen-Maschinen aus der Vorkriegsproduktion von Tura und Jentzsch & Meerz sowie fabrikneue Jennings-Geräte aus den USA befanden.

Da das Geldspiel noch nicht wieder genehmigt war, zahlten diese Geräte den Gewinn in Warenbezugsmarken aus. Nach Maßgabe des Gewinnplans konnten die Marken eingelöst werden, sie durften jedoch nicht für das weitere Spielen am Gerät verwendet werden.[54]

71 »FAVORIT«, Th. Bergmann & Co., Hamburg-Altona 1950

Die Neuordnung des Geldspiels

Eine schrittweise Neuordnung des Geldspiels erfolgte durch die Änderungsverordnung vom 27.7.1951. Die neuen Zulassungsgrundsätze besagten: »Bei der Zulassung mechanisch betriebener Spielgeräte kommt es nicht darauf an, ob der Erfolg von der Geschicklichkeit des Spielers oder vom Zufall abhängt.« Maßgebend wurde nun die Begrenzung der Spielzeit auf mindestens 15 Sekunden, der Einsatz von 10 Pfennig und der Gewinn von höchstens 1 DM; 60% des Gesamtumsatzes mußten an den Spieler zurückgezahlt werden.

Die rein mechanischen Spielautomaten wie die Münzschleudergeräte, entsprachen diesen Vorschriften nicht mehr, da der Spielablauf wesentlich kürzer war; die Zulassungen für diese

Geräte liefen 1953 aus. Auch war es möglich, diese Geräte zu manipulieren, indem Groschen, die sich bereits in den Verlustschächten befanden, durch einen entsprechend starken Magneten in die Gewinnschächte gezogen werden konnten, so daß die Auszahlmechanik ausgelöst und die Geräte ausgeplündert wurden.

Mit der exakten Eingrenzung der Spielzeit war die Geburtsstunde des elektromechanischen Spielautomaten gekommen, in dem eine eingebaute Schaltwalze Anfang und Ende des Spiels unabhängig von der Mitwirkung des Spielers regelte. Eines der erfolgreichsten Geräte dieser neuen Ära war der »ELEKTROMAT« der Günther Wulff-Apparatebau, Berlin, von 1952, der das traditionsreiche Prinzip der Münzschleuder mit einer elektrisch gesteuerten Gewinnanzeige verband (vgl. Kat. Nr. 56). Der im folgenden Jahr eingeführte »ROTAMINT« (vgl. Kat. Nr. 43) der 1952 gegründeten NSM, Braunschweig, läutete eine neue Entwicklungslinie in der Geschichte des Geldspiels ein. Das hier vorgestellte Prinzip der drei rotierenden, mit Zahlen besetzten Scheiben, durch die eine Dreier-Gewinnkombination, ähnlich wie bei den herkömmlichen Drei-Walzen-Geräten, erzielt werden kann, erwies sich als ein Erfolgskonzept, an das sich bald andere Hersteller anschlossen (Abb. 73). Noch im gleichen Jahr brachte Wulff als Konkurrenzgerät mit dem »ROTOMAT« den ersten Drei-Walzen-Wandautomaten heraus (Abb. 74). NSM und Wulff, die bald zu Marktführern der Branche avancierten, kennzeichneten ihre Nachfolgegeräte durch die »-mint« und »-mat«-Endungen der Gerätenamen, die damit auch für den Spieler als kontinuierliche Entwicklung von jeweils verbesserten Gerätetypen der beiden Hersteller leicht zu erkennen waren.

Die Durchführungsverordnung vom 18.9.1953 hob die Fassung des § 33 d von 1935 endgültig auf. Damit war das Geldspiel auch in geschlossenen Räumen wieder möglich, die Ausgabe von Spielmarken wurde zugunsten des reinen Geldgewinns aufgehoben. Diese Regelung führte zu einem Aufschwung der Spielgerätebranche: 1953 boten ca. 35 Hersteller 70 unterschiedliche Gerätetypen an. Neben Bergmann, NSM und Wulff errangen in dieser Zeit auch Geräte wie »Vater und Söhne«, »Onkel Otto« und »Hinein« (Abb. 75) der POS-Automatenbau, Düsseldorf, größeren Erfolg. Die in Düsseldorf angesiedelten Firmen Automatenbau Rhein-Ruhr, Reitz und Union versuchten vorübergehend mit Umbaugeräten von Vorkriegsmodellen wie dem »Merkur«, dem »Heros D« (Abb. 76) u.a. den traditionellen Typ des Drei-Walzen-Thekengerätes wieder zu beleben.[55] Mitte der 50er Jahre kam mit der Wiedereinführung von Einscheibengeräten das »Roulette des kleinen Mannes«[56] als Neuerung auf den Markt (Abb. 77).

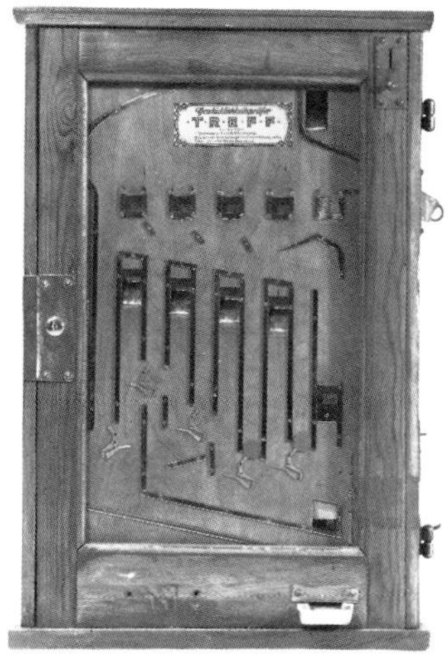

72 »TREFF«, Walter Steiner, Berlin 1949

73 »SUPER«, Th. Bergmann & Co., Hamburg-Altona 1955

74 »ROTOMAT«, Günther Wulff-Automatenbau, Berlin 1953

75 »Hinein«, POS-Automatenbau, Düsseldorf 1953

76 »Heros D«, Automatenbau Rhein-Ruhr, Düsseldorf 1953

77 »ROYAL-ROULETT«, Hanno-Automaten, Hannover, 1956

78 »Astoria Doublet«, Westautomaten Günter Hiltgens KG, Moers 1959

Die kantigen Holzgehäuse wurden nun von einer weich geschwungenen Linienführung abgelöst, in der mehr und mehr auch Plastik und Aluminium zum Einsatz kamen; das typische Design der 50er Jahre spiegelt sich in den asymmetrischen Linien auf der Frontseite (Abb. 78).

Der Aufschwung nach 1953 kam jedoch bereits Ende der 50er Jahre zum Erliegen, 1959 produzierten nur mehr 15 Hersteller Geldspielgeräte. Die vorhandene Typenvielfalt führte zu einer Messepause zwischen 1960 bis 1966, der Markt war durch die umfangreiche Produktpalette von bis zu sechs verschiedenen Geräten der einzelnen Hersteller zunächst gesättigt.[57] In dieser Zeit wurden die Musikbox und die Flipper in Deutschland zum Inbegriff der automatischen Unterhaltung.[58]

Die Zugkraft der unterschiedlichen Modelle ist neben der optischen Aufmachung vor allem im Spielsystem und in der Gewinnauszahlung zu suchen. Bereits Anfang 1960 bemühte sich die Branche vergeblich, das 20-Pfennig-Spiel durchzusetzen. 1967 kam mit der Einführung der Sonderspiele in der »Goldenen 7« von NSM ein neuer Spielanreiz hinzu, da hier mit jedem Sonderspiel der erzielte Gewinn automatisch auf 1 DM aufaddiert wurde (Abb. 79).[59] Im folgenden Jahr wurde dann das 20-Pfennig-Spiel zugelassen, das entsprechend auch einen Höchstgewinn von 2 DM ermöglichte.

Mit dem erfolgreichen »MERKUR« (Abb. 80) von 1977, ein Jahr nach Zulassung des 30-Pfennig-Spiels,[60] begann die Geldspielproduktion der adp-automaten gmbh von Paul Gauselmann, Espelkamp, die sich bald die bis heute führende Position innerhalb der Branche erwarb.[61] Dieses Dreiwalzengerät weist in den verschieden großen Fenstern der Gewinnfelder bei Stillstand der Walzen sechs Beträge auf, so daß sich sechs mögliche Gewinnlinien ergeben. Die Zahl der erreichbaren Sonderspiele stieg hier auf 100, die bereits mit dem ersten Spiel erreicht werden konnten. Die schon bei den TV-Spielen und den Flippern bewährte Elektronik wurde auf der Messe 1980 mit dem »ROTOTRON« von Bally-Wulff, Berlin (vgl. Kat. Nr. 117), dem »Bingo-Royal« der Firma Hellomat, Mechernich, und dem »Super Chance« von Th. Bergmann & Co., Rellingen, vorgestellt. Die programmgesteuerten Geräte der modernen Spielautomatengeneration sind mit elektronischer Datenüberwachung ausgestattet, die Berechnung der Gewinnchancen wird heute weitgehend von einem Zufallsgenerator gesteuert.

Der »Triomint« von NSM, Bingen 1979, führte ein neues Spielfeature, das Risikospiel, ein (Abb. 81).[62] Mit einer Chance von 1:1 kann der Spieler seinen bisherigen Gewinn setzen, d.h. den Gewinn verdoppeln oder alles verlieren. Der »MERKUR DISC« der Unternehmensgruppe Gauselmann, Espelkamp, von 1984 (Abb. 82), war mit 30.000 verkauften Stück das erfolgreichste Gerät in der Geschichte des Geldspiels.

Der technische Wandel hat auch das Erscheinungsbild der Geräte verändert. Waren bei den ersten Spielgeräten nur einige wenige Anweisungen zum Spielablauf nötig, so muß heute die Scheibe eines Geldspielgerätes eine Vielzahl von Informationen aufnehmen, damit dem Spieler durch die Lichtsignale der Spielstand verdeutlicht und die Möglichkeit der Spielfortsetzung angezeigt werden kann. Hinzu kommen akustische Reizsignale, die zu einer Fortsetzung des Spiels anregen.

Die Spielautomatenindustrie ist heute zu einem Wirtschaftsbereich mit annähernd 60.000 Arbeitsplätzen herangewachsen. Nur fünf Hersteller bauen heute noch »Unterhaltungsautomaten mit Gewinnmöglichkeit«, von denen etwa 180.000 Stück in der Bundesrepublik aufgestellt sind.

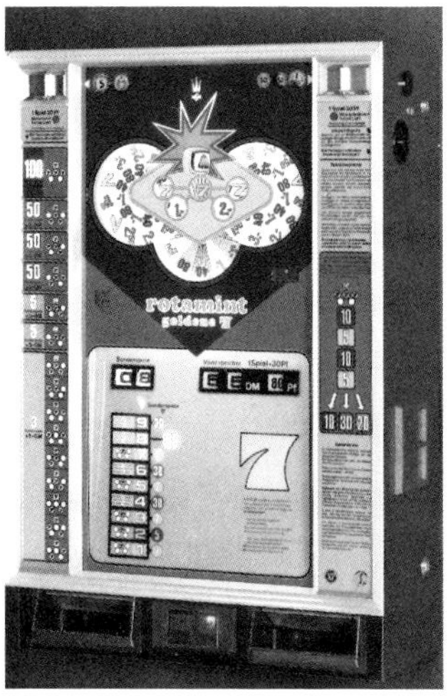

79 »rotamint goldene 7«, NSM Apparatebau GmbH, Bingen 1967

80 »MERKUR«, adp-automaten, Espelkamp 1977

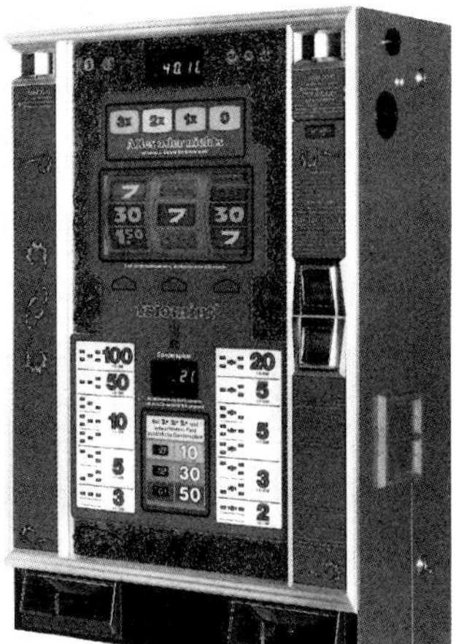

81 »triomint«, NSM Apparatebau GmbH, Bingen 1979

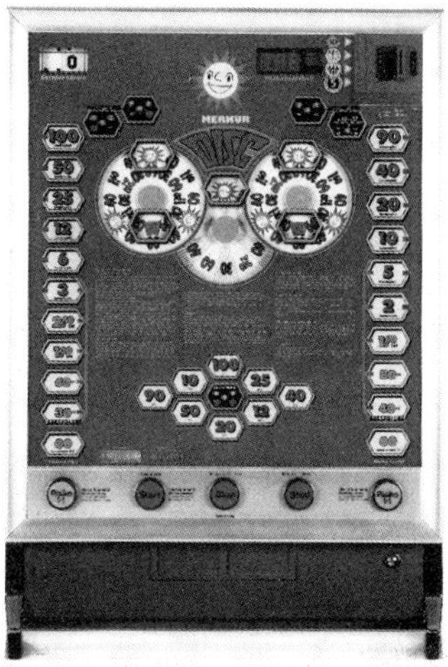

82 »MERKUR DISC«, adp-automaten gmbh, Espelkamp 1984

83 »BIG RISC«, Bally Wulff, Berlin 1988

84 »JACKY Plus«, NSM Apparatebau GmbH, Bingen 1988

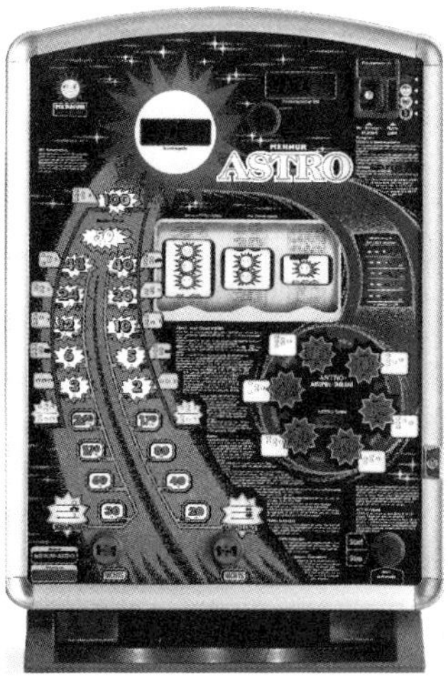

85 »MERKUR ASTRO«, adp-automaten gmbh, Espelkamp 1988

86 »HAPPY STARS«, Th. Bergmann & Co., Rellingen 1988

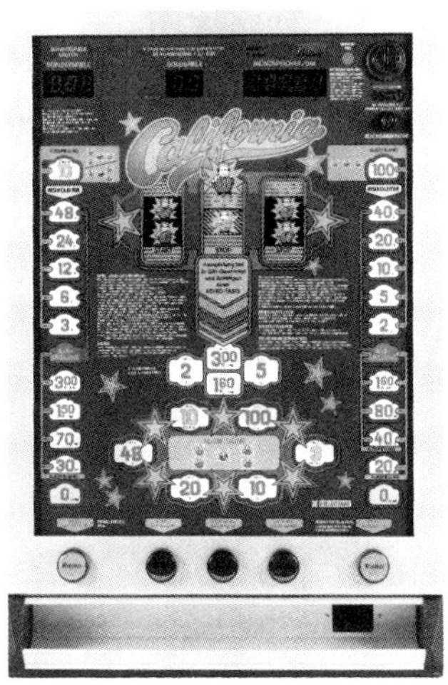

86 a »California«, Hellomat Automaten GmbH, Mechernich 1988

Herr Lotterie-Einnehmer: „Ein Glück, daß die Dinger da verboten worden sind!"
Bekannte: „Warum? Die Kästen waren doch wirklich harmlos!"

Der Herr Lotterie-Einnehmer: „Das wohl, aber nun können doch die betreffenden Spieler für das Geld Lose der ‚Preußisch-Süddeutschen' kaufen!"
Der Bekannte: „Ist die Lotterie denn kein Glücksspiel?"

Der Herr Lotterie-Einnehmer: „Gewiß, aber — staatlich konzessioniert und sehr einträglich für gewisse Ziehungsbeamte!"

W. v. W.

87 Karikatur zu den »Bajazzo«-Prozessen, 1927

HEINZ KUMMER

Zur Entwicklung des gewerblichen Spielrechts

»Spiel ist jede Tätigkeit, die ohne Zwang einer Pflicht lediglich aus Freude an ihr selbst ausgeübt wird«.[1] In diesem ursprünglichen generellen Sinn bedeutet das Spiel Zerstreuung und Erholung. Wenn bei einem Spiel aber Vermögenswerte »auf dem Spiel« stehen, kann das spielerische Element verdrängt werden durch das Bestreben, schnell und ohne Anstrengung materielle Vorteile zu erlangen. Das kann für den Spieler bei hohen Einsätzen zu wirtschaftlichen Verlusten und zu sozialen Problemen führen. Fast alle Staaten haben es deshalb schon früh als ihre Aufgabe angesehen, bestimmte Spiele, die sie für sozial schädlich halten, durch gesetzliche Vorschriften zu erfassen und mehr oder weniger zu verbieten.

Von Bedeutung ist dabei, daß die erwähnten Gefahren ausschließlich dem Glücksspiel zugeschrieben werden; die einschränkenden Bestimmungen betreffen deshalb allein die öffentliche Veranstaltung von Glücksspielen. Geschicklichkeitsspiele werden dagegen in aller Regel nicht von dem Verbot erfaßt, unabhängig davon, ob es sich um Spiele mit oder ohne Gewinnmöglichkeit handelt. Die Regelungen enthalten ein qualifiziertes Verbot der öffentlichen Veranstaltung von Glücksspielen, das in der Schweiz z.B. in der Verfassung, meist jedoch im Strafrecht oder im Polizeirecht niedergelegt ist. Vom Glücksspielverbot können Ausnahmen zugelassen werden, durch die die öffentliche Veranstaltung von Glücksspielen unter staatlicher Kontrolle zugelassen wird. In diesem Zusammenhang wird von dem Glücksspielmonopol des Staates gesprochen. Die Regelungen über öffentliche Spielbanken, Lotto, Fußball- oder Pferdewetten beruhen auf diesem Ausnahmetatbestand, wobei in den letzten Jahren fiskalische Interessen des Staates gegenüber dem Schutzgedanken des Spielers immer mehr in den Vordergrund treten.

In Deutschland wurde am 15. Mai 1871 das Strafgesetzbuch für den Norddeutschen Bund als Strafgesetzbuch für das Deutsche Reich übernommen. Darin war bestimmt, daß derjenige, der »aus dem Glücksspiel ein Gewerbe macht«, mit Gefängnis bis zu zwei Jahren bestraft wird. Diese Vorschrift wurde 1919 geändert. Die §§ 284ff. StGB erhielten die noch heute geltende Fassung. Danach wird bestraft, wer ohne behördliche Erlaubnis öffentlich ein Glücksspiel veranstaltet oder hält oder die Einrichtung hierzu bereithält.

Zentraler Begriff der Verbotsregelung ist der des »Glücksspiels«, der damit das Merkmal für die Unterscheidung zwischen strafrechtlich verbotenen und den unbeschränkt zulässigen Spielen bildet. Ein Kennzeichen aller Glücksspiele ist, daß der Zufall den Spielausgang bestimmt. Ein Glücksspiel setzt voraus, daß »die Entscheidung über Gewinn oder Verlust nicht wesentlich von den Fähigkeiten und Kenntnissen sowie vom Grade der Aufmerksamkeit der Spielers, sondern allein oder hauptsächlich vom Zufall, d.h. vom Wirken unberechenbarer, dem Einfluß der Beteiligten entzogener Ursachen abhängt«.[2] In der juristischen Literatur und in der Rechtsprechung ist weiterhin unbestritten, daß Glücksspiele nur solche Spiele sind, bei denen Gewinn und Verlust einen Vermögenswert darstellen. Das Reichsgericht hat bereits im Jahre 1882 entschieden, daß vom Begriff Glücksspiel solche Spiele für ausgeschlossen erachtet werden müssen, »welche um Objekte, denen nach gesellschaftlicher Anschauung die Bedeutung eines Vermögenswertes abgesprochen wird, gespielt und deshalb als harmlose gesellige Unterhaltung angesehen werden«.[3]

Nicht vom Glücksspielverbot erfaßt waren danach von vornherein Geschicklichkeitsspiele sowie Zufallsspiele, bei denen ein Vermögenswert weder gewonnen noch verloren werden konnte, bei denen nur um geringe Beträge gespielt wird und der Unterhaltungscharakter im Vordergrund steht. Dieser Bereich stand für eine gewerbliche Tätigkeit zunächst ohne Beschränkungen offen. Die ersten Unterhaltungsautomaten mit Gewinnmöglichkeit kamen in Deutschland Ende des vorigen Jahrhunderts auf den Markt, erlangten jedoch erst nach dem Ersten Weltkrieg größere Verbreitung.

In den 20er Jahren tauchten Probleme auf, weil die Rechtssprechung keine eindeutig nachprüfbaren, objektiven Kriterien entwickeln konnte, wann es sich bei einem bestimmten Spiel um ein erlaubtes bzw. um ein verbotenes Spiel handelte. Unterschiedliche Beurteilungen einunddesselben Gerätes durch verschiedene Gerichte verunsicherten die Aufsteller und Hersteller von Spielgeräten mit Gewinnmöglichkeit. Unter dem Begriff »Bajazzo-Prozesse« hat die unsichere Rechtslage in den späten 20er Jahren ihren Niederschlag in der zeitgenössischen Presse gefunden (vgl. Kat. Nr. 45). Die Polizei konnte erst eingreifen, wenn ein rechtskräftiger Richterspruch ergangen war, und nur in dem Raum, in dem das Urteil wirksam war. Um einen Ausweg aus dieser Situation und eine »vorbeugend wirksame Kontrolle«[4] zu schaffen, engte der Gesetzgeber durch das Gesetz zur Änderung der Gewerbeordnung vom 18.12.1933 den bis dahin unbeschränkten Bereich der gewerblichen Betätigung ein.[5] Der neu eingefügte § 33 d der Gewerbeordnung steht am Beginn einer gesetzlichen Regelung des gewerblichen Spielrechts. In Absatz 1 heißt es:

»wer gewerbsmäßig auf öffentlichen Wegen, Straßen, Plätzen oder an anderen öffentlichen Orten mechanisch betriebene Spiele und Spieleinrichtungen, die die Möglichkeit eines Gewinns bieten, aufstellen will, bedarf dazu der Genehmigung der Ortspolizeibehörde.«

Absatz 2 enthält die Ermächtigung zum Erlaß einer Durchführungsverordnung (DVO) und zur Bestimmung einer Genehmigungspflicht auch für die gewerbliche Veranstaltung anderer, eine

Gewinnmöglichkeit bietender Spiele an öffentlichen Orten. Damit wurde alle Geräte und Spiele unabhängig davon, ob sie als Zufalls- oder Geschicklichkeitsspiele anzusehen waren, einer Genehmigungspflicht unterworfen, um im voraus eine klare Trennung zwischen dem Bereich der zulässigen gewerblichen Betätigung und den verbotenen Glücksspielen zu ermöglichen. Die bald danach ergangene Durchführungsverordnung vom 25.6.1934 bestimmte, daß die Aufstellung eines Spielgerätes von der Zulassung eines Mustergerätes durch die Physikalisch-Technische Reichsanstalt (PTR) abhängig zu machen sei. Damit war die Entscheidung über die Zulässigkeit eines Spielgerätes im Rahmen der gewerblichen Aufstellung in eine Hand gelegt worden. Die für die Aufstellung erforderliche polizeiliche Genehmigung durfte nur für Geräte erteilt werden, deren Bauart von der PTR, später der Physikalisch-Technischen Bundesanstalt (PTB) zugelassen worden war. Auf die Erteilung der Baugenehmigung bestand ein Rechtsanspruch. Sie konnte nur versagt werden, wenn bestimmte in der Verordnung aufgezählte Versagungsgründe vorlagen.

Die Durchführungsverordnung des Jahres 1934 wurde schon ein Jahr später durch eine neue Durchführungsverordnung aufgehoben und abgelöst. Die DVO vom 22.5.1935 brachte erhebliche Einschränkungen.[6] Sie bestimmte in § 10 unter anderem, daß Geräte, die Geld- oder Warenmarken auswarfen, nur noch auf »Jahrmärkten, Schützenfesten oder ähnlichen gelegentlich unter freien Himmel stattfindenden Veranstaltungen von vorübergehender Dauer« aufgestellt werden durften. Diese Beschränkung brachte das Gewerbe fast völlig zum Erliegen.

Erst 1951 trat eine Änderung ein. Während bis dahin nur die Bauart von Geräten zugelassen wurde, bei denen die Geschicklichkeit überwog, sollte es nun nicht mehr darauf ankommen, ob der Erfolg von der Geschicklichkeit des Spielers oder vom Zufall abhängt. Wesentlich sollte vielmehr sein, daß dem Spieler ein Spiel angeboten wird, das ihm für eine gewisse Dauer eine Unterhaltung bietet. Die Änderungsverordnung vom 27.7.1951 führte zwar nicht zu einer Änderung des § 10 der DVO von 1935, wonach auch weiterhin Geräte mit Geld- oder Warengewinnen nur unter freiem Himmel zugelassen waren[7]; die zu gleicher Zeit veröffentlichten allgemeinen Verwaltungsvorschriften für die Veranstaltung von Spielen bei Volksbelustigungen vom 27.7.1951 legten jedoch erstmals die Kriterien fest, unter denen von der PTB die Bauart von Spielgeräten zugelassen werden konnte, bei denen Gewinn und Verlust vom Zufall abhängig sind.[8] Dieser neue Gerätetyp mußte im wesentlichen folgende Eigenschaften haben: Vom Beginn des Spieles bis zum Beginn des nächsten Spieles müssen 15 Sekunden vergehen. Der Einsatz darf –,10 DM, der Höchstgewinn das Zehnfache des Einsatzes nicht übersteigen. Bei 1000 Spielen müssen mindestens 60% des Einsatzes als Gewinn ausbezahlt werden.

Aufgrund dieser Festlegungen wurde das Spiel berechenbar. Die Höhe des durchschnittlichen Verlustes konnte vorausbestimmt werden. Damit wurde es möglich, festzulegen, wann ein Spiel unbedenklich ist, weil es keine nennenswerten Vermögensverschiebungen zuläßt und damit unter der Grenze dessen liegt, was tatbestandsmäßig vom Glücksspiel erfaßt wird. Die PTB ließ künftig nur noch die Bauart von solchen berechenbaren Zufallsspielen zu. Damit war der Unterhaltungsautomat mit Gewinnmöglichkeit, wie er sich im Prinzip noch heute darstellt, geboren.

Durch die Durchführungsverordnung vom 13.8.1953 wurde das Verbot der Aufstellung von Unterhaltungsautomaten mit Geldgewinnen in geschlossenen Räumen beseitigt[9] und damit der Rechtszustand wieder hergestellt, wie er bis zum Erlaß der DVO 1935 bestanden hatte. Das heißt, die Aufstellung konnte wieder in geschlossenen Räumen an öffentlichen Orten erfolgen. Auf Jahrmärkten, Schützenfesten und ähnlichen Veranstaltungen unter freiem Himmel durften dagegen nur noch Spielgeräte mit Warengewinnen aufgestellt werden.

Eine wesentliche Änderung betraf die Zulassung der Geräte. Diese bisher nur in den Richtlinien für die PTB festgelegten Voraussetzungen für die Bauartenzulassung, nämlich die Mindestspieldauer für ein Spiel von 15 Sekunden und die maximale Einsatz- und Gewinnhöhe von –,10 bzw. 1,– DM sowie die Mindestauszahlung von 60% der Einsätze wurde in die Durchführungsverordnung übernommen. Damit erhielt die Institution des Unterhaltungsautomaten mit Gewinnmöglichkeit Rechtsqualität. Es war nunmehr der Gesetzgeber, der unter Abwägung der Belange der öffentlichen Hand und der berechtigten Interessen des Gewerbes zu bestimmen hat, welcher Verlust unter Berücksichtigung der wirtschaftlichen und sozialen Belange dem Bürger für ein Unterhaltungsspiel zumutbar ist. Als solches gilt ein Spiel, das keine dem Glücksspiel zurechenbare Vermögensverschiebung bewirkt und bei dem der Einsatz ein angemessenes Entgelt für die gebotene Unterhaltung darstellt. Neben dem federführenden Bundeswirtschaftsminister waren an der Gesetzgebung der Innenminister, das Jugendministerium und die Länder durch den Bundesrat beteiligt. Der Unterhaltungsautomat mit Gewinnmöglichkeit wurde damit zu einer Institution des Gewerberechts.

Eine Änderung der DVO aus dem Jahre 1953 durch die Verordnung vom 12.12.1955 brachte eine Regelung hinsichtlich der für die Aufstellung von Unterhaltungsautomaten zulässigen Plätze.[10] Während ihre Aufstellung bisher in geschlossenen Räumen an öffentlichen Orten erfolgen durfte, wurde eine Aufstellgenehmigung jetzt nur noch erteilt,

»wenn das Gerät
1. in Gast-, Schank- oder Speisewirtschaften mit Ausnahme von Trinkhallen jeder Art, Speiseeiswirtschaften, Milchtrink- und Imbißstuben
2. in Spielhallen
3. in Wettannahmestellen konzessionierter Buchmacher aufgestellt werden soll.«

Sinn dieser Regelung war es, im Interesse des Jugendschutzes, eine Aufstellung von Unterhaltungsautomaten mit Gewinnmöglichkeit nur in solchen Betrieben zuzulassen, »in denen entweder Jugendliche stets in Begleitung von Erwachsenen anzutreffen sind oder bei denen der Betriebsart nach eine weitgehende Beaufsichtigung des Spiels und der Spieler möglich ist«. Zugleich wurde die Zahl der Geräte, die an einem Platz aufgestellt werden durften, auf zwei beschränkt.

Mit der Änderung der Gewerbeordnung vom 5.6.1960 ist eine Neuregelung getroffen worden, die heute noch maßgebend ist.[11] Diese Neuregelung war erforderlich geworden, weil § 33 d der Gewerbeverordnung alter Fassung den Anforderungen an den Bestimmtheitsgrundsatz von Ermächtigungsnormen im Sinne des Art. 80 Abs. 1 S. 2 GG nicht entsprach. Von besonderer Bedeutung war dabei die Einfügung des § 33 e der Gewerbeordnung, der als »magna charta« des gewerblichen Spielrechts bezeichnet werden kann. Die Zulassung der Bauart von Unterhaltungsautomaten mit Gewinnmöglichkeit und die Erteilung einer Unbedenklichkeitsbescheinigung für andere Spiele ist danach davon abhängig, daß »nicht die Gefahr besteht, daß der Spieler in kurzer Zeit unangemessen hohe Verluste erleiden kann«. Damit ist eine Norm geschaffen worden, durch die das gewerbliche Zufallsspiel gegenüber dem Glücksspiel abgegrenzt wird. Eine den wirtschaftlichen und sozialen Verhältnissen angepaßte Konkretisierung hat § 33 e GeWO durch § 11 (jetzt § 13) der Spielverordnung erfahren, der die Voraussetzungen für die Bauartenzulassung regelt.

Aufgrund der Ermächtigung in § 33 f GeWO in der Fassung vom 5.2.1960 sind vier Durchführungsverordnungen ergangen: In der Spielverordnung vom 6.2.1962 sind die Vorschriften über die Aufstellung von Spielgeräten und die Veranstaltung anderer Spiele, über die Verpflichtungen des Aufstellers bei der Ausübung seines Gewerbes, die Voraussetzungen bei der Ausübung seines Gewerbes, die Voraussetzungen, unter denen von der PTB die Bauart von Geld- und Warenspielgeräten zugelassen werden muß und die Voraussetzungen für die Erteilung von Unbedenklichkeitsbescheinigungen für andere Spiele zusammengefaßt worden.[12]

Eine Anzahl von Preisspielen in Schank- und Speisewirtschaften sowie von Geschicklichkeitsspielen und Ausspielungen auf Jahrmärkten, Schützenfesten und ähnlichen Veranstaltungen sind durch die Verordnung über die gewerbsmäßige Veranstaltung unbedenklicher Spiele vom 26.11.1963 von dem Genehmigungsvorbehalt freigestellt worden, sofern sie nach den in der Verordnung im einzelnen festgehaltenen Spielregeln veranstaltet werden.[13]

Zwei weitere Durchführungsverordnungen vom 6.2.1962 enthalten Vorschriften über das Verfahren bei der Zulassung der Bauart von Spielgeräten[14] und über das Verfahren bei der Erteilung von Unbedenklichkeitsbescheinigungen anderer Spiele im Sinne des § 33 d GeWO.[15]

Die spielrechtlichen Vorschriften der Gewerbeordnung und der hierzu ergangenen Durchführungsverordnungen sind in der Folgezeit wiederholt – insgesamt elfmal – geändert worden. Die Motive, die den Handlungsbedarf ausgelöst haben, sind unterschiedlicher Natur. Es war das Bestreben des Gesetzgebers, das Spielrecht zu vereinfachen und in einer Rechtsverordnung zusammenzufassen. So sind die Zulassungsverordnung, die Verordnung über das Verfahren bei der Erteilung von Unbedenklichkeitsbescheinigungen in die Spielverordnung einbezogen worden. Die bisher im Einzelfall erforderliche Aufstellgenehmigung ist durch eine allgemeine Aufstellerlaubnis für die Gewerbetreibenden und einer Geeignetheitsbestätigung für den Aufstellort ersetzt worden. An die Stelle der Verordnung über die gewerbsmäßige Veranstaltung unbedenklicher Spiele ist die Regelung in § 5 a der Spielverordnung getreten; eine Generalklausel, deren Problematik noch nicht ausdiskutiert ist und die viele Fragen offen läßt. Ein Handlungsbedarf hat sich auch im Hinblick auf die technische Entwicklung der Bauarten der Geräte ergeben. Der Einzug der Elektronik hat neue Spielvariationen ermöglicht, die von der PTB zugelassen wurden. Dem Prinzip entsprechend, die Voraussetzungen für die Bauartenzulassung abschließend in der Rechtsverordnung festzulegen, sind diese Spielvarianten später in die Spielverordnung einbezogen und dort dezidiert geregelt worden. Das gilt z.B. für Sonderspiele und Risiko. Durch diese Spielvarianten wird die Höhe des möglichen durchschnittlichen Verlustes nicht verändert. Die Regelung, daß Einsatz- und Höchstgewinn –,30 DM bzw. 3,– DM nicht übersteigen dürfen, die Mindestspielzeit für ein Spiel 15 Sekunden und die Auszahlung mindestens 60 Prozent der Einsätze betragen muß, ist seit Februar 1976 unverändert geblieben, nachdem im Februar 1968 Einsatz und Höchstgewinn auf –,20 DM bzw. 2,– DM und Anfang 1976 auf –,30 bzw. 3,– DM angehoben worden waren.

Da das Gewerbe ohne eine entsprechende Änderung der Spielverordnung weder das Entgelt, d.h. den Einsatz erhöhen, noch die Leistung, d.h. die Auszahlung oder die Spieldauer verkürzen kann, ist es Aufgabe des Gesetzgebers, Regelungen zu treffen, die eine rentable Ausübung des Gewerbes ermöglichen. Deshalb war 1982 vorgesehen, die Wirtschaftlichkeit der Geräte durch eine Verkürzung der Leistung, nämlich eine Herabsetzung der Mindestspielzeit für ein Spiel auf 12 Sekunden den veränderten wirtschaftlichen Umständen anzupassen und zu verbessern. Es ist dazu nicht gekommen, weil der Gesetzgeber gedrängt war, der öffentlichen Meinung Rechnung zu tragen. Die öffentliche Meinung bildet im Spielrecht mehr als in anderen Bereichen einen Faktor, auf den der Gesetzgeber Rücksicht nehmen muß, und zwar auch dann, wenn Angriffe gegen das Gewerbe emotional und sachlich nicht begründet sind. Das gewerbliche Spielrecht lebt im Spannungsfeld zwischen wirtschaftlichen und politischen Notwendigkeiten.

Unberührt geblieben ist die Stellung des Spielrechts im Rahmen der Gewerbeordnung. Das gewerbliche Spielrecht und damit der Unterhaltungsautomat mit Gewinnmöglichkeit sind Institutionen des Gewerberechts. Sie haben sich aus dem Freiraum heraus entwickelt, der vom Glücksspielverbot nie erfaßt war, nämlich von den Geschicklichkeitsspielen und den Zufallsspielen, bei denen keine Vermögenswerte auf dem Spiel stehen, bei denen die Gefahr, daß der Spieler in kurzer Zeit unangemessen hohe Verluste erleiden kann, nicht besteht. Es handelt sich dabei also nicht um eine Ausnahmeregelung von dem Glücksspielverbot. Das gewerbliche Spielrecht ist Ausfluß der Kompetenz des Bundes zur Gesetzgebung für das Recht der Wirtschaft,[16] während Ausnahmeregelungen vom Verbot der Veranstaltung von Glücksspielen in der Öffentlichkeit dem Recht der öffentlichen Sicherheit und Ordnung zugeordnet sind, deren Regelung in der Kompetenz der Länder liegt. Der Aufsteller von Unterhaltungsautomaten mit

Gewinnmöglichkeit tut etwas grundsätzlich Erlaubtes und übt keine durch eine Ausnahmebewilligung gedeckte grundsätzlich verbotene Tätigkeit aus. Die Aufstellung von Unterhaltungsautomaten mit Gewinnmöglichkeit beruht nicht auf einer für eine bestimmte Person und eine bestimmte Veranstaltung gewährten Befreiung, die für den Einzelfall durch Rechtsverordnung vom Glücksspielverbot zugelassen worden ist. Der Aufsteller von Unterhaltungsautomaten mit Gewinnmöglichkeit übt ein geschütztes Gewerbe im Sinne des Art. 12 GG aus, das ohne Konzession von jedermann gewählt und ausgeübt werden kann. Er hat keine Monopolstellung inne, wie sie dem Veranstalter eines öffentlichen Glücksspiels ausnahmsweise verliehen wird. Unter den Aufstellern von Unterhaltungsautomaten mit Geldgewinnen herrscht freier Wettbewerb. Die Zulassungserfordernis für die Bauart von Unterhaltungsautomaten mit Geldgewinnen bzw. die Unbedenklichkeitsbescheinigung für andere Spiele ist keine Glücksspielkonzession. Die Zulassung der Bauart für Spielgeräte mit Gewinnmöglichkeit hat rechtlich keine andere Qualität als die Erfordernis der Zulassung von Kraftfahrzeugen für den öffentlichen Verkehr.

Der Hersteller von Unterhaltungsautomaten mit Gewinnmöglichkeit hat unter den Voraussetzungen, die in der Spielverordnung abschließend festgelegt sind, einen Rechtsanspruch auf Zulassung der Bauart. Sein Recht beruht nicht auf einer im Ermessen der Behörde liegenden Befreiung vom Glücksspielverbot. Ein Verstoß gegen Zulassungs- und Aufstellungsnormen sind ein Verstoß gegen gewerberechtliche Ordnungsvorschriften. Ein Vergehen gegen das Verbot der öffentlichen Veranstaltung von Glücksspielen liegt dann vor, wenn gewerblich Geräte aufgestellt werden, die nicht dem § 33 e GeWO entsprechen. Bei den zugelassenen Glücksspielen findet eine Gewinnabschöpfung zugunsten des Fiskus z.B. als Spielbankenabgabe statt. Der Aufsteller von Unterhaltungsautomaten mit Gewinnmöglichkeit ist dagegen den allgemeinen und gleichen Steuern unterworfen. Das gewerbliche Spielrecht grenzt sich damit deutlich von dem Recht der öffentlich veranstalteten Glücksspiele, insbesondere auch von den Glücksspielautomaten in den Spielbanken und deren Dependancen ab.

Zufall und Glück gehören – aus rechtlicher Sicht – zwei verschiedenen Kategorien an. Nicht jedes Spiel, bei dem Gewinn oder Verlust vom Zufall abhängt, ist seinem Wesen nach ein Glücksspiel. Der Unterhaltungsautomat mit Gewinnmöglichkeit ist ein Zufallsspiel, jedoch kein Glücksspiel, da keine Vermögenswerte auf dem Spiel stehen.

88 Spieler in einer Automatenhalle, 1954

Das Automatenspiel im Kreuzfeuer der Kritik

Bis in die späten 70er Jahre war die Vorstellung vom unmäßigen, ja krankhaften Spieler ausschließlich mit den Gepflogenheiten der Spielbanken verknüpft. Angesichts der hohen Geldbeträge, die hier in kurzer Zeit beim Roulette oder beim Kartenspiel riskiert werden können, ist die Gefahr des finanziellen und in der Folge häufig auch des psychischen Ruins für den Spieler evident.

Mit der Untersuchung von Gerhard Meyer (1983) geriet auch der »Unterhaltungsautomat mit Gewinnmöglichkeit« in den Spielhallen und Gaststätten in den Verdacht, beim Spieler eine Abhängigkeit zu erzeugen, die verschiedene Merkmale eines süchtigen Verhaltens in sich birgt. Das in diesen Arbeiten gesammelte Material erwies sich als ein Reizstoff, dessen Aktualität bis heute nicht erloschen ist. Die Tatsache, daß heute einige Menschen einen übermäßigen, selbstschädigenden Gebrauch von dem Angebot der Spielautomaten machen, wird auch von den Befürwortern der Geldspielgeräte nicht geleugnet; umstritten sind jedoch die therapeutischen Maßnahmen zur Bewältigung dieses exzessiven Spielens.

Prof. Dr. med. Iver Hand, Leiter der Verhaltenstherapie-Ambulanz an der Hamburger Universitätsklinik, hat in einem Interview mit der »Ärztlichen Praxis« zu diesem Problem Stellung bezogen. Hier werden die Ursachen des exzessiven Spiels aufgezeigt und Behandlungsmöglichkeiten diskutiert.[1]

CK/UG

IVER HAND

Pathologisches Spielen: Ursachen und Behandlungsmöglichkeiten

ÄP: Sie sprechen sich dagegen aus, daß auf exzessives Spielen von vornherein der Begriff *Sucht* angewendet wird. Was tun Sie mit einem Spieler, der Ihre Hilfe sucht und sich selbst als süchtig bezeichnet?

HAND: Im allgemeinen überlassen wir die Wortwahl den Patienten. Wenn sich, abgesehen von der Zuordnung zu einem bestimmten Krankheitsbild, Patient und Therapeut einig sind, spielt die Wortwahl des Patienten überhaupt keine Rolle. Wenn ich allerdings einem Spieler sage, was Sucht in der Fachwelt heißt, wenn ich ihm erkläre, daß er sich mit diesem Terminus selbst als lebenslang und unheilbar krank bezeichnet, dann wird er erst einmal sehr nachdenklich.

ÄP: Demnach ist Sucht nicht heilbar?

HAND: Es gibt keine allgemein akzeptierte Definition des Suchtbegriffs: Diesen Begriff gibt es in der Medizin außerhalb der Bundesrepublik auch gar nicht. Die einzigen, die hierzu zwar keine wissenschaftliche, aber eine pragmatische Definition haben, sind die Anonymen Alkoholiker. Sie gehen davon aus, daß Sucht zum erheblichen Teil aufgrund ihrer biologischen Variablen entsteht und nach ihrer Manifestation nicht mehr heilbar ist.

Daraus ist zu schließen, daß der Süchtige lebenslang den Suchtstoff oder die Suchtsituation meiden muß, woraus sich die Notwendigkeit zur lebenslangen Therapie in der Selbsthilfegruppe ergibt. Das schafft innerhalb der Kultur eine Subkultur der Süchtigen. An die Richtigkeit dieses Konzeptes glauben alle Anonymen Alkoholiker und auch ein Teil der professionellen Sucht-Therapeuten.

ÄP: Aber Sie bezweifeln die Richtigkeit dieses Konzepts?

HAND: Es ist gar keine Frage, daß eine bestimmte Untergruppe von Abhängigen unter diesen Prämissen am besten mit ihrem Leben zurechtkommt. Aber das gilt eher für Personen mit stoffgebundenen Süchten, also für Alkoholiker und Drogenabhängige. Für die meisten anderen, die in diesem Rahmen Verhaltensexzesse zeigen, ist das Modell eher eine Gefährdung als eine Chance.

ÄP: Können Sie das etwas näher erläutern?

HAND: Zunächst einmal wird ja ein Teil des Therapieerfolges, nämlich die Abstinenz, von vornherein zur Voraussetzung für die Therapie gemacht. Insbesondere für Spieler ist das kein relevantes Therapieangebot, die gehen – solange sie sich wirtschaftlich und gesellschaftlich noch nicht völlig ruiniert haben – einfach nicht in solche Therapien. Zweitens: Werden Impulse unterdrückt, ohne die Ursachen für ihr vermehrtes Auftreten zu kennen und zu beseitigen, dann kann das problematische Verhalten zwar eine Zeitlang scheinbar kaschiert werden, aber es bricht typischerweise verstärkt wieder durch.

Der Spieldurchbruch ist für den Spieler, dessen Verhalten extrem von außen kontrolliert wird, der Beweis dafür, daß er noch eine Verhaltensautonomie hat, ist ein Aufbegehren gegen die Entmündigung. Und schließlich sind wir in der Therapieforschung längst darüber hinaus, ein Symptomverhalten immer den gleichen Ursachen zuzuordnen. Das sagen wir nicht bei Zwängen, nicht bei Phobien, nicht bei Depressionen und nicht bei Schizophrenien. Warum sollten wir es ausgerechnet beim Spielen sagen?

ÄP: Aber auch für Sie steht fest, daß es manche Spieler gibt, die als krank und behandlungsbedürftig zu bezeichnen sind?

HAND: Das wird von niemandem bestritten. Uneinigkeit besteht allenfalls über die Zahl der behandlungsbedürftigen Spieler und über den richtigen therapeutischen Weg. Schon lange vor uns haben Kollegen, etwa in England, festgestellt, daß Spieler eine überaus heterogene Gruppe

darstellen. Es gibt einige, die Alkoholsüchtigen ähneln, das Gros jedoch hat sehr viel mehr Ähnlichkeiten mit Patienten mit neurotischen Erkrankungen.
ÄP: Welche therapeutischen Konsequenzen ergeben sich daraus?
HAND: Wir müssen nicht primär Abstinenz-orientiert, sondern Ursachen-bezogen vorgehen. Ein 50jähriger Hafenarbeiter, der plötzlich arbeitslos wird und zur Depressionsbewältigung am Spielautomaten hängenbleibt, muß völlig anders behandelt werden als eine 35jährige Person, die in einer extrem konfliktreichen Partnerbeziehung demonstrativ zu spielen anfängt, und zwar in exzessivem Ausmaß. Wiederum anders muß die Behandlung des 20jährigen aussehen, der plötzlich den Rückhalt seiner Gruppe verliert, weil seine Altersgenossen ins Berufsleben einsteigen, während er keinen Ausbildungsplatz bekommt. Bei jedem hat das Spielen eine völlig andere Funktionalität.
ÄP: Wie viele Spieler überblicken Sie in Ihrer Ambulanz?
HAND: Wir haben bisher über 200 Spieler eingehend untersucht, über 150 therapiert und 115 nachuntersucht und dokumentiert.
ÄP: Wenn nicht Abstinenz das Ziel Ihrer Behandlung ist, was dann? Kontrolliertes Spielen?
HAND: Nach unserer Vorstellung sollte gerade der Spieler mit seiner ausgeprägten Empfindlichkeit gegenüber *Bevormundung* keiner Kontrolle – und auch *Selbstkontrolle* beinhaltet meistens Rechenschaft gegenüber anderen, also *Fremdkontrolle* – unterworfen werden. Demgegenüber sollte seine Verantwortlichkeit für sein Verhalten wieder in den Vordergrund treten. Wir beabsichtigen, daß der Spieler selbst Alternativen zum Spielen aufbaut, die für ihn attraktiver werden als das Verhalten, mit dem er Probleme hat. Nur wenn das gelingt, bestehen langfristig Erfolgaussichten. Das ist ein völlig anderes Prinzip als das des »kontrollierten Spielens«.
ÄP: Was machen Sie mit einem Spieler, der zum ersten Mal zu Ihnen kommt?
HAND: Die Spieler, die zu uns kommen, haben einen Leidensdruck. Die Hauptleidensquelle ist jedoch nicht das Spielen, auch wenn es auf den ersten Blick so aussieht. Salopp ausgedrückt ist das Spielen eigentlich nur der Tachometer, der antreibende Motor aber steckt unter der Haube. Wir setzen in der Regel das erste Gespräch so lange fort, bis der Spieler mit uns die Probleme herausgearbeitet hat, die bei ihm der »Motor« sein könnten. Und dann arbeiten wir in den nächsten Sitzungen an diesen anderen Problemen und beobachten, wie sich das auf das Spielverhalten auswirkt.
ÄP: Wie groß sind für einen Spieler die Chancen, nach Ihrem Therapiemodell vom problematischen Spielen loszukommen?
HAND: Von den Spielern, die wir sechs Monate bis sieben Jahre nach Therapiebeginn nachuntersucht haben, spielte ein Drittel aufgrund eigener Entscheidung gar nicht mehr, ein weiteres Drittel in einem Ausmaß, das weder sie selbst noch ihre Umwelt belastete. Insgesamt haben wir eine Erfolgsquote von 65 Prozent, bezogen auf die Spieler, die an der Nachuntersuchung teilnahmen. Bezogen auf alle Spieler, die sich in unserer Ambulanz vorgestellt hatten, liegt die Erfolgsquote bei 45 Prozent. Andere Arbeitsgruppen beziehen ihre Erfolgsquoten fast ausschließlich auf die nachuntersuchten Patienten. Zum Vergleich müßten also unsere 65 Prozent herangezogen werden.
ÄP: Wie sehen denn die Vergleichszahlen beispielsweise der Spieler-Selbsthilfegruppen und die der stationären Suchttherapie für Spieler aus?
HAND: Das ist ganz schwer zu sagen. Die einzige wissenschaftliche Untersuchung einer Selbsthilfegruppe stammt aus Schottland, wo eine Abstinenzquote von 7,5 Prozent gefunden wurde. Diese Zahl sagt aber wenig aus, da sich Selbsthilfegruppen-Teilnehmer aufgrund des Anonymitätsprinzips in der Regel nicht wissenschaftlich untersuchen lassen. Allgemein bekannt ist allerdings die sehr hohe Fluktuation innerhalb der Spieler-Selbsthilfegruppen.

Gegenwärtig gibt es jedoch in den Spieler-Selbsthilfegruppen in der Bundesrepublik – beispielsweise in Hamburg und Berlin – eine außerordentlich interessante Entwicklung hin zu einer mehr ursachenbezogenen Sichtweise und größerer Flexibilität im Umgang mit »Rückfällen«. Hier scheinen ganz neue Kooperationsmöglichkeiten mit »professionellen« Therapieformen zu entstehen, die nicht am Suchtmodell ausgerichtet sind. Diese Entwicklung in Richtung auf zunehmende Kooperation kann nur Vorteile für die Spieler in Not bringen.

Die am Suchtmodell orientierte stationäre Behandlung von Spielern haben bisher nur sehr wenige Spieler in Anspruch genommen. Informationen über Langzeitergebnisse fehlen in der Bundesrepublik völlig. Wir – und sicher noch stärker die betroffenen Spieler – warten weiterhin auf die Veröffentlichung der Behandlungsergebnisse bei Spielern, die in der Bundesrepublik stationär oder in Selbsthilfegruppen nach dem klassischen Suchtmodell behandelt wurden. Wir bieten bereits seit Jahren, aber leider vergeblich, unsere Kooperation für eine gemeinsame Forschungsplanung an.

ÄP: Man hört gelegentlich das Argument, der Therapeut müsse einen Spieler als Süchtigen bezeichnen, um ihn auf Kassenkosten behandeln zu können. Zieht das Argument?

HAND: Diese Argumentation ist geradezu gefährlich für den Spieler. Tatsächlich ist es nämlich genau umgekehrt. Der Therapeut, der ausdrücklich *Spielsucht* behandeln will, bekommt von der Kasse und von der Rentenversicherung keinen Pfennig, denn Spielsucht ist keine anerkannte Krankheit. Das heißt aber nicht, daß wir die von uns behandelten Spieler nicht als kranke und behandlungsbedürftige Personen ansehen. Wir haben keinen der von uns behandelten Spieler als süchtig bezeichnet, sondern als neurotisch gestört oder als reaktiv depressiv – die bei uns gestellten, ursachenbezogenen Diagnosen sind nahezu ausnahmslos in der Reichsversicherungsordnung aufgeführt, nach der noch heute die Leistungspflicht der Krankenkassen festgelegt ist.

Inzwischen gibt es übrigens in Göttingen, Frankfurt und im Ruhrgebiet Therapeuten bzw. Arbeitsgruppen, deren Arbeitsweise an unserem Modell orientiert oder aus anderen Gründen sehr ähnlich ist. Vereinzelte Therapeuten aus staatlichen und Drogenberatungsstellen der Caritas, die wir beraten haben, setzen dieses Therapiemodell inzwischen ebenfalls, scheinbar mit zufriedenstellendem Erfolg, ein. Mit der Katholischen Sozialethischen Akademie haben wir gerade ein umfangreiches Weiterbildungsprogramm für Therapeuten aus Drogenberatungsstellen und für Psychotherapeuten und Verhaltenstherapeuten begonnen.

ÄP: Wie ist es zu erklären, daß die Zahl der Problemspieler zuzunehmen scheint?

HAND: Die Zahl steigt mit den gesellschaftlichen Problemen. Die überwiegende Zahl der bei uns Hilfe suchenden Spieler, sowohl die bis 25jährigen als auch die über 50jährigen, sind Personen, die mit dem exzessiven Spielen ihre aus dem Berufsleben herrührenden Probleme zu kompensieren versuchen. Die Jungen werden depressiv, weil sie keine Ausbildung oder keinen Job bekommen, die Älteren, weil sie ohne eigenes Verschulden ihren Arbeitsplatz verloren haben. Diese Spieler spiegeln unsere gesellschaftspolitische Misere wider.

Eine weitere Hauptursache pathologischen Spielens sind familiäre oder Partnerschaftskonflikte, die unlösbar erscheinen und vor denen in die »Traumwelt« der unterschiedlichen (Glück-)Spielsituationen ausgewichen wird.

ÄP: Wie kommt es, daß die öffentliche Diskussion sich gerade auf die Geldspielautomaten in den Spielstätten eingeschossen hat und nicht etwa auf die Kasino- oder Börsenspieler?

HAND: Einerseits habe ich den Eindruck, daß die publizistische Hochkonjunktur auf diesem Gebiet nicht einer entsprechenden Nachfrage der Leser entspringt, sondern eher dem Darstellungsbedürfnis einiger Journalisten. Zum anderen ist es ein rein deutsches Phänomen, daß man sich an den Daddelautomaten festgebissen hat und daß Spielen in den Kasinos, in den Automatensälen der Kasinos, in Lotterien und vor allem an den Börsen – die jetzige Wirtschaftskrise ist durch Börsenspieler, nicht in erster Linie durch Wirtschaftsprobleme verursacht – kaum erwähnt wird.

Devisenhändler, Banken und Börsenmakler spekulieren in hohem Maße mit den Geldbeträgen anderer, die sie im Falle des Verlierens mit hineinreißen. Es ist nachdrücklich zu fragen, warum um diese generelle Glücksspiel-Mentalität, die auf der anderen Seite schon in täglicher Werbung auch für »Glücksspiele des kleinen Mannes« im Fernsehen, auf Bahnhöfen, an städtischen Bussen u.ä. beginnt, ein derartiges Tabu aufgebaut wurde.

ÄP: Bitte fassen Sie Ihr Behandlungskonzept zum Schluß noch einmal in knappen Worten zusammen.

HAND: Wir verstehen und behandeln Problemspieler nicht als Süchtige, sondern wie Patienten mit neurotischen Fehlhaltungen oder mit Problemen in der persönlichen oder beruflichen Lebensführung, die unlösbar scheinen. Wir betrachten Spieler nur sehr begrenzt als »Opfer« von Automaten oder Glücksspielsituationen, sondern wir betonen ihre Eigenverantwortlichkeit im Umgang mit diesen Geräten oder Situationen.

Exzessives Spielverhalten interpretieren wir als Signal für Fehler in der Lebensführung, deren Ursachen gefunden und abgebaut werden müssen, um den Patienten wieder in die Lage zu versetzen, seine Verhaltensautonomie zurückzugewinnen – und zwar spontan ohne Zwang und Kontrolle von außen. Dazu braucht ein Teil der Spieler Hilfe von außen. Der Spieler sollte sich über alle bestehenden Hilfsangebote informieren und dann selbst entscheiden, welches für ihn am ehesten in Frage kommt.

ÄP: Vielen Dank für das Gespräch.

JOACHIM FISCHER

Der Einarmige Bandit und die Mathematik

Stellen Sie sich vor, Sie werfen eine Münze zehnmal hintereinander und notieren eine »1«, wenn »Kopf« erscheint, eine »0«, wenn »Zahl« kommt. Mögliche Ergebnisse solcher Zehner-Serien wären zum Beispiel:

(a)	0	1	1	1	0	0	1	0	1	0
(b)	0	1	0	1	1	0	1	1	0	1
(c)	0	1	0	1	0	1	0	1	0	1
(d)	1	1	0	1	0	0	1	0	1	1
(e)	1	0	0	1	0	0	1	1	1	1
(f)	1	1	0	1	0	1	0	0	1	1.

Nun ziehen Sie Bilanz; Sie kommen zu dem Ergebnis, daß etwa in den Fällen (a) und (c) jeweils fünfmal »Kopf« und fünfmal »Zahl« erschienen ist. Daraus schließen Sie, daß in diesen Serien »Kopf« und »Zahl« irgendwie gleichwahrscheinlich sind: und das erwarten Sie wohl auch, wenn Sie nicht annehmen, daß die Münze manipuliert wurde. In den Serien (b), (d), (e) und (f) ist »Kopf« jeweils sechsmal erschienen – doch bei zehn Würfen insgesamt ist so etwas ja nicht ungewöhnlich. Und doch – selbst die zwei Zehner-Serien (a) und (c) unterscheiden sich, wie die anderen vier Serien auch, teilweise beträchtlich voneinander ...

Stellen Sie sich vor, es beginnt ein neuer Tag, und die Sonne geht auf (manchmal wird's einfach nur heller, aber es geht ums Prinzip). Wenn Sie den Berichten älterer Zeitgenossen glauben, war das auch schon vor Ihrer Geburt so – nämlich, daß jeden Tag die Sonne aufging. Sie erwarten daher, wenn Sie optimistisch gestimmt sind, daß auch morgen wieder die Sonne aufgehen wird ...

Beiden Sachverhalten ist gemeinsam, daß von Erwartungen die Rede ist, von Spekulationen über Mögliches, oder kurz: von Wahrscheinlichkeit. Es gibt viele Versuche, das »Wahrscheinliche« in den Griff zu bekommen; natürlich auch in der Mathematik. Die klassische Wahrscheinlichkeitsrechnung geht davon aus, daß es für das Eintreten eines Ereignisses mögliche Fälle gibt (d.h. Fälle, in denen das Ereignis eintreten kann, aber nicht unbedingt muß) und günstige Fälle (d.h. solche, in denen das Ereignis also wirklich eintritt). Um beim Beispiel des Münzeinwurfs zu bleiben: die Münze bleibt auf der einen Seite oder auf der anderen Seite liegen. Sehen wir von dem »pathologischen« Fall ab, in dem die Münze auf ihrer Kante stehen bliebe, so haben wir insgesamt zwei mögliche Fälle. Für das Ereignis »Kopf« (soll heißen: »Kopf« liegt oben) sind die günstigsten Fälle nicht viele: nämlich nur einer.

Allgemein nennt man Experimente, bei denen nur zwei mögliche Fälle auftreten (also »Sonnenaufgang« und »kein Sonnenaufgang«; »Kopf« und »Zahl«) Bernoulli-Experimente. Eine nicht manipulierte Münze sollte, wenn sie oft genug hochgeworfen wird, ungefähr gleich häufig »Kopf« und »Zahl« geliefert haben; doch damit machen Sie ja bereits eine möglicherweise entscheidende Annahme – nämlich, daß der Wurf mit einer »fairen« Münze geschieht. Im allgemeinen dürfen Sie so etwas jedoch nicht voraussetzen, denn dies ist, wie man leicht am Beispiel eines Einarmigen Banditen sieht, nicht durchwegs der Fall: Wenn Sie auf einen solchen Banditen zugehen und ihn durch Einwerfen einer Münze zu einem Spiel überreden, dann wissen Sie eben nicht, ob die Wahrscheinlichkeiten für Gewinn(e) und Verlust(e) gleich groß sind. Für die modernen Spielautomaten, die mehr oder minder dem klassischen Einarmigen Banditen verwandt sind, gibt es natürlich gesetzliche Vorschriften, die eine gewisse Wiederausschüttung der Spieleinsätze vorschreiben; für Sie als individuellen Spieler hingegen gilt, daß Sie über die konkrete Verteilung der Gewinne und Verluste eines bestimmten Automaten zunächst überhaupt nichts wissen. Das empfehlenswerteste Vorgehen ist also, den Banditen zu testen. Dies läßt sich für eine große Zahl von Zufallsprozessen in allgemeiner Form durchführen; nach ihrem Ur-Beispiel werden die damit verbundenen Fragestellungen bei mathematischer Betrachtungsweise »Banditen-Probleme« genannt. Im Folgenden soll etwas vereinfacht werden, indem nur Banditen behandelt werden, die zwei mögliche Ereignisse aufweisen: Gewinn eines festen Betrages, und Verlust eines festen Betrages (und hierbei noch den einfachsten Fall: Verlust des Einsatzes, oder Ausschüttung des doppelten Einsatzes; da davon ja der Einsatz für das Spiel abgezogen werden muß, bleibt der einfache Einsatz dann als Gewinn übrig).

Was soll getestet werden? Z.B. möchte die für Münzspielautomaten zuständige Prüfbehörde schnell wissen, ob der Automat mindestens fair ist, d.h. ob mindestens die Hälfte aller Spiele vom Spieler gewonnen werden (für die modernen Automaten ist der geforderte Prozentsatz höher, nämlich 60%). Statt sehr langer Versuchsreihen, die zumindest zeitaufwendig sind, soll ein Verfahren angegeben werden, das schon nach kürzerer Zeit eine Entscheidung über diese Frage erlaubt. Dazu müssen natürlich schon einige Spiele gemacht werden, deren Zahl aber von vornherein nicht festzustehen braucht. Die mathematische Behandlung dieses Fragenkomplexes und Problemkreises fällt in das Gebiet der sogenannten »Stopp-Regel-Probleme«, bei denen eine feste Regel anzugeben ist, wann eine Experimentreihe beendet werden soll. Die »Einarmige-Banditen-Probleme« bilden eine Untermenge dieser Stopp-Regel-Probleme.

Es gilt im Folgenden die Annahme, daß Sie über die Verteilung von Gewinn und Verlust zunächst nichts wissen – wie es in der Wirklichkeit ja meist der Fall ist. Dann sagt ein nicht ganz einfach herzuleitender Satz aus der Wahrscheinlichkeitstheorie: für eine Folge von n Bernoulli-Experimenten, bei denen m Mal das günstige Ereignis eingetreten ist (m ist natürlich kleiner oder höchstens gleich n) beträgt die Wahrscheinlichkeit, daß es auch beim nächsten Versuch mit der Nummer n+1 eintreten wird,

(*) $$w(\text{»günstiges Ereignis im nächsten Versuch«}) = (m+1):(n+2).$$

[w(»günstiges Ereignis«) steht abkürzend für »Wahrscheinlichkeit für das Eintreffen des günstigen Ereignisses«; Wahrscheinlichkeiten sind Zahlen zwischen 0 und 1, bzw. zwischen 0% und 100%, wem das lieber ist]. Für das Beispiel des Sonnenaufgangs: Nehmen Sie an – und das ist auch ein klassisches Beispiel von Pierre-Simon de Laplace (1749–1827) –, daß die Erde 5000 Jahre alt ist, oder 1826213 Tage, so war jeder dieser Tage ein möglicher Fall für »Sonnenaufgang«, und allen Berichten zufolge ist dieser Fall nicht nur möglich, sondern günstig für das Ereignis gewesen: es ist nämlich eingetreten. Nach der obigen Formel gilt dann (m = n = 1826213)

$$w(\text{»Sonnenaufgang auch am 1826214. Tag«}) = 1826214:1826215;$$

das ist ein Verhältnis, das sich – je mehr erfolgreiche Sonnenaufgänge zu verzeichnen sind – immer mehr dem Wert 1 nähert, ohne ihn je zu erreichen. Es ist somit Ausdruck der Tatsache, daß wir uns über dieses Ereignis und sein Eintreffen in der Zukunft eben nie ganz sicher sein können.

Kehren wir nun zum Beispiel des Münzwurfs zurück. Betrachten Sie in der Serie (f) die ersten fünf Würfe: ›Kopf«, »Kopf«, »Zahl«, »Kopf«, »Zahl«. Nach der angegebenen Formel würden Sie die Wahrscheinlichkeit für das weitere Erscheinen von »Kopf« auch im nächsten Wurf mit

$$w(\text{»Kopf im sechsten Wurf«}) = (3+1):(5+2) = 4:7 = 57\%$$

ansetzen müssen. 57% beträgt also die Wahrscheinlichkeit dafür, daß wieder »Kopf« geworfen wird. Nun ist 57% nur wenig mehr als 50%, aber selbst ein nahe bei 100% gelegener Wert gäbe keine Garantie, daß der nächste Wurf wirklich »Kopf« liefert: Ihr Wert für die Wahrscheinlichkeit hängt, eben wegen der grundlegenden Formel (*), vom bisherigen Verlauf ab: m und n bestimmen damit Ihre Erwartung. Vergleichen Sie (d) und (f): nur die Ergebnisse des sechsten und siebten Wurfes sind vertauscht; bis zum fünften einschließlich sind sie gleich, und liefern beide die oben erwähnten 57% »erwartete Wahrscheinlichkeit« für »Kopf«. Während aber in (f) tatsächlich »Kopf« erscheint, kommt in (d) »Zahl« im sechsten Wurf – möglich ist eben beides.

Der bisherige Verlauf – oder, mit anderen Worten: die Vergangenheit – wirkt also auf Ihre Einschätzung von Gegenwart und Zukunft ein. Es ist vernünftig, daraus Schlüsse zu ziehen; ein Beispiel möge dies klarmachen: Angenommen, die Wirksamkeit eines neuen Medikaments sei zu erproben; der Einfachheit halber nehmen wir zusätzlich an, daß man nach der Anwendung des Medikaments feststellen kann, ob es gewirkt hat oder nicht – andere Möglichkeiten soll es nicht geben. Man testet nun die Wirkung des Medikaments an Versuchspersonen, und zwar hintereinander. Warum hintereinander? Nun, das kann den Grund haben, daß das Medikament schwer herzustellen und daher immer nur in kleinen Mengen verfügbar ist, so daß ein Massenversuch mit 1000 Versuchspersonen gleichzeitig gar nicht durchführbar wäre; es kann aber auch den Grund haben, daß man nicht das Risiko eingehen möchte, 1000 Personen mit diesem Medikament überflüssigerweise behandelt zu haben, falls sich herausstellen sollte, daß es überhaupt nicht wirkt. Testet man hintereinander, oder »sequentiell«, wie es sich eingebürgert hat zu sagen, hat man immerhin die Möglichkeit, die Versuchsreihe abzubrechen, wenn der Mißerfolg offensichtlich ist, oder auch, wenn der Erfolg offenbar ist, die Testphase zu beenden. Die eigentlich entscheidende Frage ist nun: wann soll der Abbruch erfolgen? Und diese Frage ist nicht so ohne weiteres leicht zu beantworten; denn sie hängt ja davon ab, welche Vorgaben gemacht werden: Kann das Experiment unbegrenzt wiederholt werden, falls nötig oder gewünscht? Dürfen höchstens r, sagen wir 1000, Versuche gemacht werden, und muß dann die Entscheidung gefallen sein?

Auch das läßt sich an den Beispielen der Serien von Münzeinwürfen verdeutlichen: nehmen Sie einfach an, Ihr Limit r sei 6. Dann sehen Sie, daß etwa bei (b) nach sechs Würfen dreimal »Kopf« erschienen war, bei (f) hingegen viermal, bei (e) jedoch nur zweimal.

Die Wahrscheinlichkeiten für den siebten Wurf lauten also

$$w(»Kopf«) = 4:8 = 50\% \text{ für (b)},$$
$$w(»Kopf«) = 3:8 = 37\% \text{ für (c)},$$
$$w(»Kopf«) = 5:8 = 63\% \text{ für (e)}.$$

Hätten Sie mit dem sequentiellen Hochwerfen der Münze testen wollen, ob die Münze mindestens »fair« ist, also mindestens 50% für »Kopf« als Wahrscheinlichkeit besitzt, so müßten Sie beim jetzigen Stand der Dinge wohl dieses Ergebnis für (f) und (b) bejahen, für (e) aber verneinen.

Würde das Limit auf 10 gesetzt (oder nachträglich erhöht, so daß Sie noch maximal vier weitere Würfe machen dürften) und hätten Sie keine der Serien vorher aus irgendeinem Grund abgebrochen, so ergäbe sich folgende Sachlage: Nach 10 Würfen stehen die Versuchsreihen (b), (e) und (f) gleich da, und alle haben für den elften Wurf die Wahrscheinlichkeit von 58% für »Kopf«, denn

$$w(»Kopf«) = (6+1):(10+2) = 7:12 = 58\%.$$

Das zeigt zumindest, daß die Zahl r, der »Horizont« Ihres Experiments, von entscheidender Bedeutung für die Fortsetzung oder den Abbruch Ihrer Versuchsreihe sein kann.

Eine in weiten Bereichen und vielen Fällen anwendbare Möglichkeit, die augenblickliche Situation zu beurteilen, ist die einer »Bewertung«; darunter soll der Einfachheit halber hier eine Zahl verstanden werden, die dieser augenblicklichen Situation nach einer festen Regel zugeordnet wird. Wie könnte nun eine solche Bewertung aussehen, und wovon soll sie abhängen? Zunächst soll die Bewertung die augenblickliche Situation erfassen; diese hängt, wie wir gesehen haben, von der Vorgeschichte ab. Für Bernoulli-Experimente macht man sich angesichts der weiter oben geschilderten Fälle ganz leicht klar, daß – um bei den einmal gewählten Bezeichnungen zu bleiben – das Paar (m,n) der erfolgreich (m) und bislang insgesamt durchgeführten (n)

Experimente die Vorgeschichte vollständig beschreibt: denn die Kenntnis von m und n zusammen reicht aus, um für den Ausgang des nächstfolgenden Experiments mit der Nummer n+1 eine Wahrscheinlichkeit für das Eintreffen des günstigen Ereignisses anzugeben – nämlich (m+1):(n+2). [Aus diesem Grund nennt man das Paar (m,n) eine »suffiziente Statistik«; das Paar reicht aus, um die Situation so zu beschreiben, daß Wahrscheinlichkeiten für das weitere Experimentieren angegeben werden können].

Jetzt folgt der schwierigste Punkt: es handelt sich darum, die Erwartung zu präzisieren, die man an die Fortsetzung der Experimentreihe hat. Stellen Sie sich wieder unseren Einarmigen Banditen vor, der sich auf nur zwei mögliche Weisen verhält, nachdem Sie eine Münze mit dem Wert 1 [irgendeiner Geldeinheit, etwa Zehnpfennigstücke] eingeworfen haben. Entweder verlieren Sie, und Sie haben einen Verlust von 1 (scheinbar positiver formuliert, aber im Endeffekt ebenso bitter: Sie haben einen Gewinn von –1 gemacht!); oder Sie gewinnen und erhalten 2 Münzen statt der einen eingeworfenen zurück: Sie haben also einen Gewinn von 1 [Geldeinheit] gemacht. Eine kurze Überlegung zeigt, daß Sie – falls Sie sehr, sehr lange spielen – wohl nicht viel gewinnen (oder auch verlieren) werden, wenn der Einarmige Bandit fair ist, d.h. mit jeweils 50% Wahrscheinlichkeit Gewinne und Verluste verteilt: Denn von 1000 Spielen werden etwa 500 Ihnen einen Verlust von jeweils 1, also einen Gewinn von etwa –500 gebracht haben, während die restlichen Spiele Ihnen einen Gewinn von etwa 500 lieferten – womit die Gesamtbilanz so ziemlich ausgeglichen wäre. Natürlich kann – und wird – es vorkommen, daß Sie 505 Spiele gewonnen und nur 495 verloren haben: Sie würden aber wohl zugeben, daß dieses Ergebnis zum einen nicht besonders berückend ist (für immerhin 1000 Spiele – den Zeitaufwand dafür gar nicht gerechnet), und zum anderen, daß eine so geringe Abweichung von der Ausgewogenheit zwischen Gewinnen und Verlusten nicht ausreicht, um den Einarmigen Banditen schon als unfair einzustufen.

Unterstellen wir, daß Sie also einverstanden sind, wenn für einen solchen fairen Einarmigen Banditen die Erwartung für die Zukunft, insbesondere auch für das nächste Spiel, auf 0 gesetzt wird. Das darf nun nicht irritieren: denn es gibt ja kein Spielergebnis, das Ihnen den Gewinn 0 brächte (Sie verlieren oder gewinnen jeweils 1, aber niemals 0). Wohl aber gibt 0 die Erwartung durchaus zutreffend an; das läßt sich etwa so einsehen: bei diesem fairen Einarmigen Banditen ist die Wahrscheinlichkeit des Verlustes von 1, bzw. gleichbedeutend des Gewinnes von –1, 50% oder 0.5; die Wahrscheinlichkeit des Gewinnes von 1 ist ebenfalls 0.5. Man könnte dies auch so sehen: 0.5*(–1) = –0.5 ist der wahrscheinliche Gewinn im Verlustfall; 0.5*1 = 0.5 jedoch im Gewinnfall; beide Ereignisse schöpfen alle möglichen Fälle aus und ergeben zusammen –0.5+0.5 = 0. Der »Erwartungswert«, wie man in der Wahrscheinlichkeitsrechnung sagt, ist also 0. Das läßt sich nun ohne Schwierigkeit sowohl in eine Formel fassen, als auch auf »nicht-faire« Banditen übertragen (die deswegen nicht unfair zu sein brauchen: die Abweichung von der Fairneß kann ja durchaus auch zu Ihren Gunsten sein!). Sei w die Wahrscheinlichkeit für den Gewinn von 1 (w ist wieder eine Zahl zwischen 0 und 1), dann ist 1-w die Wahrscheinlichkeit für das andere Ergebnis, nämlich den Gewinn von –1. Die Erwartung wäre dann, in Analogie zum vorher Gesagten, mit

$$w*1 + (1-w)*(-1) = w-1+w = 2w-1$$

anzusetzen (ist w = 50% oder 0.5, so ergibt sich tatsächlich der Erwartungswert 0, wie zuvor).

Fassen wir nun, ganz speziell auf die zu Anfang geschilderte Problematik des Testens auf Fairneß gerichtet, kurz das Wichtigste zusammen: Es sei ein Horizont r vorgegeben, d.h. eine Maximalzahl der Experimente, die allenfalls durchgeführt werden sollen; es ist eine suffiziente Statistik, die die Vergangenheit in sich trägt, durch das Paar (m,n) gegeben; und wir wollen testen, ob die Erwartung, die wir an die Fortsetzung der Experimentreihe setzen, so hoch ist, daß die Fortsetzung sich wirklich lohnt. In welchen Situationen ist dies der Fall? Nun, dazu bietet sich der Vergleich mit der Erwartung an, die ein fairer Bandit mit sich bringen würde – und die ist 0. Jede Erwartung größer als 0 für unsere konkrete Experimentreihe sollte uns zum Weitermachen ermuntern; ist die zukünftige Gesamterwartung unserer Experimentreihe hingegen kleiner oder gleich 0, so ist diese Gesamterwartung ja schlechter als (oder höchstens genauso gut wie) die des fairen Einarmigen Banditen, und unser Testziel ist erreicht: wir können die Versuchsreihe abbrechen; der konkret untersuchte und getestete Einarmige Bandit ist unfair oder höchstens fair, und damit einem fairen Einarmigen Banditen natürlich nicht vorzuziehen.

Steckt man all dieses in eine einzige Formel, dann lautet sie so:

$$V(m,n;r) = \max\{0,\ (2m-n):(n+2) + (m+1):(n+2)*V(m+1,\ n+1;r-1) + (n-m+1):(n+2)*V(m,n+1;r-1)\}$$

$$V(m,n;0) = 0.$$

Vielleicht sieht dies nach ein paar klärenden Worten weniger schrecklich aus: V(m,n;r) ist eine Abkürzung für »Bewertung der aktuellen, durch (m,n) beschriebenen Situation, wenn allenfalls noch r weitere Experimente zulässig sind«; max {0,...} besagt, daß diese Bewertung sich aus dem jeweils größeren der beiden Werte 0 und ... ergibt, wobei ja 0 die Erwartung (oder Bewertung) des fairen Vergleichs-Banditen ist, und ... folglich die Erwartung des getesteten; und diese schließlich setzt sich aus drei Teilen zusammen. Dabei wurde gleich ausgeschrieben und ausgerechnet, was nun etwas vereinfachter erklärt werden kann: Befindet man sich in der Situation (m,n) – man erinnere sich, daß m und n die Vergangenheit bis hin zum augenblicklichen Zeitpunkt in sich zusammenfassen –, so ist die Wahrscheinlichkeit für das günstige Ereignis »Gewinn von 1« im nächsten Spiel ja (m+1):(n+2), abgekürzt w (beachten Sie, daß dieses w sich von Mal zu Mal ändern kann, je nachdem, wie die Vergangenheit aussieht: w hängt von m und n ab, was nicht eigens hingeschrieben wird). Dann ist die Erwartung für das nächste Experiment 2w-1 (siehe oben), ausgerechnet ergibt dies aber (2m-n):(n+2) – das liefert den ersten der drei beteiligten Summanden. Was hinzukommen muß, ist aber ja nicht nur der Wert für das unmittelbar nächste, also (n+1)-te Experiment, sondern auch der Wert der sich daran anschließenden Versuchsreihe. Dieser ergibt sich nun einfach so: mit Wahrscheinlichkeit w = (m+1):(n+2) gewinnt man das nächste Spiel, und gelangt dadurch in eine Situation, in der a) dieses eine Spiel mehr gewonnen wurde, also nun m+1 günstige Fälle vorliegen; b) natürlich auch ein Spiel mehr gemacht wurde, also nun n+1 Spiele »der Vergangenheit angehören«; und logischerweise c) auch der noch verbleibende Resthorizont sich um 1 von r auf r-1 verringert hat: die Bewertung dieser Situation hatten wir aber mit V(m+1,n+1;r-1) zu bezeichnen vereinbart. Mit Wahrscheinlichkeit 1-w = (n-m+1):(n+2) verliert man das nächste Spiel, d.h. m bleibt gleich, n hat sich um 1 erhöht und r um 1 erniedrigt: V(m,n+1;r-1).

Mit der Abkürzung w steht also die Bewertung der gesamten, noch durchzuführenden Rest-Experimentreihe in der Form

$$2w-1 + w*V(m+1,n+1;r-1) + (1-w)*V(m,n+1;r-1)$$

da. Sie wird mit der Bewertung 0 für den fairen Vergleichs-Banditen verglichen (durch die Auswahl der jeweils größeren der beiden Bewertungen).

Zwei diese Formeln abschließende Bemerkungen: V(m,n;0) = 0 nennt man »Terminalbedingung«; diese Festsetzung drückt aus, daß man bei einem Horizont von 0 der Situation keinen Wert mehr beimessen muß – denn man ist am »Ende des Horizonts« angelangt. Und schließlich gilt folgende

»Stopp-Regel«: Höre auf zu spielen, wenn die Situation eine Bewertung von 0 hat; ist die Bewertung größer als 0, spiele weiter.

Eine Situation ist, es wurde schon mehrfach gesagt, durch die suffiziente Statistik (m,n) und durch den Resthorizont r der bestenfalls noch möglichen Spiele gegeben. Die Stopp-Regel besagt also:

»Stoppe, falls n Spiele gemacht, m davon gewonnen, und allenfalls noch r möglich sind, genau dann, wenn V(m,n;r) = 0.«

Für kleine Gesamthorizonte n+r lassen sich die Bewertungen leicht ausrechnen; ein kurzer Blick genügt aber, um festzustellen, daß die Berechnung »von hinten her« erfolgen muß: wer V(m,n;r) berechnen will, braucht dazu doch V(m+1,n+1;r-1) und V(m,n+1;r-1); zu ersterem braucht man wiederum V(m+2,n+2; r-2) und V(m+1,n+2;r-2), zu letzterem V(m+1,n+2;r-2) und V(m,n+2;r-2). Auch wenn V(m+1,n+2;r-2) dabei zweimal auftaucht, so werden immer mehr Werte notwendig, um V(m,n;r) zu berechnen: nach r solchen Schritten sieht man, daß alle Bewertungen von

V(m,n+r;r-r)   V(m+1,n+r;r-r)   ... bis V(m+r,n+r;r-r)

vorhanden sein müssen: und erst hier, wegen r-r=0, können wir die Terminalbedingung einsetzen und die Bewertung V(m,n;r) »rückwärts« ausrechnen. Das kann mühsam werden, aber dafür gibt es Rechenanlagen ... Wie eine solche Rückwärtsrechnung in Form einer Pyramide aussieht, soll durch das nachfolgende Beispiel für die Berechnung von V(0,0;10) illustriert werden:

Die Anfangssituation ist klar: kein Spiel gemacht (n = 0), also auch noch keines gewonnen (m = 0), und maximal zehn Spiele Horizont (r = 10). Die Berechnung der Anfangssituation hat den angenehmen Nebeneffekt, daß dazu alle Situationen ausgewertet werden müssen, die später noch auftreten könnten. Damit ist jede im Spielverlauf mögliche Situation bereits in dieser Pyramide enthalten!

Wertepyramide zu V(m,n;r) für m = 0, n = 0, r = 10

r	n m	0	1	2	3	4	5	6	7	8	9	10
0	10	0.000	0.000	0.000	0.000	0.000	0.000	0.000	0.000	0.000	0.000	0.000
1	9	0.000	0.000	0.000	0.000	0.000	0.091	0.273	0.455	0.636	0.818	
2	8	0.000	0.000	0.000	0.000	0.045	0.400	0.800	1.200	1.600		
3	7	0.000	0.000	0.000	0.000	0.354	1.000	1.667	2.333			
4	6	0.000	0.000	0.000	0.177	1.008	2.000	3.000				
5	5	0.000	0.000	0.000	0.794	2.145	3.571					
6	4	0.000	0.000	0.397	2.028	4.000						
7	3	0.000	0.000	1.576	4.206							
8	2	0.000	0.788	4.048								
9	1	0.000	3.295									
10	0	1.647										

BRIGITTE DEGENER-BÖNING

Nadelspiele, Bomber und Flipper

Ronald Reagan am Fenster des Weißen Hauses, zu seinem Schutz der Secret Service, bereit, einen Angriff feindlicher Agenten des KGB niederzuschlagen. So das Spielfeature eines im Jahr 1988 hergestellten Flippers.[1] Auf der Spielfläche stehen Nachbildungen des Weißen Hauses und des Capitols, sie sind umgeben von feindlichen Agenten, die ein Attentat planen. Die Agentenjagd beginnt, wenn die Kugel im »Weißen Haus« liegt, denn dann gibt es Verstärkung durch die zweite Kugel. Sind auch die Schießübungen auf feindliche Agenten erfolgreich absolviert, öffnet sich das Versteck der Spione, die Kugel rollt hinein, verschwindet kurzzeitig, kehrt dann aber zum »Drei-Ball-Spiel« auf die Spielfläche zurück. Für den Spieler bedeutet dies einen besonders hohen Punktgewinn. Zur Animation und Spielunterstützung werden über Stereoboxen digital aufgezeichnete Geräusche vom startenden Sportwagen des Agenten 003, kurze Erfolgsmeldungen über getroffene Ziele und Titelsongs aus berühmten Agentenfilmen wie »James Bond« eingespielt.[2]

Nicht nur Geheimdienststories, die Welt des Circus und des Rummelplatzes, Fantasy und Science Fiction, Autorennen, Raumfahrt, Varieté und Revuen, sondern auch Krieg im Wasser, im Weltraum, auf der Erde und in der Luft sind immer wiederkehrende Flipperthemen. Den Platz, den heute James Bond und Rambo auf Flipperscheiben einnehmen, füllten noch vor zehn Jahren Popstars wie Elton John (vgl. Kat. Nr. 69) oder Jugendidole wie Tommy.[4] Die weltweit bekannte Musikgruppe »The Who« hatte mit dem Musikfilm eine Hymne auf einen blinden und tauben Jüngling verfaßt, der nur durch seine begnadete Flipperkunst aus der Erbärmlichkeit zum Superstar aufsteigt.

Während in Europa die Virtuosität am Flipper Filmthema war, hob das New Yorker Stadtparlament gerade das Flipperverbot der 50er Jahre wieder auf, Chicago genehmigte erst ein Jahr später, 1977, die Wiederaufstellung der Flipper. Auf der einen Seite Flipperverbot, auf der anderen Seite eine Kunst, ein Talent, das genügend Stoff für einen Kultfilm abgab. Was steckt hinter diesem Gerät, daß es so gegensätzliche Reaktionen hervorrief?

Mit dem amerikanischen Flipperverbot aus dem Jahr 1951 kam dieses Spiel nicht zum erstenmal in seinem Geburtsland Amerika in Schwierigkeiten. Bereits Mitte der 30er Jahre, die Pingames waren gerade ein halbes Jahrzehnt alt, begann eine Anti-Flipper-Kampagne. Weite Kreise der puritanistisch denkenden Öffentlichkeit in den USA hielten die Pingames für jugendgefährdend und unmoralisch. Der Feldzug gegen die Nadelspiele gipfelte in einer demonstrativen Zerstörung dieser Blechkästen durch den New Yorker Bürgermeister Fiorello La Guardia im Jahr 1941 und ihrem gesetzlichen Verbot (Abb. 219).[5] Was liegt zwischen diesen markanten Punkten der Flippergeschichte, in der soviele Emotionen wachgerufen wurden?

Nadelspiele sind für Europa nicht geeignet!

»Ja, mein lieber Adickes, Du hast zwar schon etwas von Automaten gelernt, aber diese komischen Bagatelltische, die werden in Europa nie einzuführen sein.«[6] So äußerte sich 1931 Mr. Montagu, Inhaber der amerikanischen Automatenbaufirma British American Novelty. Weniger skeptisch zeigte sich Mr. Adickes,[7] der Ende 1931 die ersten Nadelspiele aus Amerika nach London brachte. Erster Aufstellungsort soll das »White Horse Inn« am Sheppard's Market gewesen sein. Adickes berichtet: »Nadelspiele, damals Pinballs genannt, sind von uns Ende 1931 in England eingeführt worden. Die ersten Mustermaschinen dieser Art erhielten wir von der Automatenfirma Keeney. Sie hießen »Rainbow« und »Diamond Table«. Keeney war ein altes Automatenaufstellunternehmen in den USA.«[8]

89 »Log Cabin«, Sicking Manufacturing Company, um 1890

Ursprünge des Nadelspiels

Die Geschichte des Flippers beginnt also in den USA. Die amerikanische Entwicklung des Flippers ist im Gegensatz zu der deutschen bereits ausführlich erforscht. Als Vorläufer und Urväter der heutigen Flipper gelten das Bagatellespiel und das Billard. Letzteres entstand vermutlich im 16. Jahrhundert in Italien, kam von dort nach Frankreich und war am Hof Ludwigs XIV. sehr beliebt. Die zum Billardspiel dienende Vorrichtung bestand zu jener Zeit aus einer rechteckigen, mit grünem Tuch bespannten Schiefer- oder Marmortafel, die Kugeln wurden mit Queues aneinandergestoßen.[9]

Mitte des 19. Jahrhunderts wurde dann das Bagatellespiel populär, bei dem die Kugeln auf einer ebenen Fläche in Wertungslöcher gestoßen wurde.

Als Urvater des Flippers gilt der 1871 von Montague Redgrave patentierte »Improvements in Bagatelles«. Das erste Spiel dieser Art mit Münzung wurde Ende der 80er Jahre mit dem Namen »The Log Cabin« (Abb. 89) von der amerikanischen Sicking Manufacturing Company herausgebracht.[10]

Das Spielgeschehen im Gerät läßt bereits deutliche Bezüge zum heutigen Flipperspiel erkennen. Mittels eines Holzkolbens wurde eine Glaskugel in das Spielfeld geschossen, Nägel und Löcher, mit unterschiedlichen Wertungen, veränderten den regulären Lauf der Kugel, Glockentöne zeigten Treffer bereits akustisch an, am Ende des Spielfeldes verschwanden die Kugeln oder blieben in Auffangboxen liegen. Das Spielergebnis mußten die Spieler selbst addieren.

Zur Zeit der Jahrhundertwende tauchten zahlreiche Versionen dieser Spiele auf. Auch im Deutschen Reich wurden Pingame-Spiele, hier unter dem Namen »Tivoli«, patentiert (Abb. 90). Eine Patentschrift des Jahres 1899 beschäftigt sich mit einer Verbesserung »(...) an den bekannten Tivolispieltischen mit schräger Spielfläche (...) die Neuerung bezieht sich auf eine Vorrichtung zum Verschließen der Löcher, und der Zweck der selben ist das Spiel dadurch interessanter zu gestalten, daß es der Kugel noch schwieriger gemacht wird, in die Löcher zu fallen.«[11]

Nadelspiele

Alle bisher beschriebenen Geräte sind nie in bemerkenswerten Mengen produziert worden. 1929, nach dem Schwarzen Freitag an der Börse, zur Zeit der weltweiten wirtschaftlichen Depression mit hoher Arbeitslosigkeit, begann unerwartet der erste Boom der Nadelspiele. In Kneipen und Bars wurden die Pinball-Spiele aufgestellt und waren für Arbeitslose ein wohl gerade noch erschwingliches kleines Vergnügen. Entscheidende Ideen zum Durchbruch des Nadelspiels lieferten die Tüftler Harry Williams, die Gebrüder Gottlieb, Raymond T. Moloney (Gründer des Bally Konzerns) und die Bingo Novelty Company.

Sie brachten zwischen 1930 und 1931 die ersten Nadelspiele auf den Markt: Bally stellte den »BALLY HOO« vor, Gottlieb den »BAFFLE BALL«, die Bingo Novelty Company den »Bingo« und Keeney & Sons den »RAINBO«.[12] Die Geräte waren kleiner als die heutigen Flipper und ohne Beine, da sie für Theken und Tische in Bars, Restaurants und Drugstores gedacht waren (vgl. Kat. Nr. 61). Ebenfalls um 1930 kam auch das erste Standmodell »Whoopee« der In and Outdoor Games Company auf den Markt, das allerdings kein großer kommerzieller Erfolg wurde.[13] Eine »nationale Sensation« war dagegen der »BALLY HOO«, denn innerhalb von sieben Monaten konnten 50 000 Modelle verkauft werden.[14]

In Deutschland wurde Anfang 1932 schon von den amerikanischen Nadelspielen berichtet und nur wenig später, im Juli 1932, annoncierte Heinrich Santelmann, Berlin, das wohl erste deutsche Nadelspiel, den »TOBY BALL« (Abb. 91).[15] Ungefähr gleichzeitig kamen auch die amerikanischen Hersteller mit ihren Geräten auf den deutschen Markt.[16]

Im Frühjahr 1933 brachte die C. M. Schwarz GmbH, Leipzig, den »TURA-BALL« (Abb. 92) heraus, der eine getreue Nachbildung des »RAINBO« ist.

»Es ist erfreulich, daß die Firma C. M. Schwarz GmbH (Tura) das neue Sensationsspiel ›Tura-

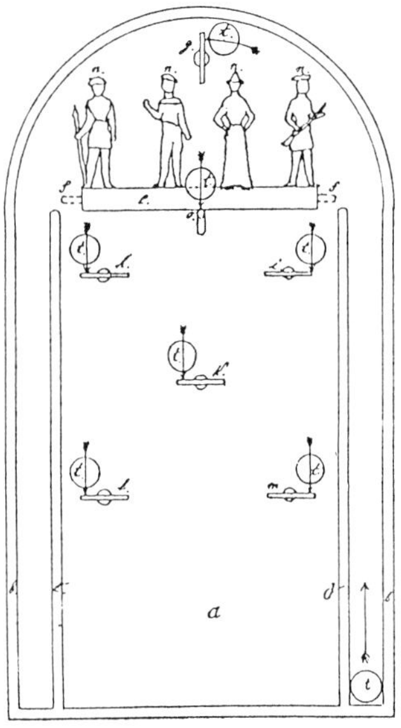

90 »Tivoli«-Spiel

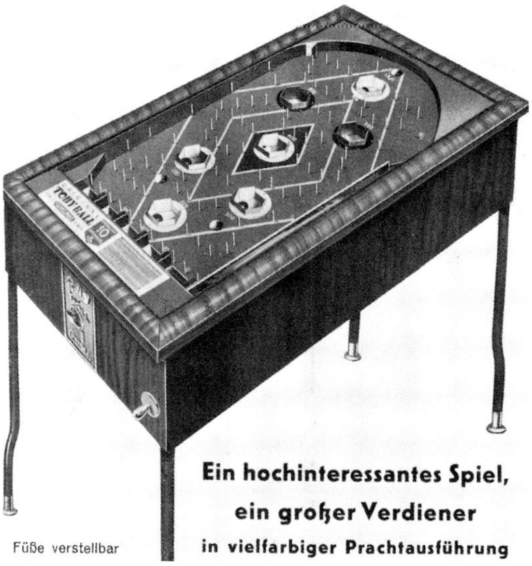

91 »TOBY BALL«, Heinrich Santelmann, Berlin 1932

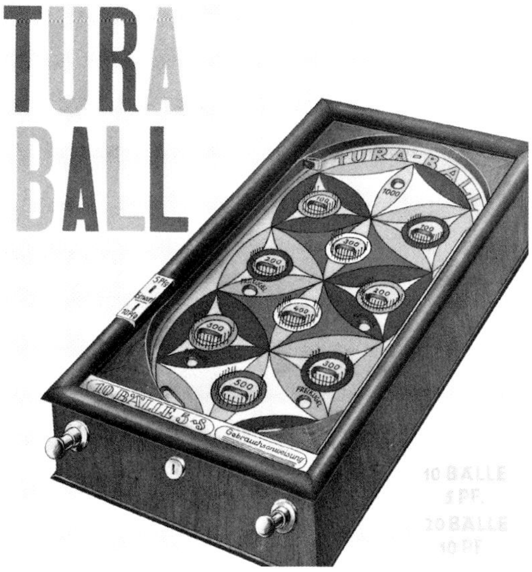

92 »TURA BALL«, C. M. Schwarz GmbH, Leipzig 1933

ball‹ so forciert, das bereits seit einigen Monaten im Ausland seine Zugkraft, und vor allem seine Rentabilität, bewiesen hat. Zu Tausenden lieferte die Firma C. M. Schwarz GmbH den »Turaball« nach dem Ausland.«[17] Hintergrund dieses Erfolges war ein Vertrag der Tura-Werke mit dem englischen Großhändler Scott, Adickes & Co.

> »... Ich (d.i. Adickes) bin dann mit der Ju 52 Ende 1932 nach Leipzig geflogen und schloß mit einem guten Bekannten der Branche und Inhaber des Tura-Werkes, Karl Schwarz, einen Vertrag über 10 000 dieser Maschinen ab. Dieser Vertrag wurde in circa 8 Monaten abgewickelt. Auch in Deutschland wurden diese Maschinen dann unter dem Namen »Turaball« eingeführt.«[18]

Mustergeräte von Keeney wurden auch an die Firmen Max Jentzsch & Meerz und Th. Bergmann vergeben.

Neben Contimat (vormals H. Santelmann) und Schwarz gab es auf der Frühjahrsmesse 1933 nur noch einen weiteren Nadelspielfabrikanten, die Firma Lutter & Wilden, die Anfang 1933 den »Nadelspiel-Automat« und den »Wipp-Ball« bauten. Ein halbes Jahr später, auf der Leipziger Herbstmesse, zählte man aber schon über zehn Nadelspielgeräte. Das Design der Spiele ist den amerikanischen Versionen nachempfunden. Ausnahmen bilden die Geräte von Contimat und DEWAG. Die Wertungslöcher des »DEWAG-Ball« sind nicht wie üblich von Nadeln oder starren Metallringen umgeben, sondern von federnden Auffangringen. Der »TOBY-BALL« von Contimat kombiniert durch eine zweigeteilte Spielfläche das Nadelspiel mit einem ungewöhnlichen Kugeleinwurf: oberhalb des Nadelspiels befindet sich eine Metallspirale, durch Drehen der Kurbel rotiert die Spirale und schleudert die Kugel ins Spielfeld.[19]

Die Firmen Tura, Erich Büttner und Max Jentzsch & Meerz, ab 1936 auch Th. Bergmann, wurden zu Marktführern in der Nadelspielbranche, deren technische Entwicklung sich auch weiterhin stark an den amerikanischen Modellen orientierte.

Warum war bei Aufstellern und Spielern das neue Nadelspiel so beliebt? Die Geld-/Geschicklichkeitsspiele sind seit ihrem Aufkommen umstritten. Verbote von Automatenspielen, die verdächtigt wurden, illegale Glückspiele zu sein, waren an der Tagesordnung. Da die Nadelspiele kein Geld auszahlten, waren sie weniger umstritten und die Aufsteller mußten keine Angst vor einer Beschlagnahmung und damit dem Verlust ihrer Investition haben. Ganz ohne Gewinnanreiz wurden die Geräte jedoch auch nicht gespielt: »(...) Plakate an den Wänden weisen auf die Gewinne hin, die beim Erzielen besonders hoher Nummern erreicht werden können. Ein Schaukasten, in Glas eingekleidet, zeigt die Prämien, die gewonnen werden können.«[20]

93 »Bord Golf«, Max Jentzsch & Meerz, Leipzig 1933

Nadelklappenspiele

Schon 1933 wurde eine neue Entwicklung des Spielverlaufs – das Nadelklappenspiel – aus Amerika übernommen.[21] Die Wertungslöcher sind nun mit Klappen versehen. Zum Spielbeginn sind alle Klappen geöffnet, fällt die Kugel in ein Wertungsloch, verschließt die Klappe mittels eines Hebelmechanismus das Loch und ebnet der folgenden Kugel den Weg zu den 1000er Treffern, der Höchstpunktzahl in diesen Spielen. Nur so hatte der Spieler die Chance, im Gesamtergebnis die Höchstpunktzahl zu erreichen. Das Resultat mußte der Spieler nicht mehr im Kopf errechnen, denn ein Zählwerk, bestehend aus einzelnen Ziffernrollen, zeigte das Ergebnis selbsttätig an. Ein im Zwischenboden des Flippers angebrachter Mechanismus wurde von der Kugel auf ihrem Weg zum Sammelbehälter berührt und trieb das Zählwerk voran.

Das vermutlich erste deutsche Nadelklappenspiel war das »Bord-Golf«[22] von Max Jentzsch & Meerz, Leipzig, dessen Spielfläche zudem die Form einer Acht besitzt (Abb. 93). Gleichzeitig kündigte die Tura GmbH, Leipzig, den »Tura-Duplex« an,[23] der aber erst im Frühjahr 1934 auf den Markt kam. Dieses Gerät ist im Aufbau und Design baugleich mit dem amerikanischen »Silver Cup« von Genco Inc. Erich Büttner stellte zu diesem Zeitpunkt das Klappenspiel »ERBÜBALL« in verschiedenen Versionen vor. Die Firma Hanno, Hannover, hingegen produzierte weiterhin reine Nadelspiele, da diese störungsfreier liefen.[24] Die unterschiedliche Farbe der Klappen, bzw. die Farbe der Kugeln, war als weiterer Spielanreiz gedacht.

Pferdchenrennspiele

Eine neue Variante der Klappenspiele brachten die Pferdchenrennspiele, bei denen die Pferde entsprechend den getroffenen Wertungslöchern weiterbewegt werden. Die Tura-Automatenfabrik brachte im Herbst 1934 das »TURA-DERBY« mit drei Pferdchen heraus.[25] Ein Jahr später stellten Max Jentzsch & Meerz das »IMO-RENNEN«[26] (Abb. 233) und Erich Büttner das »ERBÜ-Rennen« (vgl. Kat. Nr. 62)[27] mit fünf Pferdchen vor.

Die Gebrauchsmuster und Patente für die Geräte geben Aufschluß über die unterschiedlichen technischen Konstruktionen. Im Modell »TURA-DERBY« ist die Spielplatte schräg gestellt, so daß die Pferde, auf einem Wagen in einer Schiene laufend, sich durch ihr Eigengewicht fortbewegen, würden sie nicht durch einen Hebel gehalten. Dieser Hebel kann von der durch ein Wertungsloch einfallenden Spielkugel gelöst werden, und läßt das Pferd je nach Punktzahl eine bestimmte Strecke voranrücken.[28] Jede Rennfigur steht mit bestimmten Kugellöchern in Verbindung. Das mittlere Loch, das besonders schwer zu treffen ist, bringt das Pferd entsprechend weit nach vorne. Beim »ERBÜ-Rennen« durchläuft die mittlere Figur demgemäß die Rennstrecke in einem Zuge (vgl. Kat. Nr. 62). Das mittlere der fünf Pferde ist gleichzeitig die »Favorit-Figur«, deren Führungsstange »(...) wellenförmig gestaltet (ist), wodurch eine sprunghafte Bewegung dieser Figur erzielt wird«. Außerdem ist »das Klappenloch (...) mit einer Schließklappe versehen, die (...) durch die einfallende Kugel (...) umgelegt wird. Unter dem Klappenloch befindet sich ein zweites Loch (...), in das die Kugel nur dann gelangen kann, wenn die Klappe geschlossen ist. Eine in das Loch fallende Kugel betätigt eine an sich bekannte Vorrichtung, welche anzeigt, daß das Spielergebnis erhöht, z.B. verdoppelt ist.[29] Bei Barzahlung des Gesamtpreises konnte der Aufsteller ein »ERBÜ-Rennen« für 180,– RM erstehen. Damit lagen die Kosten um 40,– RM über denen für einen Lochklappenflipper.

Strom bringt den Flipper zum Klingeln

Neben den Turf-Spielen, die als Sonderentwicklung zu betrachten sind, wurden die Nadelspiele durch den Einsatz von Elektrizität den heutigen Flippern immer ähnlicher. Die ersten Beleuchtungseffekte und Glockentöne, die erfolgreiches Spiel akustisch und optisch anzeigten, sowie die nur in den USA erlaubte automatische Auszahlung wurden durch den Einbau von Batterien möglich. Aber auch der Lauf der Kugel wurde mit Hilfe der Elektrizität variantenreicher und schneller, z.B. durch den von dem Amerikaner Williams erdachten und von der Firma Bally 1933 im Gerät »Contact« erstmalig vorgestellten »kick-out hole«-Mechanismus.[30]

Hier wird eine Kugel kurzzeitig »gefangen« und kann durch eine zweite befreit werden. In deutschen Geräten gab es diese Effekte in mechanischer Version, z.B. im Nadelspiel »Mörser« von Tura 1935.[31] Eine Kugel rollt hier in ein Rohr, in dem ein Kolben durch eine gespannte Feder gehalten wird. Wird die Verriegelung mittels einer zweiten Kugel gelöst, schnellt der Kolben in das Rohr und schleudert die im Rohr gefangene Kugel heraus.[32] Ein Jahr später baute Hanno-Automaten in Hannover den »Kick-out«-Effekt mit elektrischer Auslösung in das Gerät »BOMBENFEUER« ein, dessen Spielfläche mit mehreren »Mörsern« und »Kanonen« besetzt ist (vgl. Kat. Nr. 63). Die Spielweise dieses Geräts wies jedoch Mängel auf. Wenn ein Mörser bereits geladen war, konnten trotzdem weitere Kugeln einfallen, wurden sie erlöst, behinderten sich die Kugeln untereinander. Das »BLINKFEUER« der Automatenbau Paul Bohlmann, Berlin, zeigt, wie die Hersteller dieses Problem lösten (Abb. 234). Im oberen Teil des Spielfeldes befindet sich ein kleines Flugzeug mit der Funktion einer Weiche. Jede neu einfallende Kugel verändert die Position dieses Flugzeuges; damit wird die Kugel in den zuvor nicht angespielten Bereich gelenkt, so daß eine bessere Verteilung der Kugeln gewährleistet ist. Die oben beschriebenen Klappenspiele sind in den Jahren 1935/36 entwickelt worden. Neben den harmlosen Pferderennen entstand unter den Nationalsozialisten eine Gerätevariante, die für den Spielverlauf kriegerische Motive einsetzte. So werden beispielsweise Geschütze geladen und für den Abschuß vorbereitet, das Auslösen der Kanonen wird durch Lichteffekte unterstützt und der Spieler durch die Höchstpunktzahlen belohnt.

Die Bomber kommen

Die Gerätebezeichnung »Bomber« leitet sich vermutlich von den »Bumpers« ab (to bump = stoßen), die 1937 von Nick Nelson, einem Bally-Mitarbeiter, für das Spiel »Bumper« erdacht wurden. Mit den »Bumpers« (Federtürmen) wurde ein weiterer wichtiger Entwicklungsschritt hin zum heutigen Flipper eingeleitet. Mit der üblichen Abschußvorrichtung wird die Kugel in das Spielfeld gebracht, das anstelle von Nadeln und Klappen nur mit mehreren sogenannten »Federtürmen« besetzt ist. Die Kugel soll bei ihrem Lauf möglichst viele Türme anschlagen, denn jeder Anschlag wird durch den Gesamtzähler angezeigt.[33]

In der zweiten Hälfte des Jahres 1937 dominierten die Bomberspiele, die sich vor allem in der Zahl der Federtürme unterschieden. Der »IMO-Bomber« von Max Jentzsch & Meerz fiel mit seinen zehn Türmen beispielsweise einfacher aus als der »TURA TOTAL«, der 19 Türme besaß und 185 RM kostete. Zur gleichen Zeit wurden die amerikanischen »Federtürme« bereits mit farbigen Lämpchen bestückt, die bei einem Treffer aufleuchteten. Auch in Deutschland ging die Entwicklung weiter. Scheibenkontakte unter den Türmen registrierten die Berührung, die 1000 Punkte zählte, und das Federtor, eine weitere Neuerung, zählte 10 000 Punkte. Die Höchstpunktzahlen, die vom Addierwerk gezählt wurden, lagen inzwischen bei 99 000 pro Spiel. Weitere Bomber waren die »Goldene 13« von Th. Bergmann, Hamburg, und der »Zick-Zack« von Paul Schülke, Berlin. 1938 leuchteten dem Spieler bereits die Punktzahlen von einer zunächst 15 cm hohen Rückwand am Kopfende des Geräts entgegen (vgl. Kat. Nr. 65 und Abb. 94). Diese Rückwand (»backflash«) wurde schnell vergrößert und bot nun neben der Punktanzeige genügend Raum, um das Spielgeschehen zu unterstreichen. So zum Beispiel bei dem »CONTROL TOWER«, auf dessen Rückwand ein startendes Flugzeug abgebildet ist, das die Punkte anzeigt und mit zunehmendem Punktgewinn aufsteigt. Wird durch eine Manipulation der Tilt-Mechanismus ausgelöst, stürzt das Flugzeug ab und geht in Flammen auf (vgl. Kat. Nr. 67).

94 »IMO Diamant«, Max Jentzsch & Meerz, Leipzig 1938

Nägel gegen Spieler, die mogeln

Rütteln und Schlagen war ein beliebtes Mittel, um den Lauf der Kugel zu beeinflussen. Dem setzte Harry Williams 1933 im Flipper »Multiple« den Rüttelschutz entgegen.[34] Die »Tilt«-

Mechanik (to tilt = kippen) ist zunächst für den Spieler sichtbar auf der Spielplatte angebracht. Eine Kugel liegt auf einer kleinen Erhöhung, wird das Gerät aus dem Lot gebracht, fällt die Kugel und schließt einen Kontakt, der das Spiel stoppt. Die Mechanik ist eine einfache Version des Seismographen: An einem Pendel hängt ein Gewicht, das sich innerhalb eines Metallrings bewegt. Berührt der Pendel den Ring, so schließt sich ein elektrischer Kontakt, das Gerät schaltet sich ab (Abb. 95), und der Wertungszähler geht auf Null zurück. Bei Flippern, die die Spielergebnisse ausdrucken, wurden die bereits verzeichneten Ziffern durch Druckerschwärze unkenntlich gemacht.[35]

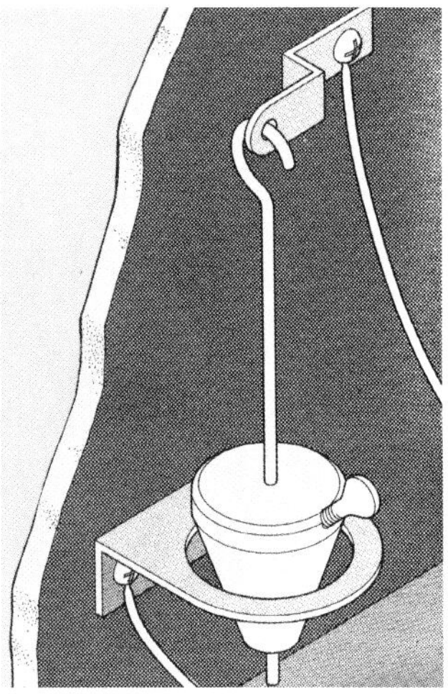

95 Tilt-Mechanismus: Bewegt sich das Pendel durch Rütteln am Gerät, berührt es den äußeren Ring und schließt damit einen Kontakt, der das Gerät ausschaltet.

Freispiel: Gewinnen am Flipper

Die ersten Nadelspiele hatten auf ihren Spielflächen Löcher ohne Wertungen, aber mit der Aufschrift »Freikugel«; fiel die Spielkugel in dieses Loch, so wurde sie dem Spieler über eine besondere Führungsschiene erneut zur Verfügung gestellt. Die Mehrzahl der Nadelspiele besitzt diese Einrichtung am unteren Ende der Spielfläche. Max Jentzsch & Meerz, führten 1934 mit dem Klappenspiel »Turnier-Golf« die Chance ein, drei Freikugeln zu gewinnen, wenn man drei farbige Klappen schloß.

Das erste Freispiel gewährte der »Tura-Derby, Modell C« von 1935. Über die Möglichkeit, sämtliche Aus-Kugeln gegen Einwurf von 5 Rpfg. zurückzukaufen, erhöhte sich die Chance für den Spieler, alle drei Pferdchen ins Ziel zu bringen. Gelingt dies, »... so gibt der Apparat eine Karte aus, welche zu einem Freispiel berechtigt«.[36] Da beim Gewinn eines Freiballs und Freispiels kein Bargeld ausgezahlt wurde, kamen diese Spiele nicht mit dem Verbot des Geldgewinns in Konflikt, sondern waren als reines Unterhaltungsspiel zugelassen. In Werbungen für Nadelspiele fand man deshalb häufig den Hinweis: »Überall polizeilich erlaubt!«, Beschlagnahmungen von Nadelspielen waren folglich selten.[37]

Anders sah es in den USA aus, da mit Beginn der Pinball-Ära zahlreiche Auszahlungsversionen auf den Markt kamen. 1935/36 gerieten auch sie in den Verdacht, illegale Glücksspiele zu sein. Der Flipperstreit endete mit dem Verbot aller Pinball-Spiele 1941.[38] Mit Beginn des Zweiten Weltkrieges kam die Pinball-Industrie endgültig zum Erliegen.

Flipperentwicklung nach dem Zweiten Weltkrieg

1929–1939, 10 Jahre Flippergeschichte, ohne daß das Spielelement erwähnt wurde, welches dem Gerät seinen Namen gab. In diesem Zeitraum konnte der Spieler den Lauf der Kugel allein durch den Abschußhebel (Plunger) beeinflussen, eine kleine, neben dem Hebel angebrachte Meßlatte war Parameter für die Intensität des Abstoßes. 1947 installierte Harry Mabs im unteren Teil der Spielfläche kleine bewegliche Hebelarme, mit denen der Spieler die Kugel auf die Spielfläche zurückschießen kann und damit weitere Punkte sammelt.[39]

Auf den ersten Nachkriegsmessen der sich regenerierenden bundesdeutschen Automatenbranche tauchten diese »Flipper« noch nicht auf. Der erste deutsche Flipper mit Flipperarmen war der »TEMPO-TEMPO« von Th. Bergmann, Hamburg, der 1952 auf der Frühjahrsmesse vorgestellt wurde (Abb. 96). Bergmann knüpfte mit diesem Gerät an seine bedeutende Position in der Nadelspielherstellung der Vorkriegszeit an. Die Flipperarme des »TEMPO-TEMPO« schlagen jedoch entgegen den amerikanischen Versionen nicht zur Mitte hin aus, sondern nach außen.[41] Andere Flipper-Versionen, z.B. »TREFF-GLORIA« von Husemann, Köln, besitzen sechs Flipperarme auf der Spielfläche. Im Konkurrenzkampf zwischen den deutschen und amerikanischen Flipperherstellern gewannen zunächst die Amerikaner. Ende der 50er Jahre waren kaum noch Produkte inländischer Hersteller auf dem Markt. Über die Import-Export Firma NOVA, Hamburg, über die Vertriebsfirmen Löwen, Bingen, und andere Importeure gelangten zunehmend amerikanische Flipper der größten US-Produzenten auf den deutschen Markt. Zwischen acht und zwölf Flipper-Modelle produzierten sie jährlich, da blieben für die inländischen Hersteller nur noch Nischen.

96 »TEMPO-TEMPO«, Th. Bergmann & Co., Hamburg-Altona 1952

»Die Aufstellung eines Flippers in einer Gaststätte scheitert in sehr vielen Fällen daran, daß der Gastwirt nicht auf einen Gasttisch verzichten zu können glaubt. Soviel Platz erfordert ein normaler Flipper nun einmal.«[41]

Die Raumnot der Gastwirte erkannten Aisch & Melchers, Bochum, und produzierten den Wandflipper »EUROMAT« (Abb. 97). Er war jedoch im Gegensatz zur platzsparenden Wandmusikbox wenig erfolgreich.

Die nun folgende Geräteentwicklung verbesserte alle im Flipper befindlichen Spielelemente, die Zahl der elektromechanischen Flipper ging zurück, immer mehr rein elektronische Produkte wurden vorgestellt. Ziel der Neuerungen war es, den Lauf der Kugel interessanter, schneller und abwechslungsreicher zu gestalten. Überrollkontakte, Loopingbahnen, Röhren und Drehziele schießen die Kugel in unkalkulierbare Richtungen, entziehen sie zeitweise dem Blick des Spielers oder halten sie fest, bis eine weitere Kugel die erste »erlöst« und damit zwei Kugeln auf dem Spielfeld sind. Geräusche unterstreichen die Spielaktion, die optische Anzeige im Spielfeld zeigt, welche Treffer dem Spieler weitere entscheidende Punkte für das Freispiel bringen. Andere Flipper kommentieren das Spiel akustisch mit Lob oder fordern weiteres Üben. Aber nicht nur der versierte Spieler hat hier eine Chance, auch die Endziffer eines Spielergebnisses kann zu einem Freispiel führen.

97 »EUROMAT«, Aisch & Melchers KG, Bochum, um 1963

Die Erfindung der TV-Spiele brachte große Konkurrenz. Auch der Höhenflug des Dollars erschwerte den Flipperabsatz auf dem deutschen Markt. Erst die Einführung der Mikroelektronik (1979), die den Bau von sogenannten »intelligenten Flippern« ermöglichte, führte zu entscheidenden Neuentwicklungen und einem neuen Aufschwung. Bis zu 32 Bit große Speicher steuern den modernen Flipper, sie verarbeiten alle im Gerät anfallenden Informationen und ermöglichen Leistungen, die bisher undenkbar waren. So erstellt der Flipper zum Beispiel seine eigene Buchführung. Er registriert automatisch alle Freibälle, zählt die insgesamt geleisteten Spiele und kann Auskunft geben, wie lange die Kugel pro Spiel auf der Spielfläche verweilt. Nach kurzer Zeit stellt sich das Gerät auch auf die Spielstärke des Spielers ein und ermöglicht somit auch Ungeübten Erfolg. Am Ende jedes Tages kann ein Sieger ermittelt werden. Sein Spielergebnis kann mit seinen Initialen angezeigt werden, da mit der alpha-numerischen Anzeige nun auch Buchstaben auf dem Kopfteil erscheinen.

Heute werden Flipper neben den USA vermehrt in Japan, Italien und Spanien hergestellt. Trotz vieler Schwankungen – 1986 befanden sich wieder 63 200 Flipper in der Aufstellung, wodurch der Rekord des Jahres 1975 mit 60 000–70 000 aufgestellten Flippern wieder erreicht wurde – ist der Flipper auch heute noch im Zeitalter der Videospiele ein gefragter Unterhaltungsautomat.

Sportlicher Wettkampf am Automaten

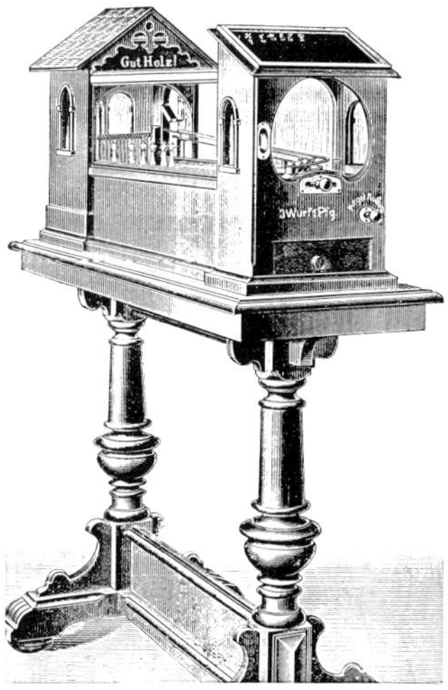

98 »Zimmer-Kegelbahn-Automat«, E. G. Lochmann & Co., Leipzig 1901

Haben Sie schon einmal Tischtennis an einem Automaten gespielt? Die Frage erscheint im Zeitalter der TV-Geräte nicht ungewöhnlich. Gemeint ist aber nicht ein auf die zweidimensionale Ebene reduziertes Bildschirmspiel, sondern ein Tischtennisautomat, an dem mit Schläger und Ball gespielt werden kann.

Für solch ein Tischtennis-Spiel wurde im Frühjahr 1937 erstmalig geworben. In der Mitte des Gerätes befindet sich ein Netz, über das ein Zelluloidball geschlagen werden muß. Man spielt mit zwei Schlägern, die sich um ihre eigene Achse drehen. Verliert ein Spieler in seinem Spielfeld den Ball, so erhält der Gegner einen Punkt, der verlorene Ball verschwindet sofort im Tor. Der Spieler kann durch geschicktes Abfangen und Abgeben des Balls sowie durch die Härte des Schlages den Spielverlauf bestimmen.[1]

Die automatischen Sportspiele griffen die allgemeine Sportbegeisterung auf, die im 19. Jahrhundert in Europa aufgekommen war. Vor allem England kann als Ursprungsland vieler Sportarten betrachtet werden. Mit den Sportautomaten, die in miniaturisierter Form und oft vereinfacht eine Sportart wiedergeben, gelang es, die wesentlichen Grundzüge des Sports – den Wettkampf und das Vergnügen – im Spiel wiederzugeben. Die ersten Sportautomaten wurden in den 90er Jahren ebenfalls in England entwickelt. Spiele, bei denen zwei Radfahrer ein Rennen fahren, zwei Männchen um die Wette klettern oder zwei Pferdchen um die Wette laufen (Abb. 237), gehören zu den frühen Automaten, ebenso wie Fußball- und Kricketspiele mit zwei Figuren. Bei den ersteren wurden die Figuren durch Kurbeln angetrieben.[2]

Schießautomaten, Kegelspiele (Abb. 98) und Billard (Abb. 12) waren die ersten Sportautomaten, die in Deutschland in den 90er Jahren auf den Markt kamen.[3] Die Blütezeit des Sportspiels setzte wohl erst in den späten 20er und in den 30er Jahren unseres Jahrhunderts ein, vor allem, nachdem die Aufstellung von Geldspielautomaten mit Gewinnmöglichkeit durch die Gesetzgebung eingeschränkt worden war. Die Sportautomaten gaben folglich den Herstellern die beste Möglichkeit weiterzuproduzieren, ohne durch die restriktive Gesetzgebung Verluste zu erleiden.

»Knall den Ball!«

99 »Hinein«, Th. Bergmann & Co., Hamburg-Altona 1936

Schon früh war der Fußball in Deutschland heimisch geworden – 1878 wurden in Hannover die ersten Fußballvereine gegründet und 1902/03 konnte die erste deutsche Meisterschaft ausgetragen werden. Und so wundert es nicht, daß die »Kicker« oder »Fußball-Automaten« zu den beliebtesten Geräten unter den Sportspielen zählen.

Ein Jahr vor der ersten Fußball-Weltmeisterschaft (1930) wurden erstmals drei Fußball-Automaten annonciert, die allerdings noch relativ einfach konstruiert waren. Bei dem »Kicker« der Firma Franz Stix, Offenbach, besteht jede »Mannschaft« nur aus einer Figur, die gleichzeitig die Aufgabe des Torwarts, Stürmers und Verteidigers übernimmt. Diese Figur steht in der Höhe des Tors und läßt sich seitlich und um die eigene Achse bewegen, um die Kugel ins gegnerische Tor zu kicken.[4] Ein weiteres Fußballspiel von 1929 ist der »Favorit« von Max Jentzsch & Meerz, Leipzig, von dem es drei verschiedene Modelle gab. Für 10 Pfg. gab der Automat zwei Bälle aus. Die Spielregel beschreibt den weiteren Spielablauf: »Nach Geldeinwurf stellt man den Ballaustritt nach dem linken oder rechten Spielfeld zu, je nachdem, welcher der 2 Spieler den Anstoß hat.«[5] Bewegt werden die Spieler durch »Revolvergriffe«, die sich an den Schmalseiten des Gerätes befinden. Zieht man nun an dem Abzugshebel, so schnellt ein Bein des Fußballspielers nach vorne.

Um 1930 war die Ausführung der deutschen Spiele im Vergleich zu den englischen Fußball-Automaten noch recht einfach. Denn in England gab es bereits Anfang des 20. Jahrhunderts Spiele mit zwei Spielfiguren, und 1921 entwickelte G. Barr schon ein Fußballspiel mit zwei kompletten Teams.[6] Alle Spieler trugen auswechselbare Trikots, vermutlich jeweils die Farben des Ortsvereins. Die Spiele befinden sich in schrankähnlichen massiven Konsolen aus Holz, ca. 150 cm hoch und 190 cm breit (vgl. Kat. Nr. 73). Die oben beschriebenen deutschen Fußballspiele hingegen waren Tischgeräte aus Holz, die mit einem Glas abgedeckt waren.[7]

Mitte der 30er Jahre kamen aber auch in Deutschland Spiele mit kompletten Mannschaften auf. Das automatische Fußballspiel sollte das Spiel auf dem grünen Rasen möglichst naturgetreu wiedergeben.[8] Erste Versuche gab es bereits 1934 von der Magdeburger Firma Hubertia, die für ein Spiel mit zwei kompletten Teams warb, auf dem Spielfeld sind jedoch nur zwei Torhüter zu sehen. Die Lösung ist interessant: Das Spielfeld besteht aus einer Vielzahl von kleinen Rechtecken, die durch Tastaturen gehoben und gesenkt werden können und somit den Spielball fortbewegen.[9] Bei dem gleichzeitig gebauten »Knall den Ball« von Fritz Möhring, Berlin, spielen wirklich zwei komplette Teams. Das Gerät gleicht heutigen Versionen, die Spielfiguren sind an acht Stangen befestigt, die außerhalb des Gerätes mit Griffen versehen sind, so daß 2–4 Personen spielen können.[10] Diese Version setzte sich jedoch zunächst nicht durch. Vielmehr versuchten die Hersteller mittels Elektrizität neue Effekte ins Spiel zu bringen. Die zehn Spielfiguren bewegen sich zum Beispiel in Th. Bergmanns »Hinein« (Abb. 99) selbsttätig, sobald der Ball die am Fuß der Figur befindliche elektrische Abschußvorrichtung berührt. Über ein Bedienungsrad am Kopfteil des Gehäuses werden die Fußballer in Position gebracht.[11] Im Gerät »Schalke 04 – Nürnberg« sind die vier Spieler, die jeweils auf einer Scheibe stehen, um 180° drehbar, während der Torwart über einen zweiten Griff vor dem Tor hin und her zu bewegen ist (Abb. 100).[12] In einfacheren Versionen – wie dem »Fußball-Meister« von Max Jentzsch & Meerz – und dem »TURA-LIGA« (Abb. 101) des Tura Werks, Leipzig, werden Torwart und Verteidiger gemeinsam über einen Pistolengriff bewegt.

100 »Schalke 04-Nürnberg«, Automatenfabrik Franz Hecker, Paderborn 1937

Neben der Beweglichkeit der Spieler wurde an der Spielfläche, der Ballausgabe und den Ecken experimentiert. Ein Gebrauchsmuster des Jahres 1937 beschreibt, daß elektrische Abschußvorrichtungen in den Ecken des Spielfeldes angebracht wurden, um den Spielverlauf zu beschleunigen.[13] Bereits 1936 hatte man versucht, das Spiel durch ein wellig gestaltetes Feld interessanter zu machen. Jede Spielfigur steht in einer Vertiefung, so daß der Ball nach einem Abstoß immer wieder vor den Fuß eines Spielers rollt (vgl. Kat. Nr. 73).[14] Auch die Anzahl der Spielbälle wurde variiert. Die Tura-Werke konstruierten einen Apparat, dessen Spielkugeln in gleichmäßiger Abfolge ohne Rücksicht auf den Spielverlauf in das Spielfeld gebracht wurden, so daß die Möglichkeit bestand, gleichzeitig mehrere Kugeln im Spiel zu haben.[15]

Boxen wie Max Schmeling

Der Aufschwung der Sportspiele hatte außer der restriktiven Gesetzgebung gegenüber den Glücks- und Geschicklichkeitsspielen noch weitere Ursachen. Neben der reinen »Leibesertüchtigung«, die auch in der Ideologie der Nationalsozialisten eine wesentliche Rolle spielte, hatten große Sportveranstaltungen zunehmend den Charakter von gesellschaftlichen Veranstaltungen angenommen.[16] Autorennen und gerade das Boxen waren Sportarten, die in dieser Zeit auch viele Künstler wie beispielsweise Rudolf Belling und Bert Brecht faszinierten. Vor allem Max Schmeling, der 1926 deutscher Meister geworden war und 1936 als erster deutscher Boxer den Weltmeistertitel gegen Joe Louis errang, galt als der Inbegriff des modernen Sportlers.[17]

101 »TURA-LIGA«, Tura Werk GmbH, Leipzig 1936

Um im Spiel solche spektakulären Kämpfe nachempfinden zu können, wurden vermutlich schon seit den 90er Jahren Boxautomaten hergestellt. Das erste deutsche Patent für einen Boxautomaten erhielt 1894 Charles Ingrey, London (Abb. 238).[18] Einer der meistverkauften Boxautomaten soll der »K-O FIGHTERS« der National Novelty, Minneapolis, gewesen sein.

102 Detail des Boxautomaten »SILVER GLOVES«, International Mutoscope Reel Company, um 1937

Edmund Fey, der Sohn des Erfinders der »LIBERTY BELL«, Charles Fey (vgl. Kat. Nr. 36), soll diesen Automaten entworfen haben, nachdem er am 23. September 1926 den Kampf um den Weltmeistertitel im Schwergewicht zwischen Gene Tunney und Jack Dempsey im Radio verfolgt hatte. Bei dem Gerät können zwei Boxer durch zwei Revolvergriffe an den Schmalseiten des Automaten gesteuert werden.[19] Über eine raffinierte pneumatische Steuerung der beiden Boxfiguren verfügt der Boxautomat von Ludo, 1932, bei dem die Spielzeit auf 40 Sekunden beschränkt ist (vgl. Kat. Nr. 71). Ein weiterer reizvoller Boxautomat, dessen Rückwand die gefüllten Zuschauerränge zeigt, um die Atmosphäre eines Boxkampfs wiederzugeben, ist der »SILVER GLOVES« der International Mutoscope Reel Company von 1936/37. Die sehr realistisch gestalteten Spielfiguren (Abb. 102) sind unterhalb der Spielplatte, für den Spieler nicht sichtbar, auf einem Metallkreuz befestigt. Über ein Gestänge ist das Kreuz mit einem außen am Gerät befindlichen Hebel verbunden, so daß der Spieler den Boxer in vier Richtungen dirigieren kann, wenn er einem Angriff der gegnerischen Spielfigur ausweichen will. Vom rechten Arm des Boxers führt ein Seilzug zum ebenfalls außen am Gerät angebrachten revolverartigen Griff. Ein Hebeldruck läßt die Faust der Spielfigur nach oben schnellen. Trifft die Rechte das Kinn des Gegners, sprüht ein blauer Funke. Der Stromkreis wird über Kontakte geschlossen, der Boxer fällt auf den Rücken und richtet sich wieder auf. Über einen weiteren Impuls wird der Rundenzähler betätigt und registriert die Treffer. Die Spielzeit des Automaten wird über ein Uhrwerk gesteuert und beträgt circa zwei Minuten.

Deutsche Hersteller von Boxautomaten waren MODAF, Leipzig, 1939, die Firma Jost, Offenthal, mit dem »Boxring« 1954, und J. Ulrich, Diessen/Ammersee, mit dem »Boxomat« 1955.[20]

»Wer fährt am schnellsten?« – Autorennen mal ganz ungefährlich

Der Bau der Avus (1921), des Nürburgrings (1925–1927) und erste Autorennen im Deutschland der 20er Jahre trugen ebenso wie die Forcierung des Straßen- und Autobaus zur Popularisierung des Autofahrens bei und förderten die Attraktivität der Autorennspiele. Erste Versionen tauchten 1933 auf, wurden aber erst 1937/38 wieder aktuell.

Das Autorennspiel »Goldstern« (Abb. 103) aus dem Jahr 1937 ist rein mechanisch und ähnelt im Aufbau dem Pferdchenspiel »HANDICAP« von 1930 (vgl. Kat. Nr. 70). Allerdings laufen hier die Autos in Schienen wie bei den Nadelspiel-Pferderennen (vgl. Kat. Nr. 62). Die Autos werden über zwei Kurbeln angetrieben, die im Inneren über Ketten mit Kettenrädern verbunden sind. Ein Freilauf gewährleistet, daß die Figuren nur in eine Richtung laufen und vom Ziel aus zum Start zurückbefördert werden. Am »Goldstern« können zwei bis vier Spieler gegeneinander antreten. Jeder Spieler bedient einen Wagen. Nicht allein schnelles Drehen führt zum Sieg, auch Gefühl ist gefragt, da zu schnelles und ungleichmäßiges Drehen den Wagen zum Start zurückschleudern läßt. Ist ein Wagen am Ziel angekommen, schaltet sich der Automat ab, der sonst 3 Minuten Spielzeit gewährt.[21]

1938 kamen zu diesen mechanischen die elektrisch betriebenen Autorennspiele hinzu. Im Gerät »Pa-nik« treten zwei Spieler gegeneinander an. Auf 24 Runden gilt es, das Auto auf Höchstgeschwindigkeit zu bringen und gleichzeitig den Gegner durch Stoppen zu behindern.[22]

Kämpften bei den bisherigen Geräten die Spieler gegeneinander, so geht es beim Gerät »ERBÜ-KOMPRESSOR« gegen den Automaten (vgl. Kat. Nr. 74) Der »ERBÜ-KOMPRESSOR« verlangt vom Spieler schnelles Reagieren, denn dem metallfarbenen Sportwagen, der auf einer Schiene im Kreis fährt, wird die freie Fahrt durch zwei Schranken verwehrt. Der Spieler muß diese Schranken rechtzeitig öffnen, gelingt dies, beschleunigt der Wagen kontinuierlich, so daß immer weniger Zeit zum Reagieren bleibt. Der Aufsteller kann den Motor auf vier unterschiedliche Geschwindigkeitsstufen und damit Schwierigkeitsgrade einstellen.[23]

Auch der »AUTO-FERNLENKER« der Automatenfabrik Alfred Druschky bietet die Möglichkeit, das Gerät auf die Spielstärke des Publikums abzustimmen (Abb. 104). Ein Freispiel gewinnt

103 »Goldstern«, Johannes Möbius, Leipzig 1937

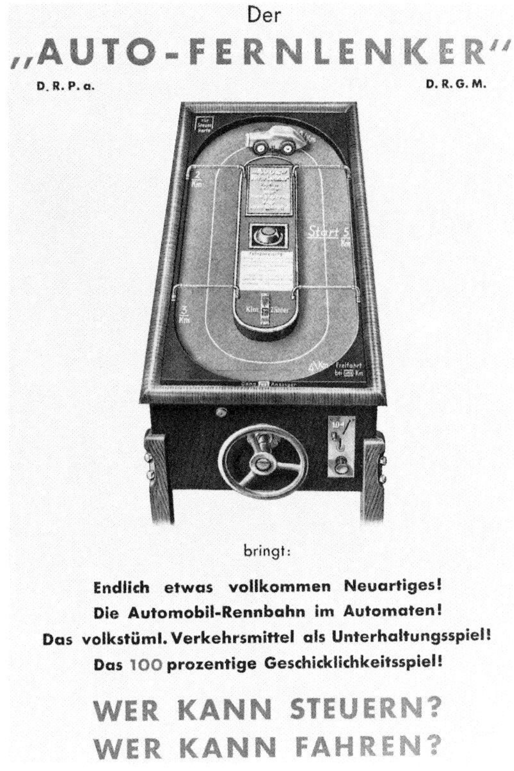

104 »AUTO-FERNLENKER«, Automatenfabrik Alfred Druschky, Berlin 1937

der Spieler, der eine gewisse Kilometerleistung in der vorgegebenen Zeit von zwei Minuten übertrifft. Die Kilometerzahl bestimmt der Aufsteller. Das Besondere dieses Autorennspieles: das Auto ist nicht wie bisher in einer Schiene geführt. Mit dem Lenkrad, das über einen Bautenzug mit den vorderen Rädern des Wagens verbunden ist, kann gesteuert werden. Muß zum Manövrieren der Rückwärtsgang eingelegt werden, zieht der Spieler das Lenkrad zu sich hin, will er den ersten, zweiten oder dritten Gang einlegen, drückt er gegen das Rad. Ein Widerstand regelt die vermehrte Stromzufuhr, und der Wagen beschleunigt in den höheren Gängen. Durch die optische Gang- und Kilometeranzeige kann der Spieler den Rennverlauf beobachten.[24]

Unverwüstliche Eishockey-Spiele und anderes

Neben den Fußball-Automaten waren die Eishockey-Spiele, die zur Leipziger Frühjahrsmesse 1936 erstmals angeboten wurden, die beliebtesten Sportspiele bis 1938. Bei den Hockey-Spielen wurde auf jede zusätzliche Spielanimation wie Glocken- oder Lichtsignale bei einem Tortreffer verzichtet, stattdessen prägte ihre robuste und unverwüstliche Bauweise diese Spiele. Angeboten wurden Hockey-Spiele von nahezu allen Firmen, die auch andere Automaten-Spiele produzierten, so von Th. Bergmann, Hamburg, Erich Büttner, Leipzig, Hanno-Automaten-Gesellschaft, Hannover, Max Jentzsch & Meerz, Leipzig (vgl. Kap. Nr. 72), Fritz Jüngst, Velbert, Johannes Möbius, Leipzig, Paul Schülke, Berlin (Abb. 105), und anderen. Die meisten Firmen boten mehrere Modelle an, bei denen die Anzahl der Spieler zwischen zwei und acht variierte. Die Spielfiguren können durch Knöpfe an den Seiten des Geräts um die eigene Achse gedreht werden und schieben dann die Kugel, die anstelle des Pucks verwendet wird, mit dem Hockeyschläger beiseite. Spieltechnische Verbesserungen wurden bei diesen Spielen nur gemacht, wenn es galt, die Manipulationen durch die Spieler auszuschalten. Die Tore wurden deshalb mit einer Vorrichtung versehen, die verhindert, daß der Ball nach einem kräftigen Schuß von der Torwand ins Spielfeld zurückspringt.

105 »Hockey-Sport«,
Paul Schülke Automatenfabrik,
Berlin 1936

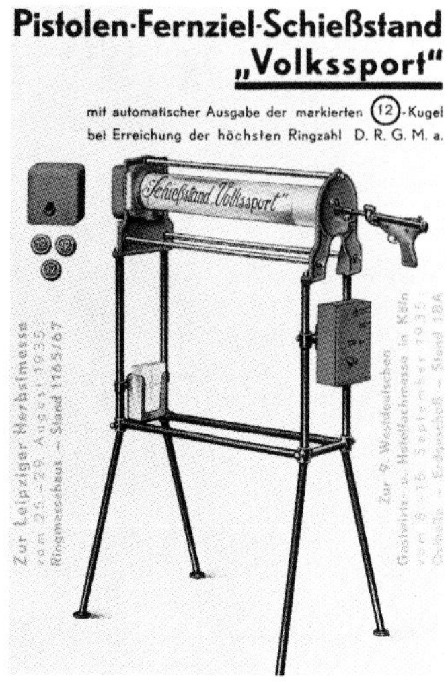

106 »Volkssport«,
Westdeutsche Automatenfabrik
Fritz Jüngst, Velbert 1935

In einem Grenzbereich zwischen Amüsement, Sport und Vorbereitung auf mögliche kriegerische Auseinandersetzung sind die Schieß-Automaten angesiedelt. Hervorgegangen aus den Schießübungen der Schützenvereine, kamen die Schießstände zunächst auf den Jahrmarkt. Aber schon in den 90er Jahren des 19. Jahrhunderts wurden kleine Schieß-Automaten, bei denen die Pistole und das Ziel in einen Kasten eingebaut sind, hergestellt. Oftmals konnte direkt mit der Münze geschossen werden (vgl. Kat. Nr. 88 und Abb. 257). Mit dem Spruch »Üb Aug und Hand für's Vaterland«, der auch an Schießbuden zu finden war, warb man beispielsweise auch für Schießübungen an Automaten. Vor allem in den späten 20er und in den 30er Jahren gab es ein großes Angebot verschiedener Schießapparate: Geräte, bei denen die Flugbahn der Kugel durch ein Gehäuse eingefaßt ist, die bewegliche Ziele verschiedenster Art besitzen (vgl. Kat. Nr. 89 und Abb. 258), bei denen trotz des kleinen Gehäuses zwischen Pistole und Ziel, wohl durch Spiegel ein wesentlich größerer Abstand zum Ziel vorgetäuscht wird (Abb. 106) oder bei dem angeblich ein Lichtstrahl, der dann wohl auf der Schießscheibe registriert wurde, das Geschoß ersetzte (Abb. 148). Die meisten Automatenhersteller hatten auch Schießgeräte in verschiedenen Variationen in ihrem Sortiment.[25]

Auch die Billard-Automaten, die schon 1899 mit einem Münzeinwurf und einem begleitenden Musikwerk (Abb. 12) angeboten wurden, lassen sich nur schwer einer Kategorie zuordnen. Einerseits sind sie ein selbständiges Sportspiel, an dem bis heute Wettkämpfe ausgetragen werden, andererseits könnte man sie auch den Flipperspielen zuordnen, deren Vorläufer das Billard war. Am häufigsten wurde bis in die 30er Jahre das deutsche Loch-Billard angeboten, bei dem die Kugel in verschieden bewertete Löcher gespielt wurde (Abb. 107).[26] Bezahlt wurde bei die-

107 »ONIX«, Billard- und Automatenfabrik
P. Vogel & Sohn, Breslau 1934

sen Spielen, ebenso wie bei den heute üblichen Billardformen, wie Pool und Carambolage, für die Ausgabe der Billardkugeln.

Kurz vor Ausbruch des Zweiten Weltkrieges kamen die Faustschlag-Ballautomaten auf (vgl. Kat. Nr. 75), die auf der Leipziger Herbstmesse folgendermaßen vorgestellt wurden: »(...) ein neuartiger Faustschlag-Ballspielautomat (war) zu sehen, der trotz erheblicher Abmessungen nur wenig Platz einnimmt, da dieses Spielgerät mit senkrechter Spielplatte ausgerüstet ist. Das über 2 m hohe Spielgerät nimmt nur einen Aufstellplatz von ½ qm ein. Gespielt wird mit etwa 77 mm großen Gummikugeln, die mit der Faust in das mit Auffangringen versehene Spielfeld geschlagen werden.«[27] Mit diesem einfachen, rein mechanischen Gerät, das 1939 von mehreren Herstellern produziert wurde, war der vorläufige Endpunkt in der Entwicklung der Sportgeräte erreicht.

108 Pferderennen »GRAND NATIONAL«, Ruffler & Walker, London, um 1955

Und heute ...

Auf der ersten Nachkriegs-Automatenmesse 1950 griffen die Hersteller auf die alten Sportspielideen zurück. Fußball und Hockeyspiele tauchten genauso wie Schießgeräte, Billards, Kegelspiele, Pferderennen und Boxautomaten wieder auf. Während die Geldspielgeräte und Flipper nach dem Krieg einen Boom erlebten, entwickelten sich die Sportspiele nur langsam. 1954 heißt es dazu »(...) die Unterhaltungsgeräte, die bis vor einem Jahr noch als rechte Stiefkinder angesehen wurden, haben seit der Herbstmesse 1953 an Bedeutung gewonnen (...) Das Tischfußballspiel (...) erfreut sich zunehmender Beliebtheit (...)«. Dieser Trend setzte sich fort. Zwar tauchten Mitte der 50er Jahre noch Pferderennen wie »GRAND NATIONAL« (Abb. 108) auf, das auch als »Helicopter Racing« (Abb. 109) auf den Markt kam, auch Boxautomaten wurden angeboten, doch verschwanden diese Sportspielideen Ende der 50er Jahre ganz vom Markt. Neben dem Hockey- und Fußballspiel konnten sich auf dem Sektor der Unterhaltungsspiele noch das Billard, das Kegel- und das Dart-Spiel gegen die starke Konkurrenz der Flipper und TV-Spiele durchsetzen.

In den ersten Nachkriegs-Versionen des Hockeys und Fußballspiels wurden die Figuren noch über die bekannten Revolvergriffe bewegt, die Ende der 30er Jahre an den Fußballern erprobten elektrischen Effekte aber sind verschwunden. Die Geräte arbeiten mechanisch und weisen in der Mehrzahl komplette Mannschaften auf. Anfang 1960 setzten sich die noch heute gängigen Tischfußballversionen, meist »Kicker« genannt, durch. Zwar gibt es immer wieder Versuche, den Spielverlauf durch Elektrizität zu verbessern, diese Versionen waren jedoch nicht erfolgreich. In den 60er Jahren ist die Glasplatte auf dem Gerät verschwunden, da sich der Kontakt zum »offenen Ball« als positiv herausgestellt hat.[26]

Mittlerweile ist jedoch mit dem Einzug der Elektronik eine neue Entwicklung zu beobachten. Das Spiel am Eishockey-Automaten des Jahres 1988 wird durch Johlen und Pfiffe der Fans begleitet. Die Resultatanzeige erfolgt elektronisch, und je nach Spielausgang ertönt die Nationalhymne des Siegers.[27]

109 »Helicopter Racing«, Ruffler & Walker, London 1955

SIEGFRIED WENDEL

Zur Geschichte der mechanischen Musikinstrumente

Das älteste automatische Musikinstrument im europäischen Kulturkreis ist – soweit die Erkenntnisse reichen – das Glockenspiel. Man weiß nicht mit Sicherheit, ob die ersten Turmglockenspiele, die schon im 13. Jahrhundert in Holland und Flandern von Rathaus- und Kirchtürmen zu hören waren, Teil des Glockengeläutes waren oder mit ihren bestifteten Walzen zu den Turmuhren gehörten. Die erste Beschreibung eines mechanischen Glockenspiels ist uns von der ersten Turmuhr des Straßburger Münsters überliefert, die 1354 fertiggestellt wurde.

Conrad Dasypodius, der 1574 die neue astronomische Münsteruhr baute (Abb. 110), beschreibt das Glockenspiel der alten Uhr folgendermaßen:

»Zum dritten auff dem öbersten boden ist ein ronde außladung gewesen / darauff ein rad gemacht ward / auff welchem die drey König stunden / und ein Mariabild von holtz geschnitzlet / vor welchem sie sich bucketen wann das ober Uhrwerck so dazu gemacht war gienge. Dasselbige kleyn Uhrwerck hat auch Cimbalen getrieben / welche auff etliche gesäng gerichtet waren / und nach demselbigen krägte der Han.«

Die anfänglich nur wenige Töne umfassenden Glockenspielwerke wurden im 16. und 17. Jahrhundert zu wohltönenden Symbolen reicher Städte und des wohlhabenden Bürgertums.

Der älteste Selbstspielmechanismus und die früheste Methode, Musik zu speichern, ist die bestiftete Walze. Von schweren Gewichten angetrieben und vom Uhrwerk ausgelöst, ließ sie zu bestimmten Zeiten das Glockenspiel erklingen. Zuerst wurde die Walze aus Holz, später aus Eisen oder Messingblech hergestellt. Man stelle sich eine Straßenwalze vor, die mit ihren großen eisernen Rädern Asphaltdecken glättet. Ähnliche Außenmaße hatten alte Glockenspielwalzen. Der Durchmesser betrug bis zu 1,80 m und das Gewicht bis zu 1,5 Tonnen. Auf dem Walzenmantel waren kräftige Metallstifte derart festgeschraubt, daß sie – wenn die Walze sich drehte – metallene Finger in Bewegung setzten, die den Anschlagmechanismus der Glocke betätigten. Jeder Stift war eine Note. Die Walze war gleichmäßig mit Löchern versehen, so daß man die Stifte versetzen konnte, um die Melodien auf der Walze ändern zu können (Abb. 111).

In der Nachbarschaft der Turmuhren, die mit ihrem Glockenschlag die Zeit anzeigten, erklangen die automatischen Glockenspiele mit ihren geistlichen Chorälen. Menschliche Vergänglichkeit und göttliche Ewigkeit verschmolzen zu einem für alle verständlichen Sinnbild. Außerdem vermittelte das regelmäßige Erklingen des Glockenspiels heimatliche Gefühle und das Bewußtsein, Bürger einer bedeutenden Gemeinde zu sein. Glockenspiele waren akustische »Wahrzeichen«. Wenn sie erklangen, strömte das Volk zusammen.

Orgelwerke

Mit großer Wahrscheinlichkeit war die Orgel – schon bald nach dem Glockenspiel – das nächste Instrument, das für automatisches Spiel eingerichtet wurde. In Verbindung mit dem Hornwerk erklang nach dem Hornwerkschrei, d.h. mehrere Orgelpfeifen ertönen gleichzeitig im Dreiklang, eine Orgelkomposition und danach wieder das Hornwerk. Ähnlich der Glocke hatte das Hornwerk »Signalcharakter«. Es rief die Menschen zu bestimmten Zeiten zur Arbeit oder zum Gebet und verkündete den Feierabend.

Auf der Feste Hohensalzburg kann man das älteste Orgelwerk dieser Art noch heute bestaunen. Es wurde vermutlich vor 1560 erbaut. Auf der mit 12 Musikstücken bestifteten Walze sind auch zwei von Leopold Mozart komponierte Stücke zu finden. Sie wurden im 18. Jahrhundert auf die Walze geschlagen.

Ende des 16. Jahrhunderts besaßen Fürsten, reiche Bürger und Kaufleute mit kleinen Orgelwerken ausgestattete Musikautomaten. So schenkte Kurfürst Christian von Sachsen seiner Frau

110 Uhr im Straßburger Münster, Holzschnitt von Tobias Stimmer, 1574

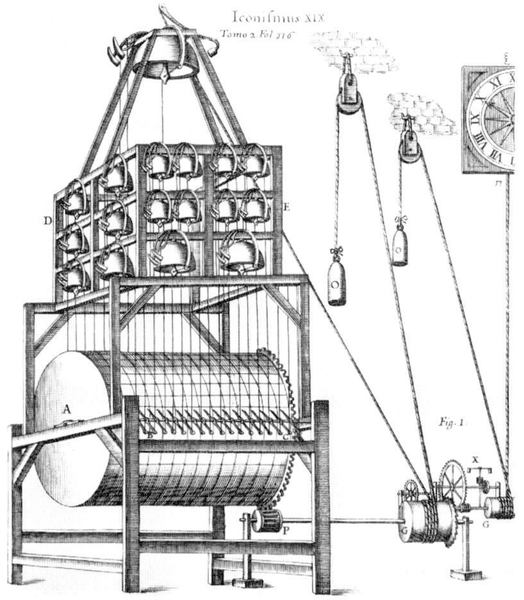

111 Automatisches Glockenspiel mit Gewichtsantrieb nach Athanasius Kircher, 1650

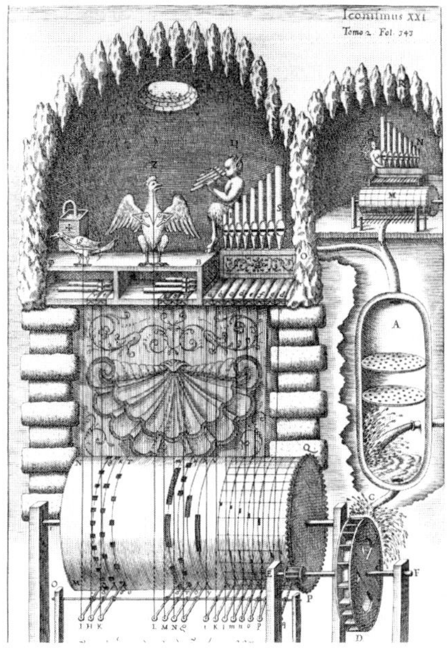

112 Automatische Orgel mit Wasserrad-Gewichtsantrieb nach Athanasius Kircher, 1650

zum Weihnachtsfest 1589 einen Krippenautomaten, der außer mit beweglichen Krippenfiguren auch mit einem kleinen automatischen Orgelwerk versehen war. Hans Schlottheim aus Augsburg hatte diesen Automaten hergestellt. Kunstwerke dieser Art aus kostbaren Materialien gearbeitet, mit beweglichen Szenerien und mechanischen Musikwerken ausgestattet, wurden in dieser Zeit von den berühmten Augsburger Uhrmachern und Goldschmieden hergestellt.

Der Pommersche Kunstschrank mit einem Orgelwerk von Achilles Langenbucher war Prunkstück der Schatzkammer Herzog Philipp II. von Pommern.

Samuel Bidermann (1540–1624) verwandelte das Spinett um 1600 durch einen federgetriebenen Walzenmechanismus in ein automatisch spielendes Musikinstrument, das von der bestifteten Walze perfekt und unabhängig von der musikalischen Begabung der hochwohlgeborenen Klientel zu spielen vermochte.

Drehorgeln

Anders als bei den öffentlichen Glockenspielen und Hornwerken war der private Besitz kostbarer Musikautomaten Bestätigung hoher gesellschaftlicher Stellung und Symbol den Künsten verpflichteter fürstlicher Macht. Bei Automaten mit kleinen beweglichen Figuren spielte natürlich auch die Freude an der Miniatur und der kunstvollen Nachahmung des Lebendigen eine große Rolle. Ganz andere Gründe waren dafür ausschlaggebend, daß sich aus der großen stationären die kleine tragbare Drehorgel entwickelte (Abb. 113).

Obwohl das Ansehen mechanischer Musikinstrumente im 18. Jahrhundert stieg, man denke nur an die kunstvollen Flötenuhren und Orgelwerke, die man in Möbel einbaute und die sich in Königs- und Fürstenhäusern großer Beliebtheit erfreuten, wurde die Drehorgel wohl ihres schlechten Rufes wegen in der Literatur jener Zeit nicht beachtet. Wer sie dennoch erwähnte, entschuldigte sich im gleichen Atemzug, um ja nicht in Verdacht zu geraten, dieses Instrument etwa ernst zu nehmen.

113 Drehorgelspielerin von Edmonde Bouchardon, 1737

Berühmte Automatenbauer

Im 18. Jahrhundert erreichte der Automatenbau eine erstaunliche Perfektion. Der Franzose Jacques Vaucanson (1709–1789), Mitglied der königlichen Akademie der Wissenschaften zu Paris, fertigte 1740 einen Querflöte spielenden Satyr, der die Melodien auf dem Instrument mit denselben Bewegungen der Lippen und der Finger und demselben Lufthauch aus dem Munde wie ein lebender Mensch spielte. Die täuschende Ähnlichkeit mit lebenden Menschen veranlaßte die Kirche gegen Ende des 18. Jahrhunderts Pierre Jaquet-Droz (1721–1790) und seinen Sohn vor ein Inquisitionsgericht zu zitieren. Man vermutete, die von Jaquet-Droz ausgestellten Androiden seien mit Hilfe der »Schwarzen Kunst« hergestellt worden (Abb. 114). Doch nicht nur die menschenähnlichen Automaten entwickelten sich in der zweiten Hälfte des 18. Jahrhunderts zu ungeahnter Vollkommenheit. Auf dem Gebiet der mechanischen Musik wurden hervorragende Leistungen vollbracht. Komponisten wie Joseph Haydn, Wolfgang Amadeus Mozart und Ludwig van Beethoven schrieben eigens Kompositionen für mechanische Musikinstrumente. Geschickte Schweizer Mechaniker fixierten den betörenden Gesang der Nachtigall in metallenen Kurvenscheiben und bauten die ersten Singvogelautomaten (vgl. Kat. Nr. 92).

Spieldosen und Orchestrien

Der Genfer Uhrmacher Favre erfand ein ganz neues mechanisches Musikinstrument, das sich im 19. Jahrhundert zu einer bedeutenden Schweizer Spezialität entwickeln sollte: die Spieluhr. Er schraubte Stimmzähne nebeneinander auf der Platine fest, bestiftete das Federgehäuse und erfand so die erste brauchbare Walzenspieluhr. Zuerst waren die Spieluhren sehr klein und wurden in Schmuckstücke, Ringe und Medaillons eingebaut. Später wurden die Walzen größer, die musikalischen Arrangements raffinierter, und es entwickelte sich die weltberühmte Spieluhrenindustrie in der Schweiz. In Sainte-Croix und Umgebung werden auch heute noch Spieluhren hergestellt.

Im März 1800 stand in der »Allgemeinen Musikalischen Zeitung« in Wien folgendes zu lesen:

Herr Mälzel, ein in Wien lebender junger Mechanikus, hat ein Instrument verfertiget, welches ein ziemlich vollständiges Orchester in sich vereinigt, und der Aufmerksamkeit des musikalischen Publikums gewiss nicht unwürdig ist. Oben stehen vier wirkliche Trompeten, Flötenpfeifen, nebst einem doppelten Blasbalge, ein Triangel, und Hämmer, welche auf metallene Saiten anschlagen. Unten sind ein Paar Becken und eine große Trommel angebracht, worauf außer dem gedämpften Schalle der Trommel noch der Wirbel der Pauken durch besondere Schlägel bewirkt wird. Das ganze ist ungefähr acht Schuh lang, gegen fünfe breit, und zehn Schuh hoch. Zur Rechten steht aber noch ein einfaches hölzernes Gerüste, etwa vierzehn

114 Der »Schreiber«, Figurenautomat von Pierre Jaquet-Droz, 1760

Schuh hoch, über welches sich ein mit dem Hauptcylinder in Verbindung stehendes Gewicht allmählig herabsenkt. Auf diesem Cylinder sind, wie in denen der tragbaren mechanischen Orgeln, kleine Stifte von Metall befestigt, welche die jedesmal anzugebende Note bestimmen, indem sie ein stählernes Stäbchen aufheben, welches bald mit dem Triangel, bald mit den Flöten, bald mit der Pauke u.a.w. korrespondiert. Ist der Cylinder in Bewegung, so spielt das Stück von selbst, ohne daß man nöthig hat, die Maschine auch nur mit einem Finger zu berühren. Die Hauptstimme haben gewöhnlich die Flöten. Das Stoccato wird besonders gut ausgedrückt. Ich hörte mehrere Haydnsche Kompositionen, eine Ouvertüre von Mozart, und eine Arie von Crescentini mit der größten Präzision abspielen, und wer das Instrument nicht vor Augen hat, wird standhaft behaupten, daß eine Gesellschaft von sechs bis acht Musikern an dem Konzert Antheil nehme. Es giebt schon ähnliche Orchesterinstrumente, aber keines, welches so vollstimmig wäre, und Herr Mälzel verbindet vielleicht noch in der Folge Klarinetten damit. Da die Maschine nur wenig Raum einnimmt, so wäre sie z.B. auf gesellschaftlichen Theatern, um die Pausen zwischen den Akten durch Musik aufzufüllen, sehr zweckmäßig. Findet Herr Mälzels Talent keine hinlängliche Aufmunterung auf deutschem Boden, so wird er sie im Auslande suchen.

Dieses Orchestrion konnte Mälzel kurz darauf an einen ungarischen Edelmann für 3000 Gulden verkaufen.

In Petersburg arbeitete zur gleichen Zeit der Uhrmacher Johann Georg Straßer mit seinem Sohn und dem Orgelbaumeister Gabrahan an einem großen Flötenwerk. 1801 erschien in Wien eine Anzeige, in der ein ganz neues großes harmonisches Instrument angepriesen wurde. Auf 12 Walzen waren Stücke von J. Haydn, W.A. Mozart, Cimarosa und anderen zu hören. Der Erbauer ist nicht bekannt.

Die Kunst, Orchestrien zu bauen, verbreitete sich rasch. Blessing im Schwarzwald sowie Familie Kaufmann in Dresden bauten erfolgreich diese Instrumente (Abb. 115). Die Firma Blessing in Vöhrenbach/Schwarzwald bildete eine große Anzahl hervorragender Fachleute aus. Auch machte Michael Welte bald von sich reden. Er erhielt den Auftrag, ein großes Orchestrion nach Odessa in Rußland zu liefern. Schon vor der Auslieferung erregte das Instrument großes Publikumsinteresse auf Ausstellungen in Karlsruhe und Frankfurt.

Eine epochemachende Erfindung gab der ganzen Branche bald beachtlichen Aufschwung. Die schwierig herzustellenden bestifteten Walzen als Musikspeicher wurden durch gelochte Papierstreifen ersetzt. Die Firma Welte führte diese Neuerung 1887 bei ihrem Cottage-Orchestrion ein. Von nun an fiel die schwierige Anfertigung und Handhabung der Walze fort. Das Musikrepertoire für die Instrumente wuchs erheblich an.

115 Orchestrion, Fr. Th. Kauffmann, 1851

116 Pfeifenorchestrion, M. Welte & Söhne, Freiburg 1900

117 Orchestrion von Imhof & Mukle, Vöhrenbach 1905

118 Musikautomat mit Plattenwechsler No. 5, Polyphon Musikwerke AG, um 1900

Das Fachwissen und die Fachleute im Orchestrionbau kamen damals aus dem Schwarzwald. Die »Badenser« hatten die größte Erfahrung. Blessing, Duffner, Welte (Abb. 116), Heizmann, Imhoff & Muckle (Abb. 117) sind nur einige Namen, die einen guten Klang im Orchestrionbau hatten.

Die Orchestrion-Produktion blieb jedoch nicht auf den Schwarzwald beschränkt. Beispielhaft für diese Entwicklung war die Gründung der Philipps-Orchestrion-Fabrik in Frankfurt 1877. Die Firma Philipps und Ketterer hatte anfangs eine Orchestrionfabrik in Vöhrenbach im Schwarzwald betrieben. Aber es gab auch schon im Hintergebäude des Philipps Getränkevertriebes in Frankfurt eine Orchestrionwerkstatt.

Etwa gleichzeitig entwickelte sich die Messestadt Leipzig, neben dem Schwarzwald, zum zweiten großen Zentrum für mechanische Musikinstrumente in Deutschland.

Paul Ehrlich begann 1876 die Fabrikation kleiner Drehorgeln. 1883 war daraus eine Aktiengesellschaft geworden, die 300 Arbeiter beschäftigte. Einfache schwarze Holzkästen mit gelochtem Kartonstreifen als Tonspeicher, Harmonikastimmen zur Tonerzeugung und Handkurbeln zur Betätigung der Balgen ausgestattet, erwiesen sich als Verkaufsschlager auf dem rasch expandierenden Markt. Die Massenproduktion mechanischer Musikinstrumente hatte begonnen. 1885 erfand Paul Lochmann – gleichzeitig mit dem Engländer Ellis Parr – die Spieluhr mit auswechselbaren Notenscheiben (vgl. Kat. Nr. 94). Das war die Grundlage für die Spieluhrenindustrie in Leipzig. Die bis dahin in der Welt führenden Schweizer Spieldosenfabrikanten wurden mit ihren veralteten Walzenspieluhren innerhalb weniger Jahre vom Markt verdrängt. Für die Plattenspieluhr konnte der Kunde aus 900 verschiedenen Melodien auswählen. Eine normale Walzenspieluhr hatte auf dem bestifteten Zylinder maximal zehn Musikstücke.

Die Fabriken zur Herstellung von Spieluhren mit auswechselbaren Notenscheiben (Symphonion, Polyphon, Kalliope) erreichten in wenigen Jahren erstaunliche Produktionszahlen. Von 1885–1892 produzierte die Lochmann'sche Musikwerke AG nahezu 150 000 Symphonions. Die Produktion für das Jahr 1891 allein belief sich auf 31 000 Musikwerke. Die Polyphonfabrik stellte im Jahre 1900 über 40 000 Spieluhren mit auswechselbaren Notenscheiben her (Abb. 118). Die industrielle Herstellung mechanischer Musikinstrumente machte es auch breiten Volksschichten möglich, Musikautomaten zu erwerben. Die Konkurrenz in der Branche sorgte für erschwingliche Preise, und vermehrte Zeitungswerbung versprach jedem, durch den Erwerb eines mechanischen Musikwerkes ein perfekter Musiker zu werden. Musik zu haben und sich daran zu erfreuen, war nicht mehr das Privileg reicher Leute.

1886 gab Ketterer seine Beteiligung bei der noch im Schwarzwald ansässigen Orchestrionfabrik Philipps und Ketterer auf, und die Firma nannte sich nun »Frankfurter Orchestrion und Piano Instrumente Fabrik J. D. Philipps«. Anstatt Instrumente im Schwarzwald zu produzieren, holte man lieber die Fachleute nach Frankfurt. So wurde 1896 Leopold King aus Waldkirch neuer Werkmeister. Er brachte Erfahrungen auf dem Gebiet des modernen Orchestrionbaus, der papierstreifengesteuerten pneumatischen Instrumente, mit. Seit 1896 baute Philipps pneumatische Orchestrien in vielen Variationen. Ab 1903 gab es das »Pianella«, das vom einfachen Klavier mit Xylophon bis zum Riesenorchestrion mit über 400 Pfeifen gebaut wurde (Abb. 119). Alle Instrumente, die zur Pianella-Familie gehören, spielten mit einer 23 cm breiten Notenrolle.

Nach der Jahrhundertwende war die Firma Hupfeld auf dem besten Wege, die größte Orchestrionfabrik der Welt zu werden. Im Jahre 1892 erwarb Ludwig Hupfeld – Sohn eines Rittergutbesitzers aus Marberzell bei Fulda – die Musikinstrumentenhandlung J. M. Grob & Co. 1904 wurde das Unternehmen in eine Aktiengesellschaft umgewandelt. Die Firma Hupfeld war die erste Fabrik, die die Produktion von Orchestrien in Leipzig aufnahm. Alle Erfahrungen der Herstellung von pneumatischen Klavierspielapparaten wurden auch im Orchestrionbau verwendet. Das spektakulärste Orchestrion war die Hupfeld-Phonoliszt-Violina, die 1909 der staunenden Fachwelt vorgeführt wurde (Abb. 120). Hupfeld verwendete echte Geigen, die durch einen Kreisbogen, der mit Roßhaaren besponnen war, zum Erklingen gebracht wurden. Die geschäftlichen Erfolge waren so groß, daß bald auch die 1899 errichtete Fabrik nicht ausreichte und im Jahre 1910 mit dem Fabrikbau in Böhlitz-Ehrenberg begonnen wurde. In dieser Fabrik fanden über 1500 Menschen Arbeit und Brot. Das Notenrollenangebot für pneumatische Instrumente war sehr umfangreich und die Firma Hupfeld ließ jedem Kunden mehrmals im Jahr Angebote über die neuesten Aufnahmen zugehen. Dadurch war gesichert, daß die Gastwirte, die hauptsächlich Kunden solcher Instrumente waren, die neueste Unterhaltungsmusik für ihre Gäste zur Verfügung hatten. Wie groß die Anziehung auf das Publikum war, kann man daraus ersehen, daß die Gastwirte Reklameschilder verwendeten mit dem Text *»Hier Hupfeld-Musik«* oder *»Heute Abend Hupfeld-Tanzmusik«*. An den Wochenenden wurden Tanzveranstaltungen durchgeführt. Es wurden Tanzkarten verkauft, die dazu berechtigten, ein- oder mehrmals zu tanzen. Man kann sich vorstellen, daß auf diese Weise nicht nur die Rentabilität der Instrumente enorm gesteigert werden konnte, sondern auch der Umsatz des Gastwirtes.

119 »Pianella« Kunstspielklavier, J. D. Philipps & Söhne AG, Frankfurt 1910

Weitere bedeutende Hersteller pneumatischer Musikwerke in Leipzig waren Popper & Co. (Abb. 121), Paul Lösche und Kuhl & Klatt. Andere deutsche Fabrikanten kamen jährlich zur Leipziger Messe. Die Philipps AG Frankfurt war in Leipzig sogar mit großen Ausstellungsräumen und angeschlossenem Fabrik-Auslieferungslager das ganze Jahr über vertreten.

Das Reproduktionsklavier

Obwohl Emil Berliner schon 1887 die Schallplatte erfunden hatte, waren die Versuche, Klaviermusik aufzunehmen, praktisch gescheitert. Die menschliche Stimme der Vergänglichkeit zu entreißen, war hingegen mit Bravour gelungen. Doch die Kunst des Pianisten verhallte noch immer mit dem letzten Ton seines Vortrages. Eine geniale Erfindung und der Höhepunkt der Entwicklung selbstspielender Musikinstrumente war deshalb das Reproduktionsklavier. Es war möglich, das Spiel eines Pianisten so naturgetreu in die Notenrolle zu stanzen, daß selbst Experten nicht zu unterscheiden vermochten, ob der Pianist selbst, oder die von ihm bespielte Notenrolle zu hören war.

120 Phonoliszt-Violina, (Ausschnitt). Modell B, Ludwig Hupfeld, Leipzig, um 1910

Als im Jahre 1904 die Firma Welte in Freiburg das Welte-Mignon-Reproduktionsklavier herausbrachte, war die einhellige Meinung der Fachpresse, daß von nun an auch Pianisten unsterblich seien (vgl. Kat. Nr. 97 und Abb. 122). Die Liste der großen Komponisten und Pianisten, die damals ihre Musik in den Aufnahmestudios der Hersteller pneumatischer Reproduktionsklaviere in Notenrollen einspielten, ist beeindruckend und lang. Edvard Grieg, Richard Strauß, Max Reger, Maurice Ravel, Claude Debussy, Camille Saint-Saëns, Wilhelm Backhaus, Professor Nikisch, Arthur Schnabel, Ferruccio Busoni, Eugen d'Albert und Ernst von Dohnànyi sind nur einige der Künstler, die wir heute noch von Klavier-Notenrollen hören können.

Diese Notenrollen sind heute zum Teil über 70 Jahre alt. Die mechanische Abnutzung ist unbedeutend, aber die Papieralterung führt zu Brüchen an den Kanten der Notenrollen. Sie müssen früher oder später kopiert werden, wenn wir nicht riskieren wollen, ein Stück Musikgeschichte zerbröckeln zu lassen.

Jazzorchestrien

In den 20er Jahren nahm die Industrie für mechanische Musikinstrumente einen kräftigen Aufschwung. Die Musik, die aus den Grammophonen kam, war nicht laut genug, denn es gab noch keinen elektrischen Verstärker. Für die amerikanische Jazz-Musik wurden spezielle Orchestrien gebaut. Das Bedürfnis, sich zu amüsieren, war nach dem verlorenen Krieg riesengroß. Die Notenrollenfabriken lieferten die neuen Schlager vom »One Step« bis zum »Charleston«. In jeder Kneipe stand ein Orchestrion, die fesche Lola hatte ein Pianola im Salon, und in der kleinen Konditorei klimperte das elektrische Klavier ganz leise (Abb. 123). Doch schon bald nahm diese

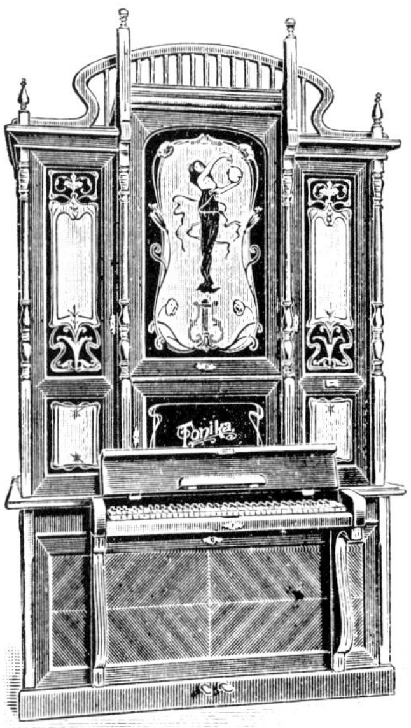

121 »Tonika«-Orchestrion, Popper & Co., Leipzig 1903

122 »Welte-Mignon«, 1909

123 »Accordeon-Jazz-Orchestrion«, Louis Cécovi, Clermont-Ferrand, um 1920

Entwicklung ein jähes Ende. Radio und Tonfilm setzten sich immer mehr durch. Niemand kaufte mehr pneumatische Orchestrien. Die kleineren Firmen mußten Konkurs anmelden und die großen änderten ihr Produktionsprogramm. Der Berufszweig der »Pneumatiker« und Musikwerke-Bauer war von heute auf morgen brotlos. *»Das Radio hat uns kaputtgemacht«* klagte ein Berliner Drehorgelverleiher 1928 in einem Zeitungsinterview.

Musik ertönte fortan aus Lautsprechern und war zu jeder Zeit in gewünschter Lautstärke viel billiger zu haben. Anfang der 30er Jahre hörte die Musikwerke-Industrie auf zu existieren.

Mechanische Musikinstrumente und der Münzeinwurf

Durch die Einführung des Münzeinwurfes in der letzten Dekade des 19. Jahrhunderts erreichte die Kommerzialisierung der mechanischen Musikinstrumente eine neue Qualität. Nicht nur die Aussicht auf Verdoppelung des Umsatzes motivierte Restaurant-, Café- und Gasthausbesitzer, mechanische Musikinstrumente mit Münzeinwurf anzuschaffen, sondern auch die Hoffnung, sowohl den Anschaffungspreis als auch die Kosten für den Service und die Erweiterung und Aktualisierung des Musikrepertoires per Münzeinwurf finanzieren zu können. Für die Instrumentenhändler waren prall gefüllte Münzeinwurfkassen die hilfreichsten Verkaufsargumente. Dabei ging man so vor, daß zunächst das Instrument völlig kostenlos aufgestellt wurde unter der Bedingung, den Kasseninhalt des Münzeinwurfes dafür regelmäßig leeren zu dürfen. Die Erträge waren in der Regel so hoch, daß der Kauf des Instrumentes für den Kunden nur eine Frage der Vernunft war. Gesicherte Erkenntnisse, wann genau mechanische Musikinstrumente durch Münzeinwurf in Betrieb gesetzt werden konnten, und welcher Hersteller oder Aufsteller zuerst seine Instrumente damit ausgerüstet hat, gibt es bisher nicht. Mit an Sicherheit grenzender Wahrscheinlichkeit ist das aber schon vor 1890 erfolgt. Man kann davon ausgehen, daß Spieluhren mit auswechselbaren Notenscheiben, die zur Aufstellung in Cafés und Gasthäusern bestimmt waren, als erste mit einer Münzeinwurfvorrichtung versehen wurden, damit der Kunde selbst ohne Bedienungspersonal, die »Dienstleistung« Musik jederzeit durch Einwurf einer Münze in Anspruch nehmen konnte.

In der Folge wurden dann auch ältere große Instrumente, wie die Walzenorchestrien, die aus der Mitte des 19. Jahrhunderts stammten, nachträglich mit Münzeinwurfvorrichtungen ausgestattet, die hauptsächlich Einzelanfertigungen begabter Mechaniker waren. Zu den rein mechanischen Münzeinwurfmechanismen kamen zu Beginn des 20. Jahrhunderts die elektrischen Fern-Einwurfkästen für elektrische Klaviere und Orchestrien. Der Münzeinwurf war nicht mehr Teil des Instruments, sondern selbständige Einheit. Mehrere Münzeinwurfkästen, durch elektrische Leitungen mit dem Orchestrion verbunden, konnten jetzt von verschiedenen Plätzen im Lokal bequem benutzt werden (vgl. Kat. Nr. 98). Die Benutzungshäufigkeit konnte erheblich gesteigert werden, und weil es noch keine Sperrschaltung für Doppelbenutzung gab, wurde manches Musikstück mehrfach bezahlt.

Die anfänglich eher einfachen Konstruktionen der Münzeinwurfskästen, die nur für eine bestimmte Münze eingerichtet waren, entwickelten sich nach dem Ersten Weltkrieg sowohl hinsichtlich der Münzprüfung als auch der Verwendung mehrerer Münzen für eine Spielwerkauslösung zu gut durchdachten und präzise einstellbaren Geräten.

Der Preis für ein Musikstück bei elektrisch betriebenen mechanischen Musikinstrumenten betrug zunächst 10 Pfennig, Ende der 20er Jahre bis zu 5 × 10 Pfennig. Welche Gründe für die höheren Preise ausschlaggebend waren, kann man nur vermuten. Denkbare Gründe wären die Geldentwertung, höhere Anschaffungspreise für Instrumente, ein reichhaltiges und öfter wechselndes Musikrepertoire und die damit verbundenen höheren Auslagen für Notenrollen und nicht zuletzt die profitorientierte Einstellung der Betreiber.

Noch vor der Jahrhundertwende, schon bald nach Einführung des Münzeinwurfs bei mechanischen Musikinstrumenten, bestand offensichtlich die Notwendigkeit, die Benutzer davor zu

warnen, die musikalische Darbietung anders als durch die geforderte Münze abzuverlangen. Auf schönen emaillierten Schildern, die gut sichtbar in der Nähe des Münzeinwurfschlitzes angebracht wurden, war folgender oder ähnlicher Text zu lesen:
»Versuche, den Automaten anders als durch Einwurf eines 5-Pfennig-Stückes zum Spielen zu bringen, werden strafrechtlich verfolgt«. Der Text auf einem aus dem Jahre 1903 stammenden Münz-Phonographen enthielt außer der Strafandrohung die Bitte, mißbräuchliche Benutzung anzuzeigen und dafür beim Fabrikanten 90,– Mark Belohnung einzufordern.

Der massive Abwehrversuch gegen Mißbrauch war zugleich das Eingeständnis des Fabrikanten, einen leicht zu überlistenden Münzeinwurfmechanismus konstruiert zu haben. Den trickreichen Methoden mancher Benutzer, Musik auch ohne Münzeinwurf auszulösen, standen Aufsteller und Fabrikanten oft machtlos gegenüber. Die notwendigen Gegenmaßnahmen haben zur Weiterentwicklung der Münzprüfmechanismen beigetragen.

Die Jukebox hat seit den 30er Jahren die Nachfolge der mechanischen Musikinstrumente mit Münzeinwurf angetreten, und im privaten Bereich haben Hifi und Stereo die Spieluhr und das Reproduktionsklavier verdrängt.

Phonographen und Grammophone, die auch mit Münzeinwurf ausgestattet wurden, haben, solange sie nur mechanisch aufgenommene Tonträger wiedergeben konnten, der Musikwerke-Industrie nicht ernsthaft den Rang streitig machen können. Erst als elektrische Aufnahmeverfahren und elektronische Musikverstärkung erfunden waren, überzeugte die Musikqualität der modernen Wiedergabegeräte das breite Publikum.

Sprechmaschinen und Musikboxen

124 »Edison Bell Phonograph«, um 1900

Die Geschichte der Musikbox begann im Jahr 1877, als Thomas Alva Edison den ersten Zinnfolien-Phonographen entwickelte, den Vorläufer für die späteren Musikautomaten mit Walzen (vgl. Kat. Nr. 100 und Abb. 124). Da Edison seine Erfindung vor allem für den Geschäftsbereich, beispielsweise als Diktiergerät, realisieren wollte, übernahmen zunächst andere seine Idee für die Musikautomaten.[1] Der zweite Schritt zur Musikbox kam von Emil Berliner, der sich 1887 das erste Grammophon patentieren ließ und die Weiterentwicklung der Schallplatte und der Sprechmaschinen, wie die Grammophone auch noch nach der Jahrhundertwende genannt wurden, wesentlich beeinflußte (vgl. Kat. Nr. 99 und Abb. 125).

Den ersten Musikautomaten mit Münzeinwurf stellte Louis Glass 1889 im Palais Royale Saloon in San Francisco vor. Dieser Automat besaß vier Hörschläuche mit jeweils einem Münzeinwurf, so daß jeder für das Abhören der Musik einzeln bezahlen mußte.[2]

Bereits 1906 produzierte die John Gabel Company den ersten Münzplattenspieler, der nun die von Emil Berliner 1887 entwickelte Schallplatte verwandte. Der »Automatic Entertainer«, wie ihn Gabel nannte, verfügte über 24 Wahlmöglichkeiten; aus einem riesigen Grammophontrichter kam die Musik.[3] In verschiedenen Abwandlungen wurden diese Musikautomaten – mit Walzen oder Schallplatten – hergestellt, ohne daß sich ein großer Absatzmarkt gebildet hätte. Erst als 1927 mehrere Firmen den elektrischen Verstärker einführten, konnte die Musikbox nun in der Lautstärke mit Bands oder auch mit den Orchestrien konkurrieren.[4]

Die Amerikaner und ihr Verhältnis zur Musikbox

Entgegen den Vorstellungen der puritanisch orientierten Politiker Amerikas, die 1920 die Prohibition als Reaktion auf den neuen, vom Jazz bestimmten Lebensstil der Amerikaner durchsetzten, war das Bedürfnis nach Unterhaltung groß. Und so trafen sich die weißen Amerikaner, die das Alkoholverbot umgehen wollten, in den sogenannten »Speakeasies«. Das waren Hintertürkneipen, die auch durch Jukeboxes Abwechslung boten. Die Clubbesitzer brauchten keine

125 Münzgrammophon, um 1906

teueren Bands zu bezahlen, und die Boxen sorgten für Unterhaltung und boten die Möglichkeit zu tanzen.

Für die Schwarzen Amerikas war allerdings im Norden der Besuch jeglicher Lokale verboten. Sie feierten deshalb auf ihre Art, indem sie »Rent Parties« veranstalteten. Um die Miete bezahlen zu können, verkaufte man Bier, Spaghetti und Chili con carne. Durch die Jukebox, die man sich über das Wochenende vom Aufsteller auslieh, wurden diese Parties noch attraktiver, und die Veranstalter erhielten durch den Gewinn, der mit der Jukebox gemacht wurde, ein zusätzliches Einkommen.[5]

Auch im Süden Amerikas fanden die Jukeboxes besonderen Anklang. Die Radiosender waren fest in der Hand der Weißen, die bevorzugt leichte Unterhaltungsmusik spielten und Jazz, Country und Blues verschmähten. Die Schwarzen wollten aber in den Lokalen, in denen sie Zutritt hatten, ihre Musik hören. Jelly Roll Morton, Kid Ory, Billie Holliday, Louis Armstrong und Duke Ellington waren die Stars, die sie nur aus den Musikboxen der »juke joints« hören konnten. Woher der Begriff »Juke« kommt, läßt sich nicht mehr eindeutig belegen. Einmal wird vermutet, daß das Wort eine Verballhornung von »Jute« ist, da sich die Schwarzen nach der Arbeit auf den Jutefeldern in den »jute points« trafen. Eine andere Erklärung gibt an, daß das Wort afrikanischen Ursprungs sei und von den Schwarzen Amerikas für »to jook = tanzen« verwendet wurde.[6]

Bis in die 30er Jahre war die Jukebox als »Automatic Phonograph« bekannt; wegen der Orte, an denen sie aufgestellt wurde, war sie – zumindest aus der Sicht der weißen Amerikaner – mit einem zweifelhaften Ruf behaftet. Trotzdem verlor die Musikbox nichts von ihrer Attraktion, nicht einmal während der Wirtschaftskrise, denn für einen Nickel konnten auch die armen Leute durch die Musik für ein paar Minuten ihre Situation vergessen.

Als das Alkoholverbot aufgehoben wurde, eröffneten nahezu an jeder Straßenecke Lokale, und über Nacht entstand eine riesige Nachfrage nach Jukeboxes. Die Zahl der Stellplätze stieg von ungefähr 25 000 im Jahr 1933 auf 225 000 im Jahr 1937. Diese Steigerung war dreimal so hoch wie die an sonst üblichen Gebrauchsgütern im selben Zeitraum.[7]

Blütezeit der Musikbox

Die führenden Hersteller von Jukeboxes waren AMI, Mills, Rock-Ola, Seeburg und Wurlitzer. Aber auch kleinere Firmen wie die John Gabel Company und Filben hatten gute Absatzchancen.

Der wahrscheinlich erfolgreichste Hersteller ist Wurlitzer. Die Anfänge der Rudolph Wurlitzer Company lassen sich schon auf 1856 datieren. Damals gründete der deutsche Auswanderer Rudolph Wurlitzer sein erstes Geschäft für Musikinstrumente, die er überwiegend aus Deutschland bezog. In den folgenden Jahren vergrößerte sich das Unternehmen: Wurlitzer vertrieb beispielsweise mechanische Musikinstrumente der Regina Company und ergänzte sie durch einen Münzeinwurf. 1909 übernahm Farny Wurlitzer, der dritte Sohn von Rudolph, die Orgelfabrik von Eugene DeKleist in North Tonawada. Berühmt wurde Wurlitzer zunächst durch die großen Kinoorgeln wie die »Mighty Wurlitzer«, die in der Stummfilmzeit hergestellt wurden.[8] Die erste Musikbox baute Wurlitzer 1933. Dieses Modell trug noch nicht das Firmenzeichen, da man mit ihm testen wollte, inwieweit für Musikboxen ein Markt vorhanden war. Ab 1934 nahm Wurlitzer dann die Großproduktion mit dem Modell »P 10-Simplex« auf. Das Gehäuse der Musikbox war noch ganz in der Tradition des schlichten Orchestrionbaus aus Holz; gewählt werden konnte aus 12 Titeln mittels einer Telephonwählscheibe.[9]

Schnell stieg Wurlitzer zum größten Hersteller von Musikboxen auf. Diesen Erfolg hatte das Unternehmen dem genialen Verkaufsmanager Capehart sowie dem herausragenden Designer Paul Fuller zu verdanken. Capehart baute ein straff organisiertes Vertriebssystem auf, das von anderen Firmen später nachgeahmt wurde. Anfang 1940 schied Capehart bei Wurlitzer aus.

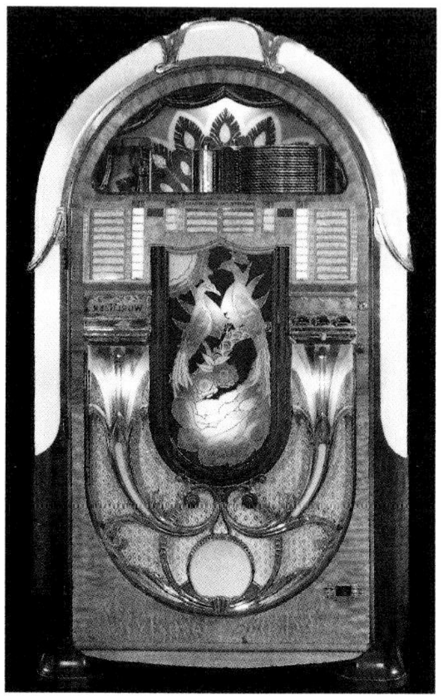

126 Packard »Manhattan«, 1946

127 Wurlitzer »Model 600«, 1938/39

128 Wurlitzer »Peacock«, 1941

Noch Jahre später – er war inzwischen Senator des Staates Indiana – blieb er aber der Musikbox »treu«. Denn 1946 brachte Capehart bei der Packard Company die »Plamor« und die »Manhattan« (Abb. 126) heraus.[10]

Paul Fuller, der von 1934–1948 für Wurlitzer die bedeutensten Modelle entwarf, entwickelte ein erfolgreiches Styling-Konzept. Die Jukebox sollte neben der Unterhaltung durch die Musik auch optisch auf sich aufmerksam machen. Dazu waren Materialien und Formen notwendig, die den Benutzer ansprachen und die auch aus der nicht immer farbenfrohen Umgebung, in der die Musikbox stand, herausstachen. Langeweile durfte nicht aufkommen, deshalb versuchte man durch möglichst viele Modelle, Abwechslung zu bieten und durch immer neue Effekte Erstaunen auszulösen. Während sich die Mechanik des Plattenspielers nur wenig änderte, präsentierte Wurlitzer bis zu sieben verschiedene Modelle in einem Jahr.

Mit der »Model 24« brachte Wurlitzer 1937 die erste Musikbox mit beleuchteten, roten Plastikteilen heraus, die an den Seiten und vorne über der Lautsprecherverkleidung der Musikbox eingesetzt waren. Bei den nachfolgenden Modellen wurden die beleuchteten und farbigen Plastikteile vergrößert und verchromte Zierleisten verwendet (Abb. 127).[11]

1941 kam mit der »Peacock« (»Model 850«), eine Musikbox heraus, die auf dem gesättigten Markt wieder eine Neuerung der Farbeffekte brachte. Man verwendete polarisierte Filme, die auf sich drehenden Scheiben aufgebracht und beleuchtet wurden. Die Pfauen in der Mitte der Musikbox, deren Pfauenfedern ornamental ausgestaltet sind, changieren dadurch in den verschiedensten Farben. Zusätzlich sind bei diesem Modell natürlich auch noch Teile der Lautsprecherverkleidung und die Seiten mit beleuchteten Plastikelementen verziert. Die Pfauenfeder wird als dekoratives Element nochmals als Hintergrund der Plattenspielanlage eingesetzt (Abb. 128).[12]

Um die Position als marktführendes Unternehmen nicht einzubüßen, setzte Wurlitzer noch weitere Strategien ein. So bot Capehart seinen Kunden ein großzügiges Austauschprogramm an. Alte Modelle sollten, auch wenn sie noch bestens funktionierten, durch neue Modelle ersetzt werden. Eine Marktlücke schloß Wurlitzer durch die »Counter Models«. Sie waren für kleinere Geschäfte wie Tabakläden, Friseurgeschäfte oder Tankstellen konzipiert, die nur wenig Stellfläche zur Verfügung hatten. Das Gehäuse dieser Modelle war nicht größer als das einer normalen Registrierkasse, so daß sie bequem und platzsparend auf jeden Tresen gestellt werden konnten (vgl. Kat. Nr. 101).

1906 gründete Justus P. Seeburg, der 1886 in die USA ausgewandert war, die J. P. Seeburg Piano Company. Wie Wurlitzer begann Seeburg mit der Produktion von Orchestrien und wurde bald führender Hersteller von elektrischen Klavieren. Als 1927 der Absatz der elektrischen Klaviere stagnierte, stellte Seeburg die Produktion auf die sogenannten »Audiophones« um, Musikboxen, die wie die Orchestrien in Holzschränke eingebaut waren und sich bis 1934 gut verkaufen ließen. Nils Miller, der Designer der Seeburg Co., soll der erste gewesen sein, der 1938 transparentes Plastik für die Verkleidung der Musikbox verwendete.[13]

Im Vergleich zu den Wurlitzer Musikboxen, die meist in der Form eines Rundbogens gestaltet sind, haben die Seeburg Jukeboxes einen rechteckigen Körper mit abgerundeten Ecken und einer beleuchteten Kuppel; der Plattenspieler ist im Gehäuse verborgen. Eine der beliebtesten Musikboxen war die »Symphonola Classic« von 1939, bei der an der Vorderseite über dem Lautsprecher blau-grün-gelb marmoriertes, an den abgerundeten Seiten rotes und für die Kuppel grünes Plastik verwendet wurde (Abb. 129). Bis auf die »Deluxe« (»Model 9800«) und »Super« (»Model 8800«) von 1941 variierte Seeburg weitgehend die oben beschriebene Grundform durch die verschiedensten Materialien. Bei den Modellen von 1941 sind die Lautsprecher in einen turmartigen Aufbau eingebaut, der dem Grundkörper aufgesetzt ist. Dadurch kann die Musik nach allen Richtungen abgestrahlt werden. An der Vorderseite des unteren Teils ist eine Tür aus Preßglas, die durch sich drehende Farbzylinder von innen beleuchtet wird.

Eine ähnlich in der Formgebung außergewöhnliche Musikbox stellte 1939 die Automatic Musical Instrument Company (AMI) vor, die 1925 aus zwei älteren Firmen hervorgegangen war. Der »Singing Towers«, der einem Hochhaus oder Turm mit drei Etagen und Kuppel nachempfunden ist, strahlte die Musik nach allen Seiten ab. Anstelle der Plastikverkleidung wurden hier die Seitenteile und die Kuppel aus Preßglas mit ornamentalem Relief hergestellt und von Innen mit bunten Lampen beleuchtet (Abb. 130).

Außergewöhnlich war bei allen AMI-Plattenspielern der Plattenwechselmechanismus, der schon um 1925 von B. Kenyon entwickelt und von AMI sofort übernommen wurde. Bei diesem Plattenwechsler konnten erstmals beide Seiten abgespielt werden, indem eine »eiserne Hand« aus dem senkrecht stehenden Plattenstapel eine Platte herausgriff und sie auf den Plattenteller legte.[14]

Die Mills Novelty Co., deren Vorläuferfirma schon 1878 gegründet wurde, spezialisierte sich am Ende des 19. Jahrhunderts auf Automaten mit Münzeinwurf. 1926 brachte sie die erste Musikbox auf den Markt, genannt »Dance Master«, die im Stile der Zeit aus einem Holzschrank mit

129 Seeburg »Symphonola Classic«, 1939

130 AMI »Singing Towers«, 1939

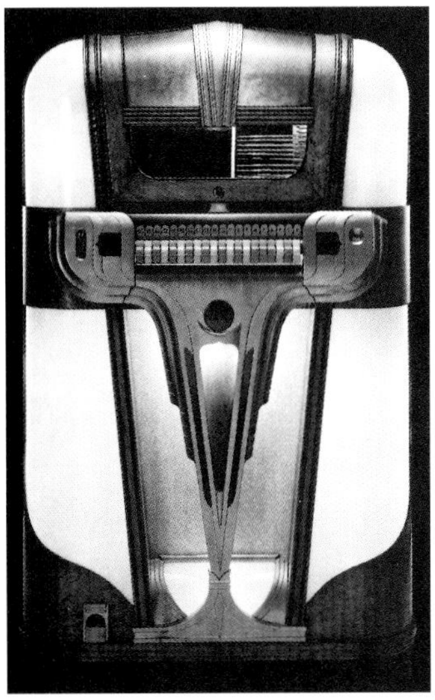

131 Mills »Empress«, 1939

Sichtfenster bestand. Obwohl Mills die Produktion der Musikboxen nie besonders in den Vordergrund stellte, brachte sie 1939 zwei sehr beliebte Musikboxen heraus: Die »Empress«, deren Charakteristika gelbe, violette und marmorierte Plastikteile und geschwungene bronzefarbene Beschläge sind (Abb. 131), und die »Throne of Music«, die in der Farbgebung (rot, gelb) und durch ihre geraden Linien eher konventionell wirkt.[15]

Auch die Rock-Ola Manufacturing Corporation, die als jüngste unter den bekannten Musikboxherstellern 1926 gegründet wurde, begann zunächst als Hersteller von Waagen und Pinball-Spielen. Die aus heutiger Sicht sicher originellste Musikbox von Rock-Ola war die »Spectravox« von 1941/42. Sie besitzt die Form eines gestauchten und gekappten Obelisken mit einer aufgesetzten Schale, in der ein Lautsprecher untergebracht ist, der die Musik nach oben abstrahlt (Abb. 132). Der Plattenspeicher war aber nicht in dem Gehäuse untergebracht, sondern stand als sogenannter »Playmaster« versteckt an einer anderen Stelle. Laut Krivine verkaufte sich diese Musikbox besonders schlecht, da sie gegen eines der üblichen Gestaltungsprinzipien der meisten Firmen verstieß: Die Musikboxen mußten als Variation des Vorgängermodells und trotzdem als neu erkannt werden. Vor allem die Lichteffekte und die verschiedenfarbige Gestaltung der Plastikteile waren die wesentlichen Elemente der Neugestaltung.[16]

Mit dem Eintritt der USA in den Zweiten Weltkrieg änderte sich die Situation der Musikboxindustrie. Materialien wie Plastik und auch Metall wurden ratoniert. Bereits die »Model 950« (1941/42) von Wurlitzer war davon betroffen. Holz ersetzte die Metallapplikationen; und es wurden insgesamt nur 3 400 Modelle hergestellt. Im Frühjahr 1942 mußte die Jukeboxproduktion ganz eingestellt werden und die meisten Firmen produzierten nun für die Rüstungsindustrie. So baute Wurlitzer Enteisungsanlagen für Flugzeuge und Seeburg elektromechanische Teile.[17]

Die Musikbox nach 1945

Mit dem Kriegsende 1945 begann auch die Musikboxproduktion wieder. Die Amerikaner waren süchtig nach Unterhaltung, Zerstreuung und Musik. Und da es nur in den teuren Lokalen, die sich nur wenige leisten konnten, Tanzkapellen oder Jazzbands gab, waren die billigeren Lokale mit einer Jukebox gut besucht. Es war die Zeit des »Saturday Night Fever«, in der aus jeder Musikbox gegen 10 Cents beispielsweise folgende Hits zu hören waren: »Somebody Else Is« von Benny Goodman, »Moonlight Cocktail« von Glenn Miller oder »Five Minutes More« von Frank Sinatra.

132 Rock-Ola »Spectravox«, 1941/42

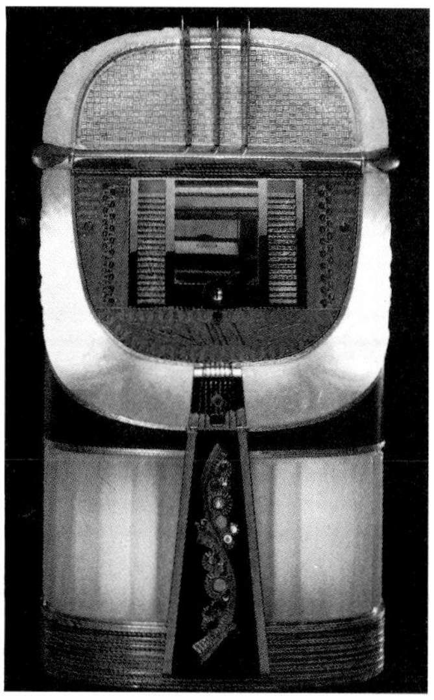

133 AMI »Model A«, 1946

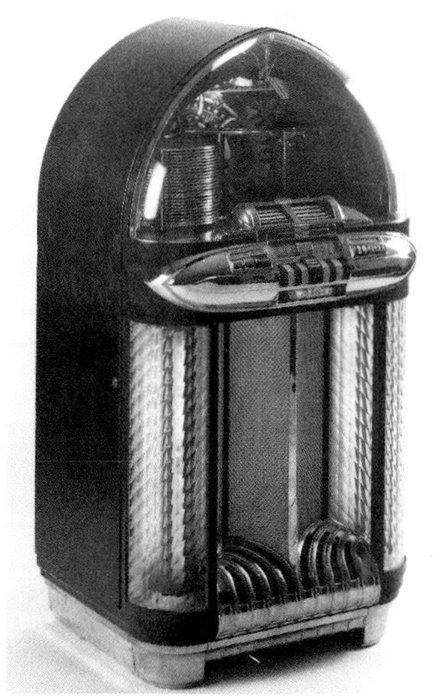

134 Wurlitzer »Model 1100« 1948/49

Die Jukeboxes wurden schließlich der Amerikaner liebstes Spielzeug. Ihre Entscheidung, wo sie essen, trinken oder tanzen gehen wollten, machten sie davon abhängig, welche Jukebox das betreffende Lokal zu bieten hatte.

Da nun der Bedarf an Musikboxen groß war, kam es erneut zu einem Wettbewerb der verschiedenen Hersteller hinsichtlich der technischen Verbesserung und des Designs. Die Seeburg Corp. kam als erste 1946 mit dem neuen Modell »Symphonola P 146« heraus. Immer noch fand der gut funktionierende, aber voll verkleidete Plattenwechselmechanismus für 20 Platten Verwendung. Dieses Modell und seine Nachfolger »P 147« und »P 148«, die mit kleinen Abwandlungen in den beiden folgenden Jahren gebaut wurden, waren wegen ihrer Form wenig erfolgreich. Bekannt wurden sie unter den Bezeichnungen »Waschmaschine«, »Abfalleimer« und »Mülltonne« (vgl. Kat. Nr. 102).

Die AMI Co. brachte 1946 die »Model A« heraus, die gleich nach ihrem Erscheinen zum Bestseller wurde (Abb. 133). Bei ihrem Anblick drängt sich dem Betrachter der Gedanke auf, daß der Designer eiscremesüchtig gewesen sein muß. Der zwei Meter hohe Lichtschrein besteht aus hellem mattiertem Acrylglas, das in den verschiedensten Cremefarben durch fluoreszierendes Licht erleuchtet wird. Auf einer Leiste, die vom Boden bis zu den Wahltasten reicht, sitzen beleuchtete rote, grüne und blaue Glassteine wie Juwelen. Nicht zu Unrecht erhielt diese Musikbox den Spitznamen »Mother of plastic«. Auch technisch gesehen hatte »Model A« einiges zu bieten. So konnten 20 Platten von beiden Seiten abgespielt werden und der Plattenteller startete erst, wenn die Verstärkerröhren aufgewärmt waren, so daß die Musik von Anfang an in der vollen Lautstärke zu hören war (vgl. Kat. Nr. 104).[18]

Bei Wurlitzer nahm Paul Fuller seine Arbeit wieder intensiv auf. Man erwartete von ihm eine großartige Jukebox und man sollte nicht enttäuscht werden. Die »Model 1015« wurde die erfolgreichste und beliebteste Jukebox aller Zeiten. Die Vorderseite des Gerätes besteht aus verschnörkelten Chromapplikationen und einem Lichtbogen. Zwei sich drehende Farbzylinder tauchen die Jukebox in weiche, ständig wechselnde Farben des Regenbogens. »Bubble tubes«, Glasröhren, in denen Blasen aufsteigen, umrahmen die gesamte Jukebox (vgl. Kat. Nr. 103.1).

Innerhalb kürzester Zeit konnten 56 000 Stück verkauft werden. Der Erfolg dieses Modells kam nicht von alleine. Er wurde von einer bis dahin beispiellosen Werbekampagne mitgetragen. In ganzseitigen Hochglanzanzeigen renommierter Magazine und auf Plakaten wurde verkündet: »Wurlitzer is Jukebox«. Noch bis in die heutige Zeit hat sich dieses Image gehalten. Die Wurlitzer »Model 1015« ist sicherlich die Jukebox mit dem größten Bekanntheitsgrad.[19]

Passend zu dieser Musikbox baute Wurlitzer einen Satelliten-Lautsprecher, das »Model 4008«. Der Lautsprecher, der wie ein Autorad gestaltet ist, kann an der Wand oder unter der Decke befestigt werden. Hinter der rotierenden »Radkappe« befindet sich eine Lampe, die durch farbige Plastikscheiben ein Spiegelmosaik beleuchtet (vgl. Kat. Nr. 103.2).

Rock-Ola stellte 1946 mit der »Model 1422« die erste Musikbox aus der drei Modelle umfassenden »MAGIC GLO« Serie vor. Diese Modelle bekamen schnell den Spitznamen die »Tanksäulen« (vgl. Kat. Nr. 105). Farblich am interessantesten ist die Rock-Ola »Model 1428«, bei der tiefrotes kanneliertes Plastik an den Seiten und als Haube blaßgrünes Plastik verwendet wurde. Die Kannelierung der Seiten wird in der Haube fortgesetzt und von modellierten Blättern überdeckt. In der Mitte über dem Gitter des Lautsprechers findet sich nochmals ein kanneliertes Teil, das in verschiedenen Farben leuchtet.[20]

1948 war das sogenannte »Golden Age« der Jukebox, das 20 Jahre gedauert hatte, zu Ende. Nach dem Glanz und Gloria der Nachkriegszeit in den USA wandte man sich mehr der Häuslichkeit zu. Zudem war der Bedarf an neuen Jukeboxes schneller gedeckt als erwartet. Mills Novelty Co. verschwand vom Markt, und Wurlitzer konnte von der »Model 1100« (Abb. 134), dem Nachfolger der »Model 1015«, nur ungefähr 7 000 Stück verkaufen, der Rest stand unverkäuflich im Lager.

Dieser Einbruch auf dem Markt der Musikboxen wurde auch durch eine Neuerung ausgelöst. Anstelle der 78 UpM Schellackplatten kamen die unzerbrechlichen 45 UpM Singles auf den Markt, auf die die Hersteller der Musikboxen nicht eingerichtet waren. Nur die Seeburg Corp. lag 1948 ganz vorne mit der »M 100 A«, die mit dem von Andrews entwickelten »Wall-o-matic«-Mechanismus formal und technisch neue Maßstäbe setzte. Obwohl diese Musikbox ursprünglich für Schellackplatten gebaut war, konnte sie leicht umgerüstet werden. Sie bot 100 Wahlmöglichkeiten und damit mehr als das doppelte als bisher. 50 Platten stehen senkrecht in einem Gestell, aus dem sie herausgehoben und ebenfalls senkrecht abgespielt werden. Seeburgs erfolgreicher Designer Nils Miller brach mit den bisher üblichen Bögen und Rundungen und gab der Musikbox ein eckiges Erscheinungsbild mit schmalen Chromleisten, die im harten Licht der Leuchtstoffröhren glänzen. Das völlig neue, kühle Design ließ andere Jukeboxes wie Antiquitäten aussehen. Seeburg durchbrach damit die marktführende Position von Wurlitzer.[21]

Wurlitzer, Rock-Ola und AMI gaben der 45er Platte nur eine kurze Überlebenschance und verhielten sich deshalb abwartend. Aber entgegen ihren Erwartungen konnte sich die Single durchsetzen, und Seeburg wurde durch ihren Vorsprung zum Marktführer der 50er Jahre.

1952 brachte Rock-Ola einen neuen Rotationsmechanismus in Form eines senkrecht stehenden Karussells für die Platten im Modell »Fireball« heraus. Diese Musikbox war für Singles gebaut und konnte 60 Platten aufnehmen, sie bot damit 20 Wahlmöglichkeiten mehr als die Seeburg »M 100 A«.

Bei Wurlitzer war Paul Fuller nach 18jähriger Tätigkeit von seinem Mitarbeiter Joe Clement abgelöst worden. Er bestimmte das noch einige Zeit sehr romantische Design der Wurlitzer Musikboxen und brauchte längere Zeit, um sich dem Geschmack der Rock'n Roll tanzenden Generation anzupassen. Erst mit der »Model 1700«, die 1954 herauskam, erreichte man mit 104 Wahlmöglichkeiten den Standard der Seeburg Musikboxen. Die 52 Platten stehen in einem waagrechten Karussell, in dessen Mitte sich der senkrecht stehende Plattenspieler befindet. Die gewählte Platte wird auf dem Karussell in die Höhe des Plattenspielers bewegt und mittels eines Greifarms in den Plattenspieler gesetzt.[22]

Mitte der 50er Jahre hatte die Jukebox wieder die höchste Popularität in Amerika erreicht. Die Teenager trafen sich in den Lokalen, in denen Musikboxen standen, und tanzten und flirteten zu der Musik ihrer Idole: Chuck Berry, Elvis Presley oder Fats Domino. So fanden sie Gelegenheit, sich aus ihrer häuslichen Umgebung zu lösen. Die Jukebox und ihre Musik wurde so zu einem wesentlichen Teil der Jugendkultur.

Das Design der Musikboxen gibt unverkennbar den Stil der Zeit wieder: blitzendes Chrom und schillernde Farben, heckflossenförmige Teile, Leuchten, die den Cadillac-Rücklichtern nachgeahmt waren, oder Elemente, die aus der Raumfahrt übernommen wurden.

Die kurze Karriere der Musikbox in Deutschland

In Deutschland wurde die Musikbox durch die Besatzungszeit in den amerikanischen Militärkantinen und Clubs bekannt. Aber erst mit dem einsetzenden Wirtschaftswunder entstand auch in Deutschland ein Markt für Musikboxen. 1950 sollen – nach einem Bericht von 1959 – aus den USA 22 Musikboxen importiert worden sein. Höchstwahrscheinlich handelte es sich dabei um gebrauchte Geräte, die überholt und an deutsche Bedingungen angepaßt waren.[23] Außerdem unterlag die Einfuhr von allen Gütern nach Deutschland wegen der Devisenknappheit strengen Auflagen, so daß auch der Import amerikanischer Musikboxen nur mit Genehmigung und beschränkt möglich war.[24]

Die erste deusche Musikbox »Diplomat« mit 40 Wahlmöglichkeiten stellten Georg Wiegandt & Söhne 1952 auf der Herbstmesse vor. Durch diesen Vorsprung blieb Wiegandt führend in der technischen Weiterentwicklung, 1955 war sie die einzige deutsche Herstellerfirma, die 120 Wahlmöglichkeiten anbot.[25]

135 »Tonomat V 102«, Tonomat-Automaten, Hausen 1953

Tonomat-Automaten brachten dann 1953 die »V 102« heraus (Abb. 135), deren Nachfolgemodelle unter der Bezeichnung »Telematic« 1955/1957, »Tonomatic« 1958 und »Panoramic« 1959 auf den Markt kamen. 1954 stieg Theodor Bergmann mit der »Symphonie« (Abb. 136) in den Musikboxenmarkt ein, und schließlich 1956 NSM Apparatebau mit der »Fanfare 60«. Ab Mitte der 50 Jahre kamen dann zusätzlich kleinere Wandgeräte auf, die ähnlich den amerikanischen »Counter models« der 40er Jahre für Aufstellorte mit beschränktem Raum gedacht waren.[26] Im Vergleich zu den amerikanischen Importen kosteten die deutschen Fabrikate meist nur die Hälfte. Mit der Einführung der Stereophonie kam 1958 eine wichtige Neuerung, die ebenfalls von Wiegandt mit der »Diplomat C« erstmals auf den Markt gebracht wurde.[27] (vgl. Kat. Nr. 108) Die Deutsche Wurlitzer nahm 1960 die Produktion mit der »Lyrik« auf. Neben NSM/Löwen ist sie heute die einzige Firma, die sich auf dem europäischen Markt behaupten konnte und heute in die USA exportiert.

Ab den 60er Jahren ging das Interesse an der Jukebox zurück, die Modelle wurden nur noch rein funktional und kastenförmig hergestellt, und der Umsatz an Jukeboxen nahm ständig ab. Ein Grund lag sicherlich im Verschwinden der klassischen Aufstellorte wie Rasthausrestaurants, Eisdielen, Straßencafés und Drugstores. Discotheken übernahmen die Funktion für die Jugendlichen, die früher die Tanzcafés besessen hatten. Auch andere Faktoren wie preiswertere Plattenspieler und Langspielplatten, die sich die Jugendlichen auch leisten konnten, trugen zum Ende der Jukebox bei. Diese Entwicklung wirkte sich natürlich auch auf die Industrie aus. AMI mußte fusionieren, Seeburg erlitt finanzielle Verluste, von denen sich die Firma lange Zeit nicht erholte, und die amerikanische Wurlitzer stellte 1974 die Produktion von Musikboxen ein. Die Entwicklung neuer Technologien brachte Musikautomaten mit DAT-Systemen, CD-Abspielvorrichtungen und Video-Musikboxen mit Laserabtastsystemen hervor. Ungewiß ist, ob die stilistische Rückbesinnung, wie sie sich beispielsweise am Nachbau der Wurlitzer »Model 1015« erkennen läßt, und die neuen Technologien zu einer Renaissance der Musikbox führen können.

136 Annonce für die »Symphonie« von Theodor Bergmann, Hamburg, 1954

FLORIAN DERING

Für ein paar Groschen Vergnügen

Die Gruppe der Unterhaltungsautomaten umfaßt eine Vielfalt höchst unterschiedlicher Geräte, deren gemeinsames Merkmal darin besteht, daß sie ausschließlich der Unterhaltung und Zerstreuung dienen, also im allgemeinen keinerlei materielle Gegengabe für das eingeworfene Geld geleistet wird. Lange bevor mit den Sportspielen und den »Bombern« der 30er Jahre der Wettkampf in den Mittelpunkt der Unterhaltung rückte, lockten vielerlei Automaten, die auf die eine oder andere Weise eine Sensation versprachen.

»Zeige Deine Kraft«

Geräte, an denen der Spieler seine Körperkraft erproben kann, gehören zweifellos zu den ältesten Unterhaltungsautomaten. Die verschiedenen Formen der Kraftmesser wurden im Schaustellerbereich im Laufe des 19. Jahrhunderts entwickelt. Die gängigsten Typen waren der Faustschlagmesser, der »Watschenmann«, dem man ins Gesicht schlagen konnte, und der Schlaghammer »Hau den Lukas«. 1893 bot die Firma Ratschek in Wien einen »Universalkraftmesser« als kombiniertes Gerät an, bei dem die »Heb-, Zug-, Stemm-, Watsch-, Handdruck- und Lungenkraft« erprobt werden konnte. Ein Münzeinwurf läßt sich bei diesem aufwendig gestalteten Gerät, das nur in Abbildungen überliefert ist, jedoch nicht nachweisen. Die Einzelteile mußten nach Gebrauch per Hand wieder in ihre Ausgangsposition gebracht werden.[1]

Bei der Einführung der Münzkraftmesser konnte also auf die gesamte Palette der bereits bekannten Geräte zurückgegriffen werden, die lediglich für den Münzbetrieb umgerüstet werden mußten (Abb. 137). Bereits im Jahr 1887 erhielt Alexander Tümler aus Haburg ein Patent für

137 Kraftmesser-Automat »Puck« in einem Schwimmbad, um 1930

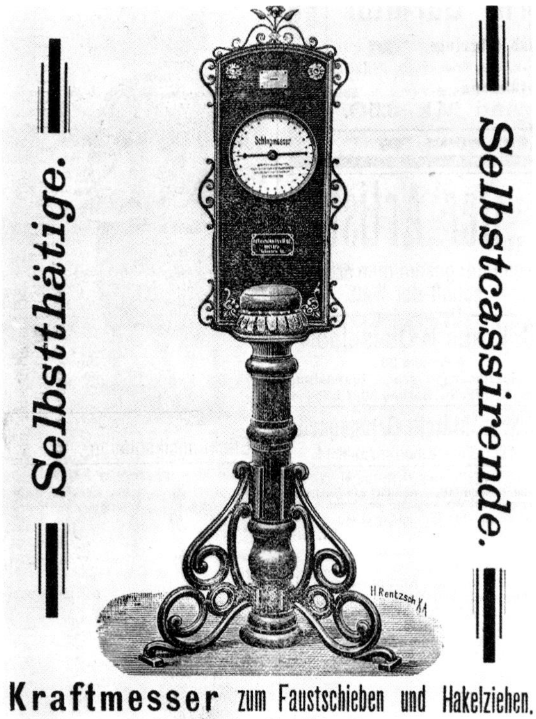

138 Faustschlag-Kraftmesser, Automaten-Institut Dresden 1889

einen »Selbsteinkassierenden Druckanzeigeapparat« (D.R.P. 43 724), bei dem ein Handgriff gegen das Gerät gedrückt werden mußte. 1889 bot das Automaten-Institut Dresden einen Faustschlagmesser als Standgerät (Abb. 138) und ein Wandgerät an, das in kombinierter Form zum Heben, Stemmen und Ziehen verwendet werden konnte. Auch der »Watschenmann« und der Schlaghammer (Abb. 139) sind als Münzautomaten nachgewiesen. In einem Sortimentskatalog von ca. 1900 führte Gustav Uhlig in Halle unter seinen »Schaustücken für Schausteller« auch einen »Automat-Kraftmesser ›Herkules mit Musik‹« als »sicherer und leichter Broderwerb« an.[2] Hierbei handelte es sich um ein Tischgerät, bei dem zwei Hebel auf der Deckplatte des Kastens zusammengedrückt werden müssen.

Eine Sonderform unter den Kraftmessern bilden die Automaten zum Testen der Lungenkraft, bei denen der Spieler mit aller Kraft durch einen Schlauch bläst. Der Luftdruck des Blasenden wird gemessen und, wie bei den anderen Geräten auch, auf einer Skala festgehalten (Abb. 140). Diese Geräte kamen allerdings bald wieder aus der Mode, da es allgemein als unhygienisch empfunden wurde, immer wieder das gleiche Mundstück zu benutzen.

Nachdem um 1900 bereits die verschiedenen Typen der Kraftautomaten entwickelt waren, hat sich bis heute lediglich die Technik und das Erscheinungsbild geändert. So wurden besonders die vollfigurigen Automaten im Laufe der Zeit immer mehr perfektioniert, um dem Spieler ein möglichst realistisches Gegenüber zu bieten. Während der frühere Watschenmann unbekümmert die harten Schläge entgegennahm, reagieren heutige Figuren mit akustischen Kommentaren der Bewunderung oder des Spottes; drückt man dem Stier die Hörner zusammen, so erfolgt ein lautes Gebrüll.

Münzkraftmesser sind überall dort zu finden, wo Jugendliche vor entsprechendem Publikum ihre Kraft beweisen oder sich abreagieren wollen. Neben den Spielhallen findet man sie in Gaststätten und Wirtsgärten oder auf Volksfesten. Im Schaustellerbereich werden die wartungsfreien Geräte zur zusätzlichen Einnahme neben dem Geschäft aufgestellt, was jedoch nicht auf allen Festplätzen erlaubt ist (Abb. 141).

139 »Haut den Luckas«, um 1900

Fig. I.

140 Lungenkraftmesser von 1902 (D.R.P. 153 232)

141 Schlagkraftmesser auf dem Cannstatter Wasen in Stuttgart, 1979

Elektrisieren ist gesund

Aus heutiger Sicht sind die Elektrisierer ein absolutes Kuriosum innerhalb der Geschichte der Elektrizität. Jeder kennt den unangenehmen Schlag bei der Berührung eines niedrigvoltigen Weidenzaunes. Verquickt man dieses Gefühl mit einem freiwilligen Münzeinwurf, so kann man sich das Erlebnis früherer Elektrisierautomaten vorstellen.

142 »Le Cochon Electriseur« (vgl. Kat. Nr. 82), Inneres

Auch hier beginnt die Vorgeschichte weit vor der Kombination mit dem Münzbetrieb. Durch das 19. Jahrhundert läßt sich belegen, wie die wissenschaftlichen Erkenntnisse der Elektrotechnik ihre populäre Umsetzung erfuhren (Abb. 142). Die Elektrisiermaschinen wurden von findigen Betreibern auf Jahrmärkten und öffentlichen Plätzen mit dem Anspruch einer therapeutischen Wirkung eingesetzt (vgl. Kat. Nr. 82, Abb. 143). Diese Einschätzung der Elektrisierautomaten spiegelt sich noch in der Namensgebung verschiedener Geräte, wie »ELECTRICITY IS LIFE« (Abb. 144) und »FORCE JOIE SANTE« (Abb. 145).[3] Als harmlose Vergnügungsgeräte hatten die Elektrisierautomaten immer dann Hochkonjunktur, wenn die Geldspielautomaten vom Glücksspielverbot bedroht waren. Dennoch war der Umgang mit der Elektrizität nicht ganz ungefährlich, wie ein tödlicher Unfall bei dem Gebrauch eines Elektrisierautomaten einige Jahre vor dem Ersten Weltkrieg belegt. An die Fabrikanten erging daher die Mahnung, »die Steigerung der Stromstärke beim Elektrisierautomaten in mäßigen Grenzen zu halten. (...) Es sollte nicht möglich sein, mit einmaligem Herunterdrücken die höchste Stromstärke einschalten zu können, sondern man sollte vielmehr diesen Effekt nur durch ein- oder mehrmalige Wiederholung des Niederdrückens erreichen können.«[4] Noch nach dem Zweiten Weltkrieg gab es mit dem »VOLTANUS« eine Wiedergeburt dieser traditionsreichen Automaten.[5]

»Üb Aug' und Hand für's Vaterland«

»Üb Aug' und Hand für's Vaterland« – mit dieser Parole lockt einer der ältesten erhaltenen Schießautomaten den patriotischen Schützen ans Gerät (vgl. Kat. Nr. 88). Den gleichen Aufruf fand man vor dem Ersten Weltkrieg auch als Spruchband bei den Schießbuden der Schausteller. Wollte man außerhalb der Militärzeit und der Schützenverbände seine Zielsicherheit beweisen, so konnte dies in den Schießbuden der allortigen Feste und Jahrmärkte geschehen.

An dieses männliche Zielpublikum richteten sich dann auch die Schießautomaten, die bereits um die Mitte der 90er Jahre des vorigen Jahrhunderts aufkamen (Abb. 146).

Bei der »ELECTRA« (vgl. Kat. Nr. 88) ist das in die Pistole einzulegende Fünfpfennigstück zugleich das Geschoß, das im Schlitz am anderen Ende des Kastens landen muß, um ein elektrisches Klingelsignal auszulösen. Der Gewinner erhielt nach Wahl »Wein, Bier, Cognac oder Cigarren.« Bei der »LORELEY« von Paul Schülke, Berlin 1927, glitt die Münze im Falle eines Treffers in eine Auszahlschiene an der Seite des Gehäuses, so daß hier bereits Bargeld bis zur Höhe des vierfachen Einsatzes als Gewinn ausgezahlt wurde (Abb. 147).[6]

143 »Heilmagnet-Elektricität«, Detail aus einer Jahrmarktspostkarte, 1897

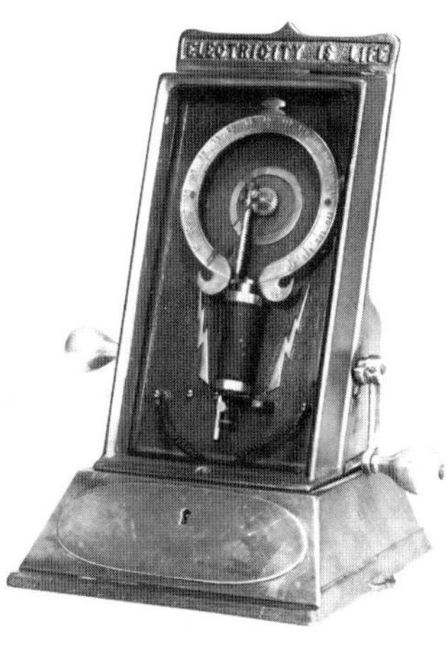

144 »ELECTRICITY IS LIFE«, Imperial Electric Company, London 1901

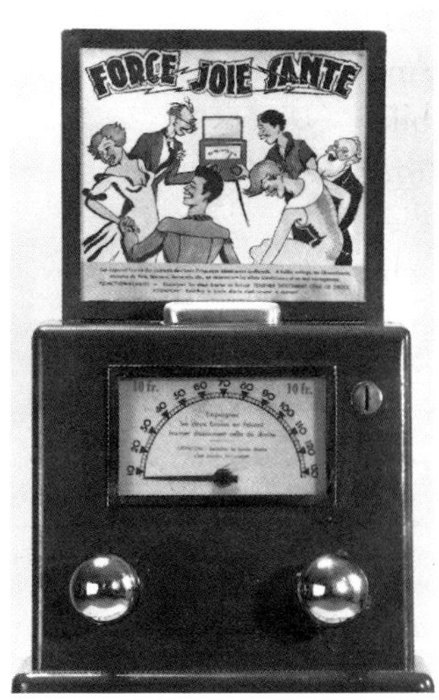

145 »FORCE JOIE SANTE«, Frankreich, 50er Jahre

146 Selbstkassierender Schießstand von 1893 (D.R.P. 73 912)

1906 wurde ein Münzautomat patentiert, bei dem mit Kugeln geschossen werden konnte.[7] (Abb. 257). Die Kugel durchfliegt bei diesem Gerät eine Röhre, die mit einem Zählwerk gekoppelt ist. Die Prämienausgabe erfolgte auch hier durch den Wirt. Bei diesen frühen Automaten galt noch die Tradition, dem treffsicheren Schützen einen Preis zu erteilen, während bei späteren Schießautomaten die Treffer des Schützen oft auch mit einer verlängerten Schießdauer honoriert wurden.

Im Jahre 1931 wurde für einen Lichtschieß-Automat »Gefahrlos« geworben, bei dem »Scheibe und Treffer ... aus dem Lauf der Büchse heraus mittels elektrischen Lichtes projektiert« wurden.[8] Wie dies genau funktionierte, verrät die Anzeige allerdings nicht. Bezeichnend ist jedoch die stimulierende Illustration, in der sich der souveräne Schütze vor seiner mondän gekleideten Begleiterin profiliert (Abb. 148). Ein »Präzisionsschießstand mit Lichteffekt«, bei dem sich der Einsatz der Elektrizität wohl auf die Trefferanzeige beschränkte, wurde bereits 1906 von der Firma Louis Bauer auf der Leipziger Herbstmesse der Musikinstrumente gezeigt.[9]

Das eigentlich Faszinierende ist für den Schützen das »lebende Ziel«. Wohl zu den frühesten Automaten mit beweglichem Ziel gehören der »Sankt Hubertus« (vgl. Kat. Nr. 89), der »Hab Acht« der Original-Musikwerke Paul Lochmann GmbH in Leipzig von 1908/09 (Abb. 258) und der Schießautomat »Wild-West« der Firma Louis Bauer, Leipzig 1909.[10] In den Schießbuden der Schausteller kam 1914 der kinematographische Schießstand auf, bei dem auf »lebende Zielscheiben« geschossen werden konnte.[11]

Die Zielmotive der Automaten entsprechen dem jeweiligen Zeitgeist. Durchgängig harmlos sind dabei die Szenen aus dem Jagdbereich. Wesentlich brisanter wird es, wenn aktuelle Feindbilder eingesetzt werden, wie bei dem Schießautomat »SMASH HITLER« (vgl. Kat. Nr. 90), der um 1940 in England gebaut wurde. Mit Stahlkugeln kann man hier dem »Führer« der Reihe nach die Zähne herausschießen. Kritischen Einwänden zum Trotz hält sich bis heute der Kriegsschauplatz auf dem Bildschirm der Schießautomaten. Vom Kampf mit feindlichen Bomber- und Jagdgeschwadern verlagerte sich die Szene in die Science-fiction-Welt entsprechend den Vorbildern der Filmindustrie. Als zusätzlicher Reiz kommt heute die akustische Untermalung der Schüsse. Sie prägen mit den Reizmelodien der anderen Automaten das unverwechselbare Geräusch, das aus den Spielhallen auffordernd nach draußen dringt.

»Lebendige Darstellungen«

Ein beliebtes Unterhaltungsgerät waren die Bildbetrachter, die mit ihrem Angebot an die Bildung der Interessenten appellierten. Der älteste Typ der Bildbetrachtungsgeräte, der auch für den Münzeinwurf eingerichtet wurde, war das Stereoskop, in dem nacheinander verschiedene Abbildungen in dreidimensionaler Wirkung betrachtet werden konnten (vgl. Kat. Nr. 79). Bereits 1849 erfand der Schotte David Brewster die dazu nötige zweiäugige Stereokamera. Um

147 »LORELEY«, Paul Schülke, Berlin, 1927

1890 erlebte die Stereofotografie ihren Höhepunkt mit den sog. »Kaiserpanoramen«, in denen gegen Eintritt thematische Bilderzyklen zu sehen waren. Auf den Jahrmärkten lockten die Betrachtungsautomaten, wie etwa das »Kalloskop« (Abb. 149), mit einer Bildauswahl »von der Welt und ihren Sehenswürdigkeiten« und dem Versprechen »Wissen ist Macht!«. Neben dem Bedürfnis nach Bildung wurden mit diesen Geräten aber auch manche niedrigeren Sensationsgelüste vor allem des männlichen Publikums befriedigt (Abb. 150).

Das etwas jüngere »Mutoskop« des amerikanischen Erfinders Hermann Casler von 1897 brachte mit der Wiedergabe eines Bewegungsablaufes eine wesentliche Neuerung und verdrängte bald die älteren Stereoskope (vgl. Kat. Nr. 78). Dieses Gerät, auch Biograph- oder Kinora-Apparat genannt, besteht aus einem Zylinder, an dem radial abstehend etwa 1000 bis 1500 Fotos mit einzelnen Phasen eines Bewegungsablaufes befestigt sind. Beim Drehen des Zylinders durch eine Handkurbel stoßen die Fotos an einer Querleiste an und werden dadurch nacheinander abgeblättert. Für den Betrachter entsteht bei entsprechender Geschwindigkeit des Bildwechsels der Eindruck eines kontinuierlichen Bewegungsablaufes. Die Bilderserien für das »Mutoskop« wurden mit einer eigens dafür konstruierten »Biograph«-Kamera aufgenommen (Abb. 244). Wurde zunächst auch hier das Bildungsbürgertum als Adressat angesprochen (Abb. 151), so überwogen bald gleichfalls erotische Darstellungen in dem Angebot der »Mutoskope« (Abb. 152).

Eine eigene Entwicklung auf dem Weg zum Film stellte der seit 1891 auch mit einem Münzeinwurf ausgestattete »Schnellseher« von Ottomar Anschütz (vgl. Kat. Nr. 77) dar, bei dem Diaaufnahmen eines Bewegungsablaufes auf einer rotierenden Scheibe angeordnet sind und während der Umdrehung von rückwärts beleuchtet werden. Das 1890 von Thomas Alva Edison erfundene und 1894 der Öffentlichkeit vorgestellte »Kinetoscope«, bei dem bereits ein Endlosfilmstreifen als Bildträger eingesetzt wurde, erlebte vor allem in den USA kurz vor der Aufführung der ersten »echten« Filme 1895 einen riesigen Publikumserfolg (Abb. 153).[12]

Aufgestellt waren die kinetoskopischen Geräte an den für Münzautomaten günstigen Plätzen mit großer Frequenz wie Bahnhöfe und Kaufhäuser. Für den Jahrmarktsbereich ist zwar bekannt, daß diese Geräte als wartungsfreie Geldbringer im Einsatz waren, bislang konnten

148 »Lichtschiess-Automat«, Binner & Stolz, Berlin 1931

149 »Kalloskop« auf einem Volksfest, Postkarte von 1923

sie aber nur spärlich dokumentiert werden, da sie als unscheinbare Motive kaum fotografisch festgehalten wurden. Im Vergnügungspark Berlin-Treptow/DDR stand noch 1987 ein Wagen mit einer Reihe von ca. 10 »Mutoskopen« aus der Zeit um 1900, deren alte Bilderserien gegen Münzeinwurf bewundert werden konnten.

»Ein Blick in die Zukunft«

Akzeptiert man die Wahrsage als übersinnliches Phänomen und glaubt man an die Aussagekraft des Horoskops durch die Astrologie, dann ist gerade der Automat der schlechteste Ansprechpartner für diese Fragen. Trotzdem blüht seit Erfindung des Münzschlitzes gerade auf diesem Gebiet das Automatengeschäft prächtig.

Bei der gängigsten Form, wie sie auch aus jüngster Zeit noch bekannt ist, sitzt eine kartenschlagende Wahrsagerin, meist im Zigeunerkostüm, in einem Glaskasten. Nach dem Geld-

150 Erotische Darstellung in einem »Kalloskop«, um 1890

151 Werbung für das »Mutoskop«, 1899

152 Bauer vor einem »Mutoskop« mit erotischer Szene, Scherzpostkarte um 1910

einwurf führt die mechanische Figur einige Bewegungen aus, wonach der Benützer aus einem Ausgabeschlitz einen bedruckten Zettel oder ein Briefchen mit Inhalt erhält. Ein solcher »Glücksbrief« aus dem frühen 20. Jahrhundert enthält zwei Fotos von einer Dame und einem Herrn sowie zwei Zettel mit den Eigenschaften der Tierkreiszeichen »Schütze« und »Jungfrau«. Rückseitig wird die »Antwort« im Sinne einer Lebenshilfe geliefert. Zum krönenden Abschluß heißt es: »In der Lotterie zu spielen, sind Ihnen folgende Nummern günstig: 383 bis 8800«. – Wenn das nicht ein sicherer Tip war! (Abb. 154). Ähnliches dürfte auch das »Heiraths Vermittlungs Bureau« von 1897 ausgegeben haben (vgl. Kat. Nr. 85).

Ein anderer Typ ist der Handlinienautomat, der vorgibt, aus den Handlinien der Benutzer deren Schicksal zu lesen. Werden diese Geräte von vornherein als Scherzautomaten deklariert, so ist dagegen nichts zu sagen. Unter dem Pseudonym »Sybille« wurden dem Handlinienautomaten 1933 jedoch wertvolle Eigenschaften zugeschrieben: »Ist nun aber der Automat, der diese Hände prüft, technisch einigermaßen vollendet, so ist durchaus die Möglichkeit auch hier gegeben, daß Beurteilungen der Benutzer nach verschiedenen Charaktergruppen sich ermöglichen lassen ... Und nehmen wir einmal selbst den Fall an, der Automat würde, was auch jedem irrenden Menschen zustoßen kann, einmal einen Fehler machen, (...) und ein fauler, träger, energieloser Mensch würde auf seinem Zettel lesen: ›Sie können durch Ihren Fleiß und Ihre Energie es zu starken Verbesserungen Ihrer Stellung bringen‹, würde dann nicht einmal unter zehntausendmal die Möglichkeit bestehen, daß dieser Mensch sich zusammenrafft, weil er den Kontrast zwischen Sein und Seinsollen eben wirklich empfindet.«[13] Wesentlich kritischer äußerte sich ein Zeitgenosse im Jahre 1929, den den Wahrsageautomaten zu Anlaß nahm, um gegen die Auswüchse der Automatenaufstellung zu polemisieren:

»Unserer Zeit mit ihrem kraftvollen Zug zur Organisation gebührt das Verdienst, auch für die Wahrsagekunst eine wahrhaft moderne Form gefunden zu haben, wie sie dem hohen Stande unserer Technik entspricht. Sie schuf den Wahrsage-Automaten und füllte mit dieser Großtat ein neues Blatt in einem goldenen Buche des Aufstieges. Wir steigen auf zur Höhe des Drachenfelsens und haben den Rand des Waldes und damit zugleich die Grenze des Naturschutzgebietes Siebengebirge erreicht. Links vom Wege steht eine ansehnliche Warnungstafel, auf der alle wichtigeren, für die Besucher des geschützten Geländes maßgebenden Verbote nach Paragraphen zusammengestellt sind. Ihr gegenüber befindet sich, auf einem tischartigen Unterbau montiert, ein Glaskasten (Abb. 155). Merkwürdig, daß seine Scheiben nicht längst von ›harmlosen‹ Spaziergängern zertrümmert wurden. Es war wohl die heilige Scheu vor dem ewig Rätselvollen, was die vorüberpilgernden Rowdies in Schranken hielt. Denn in dem gläsernen Palast gewahren wir in puppenhafter Nachbildung die Gestalt einer weißen Frau, den Typ einer Wahrsagerin von Klasse. Und wer in den vorbezeichneten Schlitz des Kastens ein Zehnpfennigstück einwirft, dem wird – während die weiße Frau mit dem Kopfe nickt und mit dem Finger über den von ihr ausgebreiteten Karten hin und her fährt – ein Briefchen zuteil, dessen Inhalt alle die dunklen Fragen der Zukunft und des Lebensglückes mehr oder weniger eindeutig beantwortet.

(...) Ohne daß irgendwelches ›Geschäftspersonal‹ nötig wäre, versteht es der Automat, den Vorübergehenden die Groschen aus der Geldbörse zu locken. Im Innern von Gebäuden und in Wirtschaftsgärten haben wir gegen diese seine Rolle nichts einzuwenden: hier mag er naschsüchtigen Kindern und nach Wohlgeruch lüsternen stutzerhaften Jünglingen die ersehnte Schokolade, den unentbehrlichen Maiglöckchenduft zuteil werden lassen. Aber wo er in der freien Natur auftritt, da sollte man ihn beseitigen dürfen wie wildernde Hunde und Katzen. Namentlich die Inhaber der Waldschenken nehmen sich vielfach die Freiheit, das Gelände in weiterem Umkreis ihres Hauptsitzes mit Automaten zu spicken. Ja, sie wagen es, diese grellfarbigen Blechungeheuer vorzuschieben bis unmittelbar an den Fuß hervorragender Naturdenkmäler. Jeder Groschen, der einen solchen Apparat in Tätigkeit setzt, trägt zu seinem Teile dazu bei, daß unsere Heimatnatur durch jenen allzu tüchtigen Geschäftsgeist verschandelt wird. Es ist nicht nötig, daß die Kinder nun auch noch beim Wandern durch den Wald unentwegt den Mund voll Bonbons haben, daß der Hauch der Pfefferminzplätzchen sich allenthalben mit dem Ozon des grünen Domes vermische. Gebt den wegelagernden Automaten nichts zu verdienen, so werden sie verschwinden; und Mutter Grün wird von einer schmählichen Plage befreit sein.«[14]

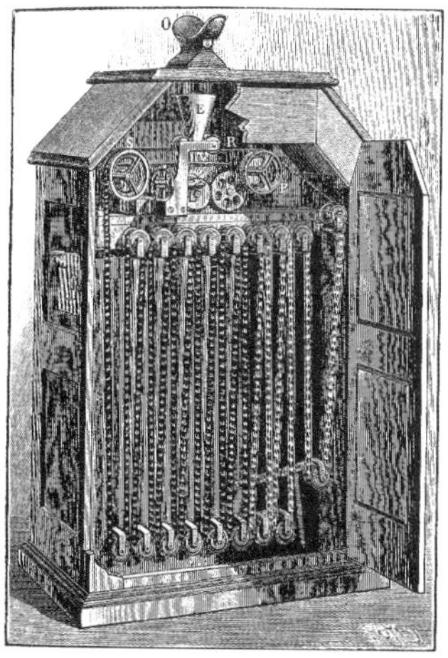

153 »Kinetoscope« von Thomas Alva Edison, 1893

Schaustellungsautomaten

Eine Sonderform der Unterhaltung bilden die mechanischen Bilder, die seit dem 18. Jahrhundert sehr beliebt waren und um 1900 auch durch Einwurf einer Münze in Bewegung zu setzen waren (vgl. Kat. Nr. 91). Neben diesen dekorativen Wandautomaten wurden auch größere Schaustellungsautomaten gebaut, die dem Publikum erheiternde und belehrende Szenen vor Augen führten. So gab es in Berlin vor dem Ersten Weltkrieg den »Meisterzauberer Ali Bey«, der »bei Klän-

154 Glücksbrief mit Inhalt aus einem Wahrsageautomaten, Anfang 20. Jahrhundert

gen orientalischer Musik Blumen und bunte Tücher aus leeren Gefäßen hervorzauberte, dann geheimnisvoll nach rechts brachte, was zuerst links lag, aus leeren Gläsern Wasser auf plötzlich aufblühende Blumen goß und zum Schluß das Bild des Kaiserpaares aufleuchten ließ.«[15] Im Passage-Panoptikum befanden sich neben Mutoskopen und Stereoskopen auch die bereits erwähnte Wahrsagerin, dazu Akrobatikautomaten und ein »Illusions-Tanz-Automat«.[16]

In England erfreuten sich die sogenannten »working models« besonderer Beliebtheit. Häufige Themen dieser Automaten waren Gruselszenen, wie Hinrichtungen und Geistererscheinungen (vgl. Kat. Nr. 84).

Von diesen Schaustellungsautomaten haben sich nur wenige Beispiele erhalten. Neben der Wallfahrtskirche Maria Plain bei Salzburg finden wir noch heute drei Automaten aus dem Jahre 1935, die von einem nicht weiter bekannten Mechaniker Höllermeier gebaut wurden. Sie veranschaulichen mit einer Vielzahl beweglicher Figuren die Ursprungslegende von Maria Plain, die

155 Wahrsageautomat am Eingang des Naturschutzgebietes Siebengebirge, 1929

Salzburger Dult (Abb. 156) und die Untersbergsage mit dem schlafenden Kaiser Karl d. Gr. Texte unter den Schaukästen erläutern den historischen Hintergrund des Dargestellten.

Eine vor allem den Gläubigen bekannte Version des Schaustellungsautomaten bilden die automatischen Opferstöcke, die heute noch in vielen Kirchen des süddeutschen Raumes zu finden sind. Diese Automaten wurden seit den 30er Jahren von A. & J. Saum, München (nach 1945 von Joseph Saum, Salmünster), hergestellt. In verschieden gestalteten Modellen, wie der »Waldkapelle« (Abb. 157), dem »Palästina-Tempel« oder dem »Bergkirchlein«, tritt hier das Jesuskind aus dem Gebäudeinneren hervor, hebt die Hand zum Segen und zieht sich dann wieder in die Kirche zurück. Dieser Vorgang wird elektrisch beleuchtet und von einem läutenden Engel akustisch begleitet. Die eingeworfenen Münzen fallen in den Opferstock und kommen wohltätigen Zwecke der Pfarrei zugute.

Wesentlich primitiver ist der gleichfalls noch in manchen Kirchen aufgestellte »Missions-Neger« konstruiert, der nach Einwurf einer Münze dankend mit dem Kopf nickt. Das Geldstück fällt hier auf einen Waagebalken, der durch das Gewicht der Münze herabgedrückt wird. Ist die Münze herabgeglitten, so federt der Waagebalken zurück und löst die pendelnde Bewegung des Negerkopfes aus.

Im Zeitalter des Fernsehens und der Heimcomputer sind die meisten der beschriebenen Unterhaltungsautomaten heute kaum mehr gefragt. Auch in diesem Bereich hat die moderne Technik mit Video und Elektronik Einzug gehalten und die Erwartungen des Publikums verändert. Angesichts des hautnahen Sex einer »Peep-Show« wirken die erotischen Szenen in den alten Mutoskopen geradezu rührend, ähnliches gilt für den vaterländischen Appell der frühen Schießspiele im Vergleich zu den mörderischen Feindbildsimulationen der modernen Schießautomaten.

156 »Salzburger Dult«, Schaustellungsautomat von 1935 bei Maria Plain

157 Opferstock »Waldkapelle« von A. & J. Saum, München, aus den 30er Jahren in St. Peter, München

Welche Dienste können Automaten leisten – oder ist es ein Vergnügen, sich zu wiegen?

Neben den Verkaufsautomaten und den Automaten, die unterhalten, sei es durch Musik oder Spiel, gibt es eine Vielzahl höchst unterschiedlicher Geräte, die einem – so will es nun einmal die Kategorisierung – Dienste erweisen. Da ist einmal der Schuhputzautomat, der für glänzende Schuhe sorgt, solange diese die Standardfarben braun, schwarz oder weiß aufweisen. Aber was hat der Schuhputzautomat mit der Personenwaage zu tun? Ist es wichtig, das Körpergewicht zu erfahren und dann an einem öffentlichen Ort?

»Prüfe Dein Gewicht!«

Überblickt man die deutschen Patentanmeldungen der Jahre, in denen die »Automatie« in Deutschland einsetzte, dann scheint die Waage eines der interessantesten Geräte gewesen zu sein, um es mit einem Münzeinwurf auszustatten. Das erste in Deutschland angemeldete Patent auf eine »Waage mit einer durch das Gewicht einer Münze auslösbaren Sperrvorrichtung« meldete George Salter von der gleichnamigen englischen Firma am 22. August 1886 an (D.R.P. 39 664). Die patentierte Federwaage stellt unter den gemünzten Personenwaagen einen immer wieder produzierten Typ dar. Die Plattform, auf der der Benutzer steht, ist durch ein Gestänge mit zwei Meßfedern verbunden (Abb. 158), diese wiederum hängen mit dem Zeiger zusammen, der auf einer Skala das Gewicht anzeigt. Allerdings richtete sich der Patentanspruch nur auf den Münzeinwurf, der den Wägemechanismus freigibt und nach der Belastung der Plattform die Münze abwirft, um den Einwurf für die nächste Benutzung freizumachen. Möglicherweise verkaufte Salter schon bald darauf die Rechte an das »Centralbureau für automatische Waagen« in Berlin, da dieses im Patentregister des folgenden Jahres als Inhaber genannt wird. Letzteres spräche dann auch für eine schnelle Verwertung des Patents. Nach einem Bericht des »Neuen Münchener Tagblatt« waren schon 1887 in München mehrere automatische Waagen in »öffentlichen Lokalen« aufgestellt, von denen es weiter hieß: »Bekanntlich zeigen diese Waagen nur bei Einwurf eines 10 Pf.-Stückes bis zur Höhe von 125 Kilo das Gewicht an.«[1]

Ein weiterer Personenwaagentyp wurde ebenfalls schon im 19. Jahrhundert entwickelt: die Waage, bei der das Gewicht nicht angezeigt, sondern auf einem Kärtchen ausgedruckt wird. Am 18. April 1888 meldete die United States Machine and Inventions Company eine Brückenwaage an, die mit einem komplizierten Druckmechanismus verbunden war, der auf eine Karte das Gewicht druckte. Ergänzt wurde diese Entwicklung durch zwei weitere Patente von 1890, bei denen der Kartendruck durch elektromagnetische Kontakte ausgelöst wurde.[2]

Aus der Frühzeit der »Automatie« gibt auch die Leipziger Illustrirte Zeitung Auskunft über eine automatische Waage. So wurde dort am 23. Juli 1889 von einem »Automatenpavillon« auf der hamburgischen Gewerbe- und Industrieausstellung berichtet, der neben dem »gefesselten Ballon (...) besondere Anziehungskraft auf die Besucher« ausübte. In diesem Pavillon befand sich neben 17 anderen Automaten auch einer, der »die Angabe unseres Körpergewichts verschafft«.[3]

Im Stollwerck-Katalog von 1895/96 wurde eine Personenwaage des Kölner Unternehmens Schaefer & Reiner angeboten, das auch andere Automaten für die Deutsche Automaten-Gesellschaft Stollwerck & Co. (DAG), Köln, produzierte. Diese Waagen konnten außerdem mit englischen und französischen Skalen geliefert werden. Interessanterweise wurde diese »Personen-Waage zugleich als Verkaufs-Apparat« angeboten, der das Gewicht anzeigte und »gleichzeitig selbstthätig (in der an der Vorderseite angebrachten Muschel) ein Röllchen

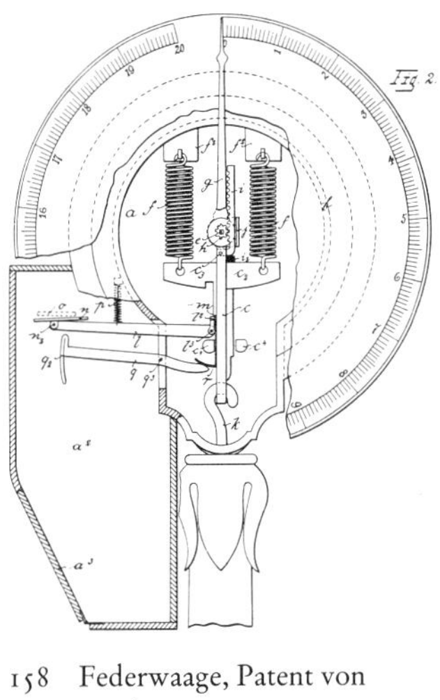

158 Federwaage, Patent von George Salter von 1886

Stollwerck'sche Schokolade« ausgab.[4] Aus handschriftlichen Eintragungen in den Katalog läßt sich ersehen, daß zudem noch eine Waage mit Postkartenverkauf im Sortiment war.

In den 20er und 30er Jahren war Vogel & Halke (1839 gegründet) einer der bekannten deutschen Waagenhersteller, der unter dem Namen »Seca« seit 1925 Zeigerwaagen mit Münzung und auch Waagen mit Kartenabgabe produzierte.[5] Weitere Firmen waren die »OLLWI« Waagenfabrik, die vor allem Anfang der 30er Jahre für ihre »konkurrenzlos billigen Waagen« mit Kartendrucker warb,[6] die Seitz-Werke, Bad Kreuznach (vgl. Kat. Nr. 113), die ADE Automaten-Fabrik GmbH, Berlin, die überwiegend Geldschränke und Verkaufsautomaten herstellte, die Gefio mbH, Berlin, mit den »Antaeus«-Waagen[7] und die Autoway Co., Glasgow.[8]

Die heutigen Waagen begnügen sich nicht allein mit der Angabe des Gewichts, sondern ermitteln aus diesem – in Verbindung mit der Größe und dem Geburtsdatum – den Biorhythmus. Sie erinnern so an manche frühe Waage, die zusätzlich noch Anreize zur Benutzung bot, wie etwa die »Selbstkassierende Personenwaage mit Gewichtsbescheinigung und mit Laufwerk für Schaubilder, Musikwerk u. dgl.«[9] Wer sich also wiegen wollte, bekam dazu noch ein stereoskopisches Bild zu sehen und konnte gleichzeitig Musik hören. Ein anderes Zusatzangebot machte eine Waage von 1931, die »völlig automatisch in fünf Minuten ein Photo in Paßgröße mit Datums- und genauer Gewichtsangabe liefert«[10] und die so an die Schießautomaten erinnert, die auf dem Jahrmarkt bei einem Treffer den Schützen portraitieren.

Vielleicht geben die zuletzt genannten Beispiele auch einen Hinweis auf die tatsächliche Funktion der Münzwaagen. Sicherlich werden die Waagen zur Gewichtskontrolle an Orten wie der Apotheke und dem Schwimmbad (Abb. 159) benutzt, in dem der Zusammenhang zwischen Sport, dem richtigen Gewicht und Gesundheit ersichtlich ist.[11] Schilder auf den Waagen geben zusätzliche Hinweise auf das Idealgewicht bei entsprechender Größe, und auch die Ausgabe der gedruckten Kärtchen soll eine ständige Gewichtskontrolle ermöglichen. Betrachtet man aber die weiteren Aufstellorte, dann scheint die Waage auch ein Unterhaltungsgerät zu sein. Sie stand in Passagen, so der oben genannte Bericht des Neuen Münchener Tagblattes von 1887; in Bahnhöfen steht sie heute noch, ebenso in Kaufhäusern. Das Wiegen wird zum öffentlichen Ereignis, das meist von mehreren Umstehenden wahrgenommen wird. Selbst die ausgedruckte Karte mit

159 Waage im Berliner Strandbad Müggelsee, Sielaff Maschinenfabrik AG, Berlin 1928

der Gewichtsangabe schützt nicht vor dem Interesse der anderen. Manche Firmen bedruckten die Wiegekärtchen, z. B. mit Sammelbildern von Filmstars, um zum häufigeren Wiegen zu animieren.[12] Eine andere Personenwaage mit eingebautem Grammophon war wesentlich weniger diskret als die Waagen mit Kartenausdruck, denn bei jener verkündete eine Grammophonstimme das Gewicht des Benutzers.[13] In diese Kategorie der unterhaltsamen Waagen gehört ebenfalls die Automaten-Waage, die 1902 von Watling Mfg., Chicago, hergestellt wurde, bei der der Benutzer sein geschätztes Körpergewicht mit einem Zeiger einstellen konnte und die eingeworfene Münze wieder zurückerhielt, wenn seine Schätzung richtig war. Noch 1955 wurde eine vergleichbare Waage von der A.B.T. Manufacturing Corp., Chicago, angeboten.[14] Und schließlich wurden natürlich auch Waagen gebaut, die mit einem Münzschleuder-Spiel kombiniert waren. Bei einer Waage der Colonial Novelty Co. (um 1920) war das Wiegen gratis, wenn man die Münze in bestimmte Fangtaschen geschleudert hatte.[15]

Als Pendant zur Waage meldete William Porritt Ingham 1887 ein Patent auf einen »Selbsteinkassierenden Apparat zum Anzeigen der Körpergröße von Personen«[16] an, bei dem die Körpergröße an einer Meßlatte eingestellt wurde und dann auf einer Skala abgelesen werden konnte. Leider gibt es keine Hinweise, ob das Patent jemals realisiert wurde. Allerdings wurde um 1925 ein Automat der amerikanischen Slezak Co. aufgestellt, bei dem der Benutzer nicht einmal beim Messen den Hut abnehmen mußte, denn das Gerät ermittelte angeblich aus der Augenhöhe die Körpergröße.[17]

Der Gasautomat, ein »Freund des kleinen Mannes«

Weitaus weniger abwechslungsreich, aber um so zahlreicher als die Waagen waren die Gasautomaten. Die ersten Gasautomaten wurden 1887 von Rowland William Brownhill, Aston, und W. Price, Hampton Wick, entwickelt und patentiert; 1890 stellte die United Gas Company, Liverpool, als erste die sogenannten »Prepayment meters« auf, 1892 folgten die Londoner Gasgesellschaften, 1896 sollen in London schon 120000 Stück angeschlossen gewesen sein.[18] Obwohl sich Brownhill bereits 1888 seine Gaszählautomaten in Deutschland patentieren ließ,[19] stellten 1895 erstmals die Englische Gasgesellschaft in Berlin, die Deutsche Continental-Gas-Gesellschaft in Dessau und in Leipzig solche Automaten auf.[20] Eingesetzt wurden Gaszähler wohl von Anfang an überwiegend in den Wohnungen des Kleinbürgertums, den sogenannten »minder Bemittelten«,[21] denen eine einmalige Abrechnung über einen längeren Zeitraum nicht zugemutet werden konnte (vgl. Kat. Nr. 111 und Abb. 276). Der Gasautomat bot den Vorteil, daß der Abnehmer nur für den im voraus bezahlten Betrag, der zwischen 10 Pfennig und 20 × 10 Pfennig lag, Gas erhielt. Außerdem konnte das Gas in einem beliebigen Zeitraum mit beliebig vielen Unterbrechungen abgenommen werden. »Der Freund des kleinen Mannes«, wie der Gasautomat auch gerne von denen genannt wurde, die die Gas-Gesellschaften unterstützten, wurde direkt in den Wohnungen angebracht. In bestimmten Abständen kam der Kassierer und leerte die Kasse, forderte Geld ein, wenn eine Differenz zwischen dem Zählerstand und dem Kasseninhalt bemerkt wurde, und notierte den Zählerstand. Auch bestand bei anderen Gasautomaten die Möglichkeit, die Kasse als Kassette auszutauschen und erst nachträglich abzurechnen.[22] Aber nicht nur die soziale Fürsorge für den »kleinen Mann«, sondern auch wirtschaftliche Interessen standen hinter der Propagierung des Gasautomaten. So stieg der Absatz der Gas-Gesellschaften durch den Einbau von Automaten in kleinere Wohnungen beachtlich, und es konnte der Konkurrenz durch die elektrischen Betriebe entgegengewirkt werden. In Berlin stieg der Gasverbrauch beispielsweise von 1903 auf 1904 um 38 Prozent, was mit der Zunahme der Gasautomaten erklärt wurde.[23]

Für warmes Wasser zum Duschen auf Campingplätzen oder in Jugendherbergen wird der Gasautomat heute noch verwendet.

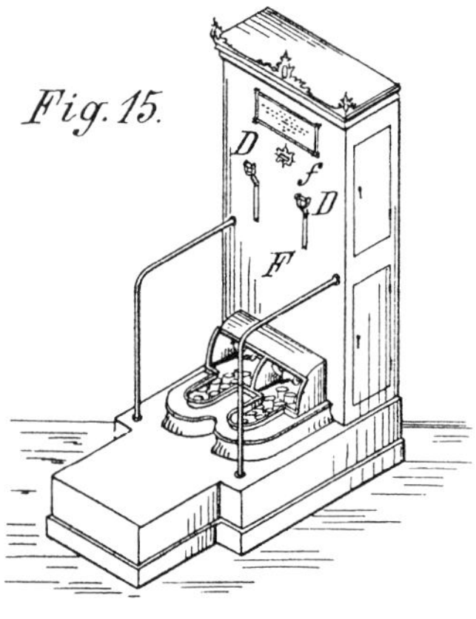

160 Schuhputzautomat von 1888, nach dem Patent von J. K. Mayrhofer und R. Kurka

»Selbstthätig wirkende Schuhreinigungs-Maschinen«

Ein Dienstleistungsgerät – im engeren Sinne des Wortes – ist der Schuhputzautomat, für den weitaus nicht so viele Anmeldungen für Patente und Gebrauchsmuster vorliegen wie bei den Waagen oder Gaszählern. Trotzdem scheint Schuhputzen nach einem Bericht von 1903 ein wichtiges Thema gewesen zu sein, nachdem das Reichsgericht entschieden hatte, daß das Stiefelputzen »in Hotels und Gaststätten als eine zu bezahlende Leistung betrachtet werden muß«. Um den »Unannehmlichkeiten«, die »diese anscheinend so nichtssagende Angelegenheit des Stiefelwichsens mit sich« brachte, zu entgehen, wurde von der Firma L. Spiegel & Sohn, Ludwigshafen, ein Trinkgeld-Automat konstruiert, in den die gereinigten Schuhe gestellt wurden.[24] Der Gast konnte sie nur gegen »10, 20 oder 30 Pfg., was sich nach dem Zimmerpreis, resp. nach der Qualität des Hotels richtet«, wieder entnehmen.[25] Seit 1888 gab es zudem auch Patente für Schuhputzautomaten. Im Gegensatz zu den meisten der später gebauten Automaten ist die Ausführung der ersten patentierten »Selbstthätig wirkenden Schuhreinigungs-Maschine« sehr aufwendig.[26] Der Benutzer konnte nacheinander seine Schuhe reinigen und dann putzen lassen, indem er einen Fuß auf eine Schiene stellte und durch einen Hebel mehrere Reinigungsbürsten, die den gesamten Schuh umschloßen, heranführte. Für das Schuhputzen setzte man den beschuhten Fuß in die entsprechende zweite Schiene, dort wurde er mit flüssiger Schuhwichse bestäubt und dann poliert (Abb. 160).[27] Bei einem Schuhputz-Automaten der National Service Enterprises (1912) konnte man sich, während der Automat lief, im Spiegel betrachten oder beleuchtete Bilder ansehen.[28]

Aus den 30er Jahren läßt sich bis jetzt nur der Schuhputzautomat der ADE Automatenfabrik GmbH, Berlin, belegen (Abb. 161),[29] obwohl sicherlich auch andere Hersteller ähnliche Geräte produzierten. Bei jenem ADE-Gerät handelte es sich um den Schuhputzautomaten, wie er auch in den 50er Jahren hergestellt wurde und bis heute bekannt ist. Die Benutzung ist nicht mehr so komfortabel wie 1888, da man seinen Fuß unter die rotierende Bürste der benötigten Farbe halten muß. Der »Schuhputz-Boy« der Firma Theodor Hirsch, Aschaffenburg, der noch 1954 als »erster deutscher Schuhputzautomat« apostrophiert wurde, bot immerhin die Möglichkeit, aus drei Farben zu wählen; insgesamt verfügte er für jede Farbe über je eine Bürste »zur Reinigung, zum Cremen, Bürsten und Polieren«. Aufgestellt waren die Automaten in der Nähe der Toiletten und Waschräume von Hotels, Restaurants und an Bahnhöfen. Vor einer Aufstellung im

161 Schuhputzautomat, ADE Automaten- und Schnellwaagenfabrik GmbH, Berlin 1931

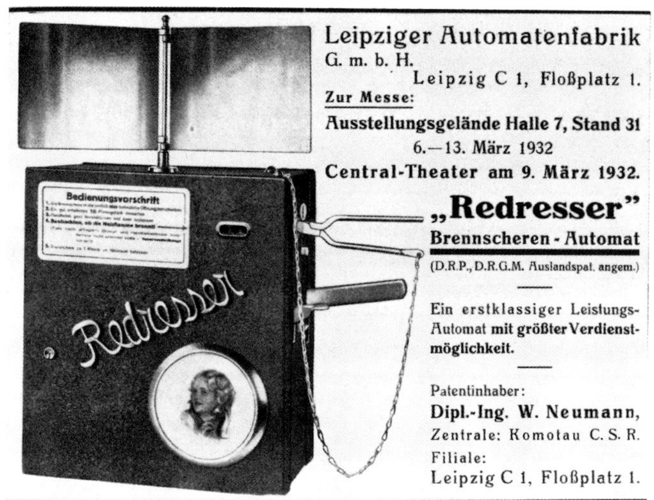

162 Brennscherenautomat »Redresser«, W. Neumann, Komotau 1932

Freien wurde aber abgeraten, denn die »Männer lieben es nicht, ihre Schuhe in aller Öffentlichkeit zu putzen.«[30]

Sperren, Schlösser und anderes

An stillen Orten wie Waschräumen und Toiletten sammeln sich auch andere Münzautomaten, die im Gegensatz zur Waage, die ebenso im Freien stehen kann, nur dort zu finden sind. Am naheliegendsten ist natürlich die Verriegelung dieser Räumlichkeiten selbst oder der Zutritt mittels Münzeinwurf. Das erste deutsche Patent für eine »Thür mit durch Geldeinwurf auslösbarer Sperrvorrichtung« wurde schon am 28. Dezember 1886 von Johannes und Bruno Silvester, Berlin, eingereicht (D.R.P. 41 244). Dabei handelt es sich allerdings um eine Drehkreuz-Tür, deren Arretierung sich nach dem Münzeinwurf löste und wieder schloß, wenn sich die Tür eine festgelegte Drehung weiterbewegt hatte. Leider werden keine weiteren Hinweise über die Verwendung dieser Tür gegeben. Es ist aber durchaus denkbar, daß sie als Eintrittstür für Waschräume, aber auch beispielsweise für den Zoologischen Garten, Vergnügungsparks oder andere Veranstaltungsorte gedacht war. Ein ähnliches Patent für eine Schiebetür, die sich nach dem Münzeinwurf öffnete und selbständig schloß und die von innen ohne Münzeinwurf geöffnet werden konnte, meldete R. Wiesendanger 1889 an.[31] Geworben wurde für Münzschlösser an Toilettentüren nur höchst selten.[32] Andere Geräte aus diesem Bereich sind beispielsweise der »Brennscheren-Automat« (Abb. 162), mit dem jede Dame »nach Betreten des Lokals die Frisur in Ordnung« bringen kann,[33] oder der Münz-Rasierapparat.[34] Haarfön[35] oder gar eine Trockenhaube[36] mit Münzeinwurf finden sich eher in Badeanstalten.

Eine Einrichtung, die für Wartesäle, Gaststätten, Krankenhäuser angeboten wurde und heute anscheinend ihre Bedeutung verloren hat, war der abschließbare Kleiderhaken.[37] Natürlich gibt es auch dazu ein frühes Patent von 1894 für einen »Selbstkassierenden Verschlußhaken für Kleider, Hut und Stock«.[38] Auch noch 1956 wurde ein »Sicherheitskleiderbügel mit Münzeinwurf« vorgestellt, bei dem das aufgehängte Kleidungsstück von zwei festsitzenden »Sicherheitsarmen« gehalten wurde.[39] Das Bedürfnis, Dinge vor einem anderen unrechtmäßigen Benutzer zu schützen, trieb vor allem Blüten bei den versperrbaren Stühlen, die nur nach einem Münzeinwurf benutzbar waren.[40]

Eine andere, heute vielleicht auch wieder sinnvolle Schließvorrichtung aus den 20er Jahren ist das Fahrradsperrschloß, bei dem man gegen Münzeinwurf das Fahrrad für eine unbefristete Zeit an einer Kette festschließen konnte (Abb. 163).[41] Zusätzlich mit einer Zeituhr kombiniert sind die Schließfächer für Gepäckstücke, bei denen man für einen befristeten Zeitraum bezahlt. Werden die Gepäckstücke nicht innerhalb des bezahlten Zeitraums abgeholt, so läßt sich der Sperrmechanismus nur lösen, wenn der fehlende Betrag nachgezahlt wird.[42]

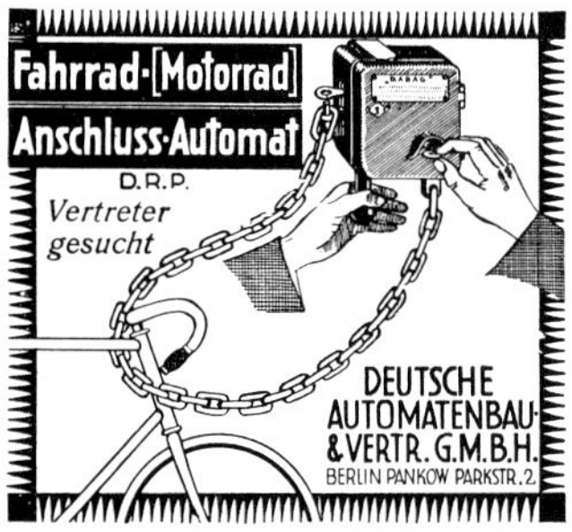

163 »Fahrrad- Motorrad-Anschluß-Automat«, Deutsche Automatenbau & Vertriebs GmbH, Berlin 1927

Adreßbuch- und Rendezvous-Automaten

Ebenfalls auf Bahnhöfen oder bei Hotels waren zwei heute nicht mehr existierende Geräte zu finden, der Auskunft- und der Nachrichtenautomat. Ersterer gab Informationen irgendwelcher Art gegen den Einwurf einer Münze. Leider werden in den Patenten meist keine weiteren Angaben über den eigentlichen Verwendungszweck gemacht. Zuverlässig belegt ist bis jetzt erst der sogenannte »Adreßbuchautomat«, der 1908 am Alten Theater in Leipzig gestanden hat (Abb. 164). Leider läßt sich auf der Photographie nicht mehr erkennen, wie der Automat funktioniert hat. Die einzigen beiden lesbaren Schildchen besagen einmal: »Einwurf 10 Pfennig« und zum anderen: »Adreßbuch gratis«. Möglicherweise wurden in dem Automaten auch Ansichten von Leipzig gezeigt, die dann entsprechend bezahlt werden mußten.

Das erste Patent für einen »Selbstkassierenden Schaustellungsapparat von Schrift, Druck u.s.w.«[43] stammt von 1888. Die Nachrichten oder Bilder waren auf einer drehbaren Trommel befestigt und konnten erst nach dem Münzeinwurf gesehen werden. Bei einem etwas späteren Patent wurde dann ein spezieller Mechanismus entwickelt, bei dem »Adreß- oder andere Bezugsquellenbücher« in einen Kasten eingesperrt wurden, der sich nur durch den Münzeinwurf öffnen ließ. Während der Benutzer das Buch las, mußte er einen Hebel nach unten gedrückt halten. Ließ er diesen Hebel los, schloß sich das Buch wieder (Abb. 165).[44] Hergestellt wurde ein ähnlicher Lexikon-Automat (1900), der sich nach der Benützung wieder schloß, von der Coin Operating Book Holder Co.[45] Bei einem weiteren deutschen Patent war die Einsichtnahme in das Adreßbuch nur für eine bestimmte Zeit möglich, die durch ein Uhrwerk bemessen wurde.[46]

Als Pendant zu diesen Auskunft-Automaten können die Nachrichten-Automaten angesehen werden, in denen man eine Notiz hinterlegen konnte. »Der neue Automat hat die zwei Bestimmungen, gegen Einwurf einer Münze in eine Oeffnung ein Stück Papier zur Verfügung zu stellen, um eine Nachricht darauf zu schreiben und gegen Einwurf einer Münze in eine andere Oeffnung alle aufgeschriebenen Briefe, Nachrichten u.s.w. sichtbar zu machen.« Bei dieser Erfindung von David Sachs war das Papier aufgerollt, nach Einwurf des Geldstücks wurde ein Stück unbeschriebenes Papier frei, auf das die Nachricht geschrieben wurde und an einer bestimmten Stelle mit einer Erkennungsmarke beklebt wurde. Das Papier wurde weitertransportiert, und der Empfänger konnte nun die Erkennungsmarke sehen. Nach dem erneuten Münzeinwurf konnte der Schieber über der Nachricht geöffnet werden.[47] Nach einem anderen Patent über einen Apparat »zur Aufstellung in öffentlichen Localen jeder Art« konnte man – natürlich nur nach Münzeinwurf – einen Brief in ein vorne verglastes Fach schieben, und der Empfänger konnte wiederum nach Münzeinwurf den Brief entnehmen. Dem Benutzer sollte auch »das Niederschreiben von Mittheilungen an Ort und Stelle« ermöglicht werden. »Zu diesem Zwecke ist dann unter dem Briefbehälter eine kleine Platte angebracht, auf welcher Bleistifte, Tinte, Federn etc. sowie ein pultartiger Aufsatz (...) aufgestellt sind; außerdem enthält der Apparat noch einige Kasten, in denen Briefbogen, Umschläge, Karten u.s.w. zur unentgeltlichen Benutzung bereit liegen.«[48] Bei einem Nachrichten-Automaten von 1901 war die Nachricht für jeden

164 Adreßbuch-Automat am Alten Theater Leipzig 1908

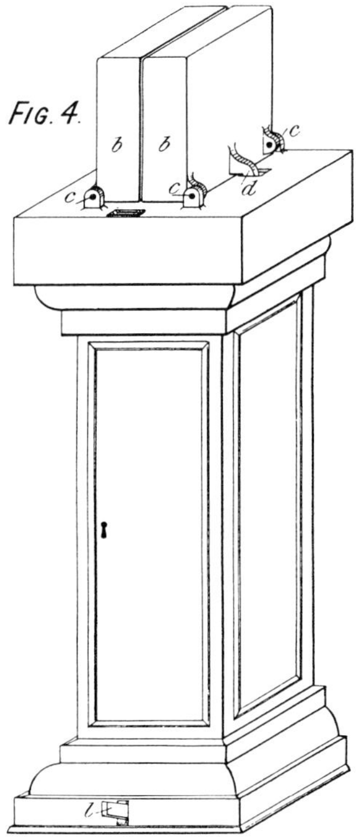

165 Adreßbuch-Automat, nach dem Patent von F. W. Jacob, 1891

166 »NOTOGRAPH«, Rendezvous-Automat, London 1912

167 Schreibmaschinen-Automat, 1931

sichtbar auf einer Karte, die nur nach Münzeinwurf eingeschoben werden konnte.[49] Der »NOTOGRAPH«, der 1912 an einem Londoner Bahnhof aufgestellt war, und in dem außer handschriftlichen Nachrichten auch Telegramme und Briefe für eine bestimmte Zeit hinterlegt werden konnen, war wahrscheinlich eine Mischung aus den beiden zuletzt erwähnten Erfindungen (Abb. 166). Wollte man seine Nachrichten nicht mit der Hand schreiben, so fand sich vielleicht am nächsten Postamt ein Schreibmaschinen-Automat, auf dem man für zehn Pfennige zehn Minuten lang schreiben konnte, und gleich daneben gab ein Automat Schreib-, Durchschlag- und Kohlepapier ebenfalls für zehn Pfennig aus (Abb. 167).[50]

Ein Nachrichten-Automat besonderer Art soll 1955 am Lübecker Bahnhof gestanden haben. Dort konnte man in verschiedenen Sichtfenstern des Automaten Bekanntschafts-Annoncen lesen. Nach dem Einwurf von zwei Mark erhielt man dann eine Chiffre und die Aufforderung, den ersten Brief an ein Büro zu richten, das diesen dann weiterleiten würde.[51]

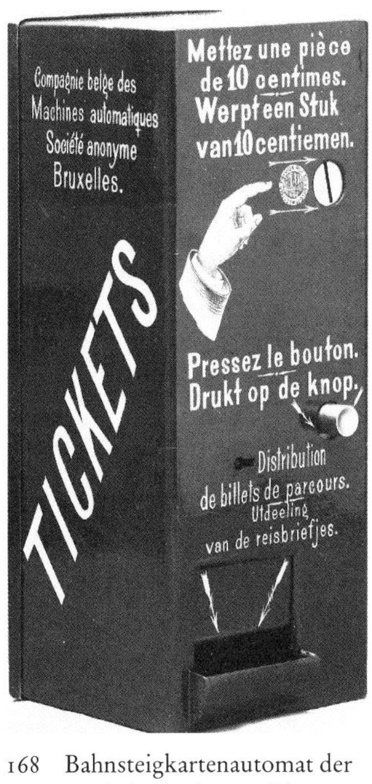

168 Bahnsteigkartenautomat der Compagnie belge des Machines automatiques, S. A., Brüssel 1910

Billett-Automaten

Anders als bei den Nachrichten-Automaten, die heute vermutlich nicht mehr anzutreffen sind, gewann der Fahrkarten-Automat erst in den letzten Jahrzehnten größere Bedeutung. Die Gebrüder Stollwerck stellten zwar schon seit 1894 Eisenbahnfahrkarten- und Bahnsteigkarten-Automaten auf (Abb. 168), um so auch die Erlaubnis für die Aufstellung von Verkaufsautomaten in den Bahnhöfen zu erhalten.[52] Aber bei dem damals äußerst komplizierten Fahrkartensystem konnten diese Automaten wahrscheinlich nur beschränkt eingesetzt werden.[53] Beispielsweise wurden in den 90er Jahren am Anhalter Bahnhof in Berlin 47000 verschiedene Sorten an Fahrkarten ausgegeben, an Bahnhöfen mittlerer Städte mit ungefähr 60000 Einwohnern waren rund 5000 Sorten an Fahrkarten vorhanden. Erst mit der Einführung der Sammelkarte, auf der mehrere Zielbahnhöfe vermerkt waren, reduzierte sich die Anzahl der notwendigen Fahrkarten (Abb. 169).[54] Sicherlich wurden Automaten für Bahnsteigkarten eingesetzt, die noch bis 1963 auf allen Bahnhöfen der Bundesbahn erforderlich waren. Auch für das einfachere Fahrkartensystem bei den Untergrund- und Schnellbahnen waren Fahrkarten-Automaten bereits frühzeitig in Benutzung. 1927 wird von einem »Ganzautomaten« für die Schnellbahn am Berliner Hermannsplatz berichtet: »Nach Einwurf des Fahrgeldes gibt dieser Apparat die gelochte Fahrkarte heraus und zugleich auch das Drehkreuz um eine Vierteldrehung frei. Er ersetzt also den Fahrkartenverkäufer und den Schaffner an der Sperre zugleich.«[55] Ein wirklicher Mehrsorten-Fahrausweisautomat, bei dem maximal 200 Wahltasten zur Verfügung standen, wurde von der Bundesbahn erst 1964 aufgestellt. Dieser Automat besaß Relais als Steuerelemente, nahm fünf verschiedene Münzsorten an und gab Restgeld zurück. In den 70er Jahren stieg der Bedarf an Fahrkartenautomaten mit den Verkehrsverbundsystemen vieler Städte, die verschiedene Geräteentwicklungen benutzten. Von der Deutschen Bundesbahn wurde deshalb ein »Einheitsautomat« angestrebt, der 1978 für den Verkehrsverbund Stuttgart-Hamburg und Rhein-Ruhr erstmals eingeführt wurde. 1979 konnte dann der »Modernisierte Fahrausweisverkauf (MOFA)« für den Nahverkehrsbereich eingeführt werden, bei dem auf fast allen Bahnhöfen Fahrkarten auch mit Geldscheinen aus dem Automaten gekauft werden können.[56] Inzwischen ist auch ein Traum der früheren Automatenkonstrukteure wahr geworden, der dialogfähige Automat, der für 387 Inlandsbahnhöfe alle möglichen Fahrkarten verkauft und mit dem Kunden in Deutsch, Englisch und Französisch in Dialog tritt, um ihm sicher die richtige Fahrkarte zu verkaufen. Geldscheine werden bis zu 50 DM angenommen, und das Wechselgeld wird zurückgegeben.[57]

Reisende, die fürchteten, ihnen könne unterwegs ein Unglück zustoßen, bot der Automat wahrscheinlich schon zu Anfang des Jahrhunderts Hilfe in Form von Versicherungen an. In den 50er Jahren kamen vor allem Flugversicherungen aus Automaten, aber auch Unfallversicherungen für die Dauer einer Taxifahrt.[60]

169 Fahrkarten-Automat der DAG, Köln, um 1900

Ein Photogramm aus dem Automaten

Eine höchst aufregende und anfangs auch kritisch betrachtete Erfindung aus der Frühzeit ist der »Photographische Automat«. Ein früher Bericht über einen solchen Apparat wurde schon im Mai 1889 von der Pariser Weltausstellung gegeben. »Es handelt sich nicht um einen Apparat, welcher beim Hineinwerfen eines Geldstückes eine beliebige, bereits in fertigem Zustande vorhandene Photographie verabreicht, sondern um einen solchen, der die davor stehende Person thatsächlich photographiert.« Der Automat wurde von dem französischen Fabrikanten Enjalbert hergestellt, und man erhielt gegen 10 Centimes ein Automatenbild samt Rähmchen.[61] Noch im selben Jahr wurde wohl erstmals in Deutschland auf der hamburgischen Gewerbe- und Industrieausstellung in einem Automatenpavillon »etwas bis dahin nicht dagewesenes« vorgestellt:

»(...) gegen Einwurf von 10 Pf. liefert er uns nach wenigen Minuten ein wohlgetroffenes Photogramm unserer Physiognomie, zu welchem ein benachbarter Automat den Rahmen herausgibt. Die Neuheit erregt das Erstaunen aller Besucher; man glaubt zunächst wol, daß im Innern des Pavillons eine mithelfende Menschenhand verborgen sei. Aber ich konnte mich selbst überzeugen, daß der ganze Act des Photographierens von dem Automaten selbstthätig ausgeführt wird. In einem Messingkasten verwahrt er 25 Trockenplatten. Eine derselben schiebt sich vor die enge innere Mündung des Aufnahmetrichters. In die äußere, die sich als eine große runde Oeffnung darstellt, blickt der Abzuconterfeiende hinein. Der Einwurf des Geldstücks wirkt auf einen Hebel, der für einen Augenblick den vor der inneren Trichtermündung befindlichen Schieber entfernt; sofort ist die Aufnahme erfolgt. Die Platte wird von einem Zängelchen erfaßt und der Reihe nach in die drei Bäder – Entwicklungs-, Fixir- und Färbebad – die auf einer mit Ausschnitten versehenen und in Drehung befindlichen Eisenscheibe stehen, getaucht. Nach jedem Bad wird die Platte von der Zange durch die Ausschnitte hindurch in einen unterhalb der Scheibe angebrachten Wasserbehälter gesenkt, der die Waschungen besorgt. Ein Uhrwerk setzt den ganzen Mechanismus in Bewegung unter genauer Regelung der für jeden einzelnen Vorgang nöthigen Zeit. Aus der letzten Waschung hebt die Zange die Platte auf eine schiefe Bahn, durch welche sie ins Freie befördert und dem Eigenthümer, der durch einen außen angebrachten Zeiger den Fortgang der Operation erfährt, zugestellt wird.«[62]

170 Billett-Automat in Travemünde, Seitz-Werke, Bad Kreuznach 1956

Diese sehr ausführliche Beschreibung gibt einen guten Einblick in die Abläufe eines Photographischen Automaten, die auch bei späteren Modellen nur hinsichtlich der photographischen Technik modifiziert wurden. Die Erfinder des Automaten, der schon am 20. Februar 1889 patentiert wurde,[63] waren Christel Föge und Joseph Raders, die die Idee hatten und für die mechanische Ausführung sorgten, während Karl Griese als »photographischer Beirat fungirte«. Die Faszination des Automaten muß nach dem Bericht in der Leipziger Illustrirten sehr groß gewesen sein (Abb. 171), trotzdem gibt sich ein Bericht der Photographischen Mittheilungen etwas distanzierter:

173 Nikita Chruschtschow sieht von einem Kairoer Turm auf den Nil, 1964

aus jene genossen werden kann. Um schließlich das Erleben noch zu erhöhen, d. h. die Fernsicht zu verbessern, benutzte man das Fernrohr, das auch schon vor dem Münzfernrohr öffentlich aufgestellt wurde.[76] Selbst im Panorama, in dem solche Aussichten dann in einer Kunstform zu sehen waren, wollte man nicht auf das Fernrohr verzichten. So wird 1829 von dem Pariser Panorama berichtet, daß dort Ventilatoren Wind erzeugten, als ob man tatsächlich auf den Türmen von Notre-Dame stünde, und Fernrohre an der Brüstung der Plattform montiert waren.[77]

Die ersten Patente für Münzfernrohre, bei denen die Fernsicht entweder für eine bestimmte Zeit oder für einen Rundblick freigegeben wurde, stammen von 1891.[78] Auch die DAG, Köln, verkaufte wohl schon früh Münzfernrohre. Das »Geoskop«-Orientierungsfernrohr wurde in den 30er Jahren von dem Automatenaufsteller Eugen Pohl entwickelt und hergestellt. Zwei Minuten lang konnte man für 10 Pfennig die Landschaft in einer zehnfachen Vergrößerung betrachten. Ein Zeiger über dem Fernrohr wies auf die Panoramakarte, auf der die sehenswerten Punkte der Gegend eingezeichnet waren. Zusätzlich bot dieses Gerät auch noch auf seitlichen Tafeln nähere Erläuterungen zu den jeweiligen Aussichtspunkten, so daß der »erzieherische Wert« des Geoskops durch das »Wecken und Stärken der Heimatkunde, durch das einprägsame Erfassen der näheren und weiteren Umgebung« gegeben war.[79]

1952 wurde die Firma Graphoskop-Gesellschaft, Eugen Pohl & Co. mbH gegründet, die nun monokulare und binokulare Münzfernrohre mit zehn- bis fünfundzwanzigfacher Vergrößerung baute. Auch heute noch scheint die lehrreiche »Seh-Sucht« nach weiteren Fernrohren zu verlangen, die fast überall in der Welt im Gebirge, auf Aussichtsterrassen, Türmen, Küstenstreifen usw. aufgestellt werden (Abb. 173).[80] In der Nähe findet sich auch der automatische Fremdenführer,[81] der vom Tonband die Sehenswürdigkeiten in mindestens vier Sprachen erläutert. Ist der tönende Fremdenführer in Kirchen oder anderen dunklen Gebäuden aufgestellt, gesellt sich auch noch der Beleuchtungsautomat hinzu, der einem Licht für Sekunden verkauft. Bisweilen läßt sich auch für wenig Geld eine Stadtansicht beleuchten, oder man kann Springbrunnen mit kleinen Fontänen zum Sprudeln bringen.[82]

Automaten zur Befriedigung des Sprechbedürfnisses

Etwas jünger als die Photographier-Automaten sind die Münztelephone, die in Deutschland erstmals 1899 aufgestellt wurden, obwohl das erste Patent für eine »Vorrichtung an öffentlichen Telephonen zur selbstthätigen Gebührenerhebung« schon von 1887 stammt.[83] Vorläufer der Münztelephone waren öffentliche Fernsprechapparate, bei denen man gegen eine Wertmarke, die die Postämter verkauften, telephonieren konnte.[84] Versuchsweise sind dann 1899 in Berlin

100 Apparate mit Münzung »an passenden, unter Aufsicht stehenden Orten – in den Schaltervorräumen von Post- und Telegraphenanstalten, in Gastwirthschaften, Konditoreien, Cigarrenhandlungen u.s.w. – aufgestellt und am 5. Juni in Betrieb gesetzt worden«. Auch war zu diesem Zeitpunkt geplant, an den »Perrons der Berliner Bahnhöfe« weitere Apparate aufzustellen, »um dem reisenden Publikum die Benutzung der Stadt-Fernsprecheinrichtung zu ermöglichen.«[85] Hersteller dieser Automaten waren R. Stock & Co., die späteren Deutschen Telephon Werke GmbH (DeTeWe), Berlin. Da die Telephonverbindung über die Vermittlungsstelle hergestellt werden mußte, war es bei Telephonapparaten im Gegensatz zu allen anderen selbsttätigen Automaten möglich, sich zunächst ohne Bezahlung verbinden zu lassen. In einem zeitgenössischen Bericht aus Berlin heißt es dazu:

»Man findet hier eine ganze Anzahl automatischer Fernsprechstellen, die jedermann zur Verfügung stehen. Man nimmt das Hörrohr zur Hand, und ein Beamter gibt einem, ohne daß angeklingelt werden muß, Bescheid. Man nennt die gewünschte Nummer, und sobald die Verbindung hergestellt ist, genügt es, ein Zehnpfennigstück in den Spalt gleiten zu lassen, um eine 2–3 Minuten lange Unterredung führen zu können. Eine Sanduhr zeigt an, wann die Zeit abgelaufen ist, sobald dies der Fall ist, wird die Verbindung wieder auf automatischem Wege abgebrochen.«[86]

In München wurde ebenfalls 1899 die erste selbstkassierende Sprechstelle von Stock & Co. bei einem Papierhändler im Zentralkiosk am Karlsplatz eingerichtet.[87] Für 20 Pfennige konnte man auch von diesen Apparaten ein Vorortsgespräch führen. Um kontrollieren zu können, ob der Anrufer auch bezahlt hatte, war die Schiene, auf der die Münze in die Kasse glitt, folgendermaßen konstruiert: Die Laufbahn bestand aus zwei durch Ebonit getrennte Messingschienen, die an den Mikrophonkreislauf angeschlossen waren. Zudem war die Laufbahn an einer Stelle unterbrochen. Lief nun die Münze über die Schiene, dann konnte der Vermittlungsbeamte ein stark surrendes Geräusch hören, das einmal kurz unterbrochen wurde. Außerdem löste die Münze am Ende der Laufbahn ein sogenanntes »Kontrollelement« aus, mit dem auch nachträglich auf »elektrischem Wege« die Bezahlung geprüft werden konnte.[88] Auch andere Städte richteten in den folgenden Jahren Fernsprech-Automaten ein (vgl. Kat. Nr. 110). So gab es 1904 im Reichspostgebiet 708 und sechs Jahre später 1 671 Fernsprech-Automaten,[89] davon standen beispielsweise 1909 in München 79 öffentliche Münzfernsprecher.[90] Vorteilhaft waren die bemünzten Fernsprecher besonders für Gastwirte oder Geschäftsinhaber, denen so die Apparate kostenlos angeschlossen wurden, wenn sich diese verpflichteten, das Gerät zu beaufsichtigen und während der Dienstzeit der Vermittlungsstelle jeden telephonieren zu lassen. Außerdem mußte ein bestimmtes Jahreseinkommen gewährleistet sein. Angezeigt wurden die öffentlichen Sprechstellen durch »Fahnenschilder mit der doppelten Aufschrift ›Fernsprech-Automat‹«. 1902 wird schon von »schalldichten Zellen« berichtet, in denen die Apparate untergebracht waren, um die störenden Geräusche abzuhalten (Abb. 174).[91] In Nürnberg wurden erstmals 1928 drei Telephonhäuschen am Bahnhofsplatz aufgestellt.[92]

Münztelephone ohne Vermittlung konnten erst nach dem Ersten Weltkrieg angeschlossen werden, und mit der einsetzenden telephonischen Vernetzung der Städte konnten auch von Münzfernsprechern Ferngespräche geführt werden. Beispielsweise brachte die Bayerische Post Ende der 20er Jahre die sogenannte »Selbstkassierende Öffentliche Fernsprechstelle 29« heraus, von der aus selbstgewählte Gespräche bis in ungefähr 200 km Entfernung geführt werden konnten. Die Münzen wurden nach dem Ende des Gesprächs einkassiert. In einem Bericht von 1941/42 heißt es zu den Münzfernsprechern:

»Die Deutsche Reichspost unterhält zur Befriedigúntg des Sprechbedürfnisses aller Volksgenossen, die über keinen eigenen Fernsprechanschluß verfügen oder denen auf Reisen usw. der eigene Anschluß zeitweilig nicht zugänglich ist, etwa 95 000 öffentliche Sprechstellen, von denen rund 20 000 mit Münzfernsprechern ausgerüstet sind. Neben diesen öffentlichen Münzfernsprechstellen verwenden weitere 100 000 Fernsprechteilnehmer auf ihren privaten Sprechstellen Münzfernsprecher an Stelle gewöhnlicher Sprechapparate. Allein von den öffentlichen Münzfernsprechern aus werden jährlich annähernd 200 Millionen Ortsgespräche und 5 Millionen Ferngespräche geführt, für die die Apparate schätzungsweise 20 bis 25 Millionen Reichsmark Gesprächsgebühren vereinnahmen.«[93]

174 FERNSPRECH-AUTOMAT, Berlin 1913

Schwierigkeiten bereitete zeitweise die Münzung des Telephons; vor allem nach dem Ersten Weltkrieg wurden die Münztelephone wegen des fehlenden Hartgeldes gesperrt, bis Wertmarken das Hartgeld bis 1927 ersetzten. In Italien und anderen Ländern ist die Verwendung von Wertmarken heute noch üblich. Bis nach dem Zweiten Weltkrieg blieb die Gebühr für ein Ortsgespräch dann bei 10 Pfennig. Unterschiedliche Gebühren gab es in den Besatzungsgebieten der Alliierten nach 1945. Erst nach der Währungsreform wurde am 22. Mai 1950 die einheitliche Gebühr von 20 Pfennig für das Bundesgebiet festgelegt.[94]

Bis Anfang der 70er Jahre konnten mit den in Deutschland aufgestellten Münzfernsprechern nur Ortsgespräche und nationale Ferngespräche geführt werden.

Das »Parkingmeter«

Ebenso wie das Fernrohr gehört die Parkuhr zu den Dienstleistungsautomaten, die besonders robust konstruiert werden mußten, um trotz ständiger Witterungseinflüsse zuverlässig zu funktionieren. Der erste Parkautomat – wie jene in den 30er Jahren hießen – war am 16. Juli 1935 in Oklahoma aufgestellt worden, um den durch die zunehmende Massenmotorisierung knapper werdenden Parkraum zu verteilen.[95] 1939 waren in den USA wohl in 25 Städten durchschnittlich 771 Parkautomaten aufgestellt, die vor allem positiv beurteilt wurden, da sie die Parkplatznot einschränkten, dem Handel durch den schnelleren Wechsel der Parkenden zuträglich waren und auch Einnahmen für die Stadtverwaltung brachten. Die Parkgebühren betrugen 5 Cents für eine Parkzeit von zehn Minuten bis zu zwei Stunden.[96] Nach Basel, das 1952 mit der Aufstellung von

»Parkingmetern« in Europa begann, wurden mit dem einsetzenden »Wirtschaftswunder« 1954 auch in Duisburg 20 Parkometer aufgestellt. Diese ersten Parkuhren wurden noch aus der Schweiz von Roberto Ehrismann, Lugano, importiert,[97] kurz darauf kamen deutsche Parkuhren von Kienzle, Villingen/Schwarzwald, und Telephon und Normalzeit, Frankfurt/M., sowie die schwedischen Miller-Parkometer auf den Markt, die von der Deutschen Parkometer GmbH vertrieben wurden (vgl. Kat. Nr. 114).[98] Da nach der damals geltenden Straßenverkehrsordnung aber keine Rechtsgrundlage für die Einschränkung der Parkzeit durch Parkuhren bestand, kam es zwischen 1954 und 1955 zu zahlreichen Prozessen, in denen die rechtmäßige Aufstellung der Parkuhren behandelt wurde. An manchen Orten waren auch Parkuhren zusammen mit Parkverbotsschildern aufgestellt (Abb. 279), so daß sich die Fragestellung ergab, ob Parkbeschränkungen, die wegen höherer Verkehrssicherheit erlassen worden waren, durch eine Gebühr aufgehoben werden konnten.[99] Die Gerichtsurteile galten dabei nur für die jeweiligen Gemeinden bis zur Änderung der Straßenverkehrsordnung durch den Bundesrat am 1. Mai 1956. Die Gebühr beträgt bis heute zumeist 10–50 Pfennig für eine halbe Stunde. Wegen der Anschaffungs- und Wartungskosten werden heute schon in vielen Gemeinden die Parkuhren aufgegeben und durch kostenlose Kurzparkzonen ersetzt. Alternativ zu den Parkuhren werden auch Parkscheine verkauft, die man an einem Automaten für die Zeit des Parkens erwerben kann und die im Innern des Autos sichtbar angebracht werden müssen.

175 Geldwechsel-Automat, 30er Jahre

Und sonstiges ...

Schier endlos scheint die Zahl der Münzautomaten, die ihre Dienste anbieten, manchmal auch ohne Entgelt wie die Geldwechsler (Abb. 175) und die Garderobenschränke mit Geldrückgabe, so daß am Schluß nur noch die wichtigsten und kuriosesten aufgezählt seien.

In den 50er Jahren entstanden Münzwaschsalons – Orte, die für viele zu unentbehrlichen Kommunikationszentren und beliebten Treffpunkten wurden. Waschmaschine, Trockner, Bügeleisen, Mangel, alles läßt sich für einige Münzen benutzen und bedienen.[100] Der Münzkopierer[101] darf ebensowenig vergessen werden wie der Fußmassage-Automat für den müden Stadt- oder Museumsbesucher, der ähnliches auch im Hotelbett finden kann, das ihn nach einem langen Tag milde in den Schlaf rüttelt, der Alkoholtester,[102] der Blutdruckmesser in der Apotheke, der leider nicht mehr existierende Schallplattenautomat,[103] mit dem man die eigene Stimme aufnehmen konnte, sowie der ebenfalls der Vergangenheit angehörende Opernglas-Verleihapparat[104] und der nun langsam von den Bahnhöfen verschwindende Prägeautomat (vgl. Kat. Nr. 112).

Münzprüfer – Entwicklung und Verwendungszweck

Die Entwicklung von Münzprüfern entstand aus der Notwendigkeit, Apparaturen zu schaffen, welche geeignet waren, Münzen oder Wertmarken ohne augenscheinliche Prüfung zu erkennen. Die Erkennung von Echtmünzen und die Ausscheidung von Falsifikaten, sog. Ronden oder Präparaten, war Bedingung, um über »stille Verkäufer« (Münzautomaten) Waren, Dienstleistungen, Unterhaltung, Sport und Spiel anbieten und verkaufen zu können. Der Weg bis zur optimalen Prüfqualität der jeweiligen Landesmünzen war nicht leicht. Die ständige Anpassung an das sich wandelnde Preisniveau einerseits und die ersonnenen Manipulations-Tricks andererseits stellten die Hersteller von Münzprüfern immer wieder vor neue Aufgaben. Problemlösungen unter Verwendung neuester Technologien wurden gefunden und bieten heute marktgerechte Prüfqualität von Münzen im Automatenbau. Nachfolgend werden die Hauptentwicklungsstufen exemplarisch aufgeführt und detailliert beschrieben.

176 Einwurfschlitz für 10-Pfennig-Münze

Einwurfschlitze

Ein einfacher Einwurfschlitz, genau der Größe und Dicke der anzunehmenden Münze angepaßt, war die erste grobe Prüfstation (Abb. 176). Im Durchmesser wurden kleinere Münzen zwar angenommen, lösten aber aufgrund einer primitiven nachgeschalteten Gewichtsprüfung keinen Verkauf aus. Derartige Münzen wurden auch nicht zurückgeleitet, sondern fielen in den Kassenbehälter. Auf Max Sielaff, einen Pionier der deutschen Automatentechnik, geht der leicht schräg gestellte Einwurfschlitz zurück, durch den die eingeworfene Münze auf eine schräge

177 Primitive Größenmessung durch Führung der Münze auf einer schrägen, seitlich durchbrochenen Laufbahn (vgl. Kat. Nr. 5)

178 Profilierte Wertmarken

Laufbahn gleitet. Die Führungsschiene ist seitlich geöffnet und läßt zu kleine Münzen nach unten abkippen (Abb. 177).

Für profilierte Wertmarken (Tokens, Jetons, Gettoni) wurden entsprechende Schlitzprofile gestaltet. Mit diesem Prüfsystem kann eine Wertmarke exakt erkannt und geprüft werden. Diese Prüfart wird heute noch für Gasometer und Telefon in Italien benutzt (Abb. 178).

Mechanische Münzprüfer

In Reaktion auf den häufigen Gebrauch von Falsifikaten wurde die Münzprüfung nach und nach verfeinert und um weitere Prüfstationen erweitert. Als wesentliche Neuerung kam die Verwendung von Magneten hinzu, mit deren Hilfe auch die Legierung der Münzen geprüft werden konnte.

Der Leistenprüfer

Eine gute Prüfqualität ist mit dem Leistenprüfer erreicht, in dem Durchmesser, Stärke, Gewicht und Legierung der eingeworfenen Münze erfaßt und kontrolliert werden (Abb. 179). Über in Größe und Dicke angepaßte Einwurfschlitze werden die Münzen zunächst auf eine Leitwaage geführt, auf der neben einer ersten Größen-Vorsortierung auch das Gewicht geprüft wird; eine Scharfeinstellung zur Kontrolle der Stärke kann an Justageschrauben vorgenommen werden (Abb. 180). Kleinere Münzen, Lochscheiben und untergewichtige Münzen werden erkannt, selektiert, abgekippt und am Ringfänger festgehalten. Über einen Rückgabeknopf kann der Laufbahnträger geöffnet und eine eventuell festgehaltene Münze zur Rückgabe abgewiesen werden.

Zur Erkennung eisenhaltiger Münzen und für die Prüfung von Silbergeld ist zusätzlich eine magnetische Prüfstation eingebaut, die Eisenscheiben bzw. magnetische Metallronden und Münzen am Magneten festhält und abweist. Eine Rückzugssperre verhindert den »Faden-Trick«, d.h. den Versuch, die eingeworfene Münze mittels eines angeklebten Fadens wieder herauszuziehen. Manche Leistenprüfer verfügen darüber hinaus über ein »Tilt-Pendel«, durch das, ähnlich wie beim Flipper, Kippversuche am Apparat erkannt werden.

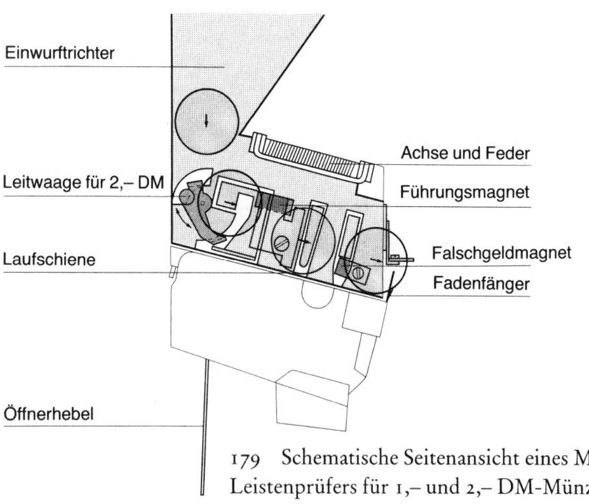

179 Schematische Seitenansicht eines Mehrfach-Leistenprüfers für 1,– und 2,– DM-Münzen

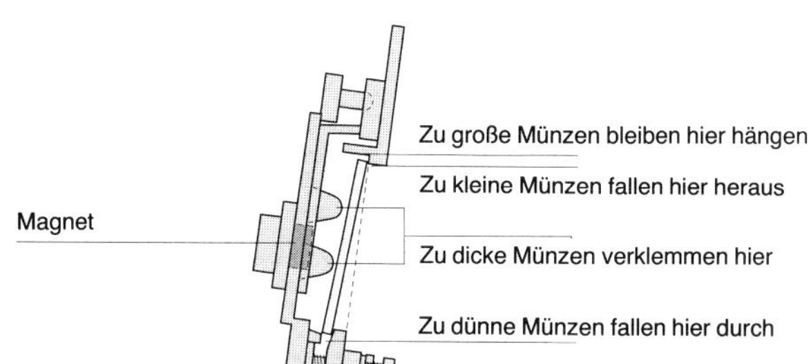

180 Querschnitt durch die Laufbahn eines Leistenprüfers im Bereich der Stärken- und Größenprüfung

Mehrkanal-Münzprüfer mit erweiterten Prüfstationen

Der Basisaufbau des mechanischen Münzprüfers mit erweiterten Prüfstationen ermöglicht die Prüfung von Münzen auf exakte Größe, Dicke, Gewicht, Legierung und zum Teil auch Rändelung. Im folgenden wird die Prüfmethode einer 5,– DM-Münze in den einzelnen Prüfstationen beschrieben (Abb. 181).

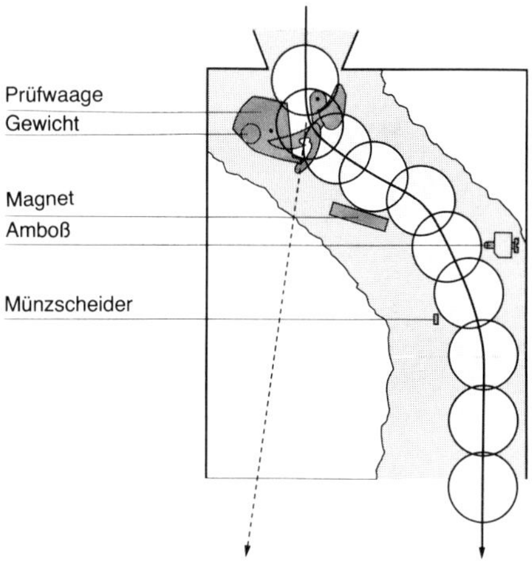

181 Schematische Seitenansicht eines mechanischen Münzprüfers für 5,–DM-Münzen

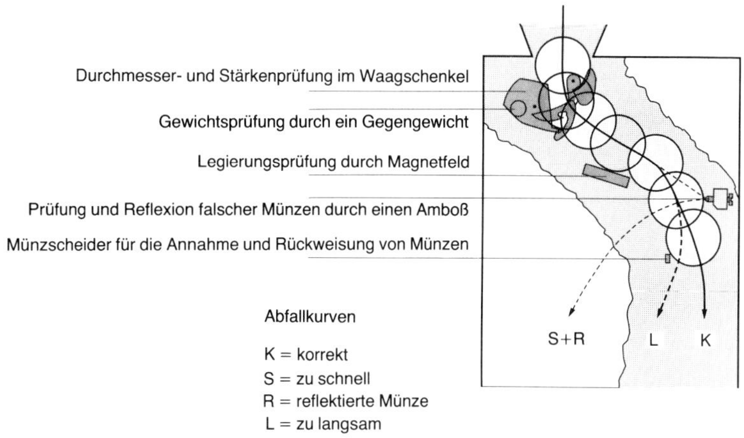

182 Wirkung des Magnetfeldes im mechanischen Münzprüfer auf Münzen unterschiedlicher Legierung

In der drehbar gelagerten Prüfwaage wird über das Schenkelmaß die exakte Größe der Münze abgetastet: zu große Münzen bleiben blockiert in der Waage, zu kleine fallen durch. In Verbindung mit der Größenabtastung wird in dem profilartig ausgeprägten Waagenschenkel die Dicke der Münze geprüft (1). Erfüllt die im Schenkelmaß befindliche Münze die Durchmesser- und die Dickenprüfung, so wird die Münze einer Gewichtsprüfung durch ein Gegengewicht an der Waage unterzogen (2).

Nur wenn die in der Waage befindliche Münze den Prüfmaßen und dem vorgegebenen Gewicht entspricht, schwenkt die Waage mit der Münze aus, und diese gelangt in die nachgeschaltete Prüfstation, wo sie einer Legierungsprüfung unterzogen wird (3). In einem Magnetfeld wird die Legierung der Münze nach dem Prinzip der elektrischen Leitfähigkeit von Metallen untersucht: Wird ein guter elektrischer Leiter durch das Magnetfeld bewegt, so wird eine höhere elektrodynamische, der Bewegung entgegengesetzte Kraft erzeugt, als dies bei einem schlechten elektrischen Leiter der Fall ist. Aufgrund dieser physikalischen Eigenschaft können Münzen unterschiedlicher Legierung beim Passieren eines Magnetfeldes in ihrer Laufgeschwindigkeit beeinflußt werden. Durch magnetische Kraftlinien entstehen so je nach Legierung der Münzen unterschiedliche Bremskräfte und damit unterschiedliche Abfallkurven beim Verlassen der Münzlaufbahn (Abb. 182).

Durch einen in den Münzablauf integrierten Münzscheider (Separator) werden die Münzen entsprechend der Abfallkurve entweder angenommen oder zur Rückgabe abgelenkt. Befindet sich eine Münze mit dem Schwerpunkt rechts vom Münzscheider, so wird sie in den Aufnahmekanal (Kurve K) gelenkt. Ist die Abfallkurve jedoch zu steil (Kurve L), so kommt der Schwerpunkt der Münze links zu liegen, und die Münze wird in den Rückgabekanal abgelenkt. Münzen, die das Magnetfeld zu schnell passieren, beschreiben eine weiter ausholende Abfallkurve (Kurve S) und schlagen gegen einen Amboß (verstellbare Schraube), von dem sie nach dem Billardkugel-Prinzip reflektiert und in den Rückgabekanal (Kurve R) abgelenkt werden. Die Prüfqualität nach der beschriebenen Methode ist allerdings von der lotrechten Anordnung des Münzprüfers abhängig.

Aufgrund des 3-Schichtenaufbaus der 5,– DM-Münzen ist es möglich, diese Münzen einer zusätzlichen mechanischen Prüfung zu unterziehen. Auf einer magnetischen Laufbahn, welche mittig unterhalb der Münzlaufbahn angeordnet ist, wird auf das Nickel-Filet der Münze derartig eingewirkt, daß diese auf der Laufbahn magnetisch geführt wird. Münzen mit anderem Legierungsaufbau werden von der Bahn abgelenkt und gelangen in die Rückgabe. Durch diese zusätzliche Prüfart ist eine optimale Legierungsprüfung am Außenrand der Münze gegeben.

Mechanische Münzprüfer, wie der beispielhaft beschriebene Typ, entsprechen dem aktuellen technischen Stand und den neuesten Markterkenntnissen.

Münzauslöse-Vorrichtungen

Eine weitere Entwicklungsstufe ist in der Münzauslöse-Vorrichtung (Schiebe-Auslösung) zu sehen. Die Münze wird hier in eine der Größe der Münze entsprechende Aussparung des querliegenden Schiebemechanismus eingelegt (auch Ausführung für mehrere Münzen). Die als Kupplungsglied dienende Münze gibt die Betätigung des Schiebers frei und löst damit etwa die Ausgabe einer Ware manuell über den Freigabe-Mechanismus aus. Derartige mechanische Auslösevorrichtungen werden besonders von amerikanischen Herstellern bevorzugt und finden vornehmlich bei Außenautomaten, Billards, Fußballtischen und Dienstleistungsautomaten sowie auf Aufstellplätzen ohne Stromversorgung Verwendung. Schiebeauslösungen arbeiten exakt in der Größen- und Dickenprüfung, jedoch mit geringer Prüfqualität bei den Legierungsunterschieden der Münzen (Abb. 183). Eine wesentliche Verbesserung der Prüfqualität bietet die Münzauslöse-Vorrichtung mit vorgeschaltetem Leistenprüfer (Abb. 184). Durch eine derar-

183 Schiebeauslösung
(vgl. Kat. Nr. 112)

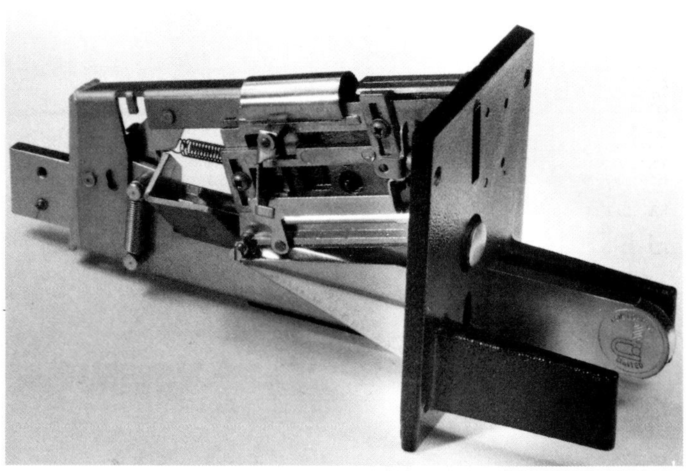

184 Schiebeauslösung mit vorgeschaltetem Leistenprüfer

tige Kombination werden im Vorprüfer bereits kleinere Münzen und eisenhaltige Scheiben bzw. Münzen erkannt und gelangen gar nicht erst bis zur Auslösemechanik. Angenommene Münzen in der Schiebemechanik dienen dann wiederum als Kupplungsglied zur Freigabe des Auslösemechanismus. Auch diese Auslösevorrichtungen werden überwiegend in Zigarettenautomaten, Sportautomaten und Automaten ohne Stromversorgung eingebaut.

Elektronische Münzprüfer (Abb. 185)

Anders als bei der Prüfmethode in mechanischen Münzprüfern werden die im elektronischen Münzprüfer eingeworfenen Münzen verschiedenen Vergleichsmessungen unterzogen. Die dafür nötigen Prüfwerte sind in einem Programmchip gespeichert. Um eine exakte Vergleichsmessung durchführen zu können, wird der Prüfling auf eine Keramikbahn (Snubber) geleitet, welche die Aufgabe hat, das Springen der Münze zu dämpfen, so daß unter gleichen Bedingungen an den Sensoren Vergleichsmessungen angestellt werden können. Die zu prüfenden Münzen passieren drei Sensor-Spulen, welche die Dicke, das Material und den Durchmesser prüfen. Entsprechen die Prüfwerte den vom Programm vorgegebenen Sollwerten, so wird der Prüfling als Echtmünze akzeptiert, ein Sperrmagnet wird angesteuert und die Münze in den Annahmekanal gelenkt. Der Sperrmagnet bleibt jedoch geschlossen, wenn ein oder mehrere Meßwerte nicht den Vorgabewerten entsprechen, und die Münze wird dann zur Rückgabe geleitet.

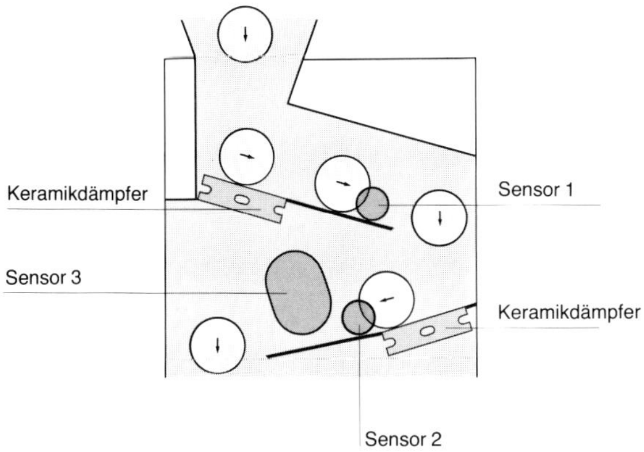

185 Schematische Seitenansicht eines elektronischen Münzprüfers mit drei Sensoren zur Überprüfung von Stärke, Durchmesser und Material der Münze

Mechanische und elektronische Münzprüfer – Ein Vergleich

Vergleicht man mechanische und elektronische Münzprüfer, so lassen sich für beide Versionen Vor- und Nachteile aufweisen.

Der mechanische Münzprüfer zeichnet sich vor allem durch den günstigeren Preis und die Unabhängigkeit von einer Stromquelle aus. Er bietet eine gute Prüfqualität bei den Abmessungen der Münzen und schützt vor Fadentrick-Manipulationen. Um eine sichere Funktion zu gewährleisten, ist jedoch eine exakte vertikale und verspannungsfreie Anbringung erforderlich. Die mechanischen Teile unterliegen einem gewissen Verschleißprozeß, durch den die Prüfqualität an Genauigkeit verlieren kann; auch ist die Legierungsprüfung bei verschiedenen Münzen nicht optimal.

Der teurere elektronische Münzprüfer bedarf der elektrischen Stromversorgung. Da die Sensoren die mechanischen Prüfstationen ersetzen, entfällt hier jeglicher Verschleiß und damit auch eine Veränderung der Prüfqualität. Damit ist der elektronische Münzprüfer auch weitgehend unabhängig von einem vertikalen Einbau und kann z.B. auch auf Schiffen etc. eingesetzt werden. Durch die Sensoren ist eine hohe Prüfqualität gegeben, die sich für 95% der Münzen im Weltwährungssystem entsprechend programmieren läßt.

Anmerkungen

Vom Schokoladenverkäufer zum Bajazzo – Die Anfänge der Münzautomaten-Herstellung in Deutschland (S. 10–24)

1 Walter Benjamin, Gesammelte Schriften, Bd. V,1: Das Passagen-Werk, Frankfurt 1982, S. 283.

2 Herons von Alexandria Druckwerke und Automatentheater, hg. von W. Schmidt, Leipzig 1899, Kap. XXI, S. 111–113. Vgl. dazu auch die Beschreibung bei H. Günther, Was mancher nicht weiß. Das Buch der Superlative, Zürich 1923, S. 33f. Zur umstrittenen Lebenszeit Herons, die vom 2. Jh. vor Chr. bis zum 1. Jh. nach Chr. reicht, vgl. John Gray Landels, Die Technik der antiken Welt, München ^{3}1983, S. 241–244.

3 Heron bezeichnet das Weihwassergefäß als »σπονδεῖον« (Opfergefäß zum Spenden) und »θησαυρός« (Sparbüchse, Opferkasten). Ein ähnlicher Thesauros aus dem 3. Jh. v. Chr., allerdings ohne Münzeinwurf, ist auf Thera nachgewiesen worden, vgl. Hermann Alexander Diels, Antike Technik, Leipzig/Berlin ^{2}1920, S. 68ff.

4 Otto Mayr, Automatenlegenden in der Spätrenaissance, Technikgeschichte 41 (1974), S. 20–32.

5 Der berühmte automatische Schachspieler des Baron von Kempelen (1734–1804) wurde als Fälschung entlarvt, da im Inneren des Automaten ein Zwerg verborgen war. Zu den Automaten des 17. und 18. Jahrhunderts vgl. Chapuis/Droz; Herbert Heckmann, Die andere Schöpfung. Geschichte der frühen Automaten in Wirklichkeit und Dichtung, Frankfurt a.M. 1982; Annette Beyer, Faszinierende Welt der Automaten, München 1983; Christian Bailly, Automata. The Golden Age. 1848–1914, London 1987.

6 Nach Julien Offray de La Mettrie, L'Homme machine, 1748.

7 René Simmen (Hg.), Der mechanische Mensch. Eine Sammlung von Texten und Dokumenten über Automaten, Androiden und Roboter, Zürich 1967; Klaus Völker (Hg.), Künstliche Menschen. Dichtungen und Dokumente über Golems, Homunculi, Androiden und liebende Statuen, München 1976.

8 Der Automat 5 (1931), S. 126–128; wieder in: Der Automat 9 (1935), S. 40–46, und: Automaten-Markt 28 (1976), S. 30–38; zuletzt in: Themen. Service für Presse, Hörfunk und Fernsehen. Verlagsbeilage im journalist, Juni 1988, S. 14f. Die täuschend exakten Angaben über Gewährsleute, Autoren und Daten ließen sich in keinem Fall bestätigen.

Auch die bei Th. Thomass, Automaten von gestern und morgen, Der Automat 6 (1932), S. 180–182, und Herbert Schmidt-Lamberg, Spielautomaten seit 500 Jahren, Automaten-Markt 2 (1950), S. 67, genannten Spiel- und Verkaufsautomaten bedürfen noch einer kritischen Überprüfung. Ein unrühmliches Beispiel dafür, wie diese höchst spekulativen, ohne Quellennachweise erstellten Angaben unkritisch weiter kolportiert werden, findet sich in der Einleitung zum Katalog der Sammlung Baudot in Paris, wo der Aufsatz von Schmidt-Lamberg, wiederum ohne Quellenangabe, übernommen ist, vgl. Muntautomaten, S. 13–15.

9 Zwischen 1750 und 1820 verdoppelte sich die englische Bevölkerung von 7,8 Mill. auf 14,3 Mill.

10 Rubin, S. 5 m. Abb.; Costa, S. 9.

11 Costa, S. 11.

12 Scientific American, 18. April 1885, S. 244; La Nature 13 (1885), S. 333f.

13 Costa, S. 12–16.

14 Zwei weitere Patente ergingen in diesem Jahr an William Arbuthnot aus Adelphi/England für einen Verkaufsautomaten in der Art des Everittschen Postkartenverkäufers (D.R.P. 27 454) und an C. Bätge in Halberstadt für einen Cigarrenverkäufer (D.R.P. 27 977).

15 Nach der Nationalität der Erfinder verteilen sich die Patente nunmehr auf 15 deutsche, 13 englische, jeweils 3 französische und 3 Schweizer sowie ein österreichisches Patent. Unter den deutschen Patentinhabern finden sich bereits die Namen der für die nachfolgende deutsche Münzautomatenherstellung bedeutsamen Hersteller: Gebr. Stollwerck (D.R.P. 44 104), Eisenwerke Gaggenau (D.R.P. 42 571), Max Sielaff (D.R.P. 43 055, 43 598).

16 Neues Münchener Tagblatt 11 (1887), Nr. 16, S. 6.

17 Beiblatt des Hannoverschen Tageblatts vom 6. September 1887.

18 Die Bezeichnung »Columbus« könnte als ein Hinweis darauf verstanden werden, daß dies einer der ersten von Stollwerck in Auftrag gegebenen Verkaufsautomaten war, dessen Verbreitung einen neuen Kontinent des Warenumsatzes erobern sollte.

19 1887 Münzsortierer (D.R.P. 44 104); 1888 Münzsortierer (D.R.P. 45 029); 1891 Münzprüfer (D.R.P. 62 571); 1894 Schwungzeiger (D.R.P. 82 349); 1896 Selbstverkäufer (D.R.P. 90 254); ab 1897 unter dem Namen Deutsche Automaten-Gesellschaft Stollwerck & Co.: 1897 Münzprüfer (D.R.P. 94 453, 94 904), Selbstverkäufer (D.R.P. 94 903); 1898 münzbetätigtes Türschloß (D.R.P. 104 921); 1899 Selbstverkäufer (D.R.P. 106 285).

20 Bruno Kuske, 100 Jahre Stollwerck-Geschichte 1839–1939, Köln 1939, S. 87.

21 Leipziger Illustrirte Zeitung, Nr. 2405 (3. August 1889), S. 121f.

22 Die Internationale Elektrotechnische Ausstellung, Frankfurt 1891, S. 920.

23 Zwei verschiedene Exemplare mit unterschiedlichen Angeboten, z.T. auch aus späteren Jahren befinden sich im Firmenarchiv der Stollwerck AG, Köln. Besonders hilfreich bei der Identifizierung der Hersteller erweisen sich die handschriftlichen Eintragungen in einer der Listen, wo neben den Fabrikanten häufig auch An- und Verkaufspreise aufgeführt werden. Bei allen weiteren Hinweisen auf die »Preisliste« und den »Sortimentskatalog« wird auf diese Quelle Bezug genommen.

24 Unter den Zulieferanten für Verkaufsautomaten werden in der Preisliste weiterhin genannt: G. Brandt,

Berlin; Eisenwerke Gaggenau A.G., Gaggenau; Curt Heinsius, Dresden (vgl. Kat. Nr. 6); Holzweissig Nachf., Leipzig; Fr. Krüwell, Dortmund; O. Oehring, Eisleben; A. Reiche, Dresden; Schimmelpfennig & Spangenberg, Vacha/Thüringen; E. Ubrig & Co., Berlin.

25 Als Hersteller dieses Automaten werden Schaefer & Reiner in Köln genannt, die Musikeinrichtung stammte von H. Thorens aus St. Croix.

26 Ein entsprechendes Gebrauchsmuster wurde am 29.5.1896 für Tröger & Stützer in Dresden ausgegeben (D.R.G.M. 60 635).

27 Über die Automaten-Fabrikation, Zeitschrift für Instrumentenbau 17 (1897), S. 470 u. 481. Die beliebten Figurenautomaten hielten sich bis zum 1. Weltkrieg. Zu den Tieren und menschlichen Figuren gesellten sich bald auch moderne technische Errungenschaften wie die Eisenbahn (D.R.G.M. 286 735), das Torpedoboot (D.R.G.M. 140 250) und das Automobil (D.R.G.M. 311 046).

28 In der Zeitschrift für Instrumentenbau wird seit 1895 ausführlich über die Entwicklung im Musikautomatenbau berichtet.

29 Zeitschrift für Instrumentenbau 16 (1896), S. 520.

30 Als weitere Leipziger Produzenten nennt die »Preisliste« der DAG die Polyphon-Musikwerke AG in Wahren bei Leipzig, die durch die Grossisten H. Peters & Co., Etzold & Popitz und Popper & Co. vertreten wurde, dazu E. Dienst, Wilhelm Dietrich, Ernst Holzweissig Nachf., Ludwig Hupfeld, die Komet-Musikwerke, die Leipziger Musikwerke, vorm. Paul Ehrlich & Co., die Leipziger Musikwerke »Phönix«, E. G. Lochmann & Co., C. H. Weigel. Ebenfalls im Sortiment der DAG vertreten waren F. O. Glass, Klingenthal; Friedrich Adolph Richter & Co., Rudolstadt; Wilhelm Spätle, Gera; Gebr. Weber, Waldkirch/Baden; Wehrle & Co., Furtwangen. Aus St. Croix, dem Schweizer Zentrum für Spieldosen, lieferten Mermond Frères, Hermann Thorens und Bornand Frères (vgl. Kat. Nr. 93).

31 Auf der Leipziger Frühjahrsmesse 1898 kamen die Polyphon-Musikwerke und die Fabrik Lochmann'scher Musikwerke gleichzeitig mit dieser Neuerung heraus, vgl. Zeitschrift für Instrumentenbau 18 (1898), S. 439.

32 Die DAG bot diesen Automaten unter dem Namen »Italiano« an; 1897 folgte ein Geiger mit tanzenden Puppen, vgl. Zeitschrift für Instrumentenbau 17 (1897), S. 902.

33 Ausgestellt auf der Oster-Vormesse in Leipzig 1895, vgl. Zeitschrift für Instrumentenbau 15 (1895), S. 428. Eine Abbildung bei Jürgen Hocker, Friedrich Ernst, Paul Ehrlich und die Fabrik Leipziger Musikwerke, Teil 3: 1889–1895, Das Mechanische Musikinstrument 9 (1985), Nr. 35, S. 19.

34 1895 brachte die Fabrik Leipziger Musikwerke, vorm. Paul Ehrlich & Co., den »Bauernmusik-Automat« heraus, bei dem auf einer Altane drei bewegliche Figuren musizieren, vgl. Zeitschrift für Instrumentenbau 15 (1895), S. 428; 1898 folgte eine Affenkapelle desselben Herstellers, vgl. ebd. 18 (1898), S. 911. Bei dem Trompeter-Musikautomat »Waldkrug« von C. H. Weigel, Leipzig, erschien ein Trompeter auf der Altane, vgl. ebd. 17 (1896), S. 116. Im Sortiment der DAG werden verschiedene automatische Kapellen mit bis zu 16 Figuren aufgeführt, darunter eine »Dorf-Kapelle«, »Damen-Kapelle«, »Tyroler-Kapelle« und »Tier-Kapelle«.

35 Aus der Fülle der »Visionsautomaten« seien hier nur einige Beispiele genannt: Im Musterlager von H. Peters & Co., Leipzig, wurde auf der Herbstmesse in Leipzig 1895 ein »Illusions-Musik-Automat« mit tanzendem Ballett vorgestellt, vgl. Zeitschrift für Instrumentenbau 15 (1895), S. 881. 1897 stellte die Firma Ludwig Hupfeld in Leipzig-Eutritzsch einen »Kunst-Automat« mit Musik, Trapezkünstlerin, Clown und Reckturner vor, vgl. ebd. 18 (1898), S. 939; im selben Jahr erhielt die DAG ein Gebrauchsmuster für ein »Mechanisches Musikwerk, verbunden mit Specialitäten-Theater mit beweglichen Figuren« (D.R.G.M. 87 372). Die Preisliste der DAG (vgl. Anm. 19) führt einen »Hänsel- und Gretel-Automat« der Gebr. Weber aus Waldkirch/Baden auf, bei dem sich die Märchenfiguren zur Musik bewegen.

36 Aus dem Musterlager von H. Peters & Co., Leipzig, im Jahre 1899, vgl. Zeitschrift für Instrumentenbau 19 (1899), S. 1010.

37 Zur Straßburger Uhr vgl. Klaus Maurice, Die deutsche Räderuhr. Zur Kunst und Technik des mechanischen Zeitmessers im deutschen Sprachraum, I, München 1976, S. 35–37.

38 Zeitschrift für Instrumentenbau 18 (1898), S. 477; ebd., Nr. 33, S. 887.

39 Ein Besuch bei Edison; maschinenschriftlicher Bericht über den Besuch von Ludwig Stollwerck bei Edison im Firmenarchiv der Stollwerck AG, Köln.

40 Bericht über die Michaelis-Messe 1902, Zeitschrift für Instrumentenbau 22 (1902), S. 978–985, hier S. 983.

41 1897 stellten die Polyphon-Musikwerke, Leipzig, zwei Verkaufsautomaten mit Musik vor, vgl. Zeitschrift für Instrumentenbau 17 (1897), S. 901f. Im Sortimentskatalog der DAG (vgl. Anm. 19) sind zwei Musikautomaten der Lochmann'schen Musikwerke, Leipzig, mit Schokoladenverkauf aufgeführt (»Bajazzo«, »Cavalleria«).

42 »Diorama«-Musikautomat der Gubener Musikwerke, Kirsch & Co. in Guben aus dem Jahre 1897, vgl. Zeitschrift für Instrumentenbau 17 (1897), S. 925.

43 »Herkules«-Automat der Gubener Musikwerke, Kirsch & Co., vgl. Anm. 42.

44 »Selbstkassierender orientalischer Billard-Musik-Automat« von Ed. Pfefferkorn & Co., Merseburg, vgl. Zeitschrift für Instrumentenbau 19 (1899), S. 953 und ebd., S. 1010. Hier wäre daran zu erinnern, daß etwa gleichzeitig die großen Geldspielautomaten der amerikanischen Hersteller bereits häufig mit Musikwerken kombiniert wurden, vgl. auch »LE PHENIX« von Nau, Paris ca. 1899, Muntautomaten, S. 30, Nr. 7.

45 »Fortuna« der Plagwitzer Musikwerke »Ariophon«, vgl. Zeitschrift für Instrumentenbau 15 (1895), S. 864. Im Musterlager des Grossisten H. Peters & Co., Leipzig, wurden auf der Herbstmesse 1895 »verschiedene Würfel-Automaten zu auffallend billigem Preise, auch mit Musik«, angeboten, vgl. ebd. 15 (1895), S. 881. Vgl. dazu das Patent für einen Würfelautomaten von A. Kleiner, Berlin, vom 27.2.1895 (D.R.P. 82 948) und die Gebrauchsmuster aus dem Jahre 1895 für ähnliche

Automaten von F. C. Glaser, Berlin (D.R.G.M. 40 461), und Ed. Breslauer, Leipzig (D.R.G.M. 46 501, 50 002). Auf einen Würfelautomaten der U. S. Novelty von 1892 verweist Rubin, S. 45.

46 Über die Rechtsfrage des sogenannten Würfel-Automaten, Zeitschrift für Instrumentenbau 16 (1895), S. 241; Würfelautomaten, ebd. 15 (1895), S. 827–829.

47 Reichsgerichtsentscheidung betr. Aufstellung von Würfelautomaten, Zeitschrift für Instrumentenbau 17 (1897), S. 585.

48 Abgebildet im Sortimentskatalog der DAG (vgl. Anm. 19), ein weiterer Würfelautomat »Monaco« aus dem Musterlager von H. Peters & Co., Leipzig, ist hier ebenfalls aufgeführt.

49 Zeitschrift für Instrumentenbau 19 (1899), S. 1010.

50 Zur Vorgeschichte von Billard, Bagatelle und Tivoli vgl. Costa, S. 127–129.

51 Neben diesen Münzschleuderspielen gab es auch Kugelschleuderautomaten nach dem gleichen Spielprinzip, z.B. »Aufrecht stehendes Tivolispiel« der New Polyphon Supply Company, London, von 1899 (D.R.P. 112 273); »Aufrecht stehendes Marmelspiel« von H. Dissmann in Lehe, Hannover, von 1900 (D.R.P. 136 827).

52 Das erste deutsche Patent für einen Elektrisierautomaten wurde am 2.2.1887 an Everitt, London, vergeben (D.R.P. 40782).

53 Everitt erhielt im Jahre 1887 die ersten drei deutschen Patente für Kraftmesser (D.R.P. 40 258, 42 350, 43 302).

54 Das erste deutsche Patent für einen »Selbsteinkassierenden Apparat zum Messen der Lungenstärke« erhielt W. F. Stanley, London, am 28.7.1888 (D.R.P. 47 518).

55 Zeitschrift für Instrumentenbau 21 (1901), S. 290; ebd., S. 464 u. 496. Vgl. auch die Patente zu selbstkassierenden Kegelspielen von 1892 (D.R.P. 71 528) und 1899 (D.R.P. 112 998).

56 Der »Kleopatra«-Orakelautomat von ca. 1895/96 (Abb. 253) wurde 1901 von E. G. Lochmann in etwas abgewandelter Form kopiert, vgl. Zeitschrift für Instrumentenbau 21 (1901), S. 360.

57 Zitiert nach dem Werbetext in dem Sortimentskatalog der DAG (vgl. Anm. 23).

58 Vgl. Anm. 42.

59 Anzeige der Deutschen Mutoskop und Biograph-Gesellschaft, Zeitschrift für Instrumentenbau 21 (1901), S. 510; ebd. 23 (1902), Nr. 3, S. 70.

60 Guido Seeber, Edison und der Film, Die Kinotechnik, 5. Januar 1937, S. 12–16, hier S. 14f.; Friedrich v. Zglinicki, Der Weg des Films, Berlin 1956, S. 201–214.

61 Hans Köcke, Ottomar Anschütz – ein Meister der Reihenbilder, Bild und Ton 19 (1966), S. 344–346, hier S. 346.

62 Vorgestellt auf der Sächsisch-Thüringischen Industrie- und Gewerbe-Ausstellung in Leipzig 1897, vgl. Zeitschrift für Instrumentenbau 17 (1897), S. 926. Buderus ließ seine Erfindung durch die D.R.G.M. 67 417 und 67 590 schützen. Kurz zuvor hatte die DAG in Köln bereits ein Gebrauchsmuster für eine »Selbstkassierende Schaustellungsvorrichtung für Röntgen-Strahlen« erhalten (D.R.G.M. 64 650).

63 Vgl. dazu den Beitrag von Ulrike Gierlinger.

64 Vgl. dazu etwa die Patente von C. Kobrow, Hamburg (D.R.P. 53 830) von 1890 zur Überprüfung der Rändelung, C. Thiemann, Hamburg (D.R.P. 55 810) zur Prüfung von Dicke und Härte, Gebr. Stollwerck in Köln (D.R.P. 62 571) zur Prüfung von Gewicht, Dikke, Durchmesser und Prägung. Zur Entwicklung des Münzprüfers vgl. den Beitrag von Rupert Mosinger.

65 Unter diesem Begriff wurde das Geschäft mit den Münzautomaten bei der DAG geführt.

66 Bruno Kuske (Anm. 20), S. 93f.

67 Leipziger Illustrirte Zeitung 99 (1892), Nr. 2579, S. 648; vgl. auch Costa, S. 16. Die »Société des fontaines distributrices d'eau chaude« errichtete zur gleichen Zeit auf verschiedenen Plätzen in Paris Warmwasser-Automaten, vgl. Leipziger Illustrirte Zeitung 100 (1893), Nr. 2597, S. 382.

68 Illustrierter Amtlicher Führer durch die Berliner Gewerbe-Ausstellung 1896, Berlin 1896, S. 223–225.

69 München, Stadtarchiv: PMB, S. 343. Dieses älteste Automatenrestaurant Münchens wurde am 23.1.1905 durch ein Großfeuer zerstört, vgl. Zeitschrift für Instrumentenbau 25 (1905), S. 382.

70 Vgl. Aachener Ansichtskarten. Ein neuer Rundgang durch die alte Stadt, Aachen 1987, S. 82 und 96.

71 Johann Friedrich Geist, Passagen, München [2]1978, S. 189.

72 Bonn, Stadtarchiv: K 502. 1902 wurde auf der Industrie-, Gewerbe- und Kunstausstellung in Düsseldorf ein »Automaten-Restaurant« aufgebaut (Düsseldorf, Stadtarchiv: Bildarchiv-Nr. 005 134 016), ein weiteres befand sich in der Düsseldorfer Königsallee (Düsseldorfer Adreßbuch von 1902).

73 Eine Firmenschrift »Die Verkäufer von Sielaff« der Firma Sielaff, Herrieden, führt ca. 100 Automatenrestaurants in ganz Deutschland auf, die bis zum Ersten Weltkrieg eingerichtet worden waren.

74 Bruno Kuske (Anm. 20), S. 93, unter Beteiligung der DAG.

75 Aufgeführt in dem Antrag für das Bonner Automatenrestaurant, vgl. Anm. 72. In dem »Kaiser-Automat« in der Frankfurter Kaiserstraße von 1902 war diese Devise auf den Querbalken an der Decke des Raumes zu lesen (vgl. den Briefkopf dieses Restaurants im Stadtarchiv Frankfurt).

76 Das neue automatische Restaurant in der Holstenstraße, Kieler Zeitung vom 2.5.1903.

77 Eröffnung des Automatenrestaurants, Göttinger Tageblatt vom 15.12.1907, S. 3.

78 Schmitz errichtete in Köln 1899/1900 ein Palais für Carl Stollwerck in Köln, 1902/03 eine Villa für Hermann Stollwerck, vgl. Thieme-Becker 30, S. 175.

79 Zu Göttingen vgl. Anm. 77; zu Berlin vgl. Peter Güttler, Gaststätten, in: Berlin und seine Bauten, VII B (Gastgewerbe), Berlin/München 1980, S. 53–99, hier S. 56 m. Abb.

80 Jochen Boberg/Tilmann Fichter/Eckhart Gillen (Hg.), Die Metropole. Industriekultur in Berlin im 20. Jahrhundert, 2 Bde., München 1986, Bd. 2, S. 194.

81 Vgl. Anm. 76.

82 Vgl. Anm. 76. Zum Verkaufsautomaten und den Automatenrestaurants um 1904 vgl. Hans Bourquon, Verkaufsautomaten, Stein der Weisen 32 (1904), S. 258–266.

83 The Automatic Restaurant, Scientific American vom 18.7.1903, S. 49f.

84 Seit 1895 lassen sich verschiedene Gebrauchsmuster und Patente dieser Gesellschaft nachweisen; sie unterhielt Verkaufsniederlassungen in mehreren deutschen Städten, u.a. befand sich 1907 in der Berliner Friedrichstraße ein »Passage Automat« der Quisisana Company direkt neben dem »Automat«-Restaurant; vgl. ein Foto im Besitz der Kunstbibliothek, Berlin.

85 Über die Tätigkeit dieser Gesellschaft, die seit 1903 zahlreiche Erfindungen auf dem Gebiet des Speise- und Getränkeautomaten schützen ließ, und ihre mögliche Verbindung mit Stollwerck und Sielaff, liegen keine Nachweise vor.

86 Bruno Kuske (Anm. 20), S. 90.

87 Ein Kritiker bemerkt dazu 1899: »Heutzutage arbeiten unsere Fabriken zum grossen Theil für die Wirthshäuser, wo das seichteste Zeug am meisten verlangt wird. So ändern sich die Zeiten und auch die Ansichten über das musikalisch Schöne und Erbauende, und so ist es gekommen, daß der Automat, welcher am lautesten klingt, von der grossen Masse auch für den besten und schönsten erklärt wird.«, Zeitschrift für Instrumentenbau 19 (1899), S. 1009.

88 Rubin, S. 72f.

89 Johann Friedrich Geist, Passagen. Ein Bautyp des 19. Jahrhunderts, München [2]1978, S. 105f. und 132–141. Die Galerie ist in der Literatur auch unter den Namen »Kaiserpassage« und »Lindenpassage« zitiert. Weitere Passagen bestanden in Dresden, Frankfurt, Hannover, Karlsruhe, Köln und Leipzig.

90 Egon Erwin Kisch, Geheimkabinett des Anatomischen Museums, in: ders., Gesammelte Werke, Bd. 5, Berlin/Weimar 1986, S. 165–168. In einem nicht nachprüfbaren Bericht von H. Lamberg, Alte Schau-Automaten und moderne Automaten-Schau, Der Automat 9 (1935), S. 134–138, werden ein Schauautomat »Meisterzauberer Ban Ali Bey«, ein Akrobatikautomat, ein »Illusions-Tanz-Automat« (vgl. Anm. 35) und ein Kegelbahnautomat als weitere Automaten aus dem Passage-Panoptikum genannt. Auch in Hammer's Panoptikum in der Neuhauserstraße in München befand sich 1903 eine »Automaten-Ausstellung«, vgl. die Abb. in Hannes König/Erich Ortenau, Panoptikum. Vom Zauberbild zum Gaukelspiel der Wachsfiguren, München 1962, S. 91.

91 Können Musikautomaten zur Lustbarkeitssteuer herangezogen werden?, Zeitschrift für Instrumentenbau 17 (1896), S. 151f.

92 Bruno Kuske (Anm. 20), S. 94.

93 Der Nachweis über die Aufstellung von Unterhaltungsautomaten in Vergnügungslokalen und Varietés bedürfte einer sorgfältigen Überprüfung der Tagespresse und der Werbeschriften, vgl. etwa das Plakat von »Ph. Ohr's Universum« auf dem Frankfurter Messplatz aus dem Jahre 1894, auf dem neben den damals vielgezeigten »Kolossalkindern« u.a. auch »Automaten« und »Dioramen« angekündigt werden, Plakate 1880–1914. Inventarkatalog der Plakatsammlung des Historischen Museums Frankfurt, Frankfurt 1986, S. 90.

94 Vgl. den Beitrag von Florian Dering.

95 Zeitschrift für Instrumentenbau 23 (1903), S. 315; ebd. 24 (1903), S. 259.

96 Dieses Prädikat legte sich die Firma jedoch erst in den 30er Jahren zu, als der Druck durch die Konkurrenz, besonders des Leipziger TURA-Werks, bedrohlich zu werden begann, vgl. Der Automat 7 (1933), S. 218. Das erste nachweisbare Spielgerät dieses Unternehmens war ein »Würfelautomat, aus Zahlen- und Farbenwürfeln, mit einer Anzahl an den Mantelflächen bunt befelderten, bezifferten oder signierten, drehbaren und feststellbaren Scheiben« (D.R.G.M. 208 271 vom 28.7.1903). Daß die Firma sich jedoch nicht allein auf die Herstellung von Spielautomaten beschränkte, belegen weitere Gebrauchsmuster zu anderen Münzautomatentypen, wie einer Sprechmaschine (D.R.G.M. 202 258 vom 29.5.1903) und einem Warenautomat (D.R.G.M. 245 993 vom 1.5.1905). 1903 wurde auch die Automatenfabrik Bernhard Röhrig GmbH, Köln-Lindenthal, gegründet, die in den 30er Jahren mit Billarduhren und Nadelspielen auf den Markt kam, vgl. Der Automat 7 (1933), S. 293.

97 70 Jahre Th. Bergmann bedeuten 70 Jahre Automatengeschichte, Automaten-Markt 28 (1976), Nr. 9, S. 16–24. Zu den ersten geschützten Geräten der bis heute bestehenden Firma gehörten Schleuderspiele (D.R.G.M. 202 460, 329 558, 450 710, 582 546) und Operngläsverleihapparate (D.R.G.M. 255 789, 437 996, 471 938) aus den Jahren 1907 bis 1911. Bei Th. Bergmann (1850–1931) in Gaggenau und Th. Bergmann (1871–1958) in Hamburg-Altona handelt es sich um zwei unabhängige Unternehmen.

98 Aus den Jahren 1908 bis 1913 liegen verschiedene Gebrauchsmuster für Waren- und Spielautomaten vor (D.R.G.M. 348 192, 369 451, 371 376, 371 420, 583 706). 1907 begann auch Wilhelm Fürst in Berlin mit der Entwicklung von Schleuderspielautomaten (D.R.G.M. 307 970, 417 996). Die Sächsische Automaten u. mech. Werke, Schwarz & Co., Leipzig, Vorläufer der in den 30er Jahren erstarkten C. M. Schwarz GmbH, erhielten 1909/10 ebenfalls die ersten Schutzrechte für Spielautomaten (D.R.G.M. 397 810, 416 307).

99 Vgl. die Gebrauchsmuster aus den Jahren 1909 bis 1913 (D.R.G.M. 385 881, 528 157, 559 118, 559 119).

100 Zeitschrift für Instrumentenbau 27 (1907), S. 1095.

101 Die für die Frühzeit der Spielautomaten ergiebige Zeitschrift für Instrumentenbau enthält nach 1901 nur mehr spärliche Hinweise auf Spielautomaten, da diese mehr und mehr aus dem Sortiment der Musikautomatenhersteller verschwanden und von eigenen Spielautomatenherstellern produziert wurden.

102 D.R.P. 176 060, 205 220.

103 D.R.P. 198 223.

104 D.R.P. 201 793, 218 168.

105 Im Sortiment von Ernst Holzweissig Nachf., Leipzig, wurde auf der Leipziger Herbstmesse 1907 ein »Bajazzo« gezeigt, vgl. Zeitschrift für Instrumentenbau 27 (1907), S. 1115.

106 D.R.P. 175 705, 181 031, 191 461.

107 D.R.P. 189 225, 199 891.

108 D.R.P. 187 561, 182 921; vgl. auch D.R.G.M. 279 619, 297 846, 314 147. Dieses Spielprinzip ist in der »Mühle vom Schwarzwald« von 1928 wieder aufgegriffen (vgl. Kat. Nr. 57).

109 D.R.P. 178 816.
110 D.R.P. 165 027, 180 646.
111 D.R.P. 128 226.
112 Skat-Automaten, Zeitschrift für Instrumentenbau 23 (1903), S. 367.
113 Gegen die Spielautomaten, Zeitschrift für Instrumentenbau 28 (1908), S. 339; Der Spielautomat vor dem Reichsgericht, ebd. 28 (1908), S. 649; Geschicklichkeits-Automaten vor Gericht, ebd. 28 (1908), S. 781.
114 Zur juristischen Entwicklung des Spielautomatenrechts vgl. den Beitrag von Hans Kummer.
115 Zeitschrift für Instrumentenbau 29 (1908), S. 165; ebd. 29 (1909), S. 549; vgl. auch 50 Jahre Automaten. Ein Aufsteller berichtet über seine Tätigkeit, Der Automat 15 (1941), S. 109.
116 Automaten-Kehraus in Berlin, Zeitschrift für Instrumentenbau 29 (1909), S. 1245; vgl. auch ebd. 29 (1909), S. 1027.
117 Zur Lage der Musikinstrumenten-Industrie in Leipzig im Jahre 1911, Zeitschrift für Instrumentenbau 32 (1912), S. 907.
118 Zeitschrift für Instrumentenbau 27 (1907), S. 1086.
119 D.R.G.M. 26 472.
120 D.R.G.M. 408 105, 482 546, 493 337, 514 306.
121 Archiv der Stollwerck AG, Köln.
122 Archiv der Stollwerck AG, Köln. Das nicht gezeichnete Schriftstück entstand wohl im Hause Stollwerck, gegen das sich die Kritik in erster Linie wandte.
123 Eine Steuer auf Musikautomaten!, Zeitschrift für Instrumentenbau 21 (1900), S. 115; Die Besteuerung der Musikautomaten und ihre Gefahr für die Musikwerkindustrie, Zeitschrift für Instrumentenbau 23 (1903), S. 365f.
124 Einführung der Automatensteuer in Preußen, Zeitschrift für Instrumentenbau 29 (1909), S. 913f.; Die Automatensteuer in Preußen, ebd. 29 (1909), S. 1053f.; Die Steuerpflichtigkeit der Automaten und Musikwerke in Preußen, ebd. 29 (1909), S. 1169. Der auch heute wieder im Zusammenhang mit den Geldspielautomaten diskutierte Vorschlag, den tatsächlichen Ertrag aus den Automaten zu besteuern, wurde wieder fallengelassen.
125 Die Automatensteuer in Preußen, Zeitschrift für Instrumentenbau 29 (1909), S. 1245; Eine Begrenzung der Lustbarkeitssteuer, ebd. 30 (1910), S. 393; Die Lustbarkeitssteuer in Preußen, ebd. 30 (1910), S. 741. Die Interessen der Hersteller und Verkäufer vertrat der 1901 gegründete »Verband Deutscher Musikwerke- und Automatenhändler«, vgl. Zeitschrift für Instrumentenbau 21 (1901), S. 601f.
126 Die Besteuerung der Musikautomaten und ihre Gefahr für die Musikwerkindustrie, Zeitschrift für Instrumentenbau 23 (1903), S. 365f.

Ludwig Stollwerck und die »Automatie« *(S. 25–33)*

1 Stollwerck-Archiv: Chronologie von Bruno Kuske, S. 27.
2 Stollwerck-Archiv: Automaten I.
3 Stollwerck-Archiv: Korrespondenz Bergmann; Korrespondenz Sielaff; vgl. auch Willi Echle, Theodor Bergmann 1850 – 1931. Leben und Wirken eines Gaggenauer Industriepioniers, Gaggenau 1956, S. 15f.
4 Kuske, S. 87.
5 Stollwerck-Archiv: Pläne Ing. Sielaff.
6 Stollwerck-Archiv: Berichte Ludwig Stollwercks.
7 Stollwerck-Archiv: Korrespondenz Sielaff.
8 Stollwerck-Archiv: Automatie I. – Kaufverträge.
9 Stollwerck-Archiv: Preislisten der DAG.
10 Stollwerck-Archiv: Jahresberichte 1896/97.
11 Stollwerck-Archiv: Sammlung der Sammelalben und einzelne Originalentwürfe der Sammelbilder.
12 Stollwerck-Archiv: Zeitungsberichte 1897–1899.
13 Stollwerck-Archiv: Verträge mit der Firma Leoni, Paris.
14 Stollwerck-Archiv: Preislisten der DAG.
15 Stollwerck-Archiv: Speisekarte des Automatenrestaurants von Köln 1897.
16 Stollwerck-Archiv: Automatie IV.
17 Stollwerck-Archiv: Amerika III.
18 Stollwerck-Archiv: Verträge Sielaff.
19 Stollwerck-Archiv: Brief Ludwig Stollwerck an Ing. Sielaff vom 10.9.1902.
20 Stollwerck-Archiv: Amerika II.
21 Stollwerck-Archiv: Ludwig Stollwerck, Besuch bei Th. A. Edison – Oktober 1902.
22 Stollwerck-Archiv: Vertrag mit Th. A. Edison vom 11. März 1896.
23 B. Fischli, Das goldene Zeitalter der Kölner Kinematographie (1896–1918), Köln 1984.
24 Stollwerck-Archiv: Chronologie von Bruno Kuske, 1939; vgl. D.R.G.M. 58 188 »Selbstverkäufer in Form einer menschlichen Gestalt oder Büste, welcher bei Ausgabe der Waaren spricht, lacht oder pfeift«.
25 Stollwerck-Archiv: Automatie III, Brief Ludwig Stollwercks an Bergmann, 1898.
26 Stollwerck-Archiv: Automatie III, Brief Ludwig Stollwercks an Sielaff, 1890.
27 Stollwerck-Archiv: Chronologie von Bruno Kuske, 1939.
28 Stollwerck-Archiv: Automatie III, Verträge.
29 Stollwerck-Archiv: Amerika II.

Die Warenautomaten-Gesetzgebung ab 1934

1 Gesetz über den Ladenschluß für den Einzelhandel vom 1. Oktober 1900; Ausführungsanweisung zur Gewerbeordnung vom 1. Mai 1904.
2 Gesetz über den Verkauf von Waren aus Automaten vom 6.7.1934, BGBl. I, S. 585, ergänzt durch die beiden Durchführungsverordnungen vom 14.8.1934 (RGBl. I, S. 814) und vom 22.8.1936 (RGBl. I, S. 645); vgl. Gustav Neitzel, Der Warenverkauf aus Automaten. Erläuterungen zum Gesetz vom 6. Juli 1934, Der Automat 9 (1935), S. 5–9.
3 Amtliche Begründung zum Automaten-Gesetz, RArbBl. 1934, S. 175.
4 Ein Gesetz begründet eine Industrie. Ein Jahr Automatengesetz, Der Automat 9 (1935), S. 212–222.
5 Erfordernis der Warengleichheit in Warenautomaten; Ziff. 1 der AusfVO vom 14.8.1936, RGBl. I, S. 814. Erfordernis der Fachüblichkeit in Warenautomaten, 2. AusfVO vom 22.8.1936, RGBl. I, S. 645.
6 Betreiben von Warenautomaten ausschließlich auf Rechnung des Inhabers der offenen Verkaufsstelle, Ziff. 3 der 1. AusVO vom 14.8.1934, BGBl. I, S. 814; vgl. Gustav Neitzel, Der Warenverkauf aus Automaten, Der Automat, 9 (1935), S. 5–9.

7 Vgl. den Beitrag von Heinz Kummer.
8 Berliner Straßenordnung vom 15.1.1929 in Verbindung mit der Verfügung vom 6.2.1936. Zur Baufluchtlinie bei Warenautomaten s. §§ 2,3 des Preussischen Verunstaltungsgesetzes vom 17.7.1907; § 1 der Verordnung über Baugestaltung vom 10.11.1936, RGBl. I, S. 938; § 41 StVO.
9 Luftraumgebühren, s. Runderlaß des Reichsministeriums des Inneren vom 12.3.1937, RMBLiV. S. 383.
10 § 41a, Abs. 3 der Reichsgewerbeordnung in der Fassung des § 3 des Gesetzes vom 6.7.1934.
11 Als Nebenbetriebe der Eisenbahn sind Automaten gemäß § 6 GewO bzw. § 16 Abs. 5 des Gesetzes vom 30.8.1924 von den Vorschriften der Gewerbeordnung befreit. Damit entfällt die Anwendung von § 41a GewO (Sonntagsladenschluß) und §§ 22 AZO (Werktagsladenschluß), RGBl. II, S. 272.
12 Der Absatz von Milchautomaten im Jahre 1961 und die Marktaussichten für das Jahr 1962, Automatisch verkaufen 6 (1962), S. 53.
13 Tankautomaten in der Bundesrepublik, Automatisch verkaufen 2 (1958), S. 192.
14 Der Verkaufsautomat auf dem Vormarsch, Automaten-Markt 8 (1956), Nr. 3, S. 452.
15 Urteil des 1. Senats des Bundesverfassungsgerichtes, Az. 1 BvR 198/57; vgl. Die Residenzpflicht aufgehoben, Automatisch verkaufen 6 (1962), S. 95.
16 Die längste Automatenstraße Europas, Automatisch verkaufen 5 (1961), S. 102.
17 Ein Kaufhaus testet: Automatische Ladenfront nach Ladenschluß, Automatisch verkaufen 5 (1961), S. 521.
18 Zweite Autobahnraststätte an der Autobahn, Automatisch verkaufen 6 (1962), S. 398f.

Alles begann mit dem Bajazzo *(S. 41–49)*

1 So wurde z.B. der »Jemoc«-Spielautomat 1928 als Geschicklichkeitsspiel bestätigt, vgl. Der Automat 2 (1928), S. 18.
2 Vgl. die Anzeigen von Hermann Enge, Leipzig-Wahren, Der Automat 3 (1929), S. 58, und Curt Thielemann, Leipzig, Der Automat 4 (1930), S. 123.
3 Vgl. etwa die Anzeige von Fr. West, Leipzig, Der Automat 2 (1928), S. 24.
4 RGBl. 1919, Nr. 249, § 285.
5 Dortmunder Zeitung vom 10. Juli 1927.
6 Erst durch die Gesetzgebung der Nationalsozialisten wurde eine allgemein geltende Regelung des gewerblichen Spielrechts getroffen, vgl. den Beitrag von Heinz Kummer.
7 Der Automat 1 (1927), S. 37–39; 2 (1928), S. 429.
8 Das Reichsgericht und die Bajazzo-Automaten, Der Automat 2 (1928), S. 37.
9 Das Gutachten Prof. Dr. Kockels von dem Gericht als irrig festgestellt, Der Automat 3 (1929), S. 1f.
10 Abermals ein Geldspielautomatenprozeß, Zeitschrift für Instrumentenbau 29 (1909), S. 1027.
11 Erinnerungen an Leipziger Automaten-Messen, Automaten-Markt 2 (1950), S. 15f.
12 Der Automat 3 (1929), S. 24.
13 The Gum Age: 1910–1922, in: Fey, S. 101–111.
14 Rubin, S. 15; Fey, S. 12–31.
15 Rubin, S. 15, Abb. S. 28; Fey, S. 22f.
16 Costa, S. 42.
17 Fey, S. 37–46.
18 Fey, S. 106.
19 Der Automat 2 (1928), S. 48.
20 Der Automat 3 (1929), S. 28.
21 Der Automat 4 (1930), Nr. 3, 3. Umschlagseite; 5 (1931), S. 181; 6 (1932), S. 306f.
22 Der Automat 5 (1931), S. 77.
23 Der Automat 6 (1932), S. 121.
24 Der Automat 5 (1931), S. 171f.
25 Der Automat 5 (1931), S. 62.
26 Der Automat 5 (1931), S. 179.
27 Der Automat 5 (1931), S. 219.
28 Der Automat 5 (1931), S. 288.
29 Der Automat 6 (1932), S. 247.
30 Der Automat 7 (1933), S. 20.
31 Der Automat 7 (1933), S. 286.
32 Dreiwalzengeräte – Markstein am Scheideweg, Automaten-Markt 2 (1950), S. 17. Durch zahllose Bestechungsfälle sicherte sich Schwarz das Wohlwollen der Nationalsozialisten und erreichte sogar noch 1935, als die Aufstellung von »Miniautomaten« bereits stark eingeschränkt war, Ausnahmeregelungen durch die Überweisung von mehreren hunderttausend Reichsmark an die SA.
33 Der Automat 7 (1933), S. 372–376.
34 Der Automat 7 (1933), S. 371f.
35 Der Automat 8 (1934), S. 1.
36 Der Automat 8 (1934), S. 59.
37 Der Automat 8 (1934), S. 20.
38 Der Automat 2 (1928), S. 38.
39 Der Automat 5 (1931), S. 281f.
40 Der Automat 8 (1934), S. 267–270.
41 Der Automat 9 (1935), S. 157.
42 Der Automat 9 (1935), S. 182.
43 Der Automat 9 (1935), S. 321.
44 Der Automat 10 (1936), nach S. 174.
45 Der Automat 10 (1936), Nr. 3, 1. Umschlagseite.
46 Der Automat 10 (1936), S. 125f.
47 Der Automat 11 (1937), S. 36.
48 Rechtsstellung der PTB.-Braunschweig endgültig festgelegt, Automaten-Markt 3 (1951), S. 3f.
49 Hunderttausende auf der Automaten-Messe, Automaten-Markt 2 (1950), S. 27f.
50 Automaten-Markt 2 (1950), Nr. 2, 4. Umschlagseite.
51 Automaten-Markt 2 (1950), Nr. 2, 1. Umschlagseite.
52 In einer Werbeanzeige (Automaten-Markt 2 [1950], Nr. 6, 4. Umschlagseite) wurde der »Treff« mit dem Fingerschlaggerät »Das blaue Wunder« von Santelmann & Priess, Hannover, 1930, verglichen (Der Automat 4 [1930], S. 224).
53 Spielautomaten-Angebotsliste S 3/1950.
54 Verordnung zur Änderung der DVO vom 22.5.1935, § 10, Absatz 1.
55 Als Phönix aus der Asche? Dreiwalzenmaschinen jetzt amtlich zugelassen!, Automaten-Markt 3 (1951), S. 55 und 58.
56 Automaten-Markt 7 (1955), S. 614.
57 Zum ersten Mal nach sechs Jahren: Deutsche Automaten-Messe, Automaten-Markt 18 (1966), S. 526a–542.
58 »Music-Box« löst als Geldquelle Spielautomaten ab, Automaten-Markt 7 (1955), S. 354.
59 Zum 15. Geburtstag der NSM eine Jubiläums-Rotamint, Automaten-Markt 19 (1967), Nr. 5, S. 427.

60 Spielreform vom Bundesrat verabschiedet, Automaten-Markt 28 (1976), Nr. 3, S. 29.
61 Count down für den »Merkur« von adp, Automaten-Markt 29 (1977), Nr. 6, S. 38; Spielfreudigkeit am laufenden Band, ebd. Nr. 9, S. 30f.
62 »triomint« – die neue starke Maschine aus dem Hause NSM, Automaten-Markt 31 (1979), Nr. 9, S. 50f.

Zur Entwicklung des gewerblichen Spielrechts (S. 50–55)

1 Der neue Brockhaus, 5. Aufl.
2 Ständige Rechtsprechung seit RGStE 6/70 von 1882 (Reichsgericht Strafsachen, Entscheidung, Bd. 6, S. 70).
3 s. Anm. 2.
4 Amtliche Begründung im Reichsanzeiger Nr. 297/1933.
5 RGBl I, S. 1080 (Reichsgesetz-Blatt).
6 RGBl I, S. 683.
7 RGBl I, S. 748.
8 GMBl, S. 190 (Gemeinsames Ministerialblatt).
9 BGBl I, S. 935, Bekanntmachung der Neufassung vom 27.4.1954 in BGBl I, S. 112.
10 BGBl I, S. 751.
11 BGBl I, S. 61.
12 BGBl I, S. 153.
13 BGBl I, S. 849.
14 BGBl I, S. 156.
15 BGBl I, S. 152.
16 Art. 74 Ziff. 11 GG.

Pathologisches Spielen: Ursachen und Behandlungsmöglichkeiten (S. 56–60)

1 Zuerst erschienen in: Ärztliche Praxis 40, Nr. 20 vom 8.3.1988, S. 597–599. Wir danken Prof. Hand und dem Werk-Verlag Dr. Edmund Banaschewski GmbH, München-Gräfelfing, für die freundliche Genehmigung des Nachdrucks an dieser Stelle.
Vgl. auch G. Bühringer/J. Gerchow, Analyse des Gefahrenpotentials von Geldspielautomaten mit Gewinnmöglichkeit, Projektbeschreibung, München 1984.

Der Einarmige Bandit und die Mathematik (S. 61–66)

D. A. Berry, /B. Fristedt, Bandit Problems. Sequential Allocation of Experiments, London/New York, 1985 (Monographs on Statistics and Applied Probability).

M. H. DeGroot, Optimal Statistical Decisions, New York u.a. 1970.

J. Fischer, Der diskontierte Einarmige Bandit, Metrika 26 (1979) 195–204.

P.-S. Laplace, Philosophischer Versuch über die Wahrscheinlichkeit. Herausgegeben von R. v. Mises, Leipzig 1932 (Ostwald's Klassiker der exakten Wissenschaften 233; reprint: Akademische Verlagsgesellschaft, Leipzig 1986).

D. Morgenstern, Einführung in die Wahrscheinlichkeitsrechnung und mathematische Statistik. 2. Auflage, Berlin u.a. 1968 (Die Grundlehren der mathematischen Wissenschaften in Einzeldarstellungen 124).

Nadelspiele, Bomber und Flipper (S. 67–73)

1 »Secret Service« von Data East, 1988.
2 Automaten-Markt 40 (1988), S. 102.
3 Elton John ist auf dem Flipper »Capt. Fantastic« von Bally 1976 abgebildet.
4 »Wizard« von Bally, 1976.
5 Sharpe, S. 49.
6 Automaten-Markt 19 (1967), S. 420b.
7 Adickes war Gründer der Londoner Automaten-Vertriebsfirma Scott-Adickes & Co. und ehemaliger Korrespondent von Vogel & Halke.
8 Automaten-Markt 19 (1967), S. 420b.
9 Der Große Brockhaus, Kompaktausgabe, Wiesbaden [18]1984, Bd. 3, S. 133.
10 Sharpe, S. 21; Rubin gibt als Hersteller der »Log Cabin« die Caille Brothers Company an, die am 14.10.1902 ein Patent dafür angemeldet haben soll, vgl. Costa, S. 132. Das erste Pinball-Spiel mit Münzeinwurf ließ sich C. P. Young, York, am 23.1.1894 patentieren, vgl. Rubin, S. 90.
11 D.R.P. 110 152 von Sylvester H. Carr u.a. vom 22.2.1899.
12 Rubin, S. 90; McKeown, S. 12–17.
13 McKeown gibt die Burns Brothers (1929) als Hersteller an.
14 Herbert B. Jones, Coin Operated Amusement. A Historical and Technological Survey, Chicago/Ill. o. J., S. 21.
15 Vgl. den Bericht des Auslandskorrespondenten H. Ullendorf in: Der Automat 6 (1932), S. 83; »TOBY BALL«, Der Automat 6 (1932), S. 210f.; ab November 1932 ist Santelmann in die CONTIMAT Automatenbau-Gesellschaft mbH aufgegangen, ebd. 6 (1932), S. 361.
16 Der Automat 6 (1932), S. 262.
17 Der Automat 7 (1932), S. 90, 93.
18 Automaten-Markt 19 (1967), S. 421b.
19 Der Automat 7 (1933), S. 245.
20 Der Automat 6 (1932), S. 350, Bericht aus New York.
21 1932 soll der »Register« der Gottlieb & Co. die ersten Klappen gehabt haben, Rubin, S. 91; McKeown, S. 15, nennt den »Big Broadcast« der Gottlieb & Co. als erstes Klappenspielgerät.
22 Der Automat 7 (1933), S. 435.
23 Der Automat 7 (1933), Titelseite der Dezember-Ausgabe.
24 Der Automat 9 (1935), S. 73.
25 Der Automat 8 (1934), S. 278f.
26 Der Automat 9 (1935), S. 305.
27 ebd., S. 242.
28 D.R.G.M. 1 328 534 der Tura-Automaten-Fabrik, Leipzig, vom 5.1.1935.
29 D.R.G.M. 1 352 392 von Erich Büttner, vom 7.9.1935, das sich wahrscheinlich auf das »ERBÜ-Rennen« bezieht.
30 Pinball Collectors Quarterly, Heft 3, 1982, S. 8.
31 Der Automat 9 (1935), S. 242.
32 D.R.G.M. 1 348 569 vom 10.9.1935.
33 Der Automat 11 (1937), S. 221.
34 Sharpe, S. 27, 39.
35 Der Automat 8 (1934), S. 370.
36 Der Automat 8 (1934), S. 334.
37 Der Automat 8 (1934), S. 334.

38 Sharpe, S. 49.
39 Sharpe, S. 55. Die Flipperarme lassen sich auf die Baseball-Arcade-Machines zurückführen.
40 McKeown, S. 27.
41 Automaten-Markt 4 (1952), S. 203.
42 Automaten-Markt 15 (1963), S. 786.

Sportspiele *(S. 74–79)*

1 Der Automat 11 (1937), S. 68.
2 Costa, S. 136–139.
3 Zeitschrift für Instrumentenbau 19 (1899), S. 953, 1010.
4 Der Automat 3 (1929), S. 9.
5 Der Automat 3 (1929), S. 4.
6 Costa, S. 143.
7 Der Automat 3 (1929), S. 4.
8 Der Automat 10 (1936), S. 221.
9 Der Automat 8 (1934), S. 64.
10 ebd.
11 Der Automat 10 (1936), S. 45ff.
12 Der Automat 11 (1937), 4. Umschlagseite der Mai-Ausgabe.
13 D.R.G.M. 1 410 705 vom 14.6.1937, angemeldet von der Automatenfabrik Rosenkranz, Paderborn.
14 D.R.G.M. 1 364 374 vom 10.2.1936, angemeldet von Max Freitag, Oelsnitz.
15 D.R.G.M. 1 470 480 vom 10.7.1939, angemeldet von den Tura-Werken, Leipzig.
16 Henning Eichberg, Der Weg des Sports in die industrielle Zivilisation, Baden-Baden 1979, S. 62.
17 Berlin, Berlin, S. 430, Nr. 26/101ff.
18 D.R.P. 83 639.
19 Fey, S. 225.
20 Zu MODAF, Der Automat 13 (1939), S. 58, 87; zum »Boxring«, Automaten-Markt 6 (1954), S. 124; zum »Boxomat«, Automaten-Markt 7 (1955), S. 51.
21 Der Automat 5 (1931), S. 64; ebd. 7 (1933), S. 89.
22 Der Automat 11 (1937), S. 68.
23 Der Automat 13 (1939), S. 53, 58 und 208.
24 Der Automat 10 (1936), S. 30.
25 Vgl. Der Automat 9 (1935), in dem ungefähr 15 verschiedene Modelle an Pistolen- und Gewehrschieß-Automaten angeboten wurden.
26 Der Automat 4 (1930), S. 60.
27 Der Automat 12 (1938), S. 247.
28 Automaten-Markt 6 (1954), S. 272.
29 Automaten-Markt 20 (1967), S. 45ff.
30 Automaten-Markt 40 (1988), S. 99: Super-Chexx, Bally.

Zur Geschichte der mechanischen Musikinstrumente *(S. 80–87)*

Karl Bormann, Orgel- und Spieluhrenbau, Sanssouci/ Zürich 1968.
O. David Bowers, Encyclopedia of Automatic Musical Instruments, New York 1972.
Alexander Buchner, Vom Glockenspiel zum Pianola, Prag 1959.
Eric v. Cockayne, The Fairground Organ, Newton Abbot o.J.
Jürgen Hocker, Mechanische Musikinstrumente in der deutschen Patentliteratur, Das Mechanische Musikinstrument, Journal der »Gesellschaft für selbstspielende Musikinstrumente e.V.« 4 (1979), Heft 14, S. 31–34; 5 (1980), Heft 15, S. 27–32; Heft 16, S. 4–36.
Dieter Krickeberg, Automatische Musikinstrumente, in: Für Augen und Ohren. Ausstellungskatalog der Akademie der Künste, Berlin 1980, S. 10–39.
Musical Box Society International. Silver Anniversary Collection (Selected Articles from the Bulletin), 1974.
Arthur W.J.G. Ord-Hume, Player Piano. The History of the Mechanical Piano and How to Repair it, South Brunswick/New York 1970.
Albert Protz, Mechanische Musikinstrumente, Kassel 1939.
A. Reblitz/D. Bowers, Treasure of Mechanical Music, Vestal, New York 1981.
Harvey Roehl, Player Pianos Treasuring, Vestal, New York 1973.
Ernst Simaon, Mechanische Musikinstrumente früherer Zeiten und ihre Musik, Wiesbaden 1960.
Graham Webb, The Disc Musical Box Handbook, London 1971.
Heinrich Weiss-Stauffacher/Rudolf Bruhin, Musikautomaten und mechanische Musikinstrumente. Beschreibender Katalog der Seewener Privatsammlung, Zürich 1975.
Siegfried Wendel, Das mechanische Musikkabinett, Dortmund 1983.
Helmut Zeraschi, Drehorgeln, Bern/Stuttgart 1979.

Sprechmaschinen und Musikboxen *(S. 88–95)*

1 Jüttemann, Phonographen, S. 26ff.
2 Krivine, S. 11; Lynch, S. 7.
3 Read, S. 303.
4 Lynch, S. 8.
5 Krivine, S. 22.
6 Lynch, S. 9.
7 Krivine, S. 72.
8 Bowers, S. 661, 799.
9 Rick Botts, A Complete Guide to the Wurlitzer Jukeboxes, Des Moines 1984, S. 6f. und Vorspann ohne Seitenangabe.
10 Krivine, S. 74.
11 Lynch, S. 20.
12 Lynch, S. 44.
13 Krivine, S. 66. Er nennt dort die »Symphonola Classic« als erstes Modell mit beleuchteten und transparenten Plastikapplikationen. Nach Frank Adams, Seeburg Jukeboxes. 60 Years of Fun 1927–1987, Arlington 1987, S. 44, muß es sich aber um die Modelle »Regal« und »Gem« gehandelt haben, die auf der Chicago Coin Machine Convention vorgestellt wurden.
14 Read, S. 307.
15 Krivine, S. 104; Lynch, S. 30–33.
16 Krivine, S. 144; Lynch, S. 50.
17 Krivine, S. 77.
18 Lynch, S. 64.
19 Lynch, S. 79, 83.
20 Lynch, S. 62, 68, 80.
21 Krivine, S. 92.
22 Rick Botts, A Complete Identification Guide to the Wurlitzer Jukeboxes, Des Moines 1984, S. 45f.
23 Automaten-Markt 11 (1959), S. 318.
24 Automaten-Markt 7 (1955), S. 308.

25 a.a.O., S. 416.
26 Automaten-Markt 11 (1959), S. 383; weitere deutsche Hersteller sind Beromat, Berlin; Treff, Berlin; Contina, Homberg; Eltec, Berlin; Wulff, Berlin.
27 Automaten-Markt 10 (1958), S. 685.

Für ein paar Groschen Vergnügen *(S. 96–104)*

1 Dering, S. 160.
2 Bowers, S. 78.
3 Vgl. auch den »VOLTA« von E. G. Lochmann & Co., Leipzig-Gohlis, von 1901, der die Aufschrift trägt: »Elektrisieren ist gesund«, Zeitschrift für Instrumentenbau 21 (1901), S. 330.
4 Vorsicht bei Elektrisier-Automaten, Zeitschrift für Instrumentenbau 33 (1912), S. 317.
5 Hersteller: Firma Forsastra Automatic, München, Automaten-Markt 5 (1953), S. 134.
6 Der Automat 1 (1927), S. 8. Auch der Schießautomat »Hubertus« von Max Jentzsch & Meerz, Leipzig, wurde in diesem Jahr mit einer Auszahlvorrichtung vorgestellt, vgl. ebd., S. 12.
7 D.R.P. 190 054 von Oskar Fischer in Barmen.
8 Hersteller: Binner & Stolz, Berlin-Wilmersdorf, Der Automat 5 (1931), S. 211; ebd., S. 64.
9 Zeitschrift für Instrumentenbau 26 (1906), S. 1097.
10 Zeitschrift für Instrumentenbau 29 (1909), S. 631 und S. 663f.
11 Dering, S. 153.
12 Perspektiven. Zur Geschichte der filmischen Wahrnehmung, hg. vom Deutschen Filmmuseum, Frankfurt a.M. o.J., S. 20.
13 Sybille, Automaten aus der »IV. Dimension«, Der Automat 7 (1933), S. 416–424, hier 423f.
14 Walter Schoenichen, Der Umgang mit Mutter Grün. Ein Sünden- und Sittenbuch für Jedermann, Berlin 1929, S. 135–139.
15 Unterhaltungsautomaten haben eine lange Geschichte, Automaten-Markt 28 (1976), Nr. 3, S. 30.
16 ebd., S. 32.

Welche Dienste können Automaten leisten – oder ist es ein Vergnügen, sich zu wiegen? *(S. 105–118)*

1 Neues Münchener Tagblatt 11 (1887), Nr. 16, S. 6.
2 Vgl. »Selbsteinkassierende Waage mit Markendruck und Ausgabevorrichtung« ab 28. März 1890, D.R.P. 56 464 von Edmond Casimir Marc, Paris; »Selbsteinkassierende Waage, welche das Gewicht durch gedruckte Karte anzeigt« ab 7. Mai 1890, D.R.P. 54 915 von Olga Wagon, Berlin.
3 Leipziger Illustrirte Zeitung, Nr. 2405, 3. August 1889, S. 121.
4 Vgl. »Waage, verbunden mit einem pneumatisch betriebenen, durch eine Münze auslösbaren Verkaufsapparat« vom 6.12.1888, D.R.P. 47 624 von Edward Gardner Colton, Hendon, und Joseph Glover, London. Bei dieser Waage war das Wiegen kostenlos, und man bezahlte nur für die Warenabgabe.
5 Automaten-Markt 8 (1955), S. 445, D.R.P. 407 136 vom 3.9.1923.
6 Der Automat 5 (1931), S. 133, 157.
7 Der Automat 2 (1928), S. 39.
8 Der Automat 5 (1931), S. 231.
9 D.R.P. 81 681 von Hermann Seifert und Gustav Jäger, Gera (Reuss), vom 19. Juni 1894.
10 Der Automat 5 (1931), S. 199, Annonce der Deutschen Photo-Automaten GmbH, Frankfurt. 1930 wurden schon in einer Annonce eine nicht näher gekennzeichnete »Personenwaage mit Photo« und eine weitere »mit Musikbeigabe« angeboten, Der Automat 4 (1930), S. 174; vgl. auch Der Automat 12 (1938), S. 130.
11 Merkwürdigerweise wurde in Zeitschriften für das Badewesen in den 20er und 30er Jahren wie »Das Bad« nur äußerst selten für Personenwaagen geworben.
12 Erhard und Evamaria Ciolina, Garantirt aecht. Das Reklame-Sammelbild als Spiegel der Zeit. München 1987, S. 50.
13 Rubin, S. 71.
14 Rubin, S. 71.
15 Rubin, S. 71.
16 D.R.P. 42 558 vom 18. September 1887.
17 Rubin, S. 71.
18 Fr. Schäfer (Hg.), Drei Abhandlungen über Gasautomaten, München/Berlin 1910, S. 8.
19 D.R.P. 48 388 »Apparat zum selbstthätigen Verkauf von Gas« vom 13. März 1888 und D.R.P. 48 389 »Neuerungen an dem durch Patent Nr. 48 388 geschützten Apparat zum selbstthätigen Verkauf von Gas« vom 21. März 1888 und weitere Neuerungen in dem D.R.P. 48 719 vom 13. März 1888; sowie ein weiteres D.R.P. 59 934 von Brownhill auf einen Gasautomaten vom 5. Dezember 1890.
20 Zeitschrift des Vereins deutscher Ingenieure 1897, S. 723. Weitere frühe Patente für Gasautomaten: D.R.P. 57 597 vom 13. August 1890; D.R.P. 63 372 vom 22. Oktober 1891; D.R.P. 721 164 vom 9. Oktober 1892 usw.
21 Vgl. Meyers Großes Konversations-Lexikon, 6. Aufl., Leipzig/Wien 1905, Band 12, S. 463f.
22 Kobbert, Gasverkauf durch Automaten, in: Fr. Schäfer (Hg.), Drei Abhandlungen über Gasautomaten, München/Berlin 1910, S. 21f.
23 Meyers Großes Konversations-Lexikon, 6. Aufl. Leipzig/Wien 1905, Band 12, S. 470.
24 Karl Spiegel war Vorsitzender des Verbandes Deutscher Musikwerke- und Automatenhändler, der 1901 gegründet wurde, Zeitschrift für Instrumentenbau 21 (1901), S. 601.
25 Zeitschrift für Instrumentenbau 23 (1903), S. 921f.
26 D.R.P. 45 208 von Josef Carl Mayrhofer und Richard Kurka, Wien, vom 7. März 1888.
27 Das nächste Patent aus den Anfängen der »Automatie« wurde erst 1898 von H. Schaper und Fr. Malchau auf eine »Selbstkassierende Stiefelputz-Vorrichtung« (D.R.P. 100 440) angemeldet.
28 Rubin, S. 71.
29 Der Automat 5 (1931), S. 49.
30 Automaten-Markt 6 (1954), S. 292. In diesem Artikel werden auch dänische, französische und amerikanische Schuhputzautomaten vorgestellt.
31 D.R.P. 48 915.
32 Der Automat 5 (1931), S. 317.
33 Der Automat 5 (1931), S. 286.
34 Automaten-Markt 7 (1955), S. 505. Photo des Ull-

stein-Bilderdienstes mit dem Titel: Vorgestellt auf dem 1. Deutschen Automatentag, 15.9.1969.

35 Das Bad 25 (1930), S. 15; ebd. 28 (1933), S. 1.

36 Automatisch verkaufen 5 (1961), S. 70.

37 Der Automat 7 (1933), S. 61: Westruma Garderobeschutz-Apparate GmbH, Berlin.

38 D.R.P. 79 560, vgl. auch Eduard Schmitt (Hg.), Handbuch für Architektur, Stuttgart 1904, 4. Teil, 4. Halbband, 1. Heft, S. 31.

39 Automaten-Markt 8 (1956), S. 84.

40 1887: D.R.P. 47 413, 1888: D.R.P. 48 505, 1889: D.R.P. 52 917, 1890: D.R.P. 52 690, 1891: D.R.P. 57 498 usw.

41 Dabag-Fahrrad- und Motorrad-Anschluß-Automat der Deutschen Automatenbau & Vertriebs GmbH, Berlin, in: Der Automat 2 (1928), S. 2, 4. Fahrrad-Anschluß-Automat von Automatenbau Löwe, Dresden, in: Der Automat 5 (1931), S. 134. Auch in den 50er Jahren wurden diese Automaten von der Firma Florstedt, Berlin, und der AFA-Automatenfabrik Alsfeld, Liederbach, hergestellt, Automaten-Markt 3 (1951), S. 5, und ebd. 8 (1956), S. 29.

42 Ein Straßenschließfach wurde schon 1937 in Der Automat 11 (1937), S. 253, annonciert, leider läßt sich nicht erkennen, ob die Schließfächer wirklich mit einem Münzeinwurf ausgestattet sind, vgl. auch Automaten-Markt 6 (1954), S. 328.

43 Anthony Harris, Middlesborough/York, D.R.P. 46 593, patentiert am 16. Mai 1888. Das zweite Patent von A. Harris vom 13.7.1889 (D.R.P. 52 791) behandelt nochmals einen Schaustellungsapparat; allerdings ist dabei die wichtigste Erfindung ein eingebautes Alarmsignal, das nach dem Einwurf von Falschgeld oder einer falschen Münze ausgelöst wird.

44 D.R.P. 59 642 von Frederick William Jacob, London, vom 16.4.1891. Ähnlich ist auch das D.R.P. 85 406 von Carl v. Lüde, Berlin, vom 7.4.1895 »Selbstkassierende Vorrichtung zum Freigeben der Benutzung von Büchern«.

45 Rubin, S. 70. Rubin schreibt auch, daß es ein amerikanisches (?) Patent vom 6. März 1900 zu diesem Automaten gäbe.

46 D.R.P. 177 968 von Oskar Meyer, Göttingen, vom 25.1.1906, »Selbstthätige Verschlußvorrichtung für Einrichtungen, die das Aufschlagen eines Buches o. dgl. nach Einwurf eines Geldstückes gestatten«.

47 D.R.P. 49 920 von David Sachs, Quedlinburg, 26.4.1889.

48 D.R.P. 79 284 von Friedrich Klein, Köln, vom 9.3.1894, »Selbstkassierender Nachrichtenvermittler«.

49 D.R.P. 135 202 von Alfred Lütge, Dresden, vom 1.10.1901, »Schreibtafel für Nachrichten-Automaten«.

50 Das erste D.R.P. 246 978 für eine »Sperr- und Auslösevorrichtung für selbstkassierende Schreibmaschinen« wurde am 17. November 1909 von der Underwood Typewriter Company, New York, angemeldet; vgl. auch: Der Automat 5 (1931), S. 223f.; ebd. 8 (1934), S. 289, 309.

51 Automaten-Markt 7 (1955), S. 304.

52 Kuske, S. 90. Im Sortimentskatalog der Deutschen Automaten-Gesellschaft Stollwerck & Co. von 1895/96 waren zwei Bahnsteigkarten-Automaten angeboten. Der Bahnsteigkarten-Automat der Bergmanns Industrie-Werke faßte in zwei Schächten 1000 Karten.

53 Die ersten Patente für Fahrkarten-Automaten stammen von 1895/96: D.R.P. 82 663 von Carl Berzdorf, Köln, vom 22.1.1895, »Selbstkassierender Kartenausgeber mit Stempelvorrichtung«, und D.R.P. 91 880 von Schaefer & Reiner, Köln, vom 23.10.1896 für einen »Selbstverkäufer für Fahrkarten u. dgl. mit aufsteigendem Kartenstapel«. Möglicherweise stellten Schaefer & Reiner diesen Automaten für die Gebr. Stollwerck her.

54 Otto Eiblmeier, Die Entwicklung der Fahrausweise bei den deutschen Eisenbahnen, in: Die Fahrkarte. Symbol der Überwindung von Raum und Grenzen, Darmstadt 1985, S. 47f.

55 Die Erholung 18 (1927), S. 77.

56 Erich Schuster, Fahrausweisverkaufstechnik – einst und heute, in: Die Fahrkarte. Symbol der Überwindung von Raum und Grenzen, Darmstadt 1985, S. 64ff.

57 Süddeutsche Zeitung vom 27./28. Februar 1988, S. 19.

58 D.R.P. 44 754 von Alfred zur Megede, Berlin, »Selbsteinkassierender Billettausgabe-Apparat mit Controlvorrichtung« vom 8.11.1887.

59 Jules Huret, Berlin um Neunzehnhundert, München 1909, Nachdruck Berlin 1979, S. 254.

60 D.R.P. 252 205 »Selbstverkäufer für Versicherungsscheine u. dgl.« von The Automatic Vending Machines Co., Kansas City, vom 29. Juni 1910. Auch bot die Deutsche Automaten-Gesellschaft, Köln, Versicherungsautomaten an; vgl. Automaten-Markt 2 (1950), S. 21; ebd. 7 (1955), S. 515; ebd. 13 (1961), S. 368.

61 Liesegang's Photographisches Archiv, 1. Mai 1889, Nr. 621, S. 137f. Théophile Ernest Enjalbert, Paris, ließ sich seinen Automaten auch in Deutschland patentieren: »Durch Einwerfen einer Münze zu bethätigender Apparat zur selbstthätigen Herstellung von Photographien«, D.R.P. 52 920 vom 17. September 1889.

62 Leipziger Illustrirte Zeitung vom 3. August 1889, Nr. 2405, S. 121f.

63 »Apparat zur selbstthätigen Herstellung von Photographien«, D.R.P. 51 081.

64 Photographische Mittheilungen, Nr. 396, Augustheft I, 1889, S. 132.

65 Liesegang's Photographisches Archiv, 1. November 1889, S. 329f. Auch fast zwei Jahrzehnte später gilt die Automaten-Photographie als schlichtes Jahrmarktsereignis: »Die Erzeugnisse besitzen keinen Kunstwert; auch wird das Verfahren nur von den Schnellphotographen auf Volksfesten, Jahrmärkten etc. geübt.« Meyers Großes Konversationslexikon, 6. Auflage, Leipzig/Wien 1905, Band 17, S. 928, Stichwort »Schnellphotographie«.
Zu Föge vgl. Photographische Mitteilungen Nr. 412, Aprilheft I, 1890, S. 3; Nr. 414, Maiheft I, 1890, S. 35.
Zu Karl Ramspeck und Barthold Schäfer, Hamburg, vgl. D.R.P. 53 070 vom 19. März 1889, Photographische Mittheilungen No. 424, Oktoberheft I, 1890, S. 182, Nr. 428, Dezemberheft I, 1890, S. 243; dort findet sich der Hinweis, daß der Automat von Ramspeck in Berlin, Unter den Linden 64, aufgestellt war.

Zu Carl Sasse vgl. D.R.P. 61 806 »Apparat zur selbstthätigen Herstellung von Photographien« vom 8. November 1890 und Erweiterung durch D.R.P. 71 350 vom 16. Februar 1893, Photographische Mitteilungen 30 (1893), S. 276;
Bericht über einen Photographischen Automat auf der Internationalen Elektrotechnischen Ausstellung in: Photographische Mitteilungen 28 (1891), S. 176.

66 Liesegang's Photographisches Archiv, 16. März 1891, Nr. 666, S. 93. In derselben Zeitschrift wird in der Ausgabe vom 1. Oktober 1891, Nr. 679, berichtet, daß eine Londoner Gesellschaft 10 Automaten in Berlin am Gendarmen-Markt, Dönhoff- und Potsdamer Platz aufstellen wollte. Die Bilder sollten 20 Pfennig, die Rahmen 10 Pfennig kosten. Bei einer entsprechenden Genehmigung durch die Stadt Berlin wollte sich die Firma verpflichten, zehn Prozent der Einnahmen für »wohlthätige Zwecke« an die Stadt abzuliefern.

67 Leipziger Illustrirte Zeitung vom 12. Mai 1894, Nr. 2654, S. 516.

68 D.R.P. 57 159 »Lichtempfindliche Platte für Apparate zur selbstthätigen Herstellung von Photographien« vom 16. Juli 1890; D.R.P. 58 613 »Apparat zur selbstthätigen Aufnahme und Fertigstellung von Photographien« vom 16. Juli 1890.

69 Photographische Mitteilungen 30 (1893), S. 18f., 29; Liesegang's Photographisches Archiv, 1. August 1893, Nr. 723, S. 233f.

70 Photographische Mitteilungen 30 (1893), S. 276; Leipziger Illustrirte Zeitung vom 12. Mai 1894, Nr. 2654, S. 516.

71 Aus einem Brief Conrad Bernitts an das Deutsche Museum vom 2. November 1906.

72 Der Automat 2 (1928), S. 43, 47, 50. Eine ausführliche Beschreibung des »Photomaton« in: Hanns Günther, Automaten. Die Befreiung des Menschen durch die Maschine. Stuttgart 1930, S. 24–27.

73 Der Automat 12 (1938), S. 129f.

74 Automaten-Markt 6 (1954), S. 138, 152, nach S. 282.

75 Stephan Oettermann, Das Panorama. Die Geschichte eines Massenmediums, Frankfurt/Main 1980, S. 11.

76 Joachim Kleinmanns, Rheinische Aussichtstürme im 19. und 20. Jahrhundert, Diss. masch., Brühl bei Köln 1985, S. 11–15. Kleinmanns schreibt, daß Ende der 40er Jahre des 19. Jahrhunderts auf der Hohen Acht ein Fernrohr aufgestellt war, das durch eine Sammlung finanziert wurde.

77 Heinz Buddemeier, Panorama, Diorama, Photographie. Entstehung und Wirkung neuer Medien im 19. Jahrhundert, München 1970, S. 24.

78 D.R.P. 57 991 »Selbsteinkassierendes Fernrohr« von Max Sielaff, Berlin, vom 12. Februar 1891; D.R.P. 65 258 »Selbsteinkassierendes Fernglas« von August von Wedell, Dresden, vom 5. August 1891, D.R.P. 87 310 »Selbsteinkassierendes Fernglas« von Max Liman, Berlin, vom 6. September 1895.

79 Der Automat 11 (1937), S. 229; Werbebroschüre der Firma Eugen Pohl, München.

80 Automaten-Markt 7 (1955), S. 114. Die heutige Graphoskop-Surma Gerätebau GmbH & Co. Betriebs KG, liefert bis heute noch monokulare Münzfernrohre; nach freundlicher Auskunft von I. Dollinger, Graphoskop-Surma, München.

81 Automaten-Markt 13 (1961), S. 372.

82 Automaten-Markt 6 (1954), S. 252.

83 D.R.P. 45 135 von Charles Wittenberg, Indianapolis, vom 11. Januar 1887.

84 100 Jahre Telephon in Nürnberg und Fürth. Eine Ausstellung der Postabteilung des Verkehrsmuseums Nürnberg. Vom 1.8. bis 30.9.1985, Nürnberg 1985, S. 33.

85 Elektrotechnische Zeitschrift, Heft 31, 3. August 1899, S. 551.

86 Jules Huret, Berlin um Neunzehnhundert, München 1909, Nachdruck Berlin 1979, S. 236.

87 Wilhelm Schreiber, Selbstkassierende Sprechstellen im Gebiet der bayerischen Telegraphenverwaltung, Sonderdruck aus: Telegraphen- und Fernsprech-Technik 1914, S. 1.

88 Elektrotechnische Zeitschrift, Heft 31, 3. August 1899, S. 550ff.

89 Otto Sieblist, Das Telegraphen- und Fernsprechwesen, Leipzig [2]1918, S. 53.

90 Rückblick auf das 1. Jahrhundert der Kgl. Bayer. Staatspost (1. März 1808–31. Dezember 1908) mit einer Darstellung der Entwicklung des staatlichen Telegraphen- und Telephonwesens bis in die Gegenwart, hg. vom Königlich Bayerischen Staatsministerium für Verkehrsangelegenheiten, München 1908, S. 209.

91 Archiv für Post und Telegraphie 1902, Nr. 9. S. 279.

92 100 Jahre Telephon in Nürnberg und Fürth. Eine Ausstellung der Postabteilung des Verkehrsmuseums Nürnberg. Vom 1.8. bis 30.9.1985, Nürnberg 1985, S. 33.

93 W. Giesen, Die Technik der Münzfernsprecher und Sperrnummernscheiben der Deutschen Reichspost, Sonderdruck aus: Telegraphen-, Fernsprech-, Funk- und Fernseh-Technik TFT, Heft 2–12 (1941) und 1–3 (1942), S. 1.

94 Erwin Horstmann, 75 Jahre Fernsprecher in Deutschland, 1877–1952, Frankfurt 1952, S. 193f.

95 Die Welt, Nr. 162, 16. Juli 1985, ohne Seitenangabe.

96 Der Automat 13 (1939), S. 112f.

97 Automaten-Markt 6 (1954), S. 93, 167.

98 Automaten-Markt 6 (1954), S. 294.

99 Automaten-Markt 7 (1955), S. 366, 505.

100 Automaten-Markt 2 (1950), S. 35f., 84; ebd. 7 (1955), S. 506; Automatisch verkaufen 5 (1961), S. 277f., 360ff., 485; ebd. 6 (1962), S. 57, 75, 78f.

101 Automaten-Markt 13 (1961), S. 246.

102 Automaten-Markt 34 (1984), S. 45f.

103 Automaten-Markt 8 (1956), S. 146f., Titelblatt der April-Ausgabe.

104 D.R.P. 50 111 »Selbstkassierender Opernglas-Verleihapparat« von Charles Samuel Patterson, New York, vom 13. April 1889.

Katalog

Die Maßangaben zu den einzelnen Exponaten erscheinen in der Reihenfolge *Breite × Tiefe × Höhe;* die Maßeinheit ist *cm.*

Mit der Bezeichnung »Fabriknr.« sind alle auf oder in den Geräten angebrachten Nummern umfaßt. Ob es sich hierbei um Seriennummern oder lediglich um eine Numerierung der Geräteteile handelt, war im einzelnen nicht zu klären.

Die Leihgeber der Exponate sind in einer eigenen Liste vor dem Aufsatzteil des Kataloges aufgeführt. Die dort angegebenen Ziffern verweisen auf die Katalognummern.

Literaturangaben sind, soweit sie häufiger zitiert wurden, abgekürzt. Der vollständige Titel kann der Bibliographie entnommen werden.

Die Autoren der Katalogtexte sind CK (Cornelia Kemp), UG (Ulrike Gierlinger) und JW (Jens Würtenberg).

Warenautomaten

Kat.-Nr. 1–30

Geldspielautomaten mit Gewinnmöglichkeit I

Ein-Scheiben-,
Drei-Walzen-Geräte
Kat.-Nr. 31–44

Geldspielautomaten mit Gewinnmöglichkeit II

Kugelfang-, Münzschleuder-,
Kugelschleuder-Geräte
Kat.-Nr. 45–60

Unterhaltungs-automaten I

Nadelspiele, Bomber, Flipper
Kat.-Nr. 61–69

Unterhaltungs-automaten II

Sportspiele
Kat.-Nr. 70–75

Unterhaltungs-automaten III

Jahrmarktsautomaten
und anderes
Kat.-Nr. 76–91

Musikautomaten I

Mechanische
Musikinstrumente
Kat.-Nr. 92–98

Musikautomaten II

Vom Grammophon zur Musikbox
Kat.-Nr. 99–108

Dienstleistungs-automaten

Kat.-Nr. 109–114

Kinder-unterhaltungs-automaten

Kat.-Nr. 115–116

Das Zeitalter der Elektronik

Kat.-Nr. 117–119

Münzprüfer

Kat.-Nr. 120

1 Merkur

Gebr. Stollwerck, Köln (Auftraggeber/Vertrieb), Max Sielaff, Berlin (Mechanik),
Eisenwerke Gaggenau (Gehäuse), um 1890
Münzung: 10 Pfennig
64 × 35 × 207

Mit den Warenautomaten der Gebr. Stollwerck, Köln, beginnt die Ära der deutschen Münzautomaten. Nach kleineren Wandautomaten mit zwei Einwurföffnungen für den Verkauf von Schokolade und Bonbons, die bereits 1887 verbreitet waren, kamen in den folgenden Jahren auch große Standautomaten mit reich verzierten Gehäusen hinzu, die wie der große »Merkur«-Automat von ca. 1890 bis zu 12 verschiedene Artikel zum Verkauf anboten. Unter den Bezeichnungen »Merkur«, »Rhenania«, »Hermes«, »Oktava« und »Juno« war um 1895 ein breites Angebot großer Standautomaten vorhanden, die sich, abgesehen von der unterschiedlichen Zahl der Einwurföffnungen, lediglich durch die leicht abgewandelten Giebelformen unterscheiden. Mit dem Maßwerkfenster, das Einblick auf die angebotenen Waren gewährt, und den Kreuzblumen der Giebelbekrönung greift die Ornamentik Elemente der Neugotik auf, die als eine Reminiszenz an die seit den 40er Jahren des vorigen Jahrhunderts betriebene und 1880 abgeschlossene Vollendung des Domes in besonderer Weise auf Köln verweisen. Der sechsgängige »Merkur«-Automat als der zweifellos beliebteste unter den Standautomaten eignete sich gleichermaßen für die Aufstellung in Innenräumen, wie etwa in dem ersten ständigen Automatenrestaurant Deutschlands in der Leipziger Straße 13 in Berlin (Abb. 187), als auch im Freien, wie eine Aufnahme von den Lunaparkterrassen am Halensee in Berlin aus dem Jahre 1905 dokumentiert (Abb. 23). Das Angebot des Automaten reichte je nach Art der Füllung von Stollwerck-Artikeln wie Schokolade, gebrannte Mandeln, Bonbons und Pfefferminzpastillen über Zigarren, Zigaretten, Zündhölzer, Kölnisch Wasser bis hin zu »Erzählungsbüchern« (Abb. 7). Diese Artikel waren zunächst als »Proben« deklariert, die als Kaufanreiz für größere Warenmengen gedacht waren.

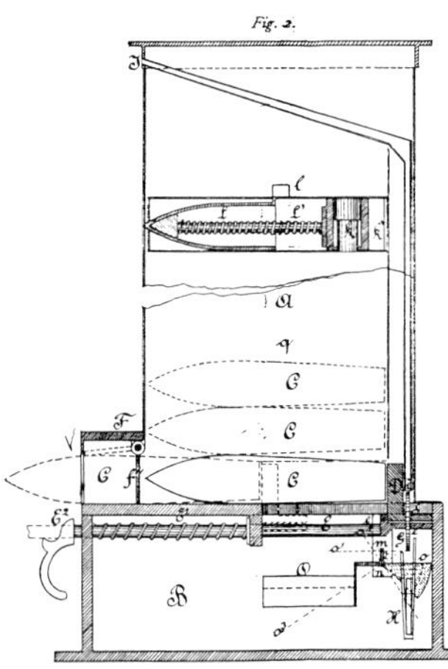

186 Warenverkäufer aus dem Patent von Max Sielaff, 1887

Die ersten Warenautomaten, die von den Gebr. Stollwerck in Auftrag gegeben wurden, arbeiteten mit der von Max Sielaff in Berlin entwickelten Mechanik (D.R.P. 43 055, 43 598 von 1887; 51 547 von 1889). Dieser zunächst für zwei Schächte konzipierte Warenautomat ermöglicht es, nach Einwurf eines Geldstückes durch Ziehen eines Handgriffes einen Verkaufsgegenstand herauszuschieben (Abb. 186). Abgesehen von dem »Universum«-Automat (Abb. 6), der nach diesem Prinzip arbeitet, wurde die Mechanik bei den übrigen Verkaufsautomaten jedoch dahingehend verändert, daß der Schieber die Ware in einen Ausgabeschacht hinabgleiten läßt. CK

Hannoversches Tageblatt vom 6.9.1887, 1. Beilage, »Local-Nachrichten« (Schokoladenautomat von 1887).

187 Automatenrestaurant in Berlin, Leipziger Straße 1897

STOLLWERCK Schokolade u. Kakao überall käuflich.
STOLLWERCK
Mandeln
Schokolade
Cigaretten
Bonbons
STOLLWERCK
Schokolade
und
Kakao.
69 Preismedaillen.
27 Hofdiplome.
Ueberall käuflich.

2 Prämien-Automat

Mitteldeutsche Automaten-Aktien-Gesellschaft, Dresden, nach 1907
Münzung: 10 Pfennig
50,5 × 23 × 154,5

188 Warenautomat, Mitteldeutsche Automaten-Aktien-Gesellschaft, Dresden (?), nach 1907

Dieser Standautomat für den Verkauf von Schokolade und Konfekt veranschaulicht besonders reizvoll die Weiterentwicklung des Gehäusedekors, der hier vegetabile Ornamente des Jugendstils mit einer szenischen Darstellung verbindet. Ein Wachtmeister mit Pickelhaube vor der Vedute einer Stadt (Dresden?) befiehlt drakonisch:
BLEIBEN SIE HIER GLEICH STEHEN UND PROBIEREN SIE DIESE FÜLLUNGEN!
Die aus zwei Schubladen zu entnehmenden »Füllungen« enthielten einen Prämienschein, der wie die Sammelbilder der Stollwerck AG (vgl. Kat. Nr. 29) einen zusätzlichen Kaufanreiz bildete.

Während die ersten Warenautomaten zunächst allein aufgrund ihrer Neuartigkeit zur Erprobung verlockten, so wurde bald nach neuen Gestaltungsmöglichkeiten gesucht, um die Kunden anzuziehen. Zwischen 1895 und 1907 waren viele der Automaten mit reizvollen Motiven dekoriert. Ebenso beliebt waren Automaten, deren Gehäuse als Nachbildung von Tieren, Fahrzeugen oder Gebrauchsgegenständen geformt war (vgl. Kat. Nr. 7). Neben Curt Heinsius, der für etliche Automatengehäuse in Tiergestalt Gebrauchsmuster erhielt (vgl. Kat. Nr. 6), hat auch Alexander Neubert aus Dresden zwischen 1904 und 1907 zahlreiche Gebrauchsmuster für dekorative Automatengehäuse entworfen. Am 1.6.1907 wurde die Mitteldeutsche Automaten-Gesellschaft Neubert & Co. ins Dresdner Handelsregister eingetragen, aus deren Produktion der »Prämien-Automat« und wohl auch der reizvolle Mühlenautomat im Berliner Museum für Verkehr und Technik (Abb. 188) hervorgegangen sind.

CK

Zeitschrift für Instrumentenbau 27 (1907), S. 855 (Mitteldeutsche Automaten-Gesellschaft Neubert & Co., Dresden).

3 Jugend

Deutsche Automaten-Gesellschaft Stollwerck & Co., Köln (Auftraggeber ?/Vertrieb),
Max Sielaff, Berlin (Mechanik), Bergmann's Industriewerke AG, Gaggenau (Gehäuse), 1907
Münzung: 10 Pfennig
48 × 32 × 187

Mit dem unter der Bezeichnung »Jugend«-Automat vertriebenen Warenselbstverkäufer kam ein besonders eleganter Automat auf den Markt, der mit seinem Namen programmatisch auf die moderne Kunstrichtung des Jugendstils verweist. Die in Grün oder auch Rot gehaltenen Gehäuse sind an der Front mit stilisiertem Rankenornament vor vergoldetem Hintergrund verziert, das unter dem Giebel in ein üppiges Blattwerk mit Kirschen mündet. Das ehemalige Sichtfenster ist durch einen Spiegel ersetzt, der sich im Giebel wiederholt (heute nicht mehr vorhanden).
Der Entwurf für das Gehäuse stammt von Karl August Gagel (1861–1916), der als Zeichenlehrer an der Karlsruher Kunstgewerbeschule unterrichtete und auch als Innenarchitekt verschiedentlich Aufgaben übernahm.
Die Mechanik, für vier Gänge eingerichtet, basiert ohne wesentliche Veränderungen auf den gleichen Prinzipien wie die des »Merkur«-Automaten (vgl. Kat. Nr. 1). CK

BLEIBEN SIE
HIER
GLEICH STEHEN
UND
PROBIEREN SIE
DIESE
FÜLLUNGEN!
Pramien-Automat.
CHOCOLADE
CONFECT
STOLLWERCK
Achtung: Jede

STOLLWERCK
STOLLWERCK
SCHOKOLADE
KAKAO
STOLLWERCK
Schokolade
& Kakao
STOLLWERCK

4 Bruno

Deutsche Automaten-Gesellschaft Stollwerck & Co., Köln (Auftraggeber ?/Vertrieb),
Max Sielaff, Berlin (Mechanik), Bergmann's Industriewerke AG, Gaggenau (Gehäuse), 1912
Münzung: 10 Pfennig
63 × 36 × 196

Mit dem »Bruno«-Automaten stellte die Deutsche Automaten-Gesellschaft Stollwerck & Co. einen weiteren Verkaufsautomaten mit Jugendstildekor vor, der im Gegensatz zu dem naturalistischen Dekor des »Jugend«-Automaten (vgl. Kat. Nr. 3) karger gehalten ist und mit seinen geometrischen Formen an Künstler der Wiener Sezession wie Josef Hoffmann und Kolo Moser erinnert.
Der in Gold und Schwarz gehaltene Dekor des roten oder wahlweise auch grau getönten Gehäuses beschränkt sich auf dünne Rahmenleisten, die die Umrisse nachzeichnen. Lediglich in den Quadraten und Rechtecken auf dem Sockel wird ein stärkerer ornamentaler Akzent gesetzt, der von der Maske über dem sich nach unten verjüngenden Spiegelfenster und dem Schriftzug darüber fortgeführt wird. Die Einwurfschlitze des Fensters sind durch vergoldete Ornamentplatten in den Dekor integriert.
Während sich das Gehäuse dem Zeitgeschmack gehorchend veränderte, wurde die erprobte Mechanik ohne Veränderungen beibehalten (vgl. Kat. Nr. 1). CK

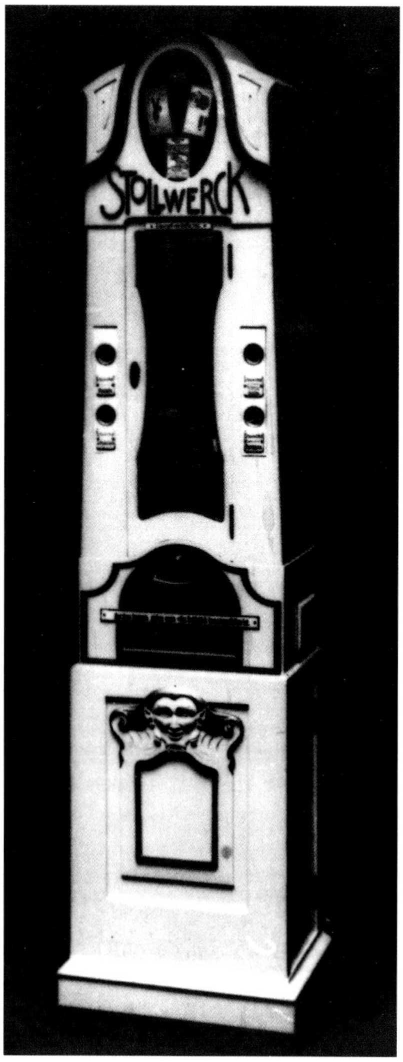

189 Schokoladenautomat mit Jugendstildekor, um 1910

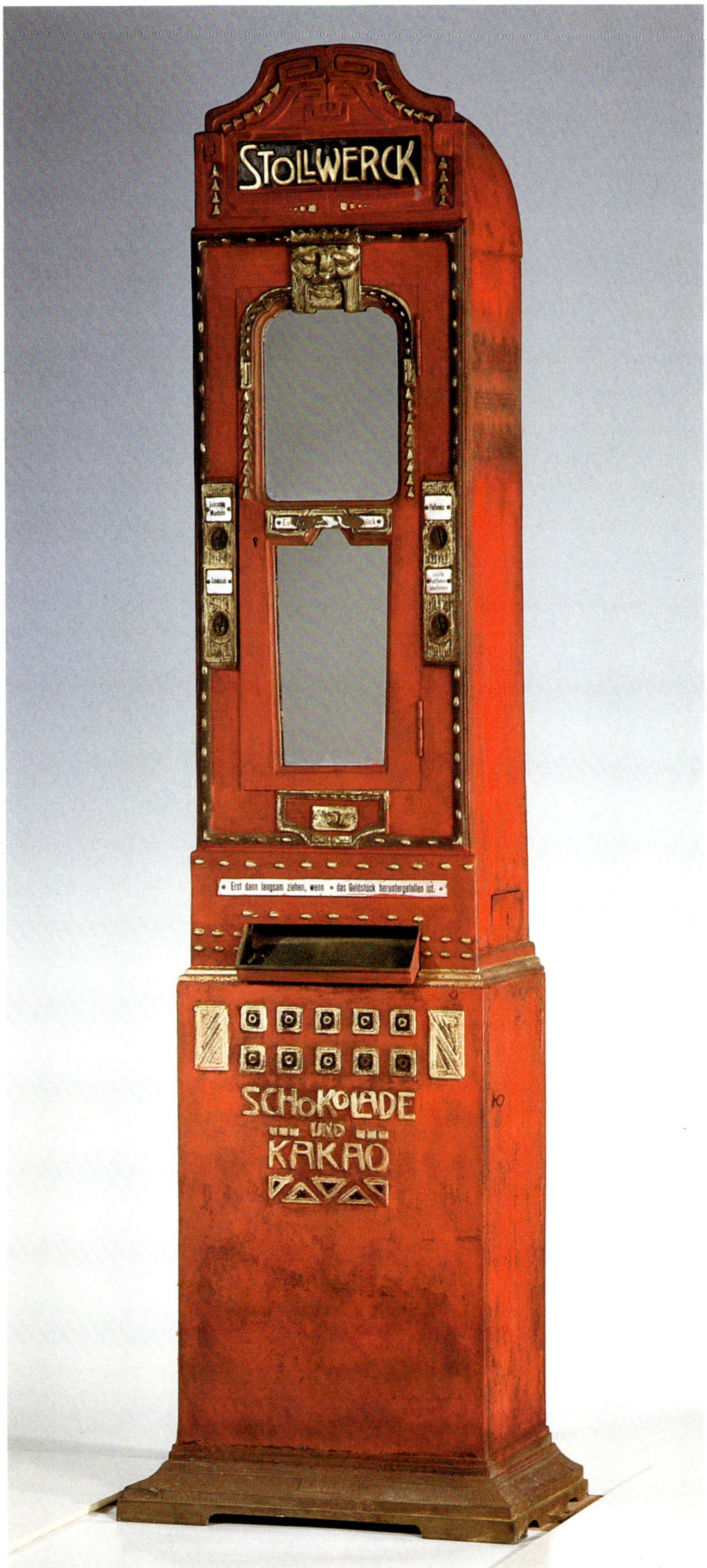
STOLLWERCK
Erst dann langsam ziehen, wenn das Geldstück heruntergefallen ist.
SCHOKOLADE
UND
KAKAO

5 Waaren-Automat

Sielaff-Maschinenfabrik AG (?), Berlin, um 1900
Münzung: 10 Pfennig
47 × 32 × 180

Im Vergleich zu den von der Deutschen Automaten-Gesellschaft Stollwerck & Co. vertriebenen Automaten (vgl. Kat. Nr. 1, 3f.), die sich durch ein aufwendiges Design auszeichnen, erscheint dieser Verkaufsautomat für Kant-Schokolade wesentlich anspruchsloser. Die Ornamentik beschränkt sich auf eine Betonung der Seitenbegrenzung am Aufsatz und ein auskragendes Sims unter dem von einer Kugel bekrönten Giebel, dessen Schrägen in Voluten und Schweifwerk aufgelöst sind. Die vergoldeten Einwurfschlitze und Griffe für die Warenausgabe auf schwarzem Grund umrahmen das Sichtfenster und den darüber befindlichen Spiegel.
Die bereits durch die Größe und Breite des Einwurfschlitzes geprüften Münzen gleiten im Inneren in eine Führungsrinne, die leicht zur Seite geneigt ist und durch eine Öffnung in der Schräge zu kleine Münzen herauskippt (Abb. 177). In Höhe des Griffes verkoppelt die herabgefallene Münze einen Schlitten für die Warenausgabe mit einem Schieber, so daß die entsprechende Schublade mit der Ware herausgezogen werden kann. CK

190 »Mariana«-Automat aus dem Angebot der DAG, Köln 1895/96

Waaren-
Automat.
Man verlange nur
KANT CACAO
KANT CHOCOLADE

6 Elefant-Verkaufsautomat

Sächsische Automaten & Türschließer AG, Dresden, 1902 eingeführt (Fabriknr. 1897)
Münzung: 10 Pfennig
65 × 38 × 166

Warenautomaten, die Tieren nachgebildet wurden, sind eine typische Erscheinung der ausklingenden Gründerzeit und zeigen deutlich die Wertschätzung der frühen Verkaufsautomaten, die nicht nur rein funktional gestaltet wurden. Vor allem anhand der Gebrauchsmuster der Jahre 1895–1914 läßt sich die Beliebtheit der Tiermotive ablesen: Hasen (D.R.G.M. 49 210, 51 046; Abb. 191), Hühner (vgl. Kat. Nr. 7), Gänse (D.R.G.M. 35 663; Abb. 192), Esel (D.R.G.M. 67 849, 79 576), Bären (D.R.G.M. 211 919, 212 590) u.a. wurden als »Selbstverkäufer« nicht nur angemeldet, sondern auch gebaut.

Bei dem ausgestellten Elefanten handelt es sich um einen sehr seltenen, vermutlich nicht in größerer Zahl hergestellten Automaten. Das Monogramm »CH«, das sich auf der Satteldecke befindet, gibt einen Hinweis auf den möglichen »Designer«, Curt Heinsius, auf den ab dem 25.3.1902 folgendes Gebrauchsmuster eingetragen war: »Selbstkassierender Verkaufsapparat in Gestalt eines Elephanten« (D.R.G.M. 177 674). Der naturgetreu gestaltete Elefant trägt auf seinem Rücken eine Sänfte, die der Behälter für die Ware ist. Nach der Beschriftung zu schließen, muß es sich dabei um mehrere Postkarten in einem Päckchen gehandelt haben, dem auch noch Sammelbildchen (vgl. Kat. Nr. 29) beigegeben waren. Möglicherweise gab es verschiedene Serien-Postkarten, die in den beiden Schächten angeboten wurden. Um die Karten zu erhalten, zieht man nach dem Münzeinwurf an dem Griff und löst damit gleichzeitig den Schrei des Elefanten aus, der durch einen Blasebalg erzeugt wird. Aufwendig ist die Gestaltung der dreifach liegenden Satteldecken sowie der Sänfte, verziert mit Jugendstilornamentik. Selbst die Öffnung des Warenschachts wird von einer stilisierten Spinne umfaßt, deren Körper in dem Ziehgriff der Warenentnahme endet. Der Halbmond mit Stern als Bekrönung der Sänfte verstärkt das Zitat der orientalischen Elemente, die sich auch bei anderen Automaten der Zeit finden (Abb. 12).

UG

Muntautomaten, S. 128.
Costa, S. 117.

191 »Hasen-Automat« aus dem Angebot der DAG, Köln 1895/96

Hier Ziehen
Dieser Automat giebt ausser wechselnden Serienkarten noch Prämien

7 EIERLEGENDE HENNE

»MUM« Automaten GmbH, Niedersedlitz bei Dresden (Herstellung),
Deutsche Automaten-Gesellschaft Stollwerck & Co., Köln (Vertrieb), 20er Jahre
Münzung: 10 Pfennig
29 × 50 × 58

Die »Eierlegende Henne« ist wahrscheinlich der häufigste Verkaufsautomat in Tiergestalt, der von verschiedenen Firmen bis in die 30er Jahre hergestellt wurde. Schon in dem Verkaufskatalog der Deutschen Automaten-Gesellschaft von 1895/96 sind zwei »Eierlegende Hennen« enthalten. Nach dem Werbetext liegen die Vorzüge der »Panzer-Henne« in ihrer soliden Bauweise und zuverlässigen Konstruktion, die sie »gegenüber allen anderen Hennen« besitzt. Die zweite Henne gleicht der ausgestellten und »legt« das Ei sofort nach dem Münzeinwurf (D.R.G.M. 5 711, 29 957). Ausgegeben wurden Blecheier, in denen sich Süßigkeiten und auch Überraschungen für Kinder befanden (vgl. Kat. Nr. 30). Beim Ziehen des Griffs löste man oftmals auch das Gackern der Henne aus, das wahrscheinlich wie bei der »Eierhandlung von Hahn und Henne« (vgl. Kat. Nr. 15) durch einen Blasebalg erzeugt wurde.
Ein ebenfalls von der »MUM« Automaten GmbH, Niedersedlitz, hergestellter Storch schreit »Mama« und »gibt eine Schokoladenpuppe in einer originell verpackten Schachtel ab« (Abb. 193). Bereits 1896 hatte sich Rudolf Schaffer aus Poeßneck/Thüringen einen vergleichbaren Automaten durch ein Gebrauchsmuster schützen lassen (D.R.G.M. 55 399): »Wickelkinder, Frösche, Eier o. dgl. auswerfender, selbsteinkassierender Verkäufer mit einem Storch o. dgl. als Standfigur.«

Bei dem ausgestellten Automaten sitzt die Henne auf einem ovalen geflochtenen Korb. Nach Einwurf der Münze unter dem Kopf der Henne dreht man die Kurbel, die eine runde Schale, in der die Eier liegen, in Bewegung setzt und das Ei freigibt. Der Entnahmeschacht befindet sich an der Rückseite des Korbs, die Henne legt also scheinbar das Ei. UG

Der Automat 2 (1928), S. 3 (»MUM« Automaten GmbH, Niedersedlitz).

192 »Eierlegende Gans«, Verkaufsautomat aus dem Angebot der DAG, Köln 1895/96

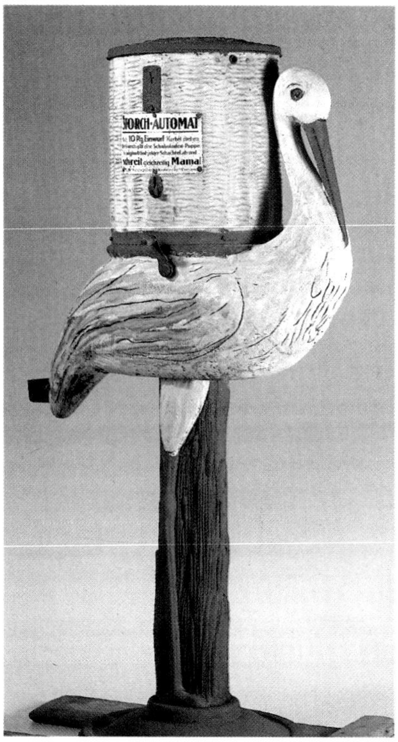

193 »Storch-Automat«, »MUM« Automaten GmbH, Niedersedlitz bei Dresden, um 1925

STOLLWERCK
Mark Belohnung
Einwurf von 10 Pfennig drehe man die Kurbel nach rechts u. man erhält
HENNE. ein Ei gefüllt mit Confitüren.
"MUM" Automaten G.m.b.H. Niedersedlitz b/Dresden
STOLLWERCK 1902

8 RECLAM-BÜCHER

Hersteller unbekannt, Deutschland, 1912
Münzung: 20 Pfennig, heute: 40 Pfennig
46 × 24 × 120

Die Gebr. Stollwerck in Köln hatten bereits in den 90er Jahren des vorigen Jahrhunderts die Idee aufgegriffen, auch Lesestoffe durch den Automaten zu verkaufen. So konnten etwa neben Süßigkeiten auch »Erzählungsbücher« aus dem »Merkur«-Automaten (Kat. Nr. 1) gezogen werden. Ein eigener Bücherautomat um 1895 (Abb. 194) bot sieben verschiedene Märchen zum Verkauf an. In Belgien versuchte die »Société du Livre« während einiger Jahre, kleinere Druckwerke durch Spezialautomaten zu vertreiben, was jedoch an dem Angebot zu schwieriger Lektüre scheiterte.

194 Bücherautomat, Gebr. Stollwerck, Köln, um 1890

Erst der großangelegte Einsatz von Bücherautomaten durch die Verlagsbuchhandlung Philipp Reclam jun., Leipzig, brachte auch den erwünschten Umsatzerfolg. Aus einem Werbeprospekt von 1914 geht hervor, daß zu diesem Zeitpunkt bereits auf 1600 deutschen Bahnhöfen Bücherautomaten aufgestellt worden waren. Der Absatz betrug zwischen 1913 und 1923 etwa 1 bis 1,5 Millionen Bändchen pro Jahr. Das Automatensortiment der Reclam-Universalbibliothek, das besonders als Reiselektüre gedacht war, umfaßte in erster Linie unterhaltende Schriften wie Frauenromane, Militärhumoresken, Liebesnovellen, aber auch anspruchsvollere Werke zeitgenössischer und klassischer Dichter. Das merkantile Interesse verband sich mit dem erzieherischen Anspruch, mit den Automatenbüchern »eine neue Waffe gegen die Schundliteratur« an den Kiosken zu richten. Durch den außerordentlich niedrigen Einheitspreis und das normierte Format waren die Heftchen, die man als Vorläufer des heutigen Taschenbuches bezeichnen kann, besonders für den automatischen Vertrieb geeignet. Ein Streifband um jedes Bändchen, »auf dem in einer deutlichen Schrift mit kurzen prägnanten Sätzen der Inhalt erläutert, die Neugierde durch ein treffendes Urteil erregt oder eine Charakteristik des Autors gegeben wird«, ersetzte das Verkaufsgespräch; Teilnahmeformulare an Preisausschreiben, auf die wiederum Buchprämien ausgesetzt waren, sollten den Kaufanreiz erhöhen.

Der von Peter Behrens (1868–1940) entworfene Automat wurde in den 30er Jahren durch ein zeitgemäßes, wesentlich unscheinbareres Design abgelöst, wie es die Berliner Automatenfabrik ADE auf den Markt brachte. Zweckentfremdet als »Postkarten-Automat« findet sich der alte Behrenssche »Reclam-Automat« noch in einer Annonce von 1937 wieder. Um 1940 kam der automatische Verkauf von Reclambüchern endgültig zum Erliegen.

In dem Schaukasten des Automaten sind jeweils zwölf Titel zu ersehen, die in vier übereinanderliegenden Reihen zu je drei Bänden angeordnet sind. Da jeder der Stapel sechs bis sieben Bändchen umfaßte und aus einem gemischten Sortiment bestand, konnten auf diese Weise ca. 80 verschiedene Titel angeboten werden. Nach Einwurf der Münzen wird die gewünschte Nummer über dem jeweiligen Büchlein durch zwei Griffe an dem Zählwerk rechts unten eingestellt, sodann der Ring darunter herausgezogen, wodurch der gewählte Band in das Schubfach unten herabfällt und von dort entnommen werden kann. CK

Der Automat 5 (1931), S. 49 (ADE-Bücherautomat).
Der Automat 11 (1937), S. 161 (»Postkarten-Automat»).
H. Schmidt, Welche Bücher und Geisteserzeugnisse werden durch den Automaten am meisten umgesetzt?, Der Automat 7 (1933), S. 12–15.
D. Bode (Hg.), 150 Jahre Reclam. Stuttgart 1978, S. 110–117.
U. Ott (Hg.), Literatur im Industriezeitalter, Bd. 1 (Marbacher Kataloge 42/1), Marbach am Neckar 1987, S. 259–265.

RECLAM-
BÜCHER
1a
1b
1c
2a
2b
2c
3a
3b
3c
4a
4b
4c
M. Bauer
Bahnhofsbuchhandlung
Augsburg
Zugring
langsam
ganz
Buch
fällt!

9 Gartmann-Schokolade-Automat

195 Schokoladen-automat, C. H. L. Gartmann, Hamburg-Altona, nach 1903

Firma C. H. L. Gartmann, Hamburg-Altona, 1903 eingeführt
Münzung: 10 Pfennig
28,5 × 17 × 85

Die als Hersteller von Schokolade bekannte Firma Gartmann (vgl. Kat. Nr. 19) ließ die Geräte für den automatischen Verkauf ihrer Produkte in eigener Regie herstellen. Am 2.12.1903 wurde ein von Gartmann eingereichtes Gebrauchsmuster für ein »Hänge-Automatengehäuse mit Türe auf der Vorderseite und ohne Schiebladen und Zugringe« eingetragen (D.R.G.M. 21 4461), das am 11.4.1906 erneuert wurde.
Die selbständige Ausgabe der Schokoladerollen erfolgte nach einem Prinzip, wie es bereits 1901 in einem Gebrauchsmuster von Conrad Heppe (D.R.G.M. 157 183) entwickelt worden war. Demnach werden die »rollenden Gegenstände« im Gehäuse in einen vertikalen, »schlangenförmigen Gang« eingefüllt. Die eingeworfene Münze entriegelt ein Rad mit vier Nocken als Sperrmechanismus, wodurch eine Rolle durch ihr Eigengewicht in den Ausgabeschacht herabfällt. Ist der Warenschacht geleert, so wird ein entsprechendes »Leer«-Schild in dem schmalen Fenster an der Front sichtbar, das durch die Ware nach hinten gedrückt wird und bei der Ausgabe der letzten Rolle durch ein einfaches Gewicht nach vorne kippt. Der Hinweis »Mit Serienbildern« auf dem Giebel des Automaten läßt erkennen, daß Gartmann durch Bilderserien, die der Schokolade beigefügt waren und die Sammelleidenschaft und damit den Umsatz anregen sollten, dem Erfolgsrezept von Stollwerck gefolgt war (vgl. Kat. Nr. 29).
CK

10 KOBOLD-Schokolade-Automat

196 Schokoladen-automat, C. H. L. Gartmann, Hamburg-Altona, nach 1903

Firma C. H. L. Gartmann, Hamburg-Altona, 1903 eingeführt (Fabriknr. 34743)
Münzung: 10 Pfennig
48 × 36 × 174

Am 2.12.1903 wurde ein von der Firma C. H. L. Gartmann in Hamburg-Altona eingereichtes Gebrauchsmuster eingetragen, das ein »Automatengehäuse mit Sockel, in Form eines viereckigen Turmes mit Eckpilastern und vierkantigem Kuppeldach mit Kugelbekrönung« schützte (D.R.G.M. 214 460); am 11.4.1906 wurde dieses Gebrauchsmuster erneuert (D.R.G.M. 278 350). Aus dieser Registrierung geht hervor, daß die als Hersteller von Schokoladeartikeln bekannte Firma (vgl. Kat. Nr. 19) in eigener Regie Verkaufsautomaten für ihre Artikel entwarf (Abb. 195 f. und Kat. Nr. 9). Die ebenfalls in Altona ansässige Schokoladenfirma Kobold übernahm die Automaten von Gartmann für den Verkauf ihrer Produkte.

Über einem gußeisernen Sockel erhebt sich das Holzgehäuse, auf das an der Front und an den Seiten emaillierte Metallplatten mit dem Reklamedesign aufgeschraubt sind, das gewölbte Dach ist aus Blech. Die Stapelung und Ausgabe der Schokoladenrollen beruht auf dem gleichen Prinzip wie bei dem gleichzeitig von Gartmann gebauten Hängeautomaten (vgl. Kat. Nr. 9). CK

Mit Serienbildern
Der Automat verabfolgt nach
Einwurf
eines 10 Stückes
Pfennig
Vanilie:Chocolade
Creme:Chocolade
Gartmann
Altona

EINWURF 10 Pfg.
KOBOLD
SCHOKOLADE
VANILLE
KREM
SCHOKOLADE
KOBOLD
SCHOKOLADE
FABRIK
ALTONA

11 Cigarren-Automat

Sielaff Maschinenfabrik, Berlin, um 1922 (?)
Münzung: 10 Pfennig
17,5 × 12 × 31,5

Von 1900–1934 unterstanden die Warenautomaten den Ladenschlußgesetzen, d.h. sie durften nur während der allgemeinen Öffnungszeiten der Geschäfte zugänglich sein. Ausnahmeregelungen bestanden für Bahnhöfe, Gaststätten, Vergnügungslokale und andere Orte, an denen die Automaten frei aufgestellt werden durften. Der Verkauf von Tabakwaren durch Automaten war zwischen 1923 und 1930 jedoch gänzlich verboten.

In einer Gaststätte hing wahrscheinlich auch der »Cigarren-Automat«, aus dem man lose Zigarren für 10 Pfennig pro Stück erhielt. Durch sein Messinggehäuse hebt er sich von anderen, meist schlichteren Zigarrenautomaten ab. Nach dem Einwurf der Münze wird eine Sicherung gelöst, und die Flügelschraube auf der rechten Seite des Automaten läßt sich drehen. Dadurch wird eine Zigarre freigegeben und fällt in die Warenausgabe. UG

197 »Zigarren-Automat«, Ortamat GmbH, Berlin 1936

12 Zigarrenautomat

ZIA Zigarren- und Automaten GmbH, Karlsruhe, um 1930 (?)
Münzung: 10 Pfennig
40 × 12 × 57

Dieser Zigarrenautomat diente der Zigarrenfabrik August Schweizer, Bühl, nicht nur als Verkaufsautomat, sondern er wurde auch gleichzeitig als Werbeträger genützt. Neben den Stumpen, kleinen billigen Zigarren, die aus dem Automaten zu kaufen sind, wird noch für eine dritte Marke, die 6 Pfennig pro Stück kostete, geworben. Originell ist die Zeichnung, die jeden Stumpen seinem Namen entsprechend entweder als Indianer, flotten Herrn oder in alpenländischer Tracht einkleidet. Das Bild der Zigarrenfabrik ist ein beliebtes Werbemittel, das schon in der Gründerzeit eingesetzt wurde, um die Prosperität der Firma zu verdeutlichen. Auch dieses Gerät hing wahrscheinlich, wie der Zigarrenautomat von Sielaff (vgl. Kat. Nr. 11), aus den dort genannten Gründen in Gaststätten.
Nach dem Geldeinwurf erhält man durch Ziehen des Knopfes in der Mitte des Automaten ein oder zwei Stumpen aus den jeweiligen Abgabeschächten. UG

Sielaff
Wenn Geldstück versagt, ein anderes nehmen
10 Pfg.
Cigarren
WARENABGABE
HIER DRÜCKEN

SCHWEIZER'S
STUMPEN
sind gesünder,
denn sie sind entstaubt
RIGI-KULM 10
FLOTT 6
INKA 6
Einwurf
10
Pfennig
SCHWEIZER'S
RIGI-KULM
1 STÜCK 10 PFG.
SCHWEIZER'S
INKA
2 STÜCK 10 PFG.
WARENABGABE
HIER DRÜCKEN
WARENABGABE
HIER DRÜCKEN
STUMPENSPEZIALFABRIKEN
AUGUST
SCHWEIZER
BÜHL i. BADEN.

13 Briefmarken-Automat

Tuborn, Berlin-Reinickendorf, 1930
Münzung: 10 Pfennig
41 × 25 × 67

Bereits 1880 hatte die Deutsche Reichspost die Entwicklung eines Briefmarkenverkaufs-automaten angeregt, aber erst 1902 konnte der Ingenieur Wilhelm Abel den ersten Postwertzeichenautomaten vorstellen, der allein durch das Gewicht der eingeworfenen Münze in Betrieb gesetzt wurde (Abb. 198). Bis zum Jahre 1906 war das erste Versuchsmodell mit einem geeigneten Münzprüfer ausgestattet und soweit entwickelt worden, daß die Ausgabe einer Briefmarke ohne weitere Betätigung von Zugstangen o.ä. erfolgte. Im kommenden Jahr beschloß daraufhin die Reichspostverwaltung die Aufstellung des Postwertzeichenautomaten im gesamten Reichsgebiet. Statistische Untersuchungen ergaben für das Jahr 1908 einen automatischen Verkauf von 600 Briefmarken pro Tag und Automat. Andere europäische Staaten, allen voran Frankreich und die USA, erwarben die Patentanrechte für diesen Automaten. 1910 waren bereits über 500 Automaten aufgestellt. Neben Säulenautomaten gab es auch Wandmodelle, die für verschiedene Münzeinwürfe nebeneinander aufgehängt und auch in Telefonzellen integriert wurden.

Die eingeworfene Münze wird zunächst im Münzprüfer nach Größe und Stärke gemessen. Alle untauglichen Münzen fallen in die Öffnung zur Ausgabe der Marken zurück; auf Betätigung eines Knopfes unter dem Münzeinwurf werden eingeworfene Geldstücke auf Wunsch zurückerstattet. Das Drehen der Kurbel löst die Antriebsvorrichtung aus: über ein Walzenpaar wird jeweils eine Marke vorangeschoben, festgeklemmt und durch ein Messer an der Perforationslinie abgetrennt. Ist die Kurbel bis zum Anschlag gedreht, so ertönt ein Klingelzeichen, und die Marke fällt durch den Ausgabeschacht in eine Schale, die durch eine mit Glas versehene Klappe geschützt ist. Ein kleines Sichtfenster oben rechts zeigt durch das Schildchen »gesperrt« das Ende des Markenvorrats an, worauf dem Käufer die eingeworfene Münze zurückerstattet wird; ein zweites Sichtfenster über der Kurbel gibt die Zahl der verkauften Marken an. Das Gehäuse des Automaten ist aus Stahlblech gebogen und im Inneren verstärkt. Seit 1930 waren alle Wertzeichengeber der Reichspost außerdem in ihren Maßen normiert und einheitlich blau gefärbt. CK

Robert Grimshaw, Automatic Apparatus for Selling Postage Stamps, Post Cards, and Newspaper, Scientific American, 15. Dez. 1906, S. 445.
Oskar Herwig, Geschichte der Postwertzeichenautomaten, Stein der Weisen 44 (1910), S. 233–240.
Lerche, Briefmarken- und Postkarten-Automaten bei der Reichs-Post und Telegraphenverwaltung, Archiv f. Post und Telegraphie 6 (1910), S. 121–128.
Justus Horn, Die Ausbreitung der Automatenverwendung bei der Post, Der Automat 4 (1930), S. 265f.
Richard Vogt, Die Entwicklung der Postwertzeichengeber bei der Deutschen Reichspost, Deutsche Verkehrs-Zeitung 1933, S. 262–265.
Münzautomaten der Post, Philatelie und Postgeschichte 58 (1981), S. 19.

198 Wertzeichengeber von Wilhelm Abel, um 1902

Einwurf ein 10-Pf-St.
Kommt Geldstück zurück, dieses nochmal oder ein anderes einwerfen
Eine 10-Pf-Briefmarke
Zu beachten:
1. Geld einwerfen
starke Geldstücke nicht hineinzwängen
2. Kurbel drehen
Nur bei Versagen auf den Knopf drücken
Briefmarken
Herumdrehen bis Glockenzeichen ertönt

14 Zigarrenautomat

Hersteller unbekannt, Deutschland, 1897
Münzung: 10 Pfennig
Durchmesser: 30; Höhe: 49

Neben den massiven Stand- und Hängeautomaten kamen schon früh kleine Tischautomaten auf, die zunächst vor allem für den Verkauf von Zigarren gedacht waren und in Gaststuben und Kneipen aufgestellt wurden.

Das kleine Gerät, aus dem der Käufer für 10 Pfennig zwei Zigarren erwerben konnte, besteht aus einem mit Blattwerk und Akanthus geschmückten, gußeisernen Gehäuse in Form eines kleinen Rundtempels über einem sich konisch verjüngenden Sockel. Das Dach wird von vier Säulchen in Gestalt von Löwenpfoten getragen, hinter denen sich ein Glaszylinder mit dem Magazin für die Zigarren befindet. Wird nun in den Schlitz über dem Dach eine Münze geworfen, so läßt sich das Magazin durch einen Knopf um eine Einheit weiterdrehen, bis eine der senkrecht eingefüllten Zigarren über den Ausgabeschacht gelangt und nach unten herabfallen kann. Das kleine Fähnchen mit der Nummer des Gebrauchsmusters und der Angabe von Einsatz und Warengewinn auf dem Dach des Automaten macht als einladendes Signal auf das Gerät aufmerksam.
Das auf dem Gerät angegebene D.R.G.M. 84 732 ist nicht korrekt; in unmittelbarer zeitlicher Nähe zu diesem Gebrauchsmuster wurde die Nr. 85 104 für einen »Tisch-Cigarren-Automat mit auf der Oberfläche befindlichem Geldeinwurf und Ausfallschlitz« für Louis Träger und Gustav Merboldt aus Netzschkau/Sachsen (2.10.1897) eingetragen, die möglicherweise die Funktionsbeschreibung für diesen Automaten enthielt. CK

Marc W. Rien/G. N. Corén, Das neue Tabago Buch, Hamburg 1985, Abb. S. 102.
Berlin, Berlin, S. 224, Kat. Nr. 12/56.

199 Inneres eines Tischverkäufers für Zigarren, um 1900

G.M. 84732.
Für
10 Pfg.
2
Cigarren
deinwurf

15 Eierhandlung von Hahn und Henne

Richard Reichert, Dresden, hergestellt ab 1928 (?)
Münzung: 10 Pfennig
53,5 × 33 × 63,5

Ähnlich wie bei der »Eierlegenden Henne« (vgl. Kat. Nr. 7) versuchte man mit diesem Verkaufsautomaten, die Kinder bzw. deren Eltern als Käufer anzusprechen. Neben dem süßen Inhalt gewährte die Gestaltung des Gehäuses, in dem Hahn und Henne mit den Küken sitzen, einen guten Verkauf. Bereits 1895 erhielten Schaefer & Reiner, Köln, ein Gebrauchsmuster für einen »Selbstverkäufer in Form eines Häuschens o. dgl., aus welchem eine Henne, Ente, Gans oder ein anderes Eier legendes Thier theilweise hervorragt« (D.R.G.M. 41 465). Reichert nahm mit der »Eierhandlung« diese Gestaltungsidee erfolgreich auf und ließ das Gerät auch in verschiedenen Ausführungen für das europäische Ausland herstellen. Der früheste Beleg für die »Eierhandlung« stammt von 1928; wahrscheinlich war sie zu diesem Zeitpunkt aber schon einige Zeit auf dem Markt. In einem Bericht über die Automaten-Ausstellung anläßlich der Tagung des Reichsverbandes deutscher Automaten-Interessenten e.V. heißt es: »Daß die Eierhandlung ›Hahn und Henne‹ für Gastwirtschaften, besonders aber für Gartenwirtschaften, Kinos usw. ein glänzender Artikel ist, weiß jeder Aufsteller.«
Hergestellt wurde die »Eierhandlung« bis in die 50er Jahre, denn 1951 wurden noch die Produktionsrechte für die »Eierhandlung« und das »Hexenhäuschen« und 42 fertige Automaten zum Verkauf angeboten.
Ähnlich gestaltet ist das ab 1928 von Reichert hergestellte »Hexenhäuschen« (Abb. 200), in dem das Märchen von »Hänsel und Gretel« dargestellt ist. Auch bei dem »Hexenhäuschen« gab es schon 1900 ein vergleichbares Gebrauchsmuster von Otto Bocklitz: »Waaren Automat in Form eines aus imitirten Pfefferkuchen o. dgl. gebauten Häuschens mit zwei davor angebrachten Figuren und einer dritten bei Entnahme von Waare erscheinenden Figur.« (D.R.G.M. 146 495).

Bei der »Eierhandlung« dreht man nach dem Münzeinwurf an der Kurbel, die einmal das »Krähen« des Hahns und das »Gackern« der Henne auslöst und dann das Ei, gefüllt mit Süßigkeiten, freigibt (vgl. Kat. Nr. 30). Die Blecheier sind in einen Trichter gefüllt, der einen Schacht besitzt, durch den das Ei paßt. Durch das Drehen der Kurbel wird eine gelochte Zahnscheibe weiterbewegt, durch die ein Ei entlassen wird, und die anschließend die Ausgabe wieder verriegelt.

UG

Der Automat 2 (1928), S. 37 (Bericht über die Automaten-Ausstellung), 39.
Automaten-Markt 3 (1951), Nr. 2, 3. Umschlagseite (Verkaufsangebot von Reichert).

200 »Hexenhäuschen«, Richard Reichert, Dresden 1928

Eierhandlung von Hahn & Henne.
Einwurf 10 Pfg.
Erst Geldstück fallen lassen.
Bei Versagen Knopf drücken.
Die Henne legt ein Ei, gackert und der Hahn kräht, wenn man nach 10 Pfg. Einwurf die Kurbel dreht.
herumdrehen

16 Universalwarenautomat

Sielaff Maschinenfabrik AG, Berlin, um 1931 (?), (Fabriknr. 180008)
Münzung: 50 Pfennig
74 × 25 × 200

Der automatische Verkauf von Waren wurde lange Zeit von dem Stapelautomaten beherrscht. Hier liegen die Waren in einem Schacht übereinander und werden von einem Gewicht beschwert. Die Waren haben alle die gleiche Form und sind abgepackt, so daß sie leicht durch den Schacht gleiten. Nach diesem Prinzip wurden schon die ersten von Max Sielaff konstruierten Automaten hergestellt (vgl. Kat. Nr. 1).
Bei den jüngeren Auswahlautomaten können unterschiedlich große Waren wie Obst, Gebäck, Süßigkeiten angeboten werden, da für jede ein eigenes Fach vorhanden ist.
Bei diesen Automaten lassen sich verschiedene Ausführungen wie die Gefachautomaten, die Fallklappenautomaten und die Paternoster-Automaten unterscheiden. Bei den Gefachautomaten, die unter diesem Namen erstmals 1935 erwähnt werden, aber schon vereinzelt wohl seit 1930 angeboten wurden (Abb. 201), besitzt jedes Fach ein eigenes Türchen. Bei den Fallklappenautomaten wird die Arretierung der Klappe, auf der die Ware liegt, gelöst, und die Ware fällt in den Ausgabeschacht.
Die Universalwarenautomaten sind im Prinzip nichts anderes als Auswahlautomaten, die sich lediglich durch ihre Größe von ihren Vorgängern unterscheiden. Ein umfassenderes Angebot an großen Universalwarenautomaten setzte in Deutschland erst ab 1934 ein, nachdem die Warenautomaten nicht mehr der Gesetzgebung zum Ladenschluß unterstellt waren, sondern zu jeder Zeit zugänglich sein durften.

Bei dem »Universalwarenautomaten« von Sielaff handelt es sich um einen sogenannten Paternoster- oder Fahrstuhl-Automaten mit drei Schächten, die unterschiedlich geformte Waren in einzelnen Fächern aufnehmen und jeweils nur durch eine Klappe am unteren Ende der Sichtfenster geöffnet werden können. Nach dem Münzeinwurf wird der jeweilige Schacht entriegelt und um ein Fach weiter nach unten bewegt; die Ware kann dann direkt aus dem Schacht entnommen werden. Die Schächte werden durch die Warenabgabe in den Sockel des Automaten abgesenkt und können dort von vorne aufgefüllt werden. UG

Der Automat 4 (1930), S. 26; 8 (1934), S. 43 (Fallklappenautomat); 9 (1935), S. 78 (Gefachautomat).

201 Schachtautomat und kombinierter Fallklappen- und Gefachautomat, ADE Automaten- und Schnellwaagenfabrik GmbH, Berlin 1936

Bonbon-
Packung
50 Pfg.
Süßwaren
50 Pfg.
Süßwaren
50 Pfg.

17 TOL BOUL

Tôlerie de Boulogne, Frankreich, 1930
Münzung: 1 Franc
32,5 × 17,5 × 26

Das kleine Thekengerät ist ein ästhetisch anziehendes Beispiel für die in den 30er Jahren auch in Deutschland beliebten Verkaufsautomaten, deren Anreiz darin besteht, daß anstelle einer direkten Warenausgabe eine Prämie, hier in Form einer kleinen farbigen Kugel, ausgespielt wird (vgl. Kat. Nr. 18f.). Durch den Gastwirt oder Ladenbetreiber, in dessen Geschäftsräumen der Automat aufgestellt war, erhielt der Spieler einen kleinen Warengewinn, der sich nach der Farbe der herabgefallenen Kugel richtete. Durch die Ungewißheit, welche Kugel jeweils ausgespielt wird, ist der sichere Warengewinn mit einem gewissen Unterhaltungseffekt verbunden.

Nach Einwurf der Münze an der linken Schmalseite wird der kleine Hebel über dem 1 Franc-Schild herabgedrückt. Das eingesetzte Geldstück gleitet daraufhin in das Sichtfenster unter dem Kugelbehälter zusammen mit der ausgespielten Kugel, die auf dem kleinen Steg darüber erscheint. Ist die Prämie eingelöst, wird der Knopf an der Halterung unten rechts herausgezogen; Münze und Kugel fallen daraufhin in die als Sockel dienende Kasse hinab.
Durch das seitliche Rad können der Kugelbehälter gedreht und damit die darin befindlichen Kugeln gemischt werden. Diese Maßnahme hat jedoch keinen Einfluß auf die jeweils ausgespielte Kugel, da diese sich bereits, für den Spieler unsichtbar, im Ausgabekanal befindet. Ein erhaltenes Vergleichsstück dieses Gerätes war als Verkaufsautomat für Kremlina-Schokolade in Gebrauch.

CK

Muntautomaten, S. 104, Nr. 124, Abb. S. 105.

18/19 Kugel-Automaten

Die beiden Kugel-Automaten (Kat. Nr. 18 und 19) sind eine Variante der um 1930 in Deutschland populären Thekenautomaten, die unter dem Sammelbegriff »Stechapparate« bekannt geworden sind (vgl. auch Kat. Nr. 17). Es handelt sich hierbei um eine Sonderform des Verkaufsautomaten, die anstelle der direkten Warenausgabe eine farbige Kugel als Prämie ausspielt. Für die Prämie erhielt der Käufer eine festgesetzte Warenprobe. Die als »Verkaufsvermittler für alle Warengattungen« konzipierten Automaten sollten die Aufmerksamkeit auf die Produkte (meist Schokolade) gewisser Firmen richten und damit zur Steigerung des Absatzes beitragen.

Schon bald nachdem die ersten Stechapparate auf den Markt gekommen waren, beschäftigten sich die Polizeibehörden mit diesen eigenartigen Verkaufsapparaten. Am 8. November 1933 veröffentlichte das Preußische Ministerium des Innern einen Runderlaß, der die rechtliche Stellung der Automaten sicherte. Danach war die Aufstellung dieser Automaten nur in geschlossenen Räumen zulässig, zudem mußte bereits vor Zahlung des Einsatzes die die Ware bezeichnende Kugel sichtbar sein und ein detailliertes Verzeichnis der zu gewinnenden Waren und deren Wertangabe auf dem Automaten angebracht sein. Nach Erlaß der Durchführungsverordnung (DVO) vom 22. Mai 1935, die die Aufstellung von mechanisch betriebenen Spieleinrichtungen mit Geld- oder Wertmarkengewinn auf Veranstaltungen unter freiem Himmel von vorübergehender Dauer einschränkte, wurde auch die Zulässigkeit der Kugelstechapparate erneut diskutiert. 1938 setzte sich die Auffassung durch, daß diese Automaten als »mechanisch betriebene Spieleinrichtungen mit Gewinnmöglichkeit« anzusehen seien und mit Wirkung vom 1. Januar 1940 den Bestimmungen der oben genannten DVO zu unterliegen hätten.
Der wirtschaftliche Einsatz der Kugelstechautomaten kam damit zum Erliegen.
Die Wiederbelebung dieses Automatentyps nach dem Zweiten Weltkrieg wurde schon bald durch einen Runderlaß des Bundesministers des Innern vom 30.1.1951 abgeblockt. Diesem Erlaß zufolge wurden die Kugelstechapparate als genehmigungspflichtige Ausspielung im Sinne des § 286 des Strafgesetzbuches den Lotterien gleichgestellt und damit ihre Aufstellung in die Zuständigkeit der Länder übertragen. Da sich die Süßwarenwirtschaft als Zulieferer-Industrie ebenfalls von dieser Verkaufspraxis distanzierte, war damit das Ende der Kugelstechautomaten besiegelt. CK

Stechapparate, Der Automat 6 (1932), S. 11.
Stechapparate behördlich zugelassen!, Der Automat 7 (1933), S. 372.
Die Lage im Spielautomaten-Aufstellgewerbe, Der Automat 9 (1935), S. 291f.
Kugelstechapparate nur noch bis Ende 1939, Der Automat 12 (1938), S. 273.
Kugelstechautomaten endgültig auf den Index, Automaten-Markt 3 (1951), S. 19f.

202 Kugelstechautomat für Schmuckwaren aus Idar-Oberstein, 1936

18 Trumpf Kugel-Automat

Trumpf Schokoladenfabrik, Berlin-Weißensee (?), 1933/34 (Fabriknr. 7831)
Münzung: 10 Pfennig
27 × 14 × 45

Aufgrund der gesetzlichen Bestimmungen erwirbt der Käufer durch den Einwurf einer 10-Pfennigmünze die Ware, die für die im rechten Sichtfenster bereitliegende Kugel als Prämie ausgeschrieben ist. Damit ist jedes Zufallsprinzip ausgeschaltet, da sich der Käufer vor Betätigung des Automaten Gewißheit über den zu gewinnenden Artikel verschaffen kann. Mit dem Münzeinwurf ist zwar der Kaufakt abgeschlossen, zugleich wird aber ein Mechanismus freigesetzt, der durch Drehen des Schlüssels die alte Kugel herabfallen und eine neue Kugel im Sichtfenster erscheinen läßt (die eingeworfene Münze erscheint jeweils im linken Sichtfenster). Da die neu erschienene Kugelfarbe möglicherweise einen höheren Gewinn verspricht, kann mit einem erneuten Münzeinwurf gerechnet werden.
Die herabfallende Kugel wird durch den Drehmechanismus in den rückwärtigen Kugelbehälter zurückgeschleudert. Eine Trennscheibe innerhalb dieses Sammelbehälters hält die ausgespielten Kugeln zurück, wodurch es ermöglicht wird, eine »letzte« Kugel mit hohem Warengewinn zu erwerben. Ist der Vorratsbehälter geleert, so kann die Trennscheibe durch Aufsetzen eines Spezialschlüssels über der Scheibe mit den Namen gekippt und die Kugeln in den Ausgabebereich des Behälters zurückgeführt werden. Mit dem Einstellen eines Namens auf der Drehscheibe rechts werden die Kugeln in dem rückwärtigen Behälter gemischt und damit dem Käufer die trügerische Hoffnung geboten, daß die Farbe der Kugel von einer persönlichen Glückswahl zu beeinflussen sei. CK

19. Kugelschleuder Gartmann 275

Firma C. H. L. Gartmann, Hamburg-Altona, 1934 (Fabriknr. 191136)
Münzung: 10 Pfennig
22 × 32 × 33

Gemäß dem Erlaß von 1933 (s.o.) sind die rechtlichen Vorschriften für die Zulassung von Kugelstechautomaten oben auf dem Automaten aufgeführt; eine weitere Liste darunter nennt die Schokoladenartikel, die für die verschiedenen farbigen Kugeln zu gewinnen sind, das Preisverzeichnis vorne gibt den Wert der Warengewinne an. Nach Einwurf der Münze wird der Stift neben dem Münzschlitz nach links geschoben und damit die in dem kleinen Sichtfenster bereitliegende Kugel in den halbkreisförmigen Ausgabeschacht darunter ausgegeben. Ist die entsprechende Ware eingelöst, wird die Kugel entnommen und in das Loch rechts oben eingeworfen. Die ausgespielten Kugeln fallen mit dem Geld in den Holzkasten und müssen nach Ausgabe der letzten Kugel wieder in den silbernen Kugelbehälter eingefüllt werden. Durch den Drehknopf im Zentrum des Kugelbehälters können die vorhandenen Kugeln gemischt werden. CK

10 Kugel- Automat 10
D.R.P.
D.R.G.M.
ANG.
Trumpf
10 PFG.
KUGEL AUTOMAT
LANGSAM DREHEN
Schokolade

Sortiment „Allotria"
Kugelschleuder Gartmann 275
125 Jahre
Gartmann

20 Kaugummiautomat

The Columbus Vending Co., Ohio, 1932
Münzung: 1 Cent
Durchmesser: 30; Höhe: 40

Erstmals 1871 soll Thomas Adams kommerziell Kaugummi in Form von Tabletten in den USA angeboten haben. Andere Firmen, die zumeist heute noch als Synonym für Kaugummi stehen, folgten bald dem Beispiel von Adams. Kugelförmiger, unverpackter Kaugummi in verschiedenen Farben kam allerdings erst 1907 auf den Markt. Ein Jahr später, am 15.9.1908, meldete R. D. Simpson ein Patent für einen Kaugummiautomaten an und produzierte diesen Vorläufer der Columbus-Modelle dann unter der Bezeichnung »The Simpson«.
Diese kleinen Tischverkäufer wurden bald so populär, daß sie in vielen Geschäften und Bars zu finden waren. Die meisten Automaten besitzen eine Grundform, bestehend aus einem oft gußeisernen Fuß und einer Glaskugel, die die lose Ware enthält. Dieser Automatentyp wurde von vielen Fabrikanten in zahlreichen Varianten hergestellt (Abb. 203).

Das ausgestellte Modell gehört zu einer mit »M« bezeichneten Serie der Columbus Co., bei der erstmals ein glockenförmiger Fuß verwendet wurde. Auf dem gußeisernen, mit Porzellan überzogenen Fuß sitzt ein Ring, der die Glaskugel und den Fuß zusammenhält. In diesem Ring befindet sich auch der Münzeinwurf und der Hebel, der nach dem Münzeinwurf nach links geschoben wird, um die Kugeln freizugeben. Der Stern als Warenzeichen der Columbus Co. findet sich auf der Klappe über dem Ausgabeschacht und auf der Glaskugel. Ein Schloß am Fuß des Automaten schließt die Kasse ab, und ein weiteres verschließt am Deckel die Glaskugel. UG

Rubin, S. 53.
Gumball Machines (Right or Wrong), by Abraham Vander Vlist, ed. and arranged by Philip and Julie Cunningham, Long Beach/California 1981, S. 42.
Bill Enes, Silent Salesmen. An Encyclopedia of Collectible Gum, Candy & Nut Machines, Lenexa/Kansas 1987. S. 24 (»The Simpson«), 27.

203 Verkaufsautomat »LIPS« für Nüsse und lose Süßigkeiten, Friedrich Schlegel, Leipzig 1936

COLUMBUS
NUTRITIOUS
AND
HEALTHFUL
INSERT
ONE PENNY

21 Zigarettenautomat

ADE Automaten- und Schnellwagenfabrik GmbH, Berlin-Reinickendorf, 1936
Münzung: 20 Pfennig
59 × 30 × 101

Während die »Zigarrenselbstverkäufer« als Tischgeräte (vgl. Kat. Nr. 14) im ausgehenden 19. Jahrhundert schon verbreitet waren, konnten sich die Zigarettenautomaten erst in den späten 20er Jahren in größerem Maß durchsetzen. Dies hängt sicher mit der in diesem Zeitraum einsetzenden Popularisierung der Zigaretten zusammen, die sich auch an der weltweiten Verdreifachung des Zigarettenverbrauchs zwischen 1915 und 1925 ablesen läßt. Aus dem ehemaligen Luxusartikel, der an orientalische Welten erinnerte, war ein Genußmittel für alle Schichten geworden.
Große Zigarettenautomaten mit zahlreichen Schächten wurden vermehrt nach der Gesetzesänderung vom 6. Juli 1934 hergestellt, die die Bindung an die Ladenschlußzeiten aufhob. Allerdings durften diese Automaten auch nur von Geschäftsinhabern aufgestellt werden, die die Waren auch in größeren Mengen in ihrem Ladengeschäft verkauften.

Der ausgestellte Zigarettenautomat wurde von einem der großen Hersteller, der vor allem auf Warenautomaten spezialisiert war, produziert. Bis zur Herbstmesse 1934 wurde die Firma ADE stets in den Berichten zur Frühjahrs- und Herbstmesse ausführlich besprochen. Hermann Kade, der Geschäftsführer, galt als engagierter Vertreter der Interessen der Automatenindustrie. Um so mehr verwundert das völlige Ausbleiben irgendwelcher Besprechungen der Firma ADE ab 1935, was vermutlich auf nicht näher bekannte Differenzen mit dem nationalsozialistischen Regime zurückzuführen ist. Die Firma produzierte jedoch weiter, wie sich aus der Datierung auf dem Exponat und aus verschiedenen veröffentlichten Gebrauchsmustern (D.R.G.M. 1 360 930, 1 361 010 von 1935) schließen läßt.
In der Konstruktion und im Design entspricht der Zigarettenautomat den Vorläufermodellen mit vier Schächten. Typisch für die meisten ADE-Automaten ist der Drehgriff (Abb. 204), durch den die Ware freigegeben wird. Die sechs Zigarettenmarken sind in jeweils drei Schächten gestapelt, die links und rechts von den Einwurfschlitzen die Tiefe des Automaten nutzen. Nach dem Münzeinwurf in Höhe der gewünschten Marke dreht man den Drehgriff in die Richtung, in der die Sorte angezeigt wird, dadurch wird der jeweilige Schacht entriegelt und die Packung freigegeben. UG

Der Automat 7 (1933), S. 52f. (Kade); 8 (1934), S. 305 (ADE, Messebericht); 9 (1935), S. 6 (Gesetzesänderung vom 6.7.1934); 10 (1936), S. 224f. (Zweite Ausführungsverordnung zum Gesetz über den Verkauf von Waren aus Automaten).
Mark W. Rien/G. N. Corén, Das neue Tabagobuch, Hamburg 1985, S. 116–124.

204 »Rollfilmautomat«, ADE Automaten- und Schnellwaagenfabrik GmbH, Berlin-Reinickendorf 1934

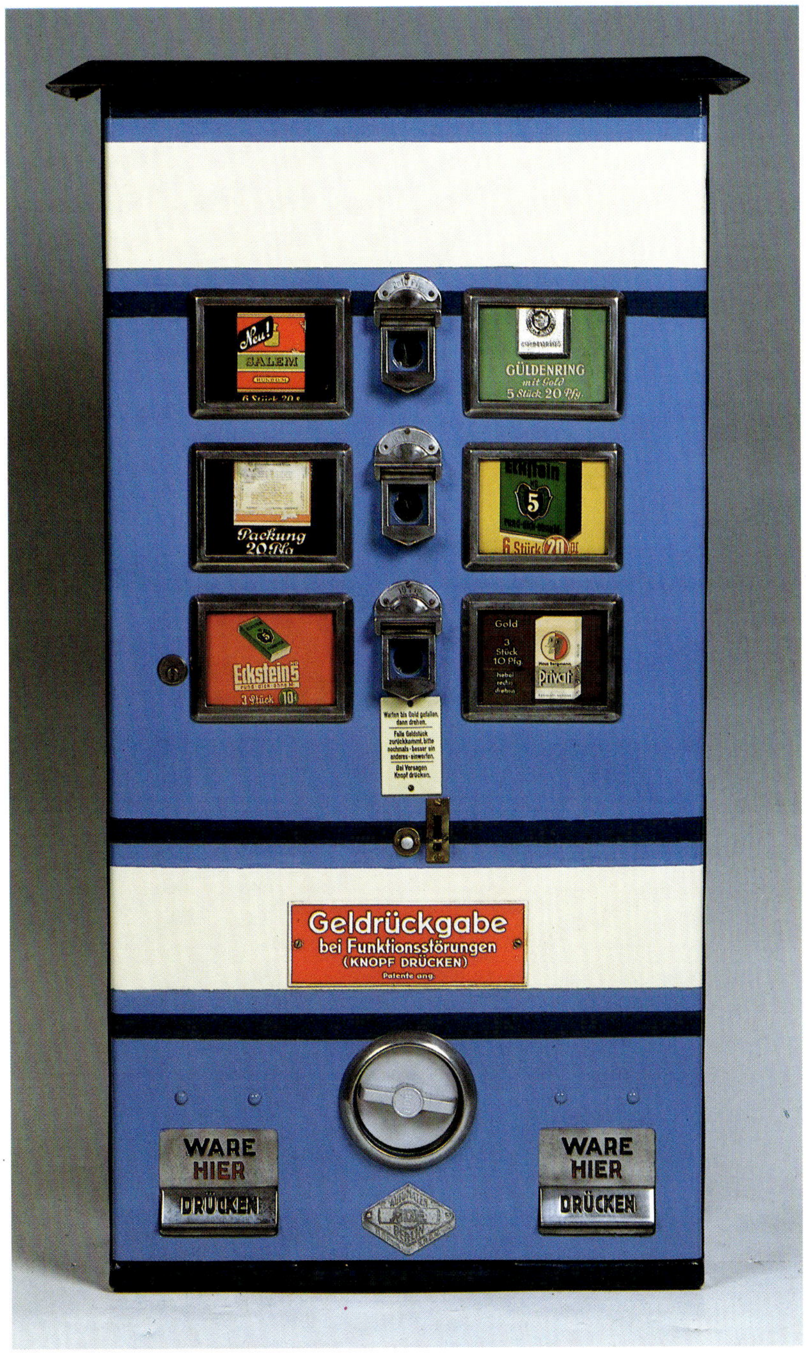
Neu!
SALEM
GÜLDENRING
mit Gold
5 Stück 20 Pfg.
Packung
Eckstein
5
Eckstein's
3 Stück 10
Gold
3
Stück
10 Pfg.
Privat
Warten bis Geld gefallen, dann drehen.
Falls Geldstück zurückkommt, bitte nochmals - besser ein anderes - einwerfen.
Bei Versagen Knopf drücken.
Geldrückgabe
bei Funktionsstörungen
(KNOPF DRÜCKEN)
Patente ang.
WARE
HIER
DRÜCKEN
WARE
HIER
DRÜCKEN

22 Coca-Cola-Automat (Typ 44)

Vendo Company, Kansas City oder Fresno/Kalifornien, hergestellt zwischen 1948 und 1955
Münzung: 10 Cents
41 × 38,5 × 146

In den frühen 50er Jahren wurden die ersten Flaschenautomaten aus den USA nach Deutschland importiert. Im Zuge der Rationalisierung im Produktionsbetrieb waren diese Automaten als neu entdeckte Möglichkeit der Betriebsverpflegung in Kantinen und Büros in erster Linie zum Verkauf von nichtalkoholischen Erfrischungsgetränken gedacht. Das bereits seit 1929 in Deutschland bekannte Coca-Cola wurde auf diese Weise zum Marktführer unter den Erfrischungsgetränken. Die in Essen ansässige deutsche Coca-Cola Gesellschaft arbeitete mit der Vendo Company in Kalifornien (1931 gegründet) zusammen, die über Jahrzehnte den Spitzenplatz unter den Verkaufsautomatenherstellern der Welt behauptete. 1961 gründete die Vendo eine eigene Niederlassung in Düsseldorf. Deutsche Firmen wie Wiegandt, Berlin, und Telefonbau & Normalzeit, Frankfurt, folgten mit Flaschenautomaten aus eigener Produktion.

Die Coca-Cola-Flaschen sind in zwei Schächten versetzt nebeneinander liegend gestapelt. Durch Herabdrücken des Hebels an der Vorderfront wird eine Wahl aus den beiden Schächten getroffen und eine Flasche in den Ausgabeschacht gerollt. Ein in das Gerät integrierter Flaschenöffner ermöglicht den Genuß an Ort und Stelle, ein kleines Sichtfenster informiert den Käufer, wenn das Gerät geleert ist oder eine falsche Münze eingeworfen wurde. CK

Getränkeautomaten: Das Geschäft der Zukunft?, Automaten-Markt 8 (1956), S. 290.
Der Getränkeautomat in Deutschland auf dem Vormarsch, Automaten-Markt 8 (1956), S. 419–427.
Flaschenautomaten kommen an den Arbeitsplatz, Automatisch verkaufen 1 (1957), S. 17f.
Vendo kommt nach Europa, Automatisch verkaufen 4 (1960), S. 260.

205 Amerikanische Vendo-Reklame, 1958

206 Füllung eines Coca-Cola-Automaten, 1957

DRINK
Coca-Cola
Have a "Coke"
10¢
SOLD OUT
BOTTLE OPENER
COIN RETURN
Vendo

23 Heiss Bar

Schwelmer Eisenwerk Müller & Co. GmbH, Schwelm/Westfalen, 1956 eingeführt
Münzung: 20 Pfennig oder 1 × 50 Pfennig mit Rückgabe von 30 Pfennig
79 × 60 × 180

Die automatische Ausgabe von Getränken ist in Deutschland bereits durch die Automatenrestaurants seit 1896 bekannt. Hierbei handelte es sich, wie auch bei den in den 30er Jahren gängigen Getränkeautomaten, um ein »Pre-Mix«-System, in dem aus einem isolierten Vorratsbehälter warme oder kalte Getränke portioniert in Becher abgefüllt werden.
Um 1955 kamen in Deutschland verstärkt amerikanische Produkte der Cole Products Corporation, Chicago, und der APCO Inc., New York, auf den Markt, die nach einem neuartigen System das gewählte Getränk aus den im Gerät enthaltenen Ingredienzien mit dem im Automaten erhitzten Wasser (aus Wasserbehälter oder an die Wasserleitung angeschlossen) mischen und in einem Becher als frisch zubereitetes Getränk ausgeben (»Post-Mix«). 1955 übernahm das Schwelmer Eisenwerk Müller & Co. als erster deutscher Hersteller die Produktion des »Cole-Spa«-Automaten der Cole Products Corporation in Lizenz, die ab Dezember 1956 in Serie gebaut wurden. Die zunächst vorgestellte »Kalt Bar« lieferte nichtalkoholische Getränke in drei Geschmacksrichtungen, mit und ohne Kohlensäurezusatz. Die bald darauf eingeführte »Heiss Bar« bot sechs verschiedene Wahlmöglichkeiten an: Kaffee in vier verschiedenen Kombinationen – schwarz, mit Milch, nur mit Zucker, mit Milch und Zucker – sowie Trinkschokolade und Suppe; 1957 wurde die Auswahl auf zwei Arten von Fleischbrühe erweitert. Als Behälter für den Getränkeautomaten übernahm die als Herstellerin von Tankanlagen bis heute tätige Firma das Gehäuse von Benzin-Zapfsäulen.
1957 kam Wiegandt in Berlin als Konkurrent auf dem Gebiet der Becherautomaten ebenfalls mit Kalt- und Heißgetränkeautomaten auf den Markt. Unternehmen wie Nestlé und Maggi lieferten die dazu benötigten pulverförmigen Substanzen (vgl. Kat. Nr. 30). CK

Getränkeautomaten-Geschäft in Europa läuft an, Automaten-Markt 7 (1955), S. 439–442.
Waren- und Getränkeautomaten auf der ANUGA 1955, Automaten-Markt 7 (1955), S. 552–556.
W. Beitlich, Die gewerbliche Stellung des Trinkautomaten, Automaten-Markt 8 (1956), S. 420–427.
Becherautomaten setzen sich durch, Automatisch verkaufen 1 (1957), S. 10–12.

207 »Heiß Bar« am Strand, 1957

1) Geld einwerfen in 10-Pf-Stücken oder 10 Pf. Wechselgeld kommt zurück!
2) Wahlknopf für Getränk drücken und gleichzeitig für mehr Milch oder Zucker.
3) Gefüllten Becher entnehmen, wenn grünes Licht wieder aufleuchtet.
»Bei Störung Hebel am Geldeinwurf betätigen.«
KAFFEE SCHWARZ
KAFFEE MIT MILCH U. ZUCKER
KAFFEE MIT MILCH
SCHOKOLADE
KAFFEE MIT ZUCKER
FLEISCHBRÜHE
MEHR MILCH
MEHR ZUCKER
Heiss Bar
Schwelm
Geldrückgabe

24 PEZ-Automat

Theodor Braun-Automatenbau, Wien, ca. 1960
Münzung: 10 Pfennig
21 × 12,2 × 76

Pfefferminzpastillen gehören neben Schokolade, Bonbons und gebrannten Mandeln zu den Süßwaren, die bereits im »Merkur«-Automat der Gebr. Stollwerck (vgl. Kat. Nr. 1) zum automatischen Verkauf angeboten wurden. In den 30er Jahren wurden annähernd 52 % der Gesamtproduktion der deutschen Pfefferminzhersteller über Automaten verkauft, die bevorzugt auf den Bahnhöfen aufgestellt waren. Hierbei spielten die sog. »Mintautomaten« eine besondere Rolle, die zunächst aus Amerika importiert worden waren und ab 1929 auch in Deutschland hergestellt wurden (vgl. Kat. Nr. 37).
Nach dem Zweiten Weltkrieg gehörten die Süßwarenhersteller zu den ersten, die sich wieder um den automatischen Verkauf ihrer Artikel bemühten. Die Geräte wurden nun durch Firmenbeschriftung und auffallendes Design zu einem bedeutsamen Werbeträger für die Pfefferminzhersteller. Firmen, wie die Dr. Hillers AG, Solingen, die Firma Vivil, A. Müller & Co., Offenburg, und die Pez-Unimint in München bezogen ihre Verkaufsautomaten von verschiedenen Herstellern und übernahmen zum Teil selbst den Vertrieb. Eine bedeutende Steigerung des Umsatzes wurde durch die Aufhängung von Pfefferminzautomaten an sogenannten Saisonplätzen, wie Strandpromenaden und Bergstationen, erzielt, wo die Geräte nur während der Hauptferienmonate angebracht wurden.

Die Auswahlautomaten der Wiener Firma Th. Braun wurden trotz der hohen Anschaffungskosten wegen ihrer hohen Lebensdauer von ca. zwölf Jahren von der Pez-Unimint bevorzugt als Verkaufsautomat eingesetzt. Das Angebot von Peppermint, Citron/Orange und Traubenzucker hielt sich lange als ideale Süßwaren-Sortierung, die der Konsumerwartung der Käuferschaft entsprach. CK

Süßwarenverkauf durch Automaten, Automatisch verkaufen 4 (1960), S. 246–248.
L. J. Mayer, Verkaufsautomaten an Saisonplätzen, Automatisch verkaufen 5 (1961), S. 250–254.

208 Kinder an einem PEZ-Automaten, 60er Jahre

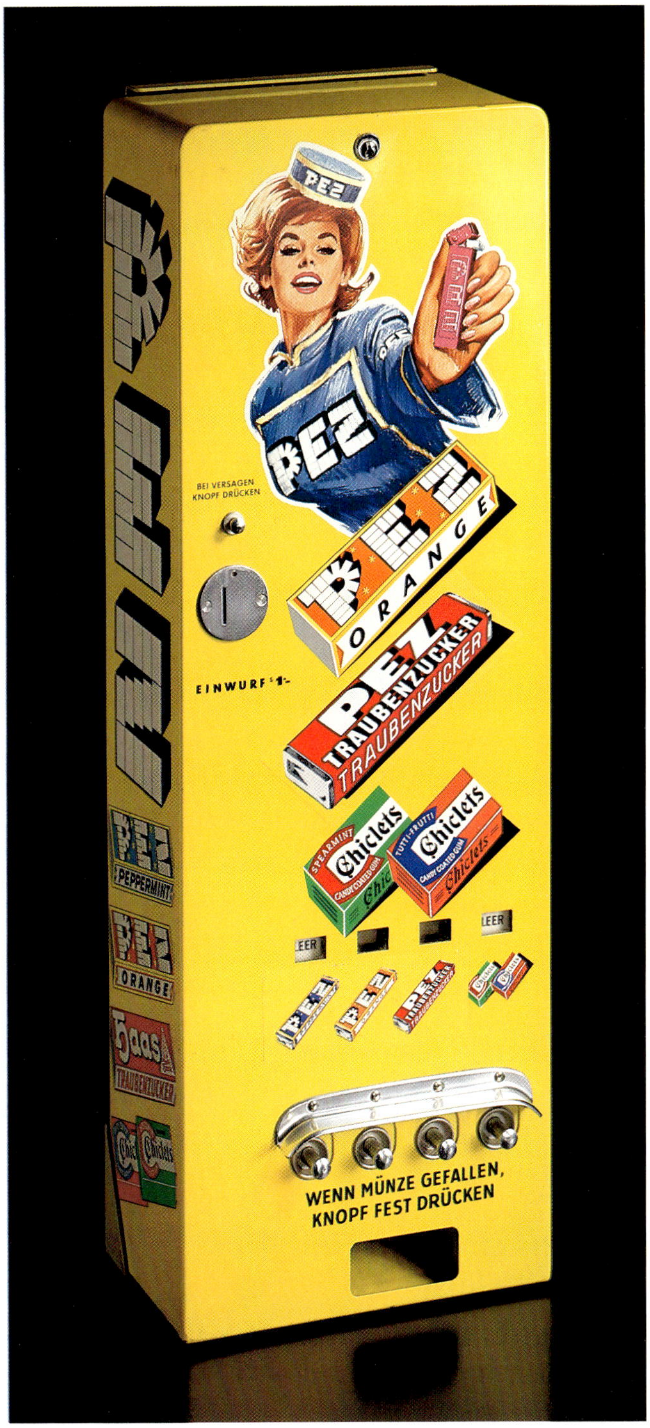
PEZ
BEI VERSAGEN
KNOPF DRÜCKEN
PEZ
ORANGE
PEZ
TRAUBENZUCKER
TRAUBENZUCKER
EINWURF S 1.-
SPEARMINT
Chiclets
CANDY COATED GUM
TUTTI-FRUTTI
Chiclets
CANDY COATED GUM
LEER
LEER
WENN MÜNZE GEFALLEN,
KNOPF FEST DRÜCKEN
PEPPERMINT
ORANGE
Haas
TRAUBENZUCKER
Chiclets

25 HEISSWURST-Automat

Hersteller unbekannt, Deutschland, 60er Jahre (?)
Münzung: 50 Pfennig
30,5 × 14,5 × 62,5

Die Idee, heiße Würstchen aus dem Automaten zu verkaufen, kommt wahrscheinlich um 1950 aus den USA. In demselben Jahr sollen laut »Automaten-Markt« z.B. in Chicago 800 Würstchenautomaten unter dem Namen »Hot-dog-Service« aufgestellt gewesen sein. Die meisten der in Deutschland ungefähr ab 1954 aufgestellten Automaten lieferten zu dem Würstchen ebenfalls ein Brötchen und Senf.

Das Problem, das sich bei all diesen Automaten stellte, war einerseits die Kühlung und andererseits die Erhitzung der Würstchen. Bei dem ausgestellten Heißwurstautomaten ist keine Kühlvorrichtung vorhanden. Die Erwärmung des Würstchens erfolgt durch das Anlegen zweier Metallkontakte, die in die jeweiligen Enden des vermutlich verpackten Würstchens gespießt wurden. Für die Dauer von ungefähr einer halben Minute fließt Strom durch das Würstchen und erhitzt es. Aus der Gestaltung des Werbeplakats an der Vorderfront des Automaten läßt sich vermuten, daß er aus der Zeit um 1965–70 stammt.
Diese Methode zum Erwärmen der Würstchen wurde auch von anderen Firmen verwendet, so z.B. von dem amerikanischen Hersteller Vend-a-Frank, der seinen Würstchenautomaten 1958 auf der »Hotel- und Gaststättenausstellung« in Berlin präsentierte. Andere Firmen boten Automaten an, bei denen die Würstchen in heißem Wasser oder in einer Pfanne erhitzt wurden. UG

Automaten-Markt 2 (1950), S. 63 (»Hot-dog-Service«); 6 (1954), S. 332, 364.
Automatisch verkaufen 2 (1958), S. 198 (Vend-a-Frank); 3 (1959), S. 108.

26 FAHNENTOD

Hersteller unbekannt, IGFA – Internationale Gesellschaft für Automatenbetrieb mbH (Vertrieb), Hamburg, um 1960 (?)
Münzung: 50 Pfennig
8 × 9 × 35,5

Bei diesem kleinen Automaten wurde die einfachste Form der Warenausgabe gewählt. Durch den Münzeinwurf wird unten die Klappe der Warenentnahme entriegelt, und das Päckchen kann entnommen werden; danach wird die Klappe wieder arretiert. Der kleine Knopf im oberen Teil des Automaten dient der Münzrückgabe.
Welche Ware aber in dem Automaten war, läßt sich nur anhand des Namens und der für einen Automaten ungewöhnlichen Gestaltung vermuten. Wahrscheinlich befand sich in den sehr kleinen Päckchen Kaugummi, um die Alkoholfahne zu überdecken. Die Darstellung auf dem Automaten suggeriert sogar, daß der Alkohol wie der kleine rote Teufel durch den Inhalt vertrieben wird. UG

HEISSWURST
–.50
Klasse!
RASTING'S
Würstchen
in zarter Eigenhaut
RASTING FLEISCHWAREN · BONN · SCHLACHTHOF
kurze Zeit
warten

FAHNENTOD
WARE
HIER ENTNEHMEN

27 TREFF-GLOCKE

Treff Spiel- und Warenverkaufs GmbH, Berlin, um 1953 eingeführt
Münzung: 10 Pfennig
Durchmesser: 28, Höhe: 42

Tischverkäufer für Nüsse, Kaugummi und Süßigkeiten wurden in den USA seit Anfang des Jahrhunderts hergestellt. In Deutschland kamen »Tisch-Glocken« für kleine Kuchen oder Brötchen schon um 1900 (Abb. 209) und Automaten für Haselnüsse Anfang der 30er Jahre auf den Markt (Abb. 203). Im Design übernahm man dabei die einfachen Vorbilder der amerikanischen Hersteller.

Die »Treff-Nußglocke« sticht vor allem durch ihr Design auch aus der Nachkriegsproduktion deutlich hervor. Anstelle des sonst schlichten Deckels verwendete man hier die Heckflosse als Stilelement, das heute zu den Charakteristika der 50er Jahre zählt (Abb. 210). In dieser Heckflosse ist der Münzeinwurf und der Münzprüfer eingebaut. In der Mitte der »Treff-Glocke« befindet sich eine Schiene, durch die die Münze dann in die Kasse im Fuß des Geräts gleitet. Die Nüsse erhält man nach dem Münzeinwurf, wenn man den Hebel an der rechten Seite des Fußes herunterdrückt.
Derselbe Hersteller produzierte auch eine »Tisch-Glocke« für Kuchen, auf deren Deckel ebenfalls ein heckflossenförmiger Münzeinwurf angebracht ist.
Gefüllt wurden die Nußautomaten zunächst mit ungesalzenen Haselnüssen. 1953 kamen dann gesalzene Erdnüsse auf den Markt, die auch für Automaten gedacht waren. Allerdings mußten die meisten Hersteller ihre Geräte dafür umrüsten auf einen nicht korrodierenden Stahl, da sonst durch das hygroskopische Salz die Geräte verrostet wären. UG

Automaten-Markt 3 (1951), S. 79; 5 (1953), S. 83; 6 (1954), S. 76.

209 Automatenbuffet auf der italienischen Ausstellung in Berlin 1905

210 Straßenkreuzer der 50er Jahre

TREFF-GLOCKE

28.1 Großer Spar-Automat »VICTORIA«

Gebr. Stollwerck, Köln, 1894
Münzung: 10 Pfennig
15 × 10 × 25

Schon 1890 führte Stollwerck die »automatische Chocolade-Sparkasse« ein, mit der die Jugend »rechtzeitig an Sparsamkeit« gewöhnt werden und »eine Anspornung zum Fleiß« erhalten sollte. Nach Einwurf von 10 Pfennigen konnte man sich aus den Sparautomaten ein Stückchen Schokolade ziehen, warf man weniger ein, erhielt man nichts.
Auf dem ersten Spar-Automaten waren Sprichworte wie »Ueb' immer Treu und Redlichkeit« oder »Arbeit macht das Leben süß« abgedruckt. Durch die Gestalt dieser Sparkassen konnte Stollwerck bereits den Kindern die Automaten in miniaturisierter Form nahebringen und gleichzeitig damit Schokoladetäfelchen verkaufen, denn auch die Sparautomaten mußten wieder nachgefüllt werden.

In den »Victoria« Spar-Automat passen 35 Schokoladetäfelchen. Auf dem Automaten wird das Märchen von »Hänsel und Gretel« in einer gekürzten Fassung erzählt, und auf der Rückseite tanzen Hänsel und Gretel vor dem brennenden Ofen. Die alte Frau, die auf der Vorderseite des Automaten aus dem Fenster sieht, ist aber nicht die Hexe, sondern die Spenderin der Schokolade, wie es der fünfte Vers erklärt, der auf der Packung aufgedruckt ist: »Droben aus dem Fenster klein/ Schaut ein gutes Mütterlein,/ Bringst ein Stückchen Geld Du ihr,/ Giebt sie stets was Süsses Dir.« UG

Leipziger Illustrirte Zeitung, 13.12.1890, S. 660; 1.12.1894, S. 627.

211 Annonce der Gebr. Stollwerck, Köln 1890

28.2 Sparautomat »MENIER«

Confiseries Menier, Usine de Noisiel, Frankreich, um 1920 (?)
Münzung: ?
Durchmesser: 12, Höhe: 27

Auch andere Firmen, wie Menier, griffen die Idee des Schokoladen-Sparautomaten auf. Die Form der Litfaßsäule wird dabei gleichzeitig als Werbefläche genutzt für weitere Schokoladensorten, die Menier anbietet. Auf der einen Seite der Litfaßsäule kann ein Täfelchen nach Münzeinwurf gezogen werden. Auch heute werden noch Schokoladenautomaten aus Pappkarton hergestellt, aus denen man sich Täfelchen, allerdings ohne Münzeinwurf, ziehen kann. UG

STOLLWERCK
„VICTORIA"
SPAR-AUTOMAT
Knusper, knusper Kneischen,
Was klappert in mein Häuschen?
Schokolade
Schokolade
Gebrauchsanweisung.
Man werfe ein 10 Pfg.-Stück in die
mit „Schokolade" bezeichnete Oeffnung
auf dem Dache und ziehe alsdann kräftig
an dem Ringe.
1. Hänsel und Grethel, verirrt und bang,
Liefen im dunklen Wald so lang,
Standen zuletzt vor'm Zuckerhaus,
Kam eine böse Hexe heraus

CHOCOLAT-MENIER
CHOCOLATS
MENIER
CHOCOLATS
FINS
CONFISERIES
MENIER
CONFISERIES
FINES
CHOCOLAT
FIN
MENIER
AU LAIT EXTRA
CHOCOLATS
FINS
MENIER
Les plus fins
des chocolats fins
CHOCOLAT
FIN
MENIER
AU LAIT ET AUX NOISETTES

29 Stollwerck-Sammelalben

Gebr. Stollwerck, Köln, 1897/98

Die ersten Werbebildchen soll Aristide Boucicaut, der Gründer der Warenhauskette »Au Bon Marché«, um 1870 in Paris als Werbegeschenk an seine Kunden verteilt haben. Bestätigt durch den Erfolg bei den Kunden, ließ er schon bald Serienbilder drucken. Diese Sammelbilder werden heute als »Kaufmannsbilder« bezeichnet, da sie lose bei einem Einkauf dazugegeben wurden. In Deutschland stellte die Firma Liebigs Fleischextrakt die ersten Kaufmannsbildchen ab 1872 her. Auch kleinere Firmen griffen dieses Werbemittel bald auf und schlossen sich oftmals zusammen, um die Herstellung der Bildchen gemeinsam zu finanzieren. Die Motive reichten von der reinen Werbung bis zu den verschiedensten, auch lehrreichen Themen. Stollwerck übernahm die Serienbildchen gezielt im Zusammenhang mit der Aufstellung der Automaten. Letztere waren ursprünglich als Werbeträger gedacht, aus denen Proben zusammen mit Bildchen gezogen werden konnten. Erst unter dem Druck der Konkurrenz stellte Stollwerck dann auf den Verkauf von umfangreicheren Sortimenten und Waren anderer Hersteller um. Die Bildchen hatten entsprechend den kleineren Automatenpackungen nur das Format von 45 × 90 mm.

Das erste Sammelalbum für die Automatenbildchen brachte Stollwerck 1897/98 heraus. Für die Gestaltung der Bilder konnten namhafte Künstler der Zeit wie Adolph Menzel, Max Liebermann, Heinrich Vogeler und andere gewonnen werden. Zudem veranstaltete Stollwerck Künstler-Wettbewerbe, bei denen die Entwürfe in Originalgröße eingereicht werden mußten. Auf der Rückseite der Bildchen gab ein Text meist einige Informationen zu der Abbildung. Dieselben Texte waren in den Sammelalben neben den Bildchen abgedruckt. Die Themen der Serien in den einzelnen Alben waren zunächst noch gemischt, ab 1903 brachte Stollwerck dann überwiegend Themenalben heraus.

In dem ausgestellten Sammelalbum Nr. 1/2 wurden beispielsweise folgende Themen zusammengestellt: Europäische Post, Kinderspiele, Kinderbilder, Kaiserdenkmäler und mehrere Serien zu deutschen Staatsmännern sowie Kriegsbilder aus dem Jahr 1870/71. In abgeschlossenen Serien wurden diese unterschiedlichen Themen nebeneinander gestellt, wie es auch die aufgeschlagene Seite zeigt, auf der der »Verkehr im Jahr 2000« zu sehen ist. Die nächste Seite zeigt die »Regenten der europäischen Großmächte«, der Text gibt einige Informationen zu den Ländern und deren Herrscher. Das Album Nr. 9 »Es war einmal – Märchen« von 1906/07 enthält verschiedene Märchen der Brüder Grimm, von Wilhelm Hauff u.a. UG

Kuske, S. 87f. (Stollwerck-Sammelbilder).
Erhard und Evamaria Ciolina, Garantirt aecht. Das Reklame-Sammelbild als Spiegel der Zeit, München 1987.

STOLLWERCK
SAMMEL-ALBUM No 9.
MÄRCHEN-ALBUM
VERLAG GEBR. STOLLWERCK A.G.
KÖLN·BERLIN·WIEN·

Verkehr im Jahre „2000“.
Regenten der europäischen Großmächte.
Gebr. Stollwerck, Stammhaus: Köln am Rhein.
Gebr. Stollwerck, Köln.

30 Warenverpackungen

Die Verwendung von Verpackungen für Waren erhielt vor allem durch die Entwicklung des Markenartikels Bedeutung. Seit dem Anfang des 19. Jahrhunderts bildete sich dieser in der Qualität und im Aussehen genormte Artikel heraus, der dem Käufer dies auch durch die Verpackung und Gestaltung zu erkennen gab. Warenverpackungen gibt es aus den verschiedensten Materialien wie Papier, Pappe, Blech, Glas. Blechdosen boten vor allem für empfindliche, trockene Waren den nötigen Schutz, seitdem seit Anfang des 20. Jahrhunderts durch neue Fertigungsmethoden exakt schließende Dosen hergestellt werden konnten.

Die Gestaltung der Blechdosen oder anderer Warenverpackungen wurde seit dem ausgehenden 19. Jahrhundert zudem von namhaften bildenden Künstlern wie Henry van de Velde entworfen, die der nicht ganz unproblematischen Zusammenarbeit mit der Industrie offen gegenüberstanden und in manchem Großindustriellen einen Mäzen und Partner fanden. Durch die sorgfältige Verarbeitung des Materials als auch des Design erhielt die Verpackung ihren eigenen »Reiz« der »Hülle«.

Die Stollwerckschen Automatenpackungen enthielten Schokoladen- und Bonbonproben, für die auch die Automaten zunächst hergestellt wurden. Die Schachtel wurde dabei als Werbefläche genutzt, beispielsweise für die eigenen Produkte wie Schokolade oder für den Ort, an dem der Automat aufgestellt war. So heißt es etwa auf einem Schächtelchen, das für das »Electrische Automaten-Restaurant auf der Berliner Ausstellung 1896« wirbt: »Dieses electrische Automaten-Restaurant von über 800 □meter Grundfläche bildet eine hervorragende Sehenswürdigkeit der Ausstellung, da Alles automatisch mit Verkaufsmaschinen verabreicht wird, wie Bier, Wein, Kaffee etc., auch warme und kalte Speisen. Alle Speisen werden auf electrischem Wege zubereitet (gebraten u. gekocht). Eine automatische Musikkapelle von 16 Figuren sorgt für Unterhaltung.«
Für die Automatenhennen (vgl. Kat. Nr. 7, 15) und für den Automatenhasen (Abb. 191) wurden Blechdosen in Form von Eiern hergestellt, die neben den Süßigkeiten manchmal auch als Kaufanreiz eine Überraschung enthielten.

Eine eigene Gruppe bilden die Verpackungen für Automatenfüllung wie Zitronentee-Extrakt, Suppe, Kakao, Kaffee oder Milch. UG

Eugen Leitherer/Hans Wichmann, Reiz und Hülle. Gestaltete Warenverpackungen des 19. und 20. Jahrhunderts, Stuttgart 1987, S. 25f., 144ff.

Gebr. Stollwerck's Probe von Fruchtbonbons
Stollwerck's Proben-Verkäufer
Jeder dem Preis u Geschmack derselben zusagt, verlange in geeigneten Geschäften ausdrücklich nach Stollwerck'scher Chocolade.
RESTAURANT Zoologischer Garten BERLIN.
ADLON & DRESSEL Hoflieferanten.
Electrisches Automaten-Restaurant auf der BERLINER Gewerbe-Ausstellung 1896

IDEAL
Magermilch-Pulver
für Automaten
NESTLÉ
GROSSKONSUMENTEN SERVICE
Maggi
Rinds-bouillon
für Automaten
NESTLÉ Automaten Verpflegungs SERVICE
MAGGI
Ochsenschwanz-Suppe
für Automaten
Maggi
Klare Fleisch-Suppe
für Automaten
NESTLÉ Automaten Verpflegungs SERVICE
MODERNA
Zitrone
NESTLÉ
GROSSKONSUMENTEN SERVICE

31 THE OWL

Mills Novelty Company, Chicago, 1897 eingeführt
Münzung: 25 Cents
56 × 30 × 147

Das erste Patent für einen mechanischen Geldspielautomaten mit rotierender Scheibe und Gewinnauszahlung in Münzen wurde 1893 an James Lightpipe in San Francisco vergeben. Mehr Bedeutung gewannen die Patente des deutschstämmigen Gustav F. W. Schultze aus San Francisco von 1893–1895. Als die T. H. Holtz Electric Works 1897 einen auf den Ideen von Schultze basierenden Geldspielautomaten herausbrachten, kam es zu einem Gerichtsentscheid über die Patentansprüche, der mit einer Niederlage Schultzes endete, da auf die nur wenige Monate früher eingereichte Erfindung von Lightpipe verwiesen wurde. Damit waren Schultzes Monopol für das Ein-Scheiben-Spielgerät aufgehoben und der Konkurrenz alle Möglichkeiten des Wettbewerbs eröffnet. Noch im selben Jahr brachte Mills das Standardmodell »Kalamazoo« auf den Markt, das bereits den Einsatz auf fünf verschiedene Farben ermöglichte. Ende 1897 folgte das Standmodell »THE OWL«, bei dem bis zu fünf Münzen gleichzeitig auf die verschiedenen Farben gesetzt werden konnten.

Das Geldspielgerät »THE OWL« vertritt repräsentativ den Typ des amerikanischen münzbetätigten Ein-Scheiben-Spielautomaten, der zwischen 1897 und 1915 seine Hochkonjunktur erlebte. Gemeinsames Merkmal dieser Geräte ist die in verschiedenfarbige Segmente unterteilte Scheibe, die durch den Münzeinwurf und die Betätigung eines Hebels in rotierende Bewegung gesetzt wird. Der Spieler setzt seine Münze auf eine der fünf zur Auswahl stehenden Farben, indem er die Münze in den durch die jeweilige Farbe gekennzeichneten Einwurf wirft. Über Gewinn oder Verlust entscheidet, ob die gesetzte Farbe sich nach Stillstand der Scheibe mit dem feststehenden Zeiger im Scheitelpunkt deckt. In der Weiterentwicklung, wie sie »THE OWL« bereits kennzeichnet, wurde es möglich, auf alle Farben zugleich Einsätze zu zahlen, wodurch die Gewinnchance, aber auch die Verluste erhöht wurden. Die gesetzten Farben werden in den Sichtlöchern über der Scheibe angezeigt. Jede Farbe steht für einen unterschiedlichen Gewinn, wobei die grüne Farbe für den Höchstgewinn nur zweimal auf der Scheibe aufgetragen ist. Ein Klingelzeichen kündigt den Gewinn an.

Charakteristisch für diese frühen Standmodelle waren das reich geschnitzte Eichengehäuse auf geschwungenen gußeisernen Füßen sowie der über dem Gehäuse aufgesetzte verzierte Münzeinwurf und die ebenfalls aus Gußeisen gefertigten zahlreichen Schmuckapplikationen. Die gußeisernen Elemente der Spielautomaten sind meist vernickelt oder, wie bei diesem Gerät, mit oxidiertem Kupfer überzogen. Die Eule auf der Vorderwand des Automaten und im inneren Kreis der Drehscheibe, nach der das Spielgerät seinen Namen trägt, wurde wegen des außerordentlichen Erfolges dieses Automaten von Mills später als Firmenzeichen übernommen (vgl. Kat. Nr. 80).
CK

Rubin, S. 24.
Bueschel (1978), S. 12.
Geddes, S. 5.
Muntautomaten, S. 26 und S. 138.
Fey, S. 86, 92.
Costa, S. 34, 42.

THE OWL

32 BEN HUR

Caille Brothers, Detroit, hergestellt zwischen 1908 und 1932
Münzung: 25 Öre
40 × 27,5 × 50

Die Spielmöglichkeiten der Ein-Scheiben-Geräte (vgl. Kat. Nr. 31) wurde nach 1900 zunehmend ausgebaut: mit dem »JACKPOT DEWEY« von Mills (1902) wurde der Jackpot eingeführt; andere Geräte erhielten einen zusätzlichen Musikmechanismus, um den Einschränkungen der reinen Geldspielautomaten entgegenzuwirken. Im ersten Jahrzehnt des 20. Jahrhunderts wurden die mächtigen Standmodelle wegen der hohen Unterhaltungskosten und des aufwendigen Transports allmählich von kleineren Thekenmodellen abgelöst. 1899 brachte Mills den »OWL JUNIOR« als Thekengerät auf den Markt, dem 1900 der »BROWNIE« folgte. Mit dem »BEN HUR« von 1908, dem »kleinsten automatischen Geldauszahlgerät, das je hergestellt wurde«, wandten sich auch Caille Bros., Detroit, die bereits seit 1898 Standmodelle gebaut hatten, dem Thekengerät zu. Es war das letzte erfolgreiche Ein-Scheiben-Gerät, das bis in die frühen 30er Jahre hinein verkauft wurde. Seit 1909 entwickelten sich die auf der Erfindung von Charles Fey basierenden Drei-Walzen-Geräte (vgl. Kat. Nr. 36) zum marktbeherrschenden Typ des Geldspielautomaten, die die älteren Spielmechanismen bald in den Hintergrund drängten.

Mit seinem lasierten Holzgehäuse, der ornamental verzierten Scheibe und den vernickelten Metallapplikationen steht der »BEN HUR« noch in der Tradition der Standmodelle vor der Jahrhundertwende. Der Name geht auf den 1880 erschienenen historischen Roman von Lewis Wallace zurück, der in zahlreichen Auflagen verlegt wurde und durch seine Verfilmung bis heute seine Popularität gewahrt hat. CK

Bueschel (1978), S. 38.
Geddes, S. 43.

33 IRIS

Max Jentzsch & Meerz, Leipzig, 1931
Münzung: 10 Pfennig
51 × 26,5 × 71,5

Auf der Leipziger Frühjahrsmesse der Automatenhersteller 1931 wurde der »IRIS«-Dreifarben-Automat als Neuheit angekündigt. Der Spielmechanismus mit der in unterschiedliche Farbsegmente unterteilten, rotierenden Scheibe geht auf die beliebten amerikanischen Ein-Scheiben-Geldspielautomaten zurück, die zwischen 1897 und 1908 ihre Hochkonjunktur erlebten (vgl. Kat. Nr. 31f.). Als direktes Vorbild hat jedoch der Spielautomat »ROULETTE« des erfolgreichen französischen Automatenherstellers Pierre Bussoz von 1901 gedient. Bereits um ca. 1905 hatten Jentzsch & Meerz die »IRIS« erstmals auf den Markt gebracht. Die Neuauflage ist im wesentlichen mit dem Vorgängermodell identisch, als technische Neuerung ist lediglich ein Bremsmechanismus hinzugefügt; das optische Erscheinungsbild wurde durch Verzicht auf den ornamental verzierten Schweifgiebel der um 1930 üblichen nüchternen Kastenform angeglichen. Die verschiedenen Farbsegmente der rotierenden Scheibe dürften den Anlaß gegeben haben, das Gerät nach der antiken Personifikation des Regenbogens zu benennen. Die auch als Götterbotin bekannte Frauengestalt erscheint unten im Fenster mit einem Füllhorn, aus dem Münzen hervorquellen.

Der Einsatz kann entweder nur auf eine Farbe oder auch auf die drei Farben Rot, Grün, Gelb (hier fälschlich Weiß) zugleich eingezahlt werden. Die gesetzten Farben werden in den Sichtfenstern oben angezeigt. Durch Drehen der Kurbel wird die Scheibe in Rotation gebracht, die Frauengestalt sinkt nach unten, und die gesetzte Münze fällt in den Jackpot. Nach Ablauf der Spieldauer von ca. fünf Sekunden hält die Scheibe an, wobei die Figur langsam wieder aufsteigt. Sie bestimmt über Gewinn und Verlust, da die Farbe als gespielt gilt, die nach Stillstand der Scheibe über ihr zu sehen ist. Auf Rot zahlt das Gerät den dreifachen, auf Grün den fünffachen und auf Gelb den neunfachen Einsatz aus, die weiße Farbe bedeutet Verlust. Mit dem Knebelgriff links ist aber auch die Möglichkeit vorgesehen, die Scheibe vorzeitig zu stoppen. Falls die Münzen im Münzprüfer hängen bleiben, können sie durch Drücken des Knopfes oben zurückgezahlt und aus dem Schlitz in der Mitte rechts entnommen werden. Der Jackpot nimmt maximal 30 Münzen auf, alle weiteren gleiten direkt in die Kasse. Ein Glockensignal kündigt den Gewinn an. CK

Der Automat 5 (1931), S. 62 und S. 218.
Muntautomaten, S. 62f. (Bussoz), 66f. (Jentzsch & Meerz, 1905).

212 Ein-Scheiben-Gerät, Frankreich (?), um 1910

IRIS
Gewinnmöglichkeiten
3 — 5 oder 9fach.

34 Berliner Stern

Herbert Loeper, Berlin, 1952
Münzung: 10 Pfennig
40 × 38 × 65

Das Gerät ist eine weitgehende Kopie des »SIFRA« der Gebr. Lemmerz, Königswinter, der auf der Frühjahrsmesse 1933 in Leipzig als »vollständige Neukonstruktion« vorgestellt und in einem späteren Modell mit dem Namen »SIFRA PERO« verbessert worden war (Abb. 213). Neben der »IRIS« von Jentzsch & Meerz, Leipzig 1931 (vgl. Kat. Nr. 33) war damit eine weitere Variante der in Deutschland relativ selten gebauten Einscheibengeräte auf den Markt gekommen. Der »SIFRA«, wie auch seine Kopie von 1952, ahmen in der Form des Gehäuses die Gestalt der Dreiwalzen-Spielgeräte nach mit dem Unterschied, daß sich auf der vergrößerten Schräge an der Front eine rotierende Scheibe anstelle der drei Walzen befindet.
1953 brachte Loeper noch eine neue Version unter dem Namen »BERLINER SONNE« heraus, bei dem die durch den »ROTAMINT« (vgl. Kat. Nr. 43) zu neuer Popularität gelangte Dreier-Gewinnkombination aufgegriffen wurde. Hinter der mit einem Stern dekorierten Sichtscheibe drehen sich nun drei ineinandergelegte Ringe, die mit Zahlen besetzt sind und bei gewissen, im rechten Sichtfenster erscheinenden Zahlenkombinationen einen Gewinn auszahlen. Diese zunächst noch in das alte Gehäuse eingebaute Spielmechanik wurde 1954 auch als Wandgerät angeboten (Abb. 214).

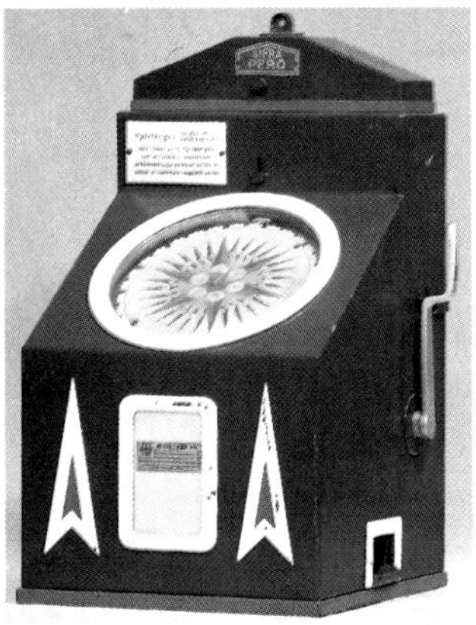

213 »SIFRA PERO«, Gebr. Lemmerz, Königswinter 1934

Auf der Metallscheibe an der Front überlagert ein roter fünfzackiger Stern mit Gewinnangaben zwischen dem vier- und zehnfachen des Einsatzes einen blauen Strahlenkranz mit zwanzig Strahlen, die mit ein- bis zweifachen Gewinnangaben versehen sind. Nach Einwurf der Münze wird die Handkurbel an der rechten Seite des Gehäuses einmal im Uhrzeigersinn gedreht und dadurch die Scheibe in Rotation versetzt. Ein Gewinn wird nur dann erzielt, wenn einer der Strahlen nach Stillstand der Scheibe genau auf den roten Pfeil im Zenit der Scheibe zeigt. Wie alle Geräte, die vor der Neuerung der Spielordnung von 1953 zugelassen wurden, gab das Gerät nur Warenbezugsmarken als Gewinn aus, die nicht zum Weiterspiel geeignet waren. Die zu dieser Zeit bereits heftig diskutierte Umstellung auf die Ausgabe von Spielmarken oder Münzen als Gewinn war jedoch bereits als Möglichkeit vorgesehen.
Die Rotation der Scheibe wird durch einen Bremszylinder abgestoppt, der nach Ablauf der vorgeschriebenen 15 Sekunden Spielzeit einen Anhaltehebel in einen der 100 Schlitze an einem sich rückwärts mitdrehenden Rad einrasten läßt. Ein weiterer zweiarmiger Fühler gleitet über ein zweites Rad mit den 25 Nuten für die Gewinnausgabe. Ist das Gerät in Gewinnstellung abgestoppt, so tastet der Fühlhebel die Tiefe der Nuten ab und löst damit über ein Auszahlungsgestänge die entsprechende Gewinnausgabe aus, die durch ein Glockenzeichen angekündigt wird. CK

Zulassungsschein der Physikalisch-Technischen Reichsanstalt, Berlin, vom 3.5.1952.
Automaten-Markt 4 (1952), S. 56, 149.

214 »BERLINER SONNE«, Herbert Loeper, Berlin 1954

Berliner Stern
10 Pfg. einwerfen. Kurbel nach rechts drehen. Zeigt der rote Pfeil, nach Stillstand der Scheibe, auf ein Gewinnfeld, so wird in der gekennzeichneten Höhe ein 1, 2, 4, 6, 8 oder 10facher Gewinn in Warenbezugsmarken ausgeworfen. Diese Marken werden vom Wirt nach dem Gewinnplan in Zahlung genommen.

35 Glückspilz

Wilhelm Söker, Wilhelmshaven, 1955
Münzung: 10 Pfennig
49,5 × 17 × 62

Diese moderne Version des Einscheibengeräts arbeitet mit einem Elektromotor, der die Scheibe mit den Gewinnsymbolen in Rotation versetzt. Die Scheibe ist rückwärts mit einer Rastscheibe verbunden, die 100 Zähne, darunter 25 Gewinnrasten, aufweist. An den Gewinnrasten sind auf der Scheibe Kontaktstifte angebracht, die im Gewinnfall den Stromkreis zum Auszahlungsmagneten schließen.
Wird eine Münze eingeworfen, so beginnt sich die beleuchtete Scheibe zu drehen, die außer den weißen Gewinnmarken zugleich Augen, Mund und Kleeblatt des Fliegenpilzes sowie die Sterne darüber durch verschiedene spiralförmig aufgetragene Farben im Zentrum der Scheibe in bunten Lichtern aufleuchten läßt. Nach 10 Sekunden kommt die Scheibe zum Stillstand und kann durch Knopfdruck zu einem zweiten Lauf gestartet werden, bis die vorgeschriebene Spieldauer von 15 Sekunden abgelaufen ist. Erster und zweiter Lauf werden in eigenen Sichtfenstern angezeigt. Ein Gewinn wird nur dann ausgegeben, wenn die Spitze einer Gewinnmarke sich genau in die rote Markierungskerbe über dem halbkreisförmigen Ausschnitt der dahinter befindlichen Scheibe einfügt. Nach dem Gewinnplan werden bei einem Pilz 20 Pfennig, bei einem Kleeblatt 40 Pfennig, bei einem Würfel 60 Pfennig, bei einem Hufeisen 80 Pfennig und bei einem Geldbeutel 1 DM ausgezahlt. Wird das Gerät zum zweiten Lauf erneut angelassen, so sind sämtliche Gewinne bis auf den 1 DM-Gewinn abgeschaltet. CK

Zulassungsschein der Physikalisch-Technischen Bundesanstalt, Braunschweig, vom 1.3.1955.

2. Lauf
Gewinnplan
Gewinnplan
Glückspilz
Einwurf: 10 Dpf.
Spieldauer:
Spielverbot

36 LIBERTY BELL

Mills Novelty Company, Chicago, hergestellt zwischen 1907 und 1910
Münzung: 5 Cents
40 × 40 × 68

Mit dem Bau und dem gezielten Verkauf der »LIBERTY BELL« trug die Mills Novelty Co. ganz wesentlich zur Verbreitung der Drei-Walzen-Geräte bei. Eingeführt aber wurden die Drei-Walzen-Geräte von Charles Fey, der das Spielprinzip aus den damals beliebten Poker-Automaten ableitete. Bei jenen Geräten sind auf fünf Trommeln Karten hintereinander befestigt. Nach dem Münzeinwurf und dem Drücken eines Knopfes drehen sich die Trommeln für eine bestimmte Zeit. Nach dem Stillstand kann man an der Kartenkombination ablesen, ob man – entsprechend dem Gewinnplan des Pokers – gewonnen hat. Charles Fey reduzierte nun bei der »CARD BELL« (1898) die Anordnung auf drei Walzen, auf die Kartensymbole geklebt waren. Zudem führte er die automatische Münzauszahlung ein, indem er die Walzen mit dem Auszahl-Mechanismus verband. Eine weitere erfolgreiche Vereinfachung brachte dann die »LIBERTY BELL« (1899), bei der nur noch einzelne Symbole aus dem Kartenspiel, z.B. Herz, Karo sowie Hufeisen, Sterne und die namengebende Liberty Bell auf den Walzen abgebildet sind (Abb. 215). Neben dem einprägsamen Namen, der auf die berühmte Freiheitsglocke von Philadelphia zurückgeht, beruhte der Erfolg dieses Geräts auf den einfachen und schnell ablesbaren Symbolen. Die Kombination der drei Glocken ergab den höchsten Gewinn, der in Form von Chips ausgegeben wurde.

215 »LIBERTY BELL«, Charles Fey & Co., San Francisco 1899

Der Erfolg, den die »LIBERTY BELL« von Fey in San Francisco hatte, ließ die seit den 90er Jahren Spielautomaten produzierende Mills Novelty Co. auf das Gerät aufmerksam werden. Es wird berichtet, daß das Unternehmen die »LIBERTY BELL« stehlen ließ, um sie genau kopieren zu können. Mills übernahm den Namen, die Symbole und den Spielmechanismus. Zusätzlich wurden das Gehäuse aufwendiger gestaltet und die Walzen vergrößert. Gegenüber dem schmucklosen Gehäuse der »LIBERTY BELL« von Fey, auf dem an der Vorderfront nur der Gewinnplan aufgebracht ist, befindet sich auf der Vorderseite des gußeisernen Gehäuses von Mills eine große Glocke mit dem darüberliegenden Schriftzug. An den Seiten ist im oberen Teil wiederum die Glocke mit der Jahreszahl 1776 abgebildet, darunter die Freiheitsstatue mit einer Ansicht des Hafens von New York (Abb. 216). Der Gewinnplan befindet sich in einem Schaufenster über dem Gehäuse. Außerdem erweiterte Mills das Sichtfenster, durch das die Symbole auf den Walzen zu sehen sind, um zwei Reihen, d.h. insgesamt werden drei Reihen sichtbar, von denen aber nur die mittlere zählt. Erscheint nun in der oberen oder unteren Reihe die richtige Gewinnkombination, wird dem Spieler suggeriert, daß er dem Gewinn schon sehr nahe ist. Anstelle der Kartensymbole führte Mills auch kurze Zeit patriotische Symbole wie die amerikanische Flagge, den Ehrenkranz usw. ein, die aber schon bald wieder durch die alten Zeichen ersetzt wurden. Die bis heute verwendeten Symbole Pflaume, Kirsche, Zitrone, Orange und Glocke ließ sich Mills 1910 patentieren. Sie waren erstmals für eine »LIBERTY BELL« mit Kaugummiverkäufer aus demselben Jahr verwendet worden. Auch bei der ausgestellten »LIBERTY BELL«, bei der die Papierstreifen nicht original erhalten sind, verwendete man ebenfalls Fruchtsymbole.

216 Freiheitsglocke von Philadelphia und Hafen von New York, Seitenansicht der »LIBERTY BELL« von Mills

Mit der Übernahme der »LIBERTY BELL« durch die Mills Novelty Co. verbreitete sich das Gerät schnell über ganz Amerika. Wegen seiner Popularität werden bis heute Drei-Walzen-Geräte synonym mit »Bell« bezeichnet.

UG

Geddes, S. 43–49.
Bueschel (1981), S. 56.
Fey, S. 41–45, 85–88.

The Trust Does Not Manufacture or Control
the Sale of "BELL-FRUIT-GUM"
Gets 20 Trade Checks
MILLS
LIBERTY
BELL

37 OMEGA

Max Jentzsch & Meerz, Leipzig, 1931/32
Münzung: 10 Pfennig
41 × 34 × 66

1928 setzte der Import amerikanischer Drei-Walzen-Geräte nach Deutschland ein, die hier als »Dropsoautomaten« oder »Mintautomaten« bezeichnet wurden. Dem Verdacht des reinen Glücksspiels wurde durch die Verbindung des Walzenspiels mit der Ausgabe von Pfefferminzrollen im Wert des Einsatzes entgegengewirkt. 1929 galt der Mintautomat bereits als »der zur Zeit beliebteste Automat« und zog, wie jede Neuerung auf dem Spielautomatenbereich, sogleich zahlreiche Prozesse gegen die Aufsteller dieser Spielgeräte nach sich.

Auf der Frühjahrsmesse 1929 stellte die Leipziger Automatenfabrik Max Jentzsch & Meerz, die bereits mit dem für den Export bestimmten »DOMINO« (vgl. Kat. Nr. 38) Erfahrungen auf dem Gebiet der Drei-Walzen-Geräte gesammelt hatte, den ersten »WAREN-AUTOMAT mit Pfefferminz-Ausgabe« aus deutscher Produktion vor. Der in den folgenden Jahren um Zusätze wie Bremsen und Tilteinrichtung verbesserte Automat erhielt, abgesehen von den amerikanischen Importen von Watling, Mills und Jennings, bald Konkurrenz von einheimischen Herstellern. Im Januar 1931 kündigten Schwarz & Coppel in Leipzig den »ROTARY« ohne Warenausgabe als behördlich anerkannten »Geschicklichkeits-Automat« an (Abb. 65). Max Jentzsch & Meerz brachten daraufhin eine neue Version ihres Mintautomaten heraus, der nun unter dem Namen »OMEGA« lief und ebenfalls ohne Warenausgabe zu beziehen war. Die Idee der Warenausgabe wurde mit dem »Jackpot-Astoria« von C. M. Schwarz in Leipzig Ende 1931 gänzlich aufgegeben (Abb. 217), auf den wiederum Max Jentzsch & Meerz ebenfalls mit dem Einbau eines Jackpot in den »OMEGA« reagierten. Mit dem »OMEGA Modell 19–34« endet die Entwicklung dieses Geräts, das wie alle anderen Mint- und Geldspielautomaten durch die restriktive Gesetzgebung der Nationalsozialisten seit Dezember 1933 aus der Öffentlichkeit verdrängt wurde. 1951 erlebten die Dreiwalzenmaschinen als Umbautypen nach den neuen gesetzlichen Richtlinien unter den Namen »Heros D« (Abb. 76) und »Merkur« der Automatenbau Rhein-Ruhr, Düsseldorf, ein Comeback.

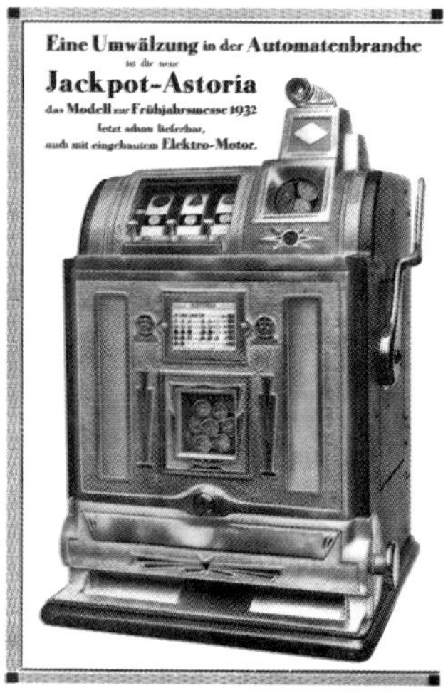

217 »Jackpot-Astoria«, C. M. Schwarz, Leipzig 1931

Gegenüber den zeitgenössischen amerikanischen Drei-Walzen-Geräten präsentiert sich der »OMEGA« mit seinem dunklen Eichengehäuse, der schwarz lasierten Metallfront und den vernickelten Einfassungen als vergleichsweise unauffälliges Thekengerät. Die heute mit Blindspiegeln verglasten vier Fenster gaben ursprünglich Einsicht auf die im Automat befindlichen Pfefferminzrollen. Nach dem Münzeinwurf oben rechts konnten die Kurbel einmal nach rechts gedreht und damit die drei mit Fruchtsymbolen, Glocken und =-Zeichen versehenen Walzen in Rotation gesetzt werden. Um zu einer Auszahlung zu gelangen, mußten die drei Bremsknöpfe auf dem Dach des Gerätes betätigt werden; ein eigener Kippmechanismus innerhalb des Gewinnplanes zeigt an, ob das Gerät gebremst bzw. nicht gebremst worden ist. Da der Einwurf für die Gewinnmarken neben dem Münzschlitz bereits verschlossen ist, handelt es sich hierbei wohl um eine Übergangsversion aus dem Jahre 1931, als die Hersteller bereits an Modell D (1932) mit reiner Geldausgabe arbeiteten. In dem Fenster neben den drei Walzen wird die Höhe des Gewinns angezeigt. An der rechten Seite des Gehäuses befindet sich oben der Knopf für die Rückgabe der Münzen, mit der Umdrehung des unteren Knopfes wurde die Pfefferminzrolle in den Ausgabeschacht ausgeworfen. CK

Der Automat 3 (1929), S. 17, 28, 62 (Stellungnahme des Reichsverbandes); 4 (1930), S. 63, 70, 238; 5 (1931), S. 181; 6 (1932), S. 80, 275, 306f.
Muntautomaten, S. 82f.

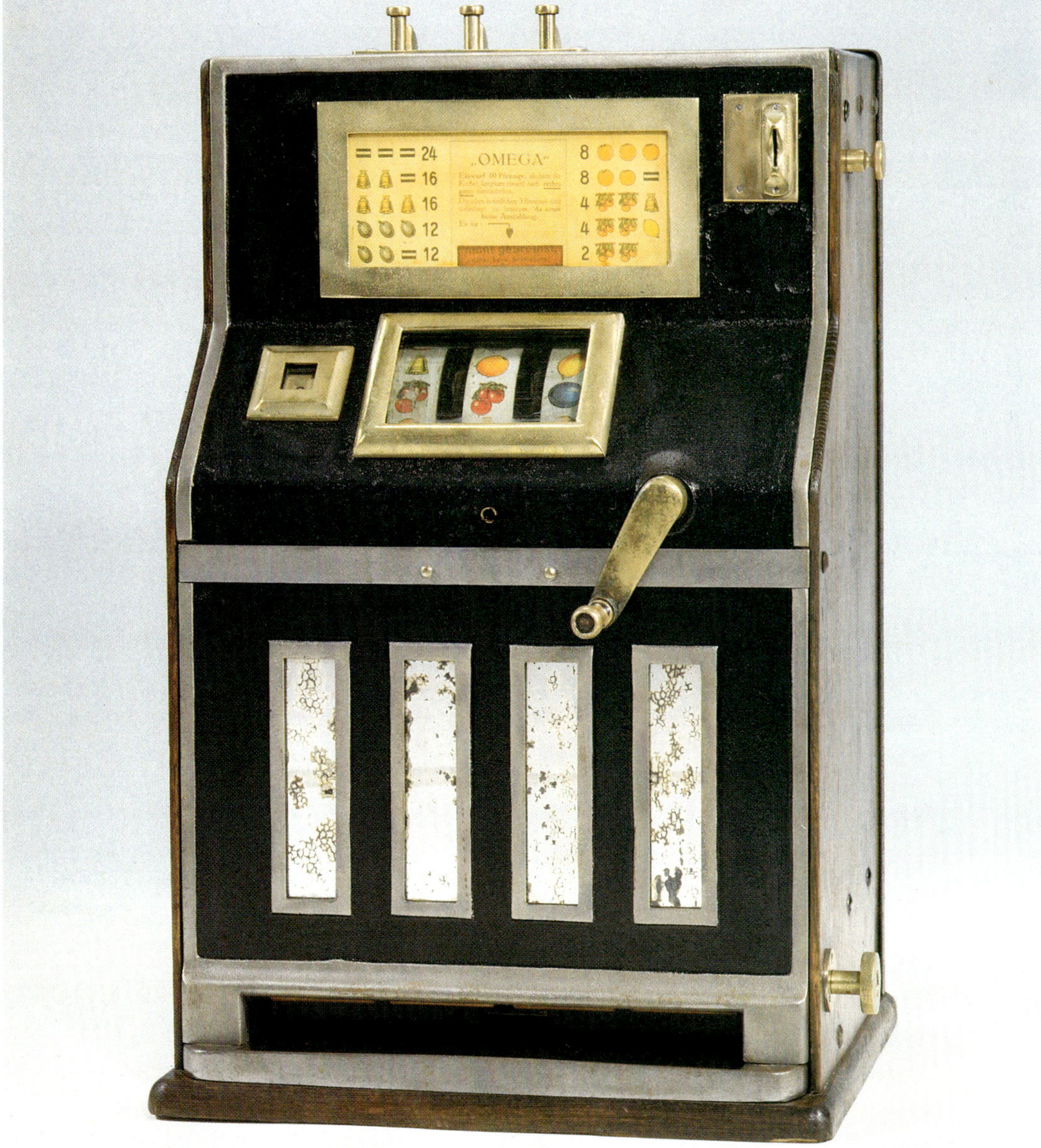
„OMEGA“

38 LUCKY DICE

Max Jentzsch & Meerz, Leipzig, hergestellt zwischen 1927 und 1930 (Fabriknr. 1660)
Münzung: 1 Penny
44,5 × 22,5 × 64

Der Spielautomat gehört zweifellos zu den reizvollsten deutschen Geräten der 20er und 30er Jahre, da die Rotation der drei mit Würfelaugen besetzten Walzen von einer Animation der Würfelszene darüber begleitet wird.

Die Identifikation des Herstellers war zunächst fraglich, denn die ersten wiederentdeckten Geräte dieses Typs tauchten unter dem Namen »DOMINO«auf, die von der Domino Company in Philadelphia vertrieben worden waren. Für das ausgestellte Gerät »LUCKY DICE«, das bis auf den Drehknopf anstelle einer Kugel mit dem »DOMINO« identisch ist, zeichnet die Keystone Novelty & Manufacturing Company, ebenfalls in Philadelphia, als Vertriebsgesellschaft. Durch Richard Bueschel konnten jedoch Jentzsch & Meerz in Leipzig als Hersteller gesichert werden, die das Gerät offensichtlich ausschließlich für den Export anfertigten.
In der Sammlung von J.-C. Baudot in Paris befindet sich ein weiteres Exemplar dieses Spielautomaten unter dem Namen »Le Juge de Paix« (Einsatz: 10 Centimes), für das R. C. Bignell als Erfinder genannt wird, mit dem Entstehungsjahr 1921. Anstelle eines detaillierten Gewinnplanes von je drei verschiedenen Kombinationen der Würfelaugen, ist hier lediglich angegeben, daß auf jede Eins und Sechs jeweils ein Jeton von 20 bzw. 30 Centimes ausgezahlt wird. Ob dieses Gerät tatsächlich ein Vorläufer des Spielautomaten von Jentzsch & Meerz ist oder es sich möglicherweise doch um ein deutsches Gerät für den französischen Export handelt, muß künftiger Forschung überlassen bleiben.

Der Einwurf einer Münze entsperrt den Mechanismus des Drehknopfes, durch dessen Betätigung die drei Walzen in Rotation gesetzt werden. Gleichzeitig schüttet der Würfler im Bild darüber seine rechte Hand mit dem Becher, wodurch der Spielvorgang am Würfeltisch entsprechend simuliert wird. Kommt es zu einem Gewinn, hebt der Kellner sein Glas, um dem Gewinner zuzuprosten, während das Gerät automatisch in die Ausgabeschale unten auszahlt. Das Gerät verfügt über drei Auszahlschächte, die Spieldauer von ca. 3 Sekunden wird pneumatisch reguliert. CK

Bueschel (1979), S. 87.
Rubin, S. 35.
Muntautomaten, S. 85 (»Le Juge de Paix«).
Costa, S. 208.

PENNIES ONLY
LUCKY DICE

39 Puritan

Mills Novelty Company, Chicago, ab 1905
Münzung: wahrscheinlich Marken
19,5 × 22 × 25

Das an eine Registrierkasse erinnernde Gerät vertritt eine Sonderentwicklung unter den Spielautomaten, die sogenannten »trade stimulators«. Diese bewußt wesentlich kleiner und einfacher gestalteten Spielautomaten kamen in den USA in den 90er Jahren auf und sollten in Zigarrenläden, in Bars oder auch Einkaufsläden den Verkauf steigern (vgl. Kat. Nr. 52). Oftmals wurden sie nicht mit Münzen, sondern nur mit Chips gespielt, und man erhielt als Gewinn eine Warenprobe oder eine billige Zigarre. Aufgestellt waren die Geräte meist in der Nähe der Kasse, so daß der Kunde zum Verweilen angeregt wurde.

Für die Annahme, daß das Gerät vor der »LIBERTY BELL« (vgl. Kat. Nr. 36) auf den Markt kam, spricht die Verwendung von Zahlen anstelle der bekannten Symbole. Da der Gewinnplan fehlt, läßt sich allerdings über die Verwendung nichts Genaueres aussagen. Nach dem Einwurf der Münze oder eines Chips kann man mit dem Hebel die Walzen in Bewegung setzen. Jede siebte Münze fällt in den vorderen Kasten, der ursprünglich mit dem Gewinnplan abgedeckt war, die restlichen Münzen fallen in die Kasse auf der Rückseite.
In den 20er Jahren baute Mills als Nachfolger dieses Geräts die »PURITAN BELL« aus Aluminium, die die Form der »PURITAN« aufnahm, aber die Symbole der »LIBERTY BELL« und auch die dreireihige Anzeige der Symbole weiterführte. UG

Bueschel (1978), S. 57.
Fey, S. 172.
Jerry Ayliffe, American Premium Guide to Jukeboxes and Slot Machines, Gumballs-Tradestimulators-Arcade, Florence/Alabama 1985, S. 104f. (trade stimulators), 158.

40 Vest Pocket

Sega, Japan, ab 1958
Münzung: 1 Cent (?)
21 × 18 × 21

Dieses kleinste gebaute Drei-Walzen-Gerät mit Auszahlung wurde ursprünglich von 1938–1950 von der Mills Novelty Co. gebaut. Es zählte zu den Thekengeräten, die auch »Hide-away«-Automaten genannt werden, da sie sich an Orten, an denen das Glücksspiel verboten war, schnell verstecken ließen. Hinter einer Klappe ist das Sichtfenster für die Walzen verborgen. Auf der Innenseite der Klappe ist der Gewinnplan eingeprägt. Angetrieben werden die Walzen durch das Herausziehen des Münzschiebers nach dem Münzeinwurf. Bei einem Gewinn wird direkt ausbezahlt. Mills Industries (seit 1945) beendete die Produktion dieses sehr erfolgreichen Gerätes, nachdem am 2. Januar 1951 der »Johnson Act« in Kraft trat, der bis auf wenige Ausnahmen die Auslieferung der Spielautomaten verbot.
1958 führte der japanische Hersteller Sega das Gerät wieder ein. UG

Bueschel (1978), S. 92.
Rubin, S. 41.
Fey, S. 171.
Jerry Ayliffe, American Premium Guide to Jukesboxes and Slot Machines, Gumballs-Tradestimulators-Arcade, Florence/Alabama 1985, S. 84.

Mills Puritan

41 ROL-A-TOP »Coin Front«

Watling Manufacturing Company, Chicago, 1936 eingeführt
Münzung: 5 Cents, heute: 1 DM
34 × 38,5 × 65

In den ersten Jahrzehnten des 20. Jahrhunderts wurde die Spielautomatenindustrie in den USA von den drei großen Unternehmen Mills Novelty Company, Chicago, Caille Brothers, Detroit, und Watling Manufacturing Company, Chicago, angeführt. Wie Mills hatte auch Watling mit großen Standmodellen begonnen und sich dann seit 1910 mit der »OPERATORS BELL« an den Erfolg der »bell machines« (vgl. Kat. Nr. 36) angehängt. Mit dem »SUPERIOR JACKPOT« von Caille wurde 1926 der Jackpot auch bei den Thekengeräten erfolgreich eingeführt. Die »Naked Lady« von Caille aus dem gleichen Jahr war erstmals auch mit einem sogenannten Münzaufzug (coin escalator) ausgestattet, der es ermöglichte, alle gesetzten Münzen in einem U-förmigen Speicher sichtbar zu machen und nacheinander abzurufen (Abb. 218).

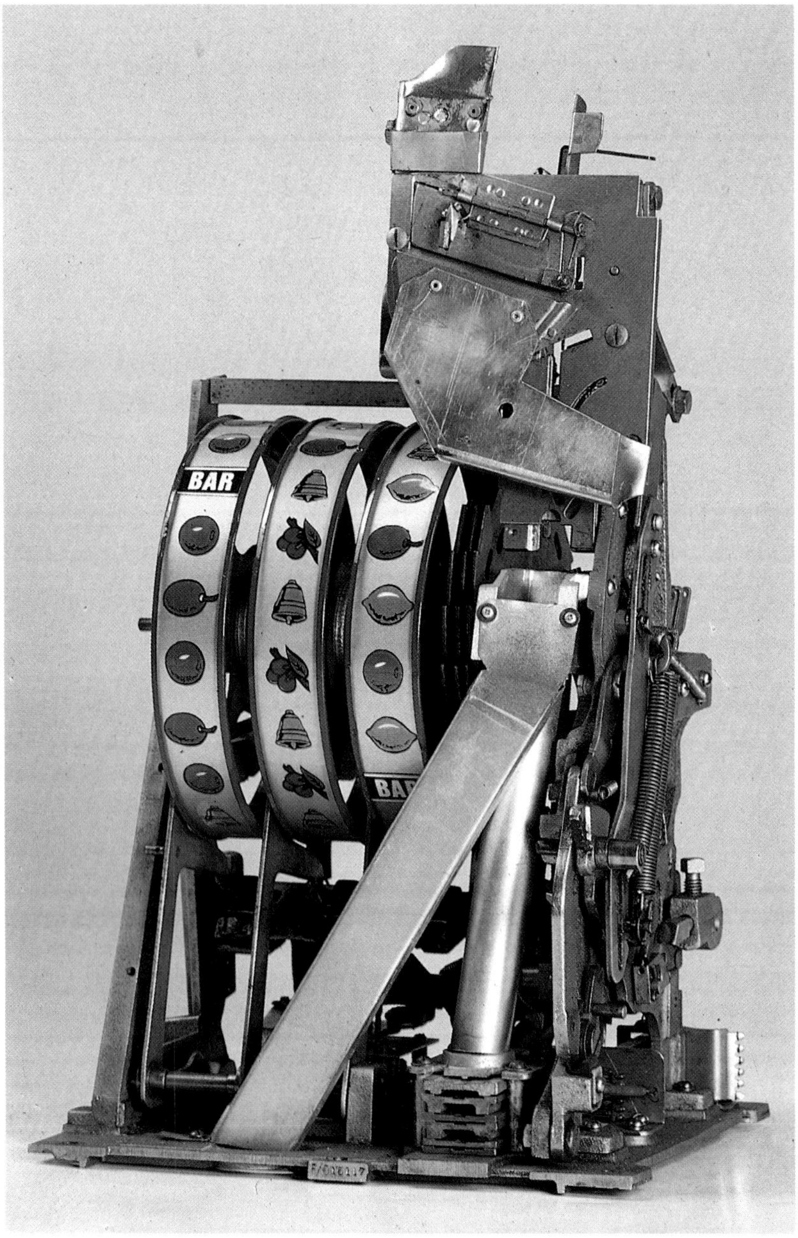

Innenansicht des »ROL-A-TOP« Coin Front

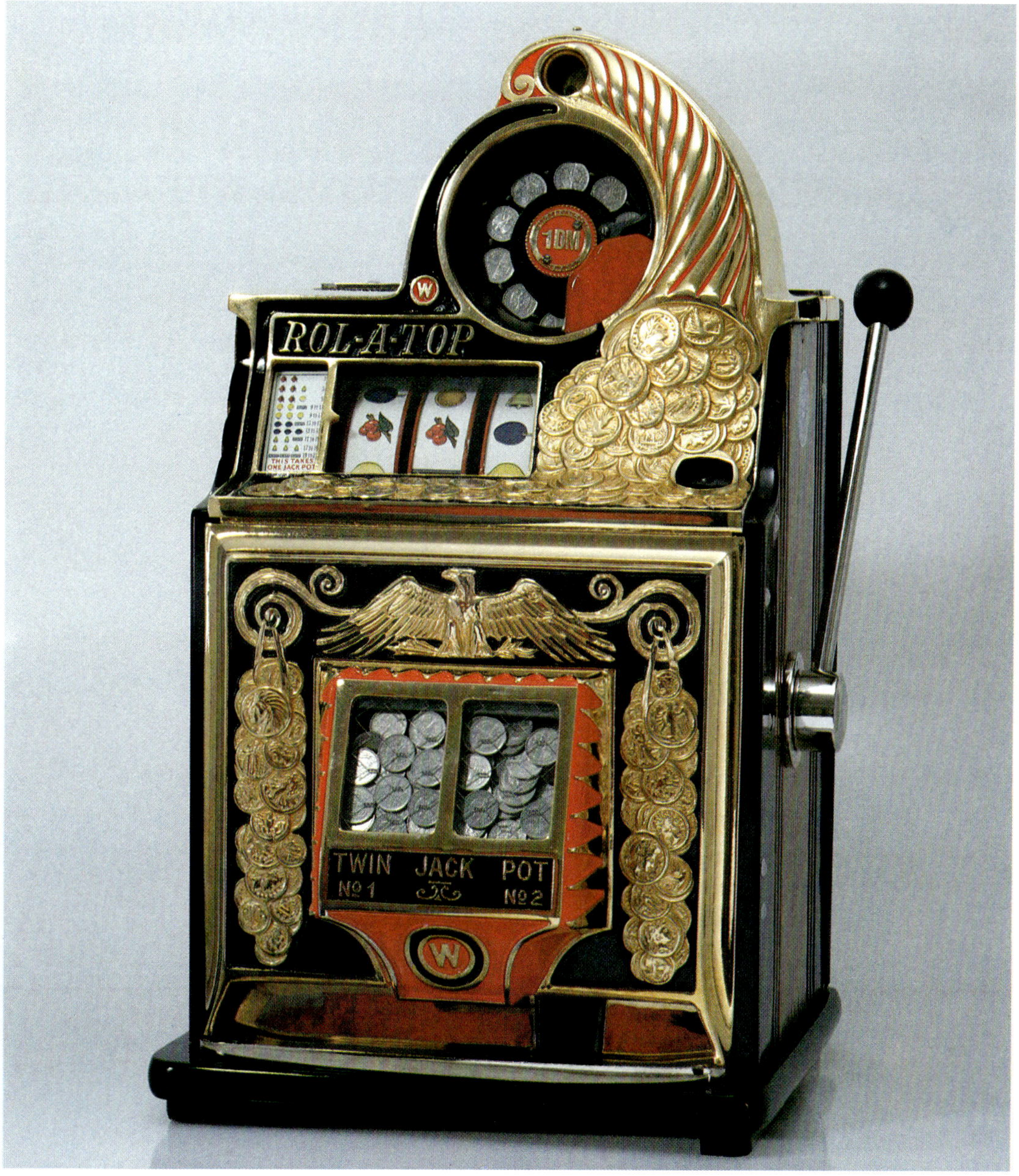
ROL-A-TOP
THIS TAKES ONE JACK POT
TWIN JACK POT
№ 1
№ 2

Mit dem 1934 von Tom Watling und seinem Sohn Burns S. Watling entwickelten »ROL-A-TOR«, der 1935 als reines Geldspielgerät und als »mintvender« mit Pfefferminzausgabe auf den Markt kam, erzielte das Unternehmen einen durchschlagenden Erfolg. Der seit 1936 als »ROL-A-TOP« bezeichnete Spielautomat vereint den technischen Standard der Zeit mit einem ungewöhnlichen Design, dem das Gerät nicht zuletzt seine Popularität verdankt. Der Name spielt auf den Münzaufzug an, in dem bis zu neun gesetzte Münzen in einer kreisförmigen Anzeige-vorrichtung zu sehen sind. Die Führung für die eingeworfene Münze ist hinter einem goldenen Füllhorn verborgen, das sich um den Münzaufzug windet und eine Fülle an Münzen auf das Deck des Gerätes ausschüttet. Das die Gewinnerwartung anregende Münzdekor wird auch in den Gehängen zu beiden Seiten des Jackpots an der Front wieder aufgegriffen. Mit dem Zwillingsjackpot war sichergestellt, daß dem Spieler nach Leerung des ersten Jackpots noch ein weiterer zur Verfügung stand. Die Walzen sind mit den üblichen Frucht- und Glockensymbolen sowie den »MINTS«-Streifen geschmückt; der Jackpot wird geleert, wenn auf allen drei Walzen die »MINTS«-Streifen im Gewinnfeld erscheinen.
Neben dem ebenfalls 1936 eingeführten, preiswerteren »TREASURY«, bei dem auf den Münzaufzug und das Füllhorn zugunsten des traditionellen »Gänsehals« (gooseneck) als Münzeinwurf verzichtet wurde, kamen bis 1951 annähernd vierzig verschiedene Varianten des »ROL-A-TOP« auf den Markt. Die bekanntesten Designvarianten sind: »Bird of Paradise« mit einem Paradiesvogel inmitten von Früchten auf dem Deck, »Cherry Front« mit Kirschen auf dem Deck und an der Front (ab 1937) und »Checkerboard« mit einem Wappenmotiv an der Front (ab 1948).

Das ausgestellte Gerät verkörpert in besonderer Weise die wechselvolle Geschichte dieser heute so beliebten Sammlerstücke. Die Spielmechanik stammt aus einem Gerät, dessen Gehäuse im

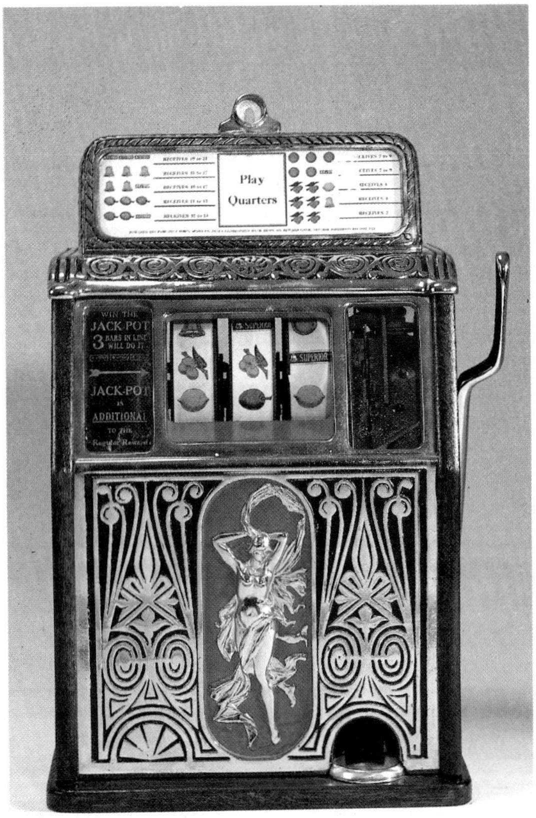

218 »Naked Lady«,
Caille Bros., Detroit 1926

219 Zerstörung von Geldspielautomaten durch den New Yorker Bürgermeister Fiorello La Guardia, 1934

Zuge der auch die Spielgeräte umfassenden Prohibition bei einer der oftmals publikumswirksam in Szene gesetzten Zerstörungsaktionen amtlich vernichtet wurde (Abb. 219). Sie wurde mit dem Gehäuse eines anderen Gerätes verkleidet und mit der erst 1947 von Watling eingeführten, geraden »New Club – Handle« versehen. CK

Bueschel (1978), S. 77, 82, 108; (1979), S. 117; (1981), S. 106.
R. M. Bueschel, Guide to the Watling ROL-A-TOP and TREASURY (The Coin Slot, 9), Wheatridge/CO 1979.
Geddes, S. 90f., 98f., Pl. 45.
Muntautomaten, S. 80f., Nr. 87 m. Abb.
Fey, S. 123, 131, 143.

42 Einarmiger Bandit

Nachbau des Einarmigen Banditen von Frank Polk durch Royal Casino Antiques,
Wheatridge/Colorado, 1977, ausgestattet mit »Hightop« von Mills Novelty Company, Chicago, 1949
Münzung: 2 DM
62 × 39 × 190

In den Jahren 1951/52 schuf der »Cowboy-Künstler« Frank Polk für die Character Manufacturing Company in Reno/Nevada ca. 92 aus Holz geschnitzte Cowboy- und Indianerfiguren in Lebensgröße, deren Oberkörper von einem Drei-Walzen-Spielgerät eingenommen wird. Die seit langem gebräuchliche Bezeichnung »Einarmiger Bandit« für die amerikanischen Drei-Walzen-Geldspielautomaten wurde mit Typen wie »Buffalo Bill«, »Paul Bunyan«, »The Mexican Bandito«, »The Plains Indian« und vielen anderen in nostalgischer Erinnerung an die Zeit des »Wilden Westens« anschaulich verkörpert. Der »One-armed Bandit« kommt dieser Idee am nächsten, da sein rechter Arm nur als Stumpf vorhanden ist und das Spielgerät tatsächlich durch Herabdrücken der linken Hand, die eine Pistole hält, in Aktion zu setzen ist. Die meisten anderen Polk-Figuren haben zwei Arme; das Spielgerät wird unabhängig davon durch den üblichen Hebel betätigt.

Seit den späten 70er Jahren werden die Polk-Figuren von verschiedenen Produzenten kopiert, so von Royal Casino Antiques in Wheatridge/Colorado und Ruedy Inc. G.A.M.E.S. in Sherman Oaks/Kalifornien. Es sind reine Glücksspielgeräte, wie sie in Deutschland nur in den staatlichen Spielbanken zugelassen sind. CK

Bueschel (1979), S. 129, 136f.; (1981), S. 122.
Geddes, S. 177.
Fey, S. 177.
The Bill Harris Western Figure Collection, Denver/Colorado o.J.

43 ROTAMINT

NSM-Apparatebau, Braunschweig (Herstellung), Firma Löwen-Automaten Gert Schulze, Braunschweig (Vertrieb), 1953
Münzung: 10 Pfennig
51,5 × 16,5 × 70

Dieses auf der Frankfurter Herbstmesse 1952 vorgestellte Gerät variierte erstmals nach 1945 die Drei-Walzen-Spielgeräte und wurde so zum Vorläufer für alle heutigen Spielautomaten. Anstelle der Walzen, auf die die Gewinnsymbole aufgebracht sind, verwendete man Scheiben mit Zahlen, die sich teilweise überlagern. Nach Einwurf der Münze, die einen Elektrokontakt schließt, werden die Scheiben und eine Schaltwalze durch einen Elektromotor angetrieben. Der Spieler hat nun die Möglichkeit, die drei Scheiben nach Aufleuchten des unter jeder Scheibe angebrachten Schilds »Bremse frei« mit den Bremsknöpfen zu stoppen. Die Schilder leuchten in einer Staffelung von 4, 7, und 10 Sekunden auf. Bremst der Spieler nicht, erfolgt dies automatisch in einer Staffelung von 7,5, 10 und 12,5 Sekunden. Die Schaltwalze, die eine Umdrehung in 15 Sekunden macht, steuert die Bremsmagnete, die die Scheiben dann blockieren. Um das Zufallsprinzip trotz dieser Staffelung zu erhalten, wurde der Firma Löwen-Automaten 1954 von der Physikalisch-Technischen Bundesanstalt genehmigt, eine Verzögerungseinrichtung zu installieren, die diese Staffelung um weniger als 0,2 Sekunden verschiebt. Nachdem die Scheiben zum Stillstand gekommen sind, läßt sich in dem markierten Zahlenfeld eine Zahlenkombination ablesen, nach der keine oder unterschiedlich hohe Gewinne, höchstens aber 1 DM, ausgegeben werden. Die Scheiben sind mit Zahlen von 1–6 in unterschiedlicher Häufigkeit bedruckt. Da nach der Änderungsverordnung zum § 33 der Gewerbeordnung vom 27. Juli 1951 die Spieldauer nicht kürzer als 15 Sekunden sein durfte, ist der Münzprüfer des »ROTAMINT« durch ein Gestänge solange blockiert, d.h. die nächste Münze kann erst nach Ablauf dieser Zeit eingeworfen werden.

Erst seit 1953 waren Spielautomaten in geschlossenen Räumen überhaupt wieder zugelassen worden. Zudem erfolgte bis 1953 die Gewinnausgabe nur in Form von Warenmarken, die nicht zum Weiterspielen verwendet werden konnten. Mit der Diskussion über die Änderung der Gesetzgebung zum Münzspiel, die 1952 schon die Wiedereinführung des reinen Münzspiels erwarten ließ, bestand auch für die Firmen ein erhöhter Anreiz, in neue Entwicklungen zu investieren.
In der Gestaltung entspricht der »ROTAMINT« noch ganz dem Geschmack und den Möglichkeiten der Nachkriegszeit, in der die meisten Automaten überwiegend ein Holzgehäuse besaßen. Seit Mitte der 50er Jahre wird eine farbigere Gestaltung der Vorderfront bevorzugt, die nun durch eingesetzte bunte Plastikteile erreicht wird. UG

Zulassungsschein der Physikalisch-Technischen Bundesanstalt, Braunschweig, vom 14.9.1953.
Automaten-Markt 4 (1952), S. 181.

ROTAMINT
GEWINNPLAN
1 1 1 = 10
1 1 3 = 10
5 5 5 = 10
5 5 6 = 10
4 4 4 = 10
3 3 3 = 8
3 3 1 = 8
2 2 6 = 4
2 2 5 = 4
2 2 4 = 2
2 2 3 = 2
2 2 1 = 2
BEDIENUNGSANWEISUNG
Groschen nur einzeln nach Erlöschen des 3. Bremslichtes einwerfen.
Bremsen wirken erst nach Aufleuchten der zugeordneten Signale.
Auch ohne Bremsbetätigung ist Spielablauf automatisch gegeben.

44 TICK-TOCK

Bryans Works, Kegworth/Derby, England, 30er Jahre (?)
Münzung: 1 Penny, heute: 10 Pfennig
63 × 27 × 77

Unter den Glücksspielautomaten, die überwiegend Walzen- oder Scheibengeräte sind, fällt der »TICK-TOCK« Automat durch seine ungewöhnliche Gestaltung auf. In dem pyramidenförmigen Holzgehäuse des Geräts befindet sich ein dreieckiger Schaukasten, dessen blauer Hintergrund mit Sternen übersät ist. Vor diesem »Himmel« ist am Boden des Schaukastens ein Gitter aufgetragen, das von schwarzen Feldern unterbrochen wird, über diesem hängen drei verschiedenfarbige Pendel.

Nach dem Münzeinwurf dreht man den Griff auf der rechten Seite einmal herum und entriegelt damit drei Kurvenscheiben. Die erste Kurvenscheibe bewegt alle drei Pendel nach links; durch die zweite wird der Auszahlschacht geöffnet und eine gezähnte Scheibe, die die Spielzeit steuert, entriegelt; die dritte Kurvenscheibe gibt die Pendel zum Schwingen frei. Der Gewinn ist gestaffelt nach der Anzahl der Pendel, die über den Gittern stehenbleiben: bleibt das rote Pendel über einem Gitter stehen, erhält man 2 Pence, bleiben das rote und das weiße Pendel über einem Gitter stehen, erhält man 6 Pence, bleiben alle drei Pendel über einem Gitter stehen, werden 10 Pence ausgezahlt. UG

TICK-TOCK
TICK - TOCK
INSERT COIN IN SLOT & TURN KEY ONE COMPLETE REVOLUTION
RED STOPPING ON ANY GRID PAYS - 2
RED & White STOPPING ON ANY GRID PAYS - 6
RED, White & Blue STOPPING ON ANY GRID PAYS 10

45 Bajazzo

Max Jentzsch & Meerz, Leipzig, 1906 eingeführt
Münzung: 10 Pfennig
42,5 × 15 × 63,2

Der »Bajazzo« darf wohl mit Recht als das Geldspielgerät bezeichnet werden, das bis in die 20er Jahre hinein die größte Popularität unter den deutschen Spielautomaten besaß. Seine Spielmechanik beruht auf dem Prinzip einer Kugelschleuder mit beweglicher Fangtasche, wie es bereits 1900 durch John Gerard Pessers unter dem Namen »Pickwick« in England eingeführt worden war. Da für den Hersteller Jentzsch & Meerz, Leipzig, weder ein Patent noch ein Gebrauchsmuster für den »Bajazzo« nachzuweisen ist, läßt sich nicht genau belegen, wann das Gerät zum erstenmal auf den Markt kam. Im Musterlager des Musikautomatenherstellers und Grossisten Ernst Holzweissig Nachf., Leipzig, wurde auf der Leipziger Herbstmesse 1907 unter den »jetzt so gangbaren Geschicklichkeitsautomaten« auch der »Bajazzo« angeboten. Seinen Namen verdankt das Gerät der beweglichen Bajazzofigur, die die dahinter befindliche Fangtasche für die Kugel verdeckt. Die handbemalten Schablonen zeigen einen weiß geschminkten Jongleur in schwarz-weiß gewürfeltem Gewand mit einem roten und blauen Strumpf, blauen Ärmeln und einem weißen Hut, der einen zweiten Hut als Fangbecher in der Rechten hält und mit der Linken einen roten Ball zum Wurf bereithält. Zwischen den Beinen des Bajazzos befindet sich ein Ball, der auf einem feinen Draht unter den Beinen des Bajazzos befestigt ist und mit der Bewegung des Bajazzos hin und her rollt, so daß der Eindruck entsteht, als würde der Bajazzo sich auf dem Ball bewegen.
In verschiedenen, wohl wenig später gebauten Versionen des Gerätes wurde der Ball zwischen den Beinen des Bajazzos weggelassen und dafür die Auszahlmechanik für den Spieler sichtbar nach außen in das Spielfeld verlagert (Abb. 220).

220 »Bajazzo« mit Auszahlrad, Max Jentzsch & Meerz, Leipzig, um 1908

221 Spielmechanik des »Bajazzo«

Eine Aufnahme aus einer ausschließlich mit »Bajazzo«-Automaten bestückten Spielhalle im Berliner Lunapark von 1922 (Abb. 25) belegt die ungebrochene Attraktion des »Bajazzos« nach dem Ersten Weltkrieg, die alsbald auch die Gerichte beschäftigte. Aufgrund der unsicheren Rechtslage, die erst unter den Nationalsozialisten für das ganze Reich gesetzlich geregelt wurde, war die Frage, ob der »Bajazzo« als »Geschicklichkeitsspiel« oder »Glücksspiel« zu betrachten sei, lange Zeit ungeklärt. Wiederholt kam es zu Verboten durch die lokalen Polizeibehörden und zu unzähligen »Bajazzo-Prozessen«, die das Dilemma der mangelnden Beurteilungskriterien für Geldspielgeräte in dieser Zeit deutlich machen. In die Beurteilung des »Bajazzos« wurde 1928 schließlich auch der berühmte Jongleur Enrico Rastelli als »Fachmann in Geschicklichkeitsleistungen« einbezogen, der das Gerät als »Geschicklichkeitsspiel, das ohne besondere Veranlagung von jedermann erlernbar ist« bestätigte.

Nach Einwurf der Münze an der rechten Seite wird der Drehknopf rechts betätigt und dadurch eine Kugel über eine im Innern befindliche gebogene Führung zu dem Loch über dem Spielfeld heraufgehoben (Abb. 221). Während die Kugel über die beiden Gleitschienen in das Nagelfeld hinabrollt, kann durch Drehen des linken Rades der Bajazzo hin und her bewegt werden. Gelingt es dem Spieler, die herabfallende Kugel in der Fangtasche hinter der Bajazzofigur aufzufangen, so wird durch die rückwärts herabfallende Kugel ein im Inneren befindliches Auszahlrad entsperrt, das zwei Gewinnmarken oder Münzen auszahlt; ein Glockenzeichen kündigt den Gewinn an. Nichtgefangene Kugeln fallen auf die schräge Schiene herab und gleiten durch das Loch zu dem Hebemechanismus für die Kugel im Innern zurück. Die unter der schrägen Schiene befindliche Führung mit Spielmarken dient lediglich dem Spielanreiz und hat keine Verbindung mit dem Auszahlmechanismus. CK

Zeitschrift für Instrumentenbau 27 (1907), S. 1115.
Enrico Rastelli, der Meister der Geschicklichkeit, begutachtet den Bajazzo!, Der Automat 2 (1928), S. 21.
Muntautomaten, S. 38, Nr. 19.
Costa, S. 203f.

46 O-Bajazzo

Bruno Hoehne, Heidelberg, 1955
Münzung: 10 Pfennig
45 × 18 × 63

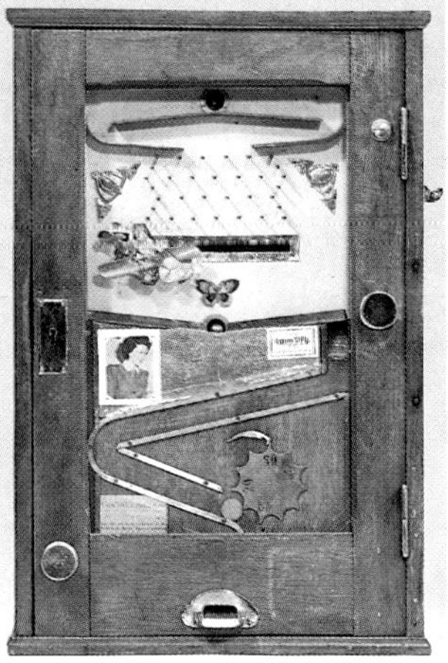

222 »Bajazzo« mit Flugzeug als Fangvorrichtung, um 1930

Das überaus erfolgreiche »Bajazzo«-Prinzip (vgl. Kat. Nr. 45) veranlaßte in der Folge die Hersteller zu unzähligen Nachahmungen. Vor allem bei der Verkleidung der Fangtasche waren der Phantasie keine Grenzen gesetzt: hier gab es Autos, Flugzeuge (Abb. 222), Fußballer (Fr. West, Automaten-Bau, Leipzig, 1928; Evert Valk, Düsseldorf, 1928) und anderes mehr. Jentzsch & Meerz beteiligten sich 1935 an der wachsenden Kriegsthematik bei den Geldspielgeräten und brachten mit dem »Imosport« ein Bajazzogerät heraus, bei dem ein Kampfflieger die Kugel auf einen Panzer als Fangvorrichtung abschießt (Abb. 223). In anderen Varianten wurde die bewegliche Kugelfangvorrichtung mit dem »Allwin«-Prinzip verbunden (vgl. Kat. Nr. 58). Wegen der zahlreichen Prozesse gegen die Aufsteller von Bajazzogeräten boten verschiedene Fabrikanten, wie etwa Otto Wüstenhagen in Potsdam, auch den Umbau dieser Geräte zu behördlich zugelassenen »Kugel-Balancier-Apparaten« an.
Mit den verschiedenen »Bajazzo«-Nachahmungen von Bruno Hoehne, Heidelberg, und der Westdeutschen Automatengroßhandlung, Frankfurt, wurde das rein mechanische Bajazzoprinzip nach dem Zweiten Weltkrieg wieder aufgegriffen. Neben den aufkommenden elektromechanischen Wandgeräten mit ihren vermehrten Spielanreizen (vgl. Kat. Nr. 56) hatten diese Geräte jedoch keine lange Überlebenschance. CK

Der Automat 2 (1928), S. 8 (»Fußballer« von West), 39 (»Universal« von Valk), 47 (»Kugel-Balancier-Apparat« von Wüstenhagen).
Automaten-Markt 5 (1953), S. 283 (»Bajazzo« der Westdeutschen Automatengroßhandlung); 6 (1954), nach S. 18 (»The Clown« von Hoehne).
Zulassungsschein der Physikalisch-Technischen Bundesanstalt, Braunschweig, vom 20.1.1955.
Costa, S. 204 (»Motor Car Game«, 1924).

223 »IMO-Sport«, Max Jentzsch & Meerz, Leipzig 1935

O-Bajazzo
10
Pfg
Glück hat oft,
wer garnichts tut!
Spielanweisung
20
40
60
80
60
40
Fangen ist nicht immer gut.

47 Zeppelin

Hersteller unbekannt, Deutschland, um 1905
Münzung: 5 Pfennig
43 × 16 × 55,5

Im Unterschied zu dem »Pickwick«- oder »Bajazzo«-Prinzip (vgl. Kat. Nr. 45) wird hier mit der eingesetzten Münze selbst anstelle der Kugel gespielt. Die eingeworfene Münze fällt rückwärts herab und tritt unten rechts über dem Schleuderhebel wieder aus. Durch Herabdrücken der Feder wird die Münze nach oben in die Umlaufbahn geschleudert. Bei Überschleudern der Münze gleitet diese links in den Schlitz und wird wieder zum Spielausgang zurückgebracht. Bei geringerem Schleuderdruck fällt die Münze aus dem oberen Bogen der Münzführung in das Nagelfeld herab und kann dort mit dem in der Horizontalen zu verschiebenden Zeppelin, der durch den Drehknopf links unten bewegt wird, aufgefangen werden. Gelingt dies nicht, so fällt die Münze nach unten und ist verloren. Ist die Münze gefangen worden, so gleitet sie mit dem Zeppelin nach Loslassen des Drehknopfes in die Ausgangsstellung nach links zurück und löst ein Klingelzeichen aus. Zieht man den Schieber an der linken Seite heraus, so wird in der Schale darunter als Gewinn eine 10-Pfennig-Wertmarke ausgegeben. Die Wertmarken sind in einem eigenen zylindrischen Rohr im Inneren des Spielgerätes gespeichert. Der Knopf oben neben dem Schloß scheidet Falschgeld oder klemmende Münzen aus. CK

224 »ZEPPELIN«, Giese & Co., Berlin 1927

„Zeppelin“
„Zeppelin“-Schleuder-Automat.
Nach Einwurf von 5 Pfg. ist das Geldstück durch Hebeldruck in die Höhe zu schleudern und dann mit dem durch den unteren Knopf beweglichen Luftschiff aufzufangen. Jn diesem Falle erhält man eine 10 Pfg.-Wertmarke, während das Geldstück beim Überschleudern zu neuem Wurfe wiederkommt. Danebenfallendes Geld gilt als verloren.

48 Skillful

Justice Scrutton, England, 1912 (Fabriknr. 119)
Münzung: 1 Penny
46 × 20 × 75

Das am 5. Juni 1912 als »a Game of Skill« zugelassene Gerät ist eine Abwandlung des »Pickwick«- oder »Bajazzo«-Prinzips (vgl. Kat. Nr. 45), da hier anstelle einer in der Horizontalen zu bewegenden Fangvorrichtung für die Kugel ein feststehender Pokal angebracht ist, dessen giebelförmiger Deckel in zwei unterschiedlich zu bewegende Partien unterteilt ist. Diese bewegliche Abdeckvorrichtung über dem Pokal ist nach dem auf dem Gerät angegebenen englischen Patent Nr. 22330 konstruiert, das am 1. Oktober 1912 an J. W. Foster und W. E. G. Foster aus Gilingham, Kent, vergeben wurde.
Nach dem Einwurf der Münze wird der Drehknopf rechts betätigt und dadurch eine Kugel aus dem Loch über dem Spielknopf ausgegeben. Während die Kugel über die beiden Laufschienen in das Nagelfeld herabrollt, kann der Spieler durch Drehen des Kopfes links unten den Deckel des Pokals bewegen und damit versuchen, die Kugel im Pokal zu fangen. Bei Stillstand des Drehknopfes ragen die beiden seitlichen Schrägen des Deckels vor, während der Giebel in der Mitte nach hinten zurückgeschoben ist. Wird nun der Knopf nach links bzw. rechts gedreht, so schiebt sich die linke bzw. rechte Schräge zurück, und gleichzeitig tritt der Mittelteil hervor. Nicht gefangene Kugeln rollen über die schräge Schiene unter dem Pokal in die rückwärtige Spielmechanik zurück. Wird die Kugel gefangen, so erhält der Spieler die Münze zurück und kann zugleich eine neue Kugel ausspielen. Die zweite Schiene unten dient als Münzspeicher, der bei weiteren Gewinnen auszahlt.
CK

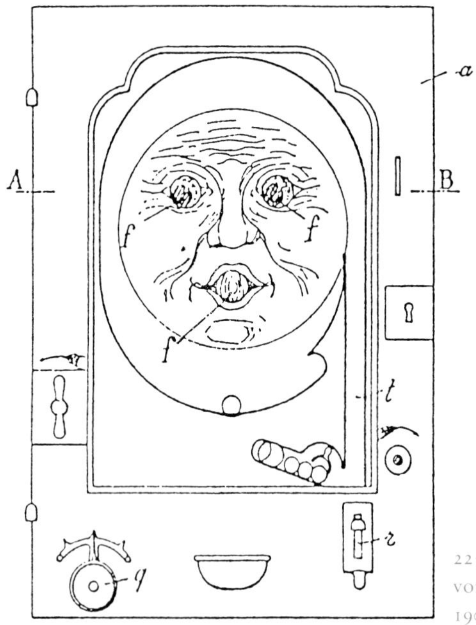

225 Spielautomat mit vorschiebbarer Auffangvorrichtung, 1907 (D.R.P. 201 793)

Skillful
THE SKILLFULL No.119

49 PAYRAMID

Bryans Works, Kegworth/Derby, 30er Jahre (?)
Münzung: 1 Penny
39 × 23 × 83

Eine Variante des »Bajazzo«-Prinzips liegt bei dem »PAYRAMID« vor, bei dem mehrere Kugeln nacheinander von einer um einen Achspunkt beweglichen Gabel gefangen werden. Die pyramidenähnliche Form des Geräts, die auch das Gerät »TICK-TOCK« (vgl. Kat. Nr. 44) desselben Herstellers aufweist, ist im Vergleich zu den meisten Spiel- und Geschicklichkeitsautomaten ungewöhnlich. In einem Wortspiel, das aus »to pay« und »pyramid« im Englischen entsteht, wird das Design und die Spielfunktion zusammengefaßt.

Nach dem Münzeinwurf werden die zuvor in den mittleren Kugelschächten gefangenen Kugeln freigegeben. Angetrieben von einer Kurbel, die links von der Auszahlöffnung angebracht ist, lassen sich dann die Kugeln, die links in einem Schacht gelagert sind, nach oben zur Ausgabe transportieren. Insgesamt werden acht Kugeln freigegeben, die nacheinander aus dem Schacht fallen. Die Geschwindigkeit bestimmt der Spieler selbst durch schnelles oder langsames Drehen der Kurbel. Über eine trapezförmige Applikation gelangen die Kugeln zu dem Nagelfeld, das sie durchlaufen, um dann mit der beweglichen Gabel gefangen zu werden. Die Gabel läßt sich durch einen Knopf bewegen, der sich links neben der Auszahlöffnung befindet. Fängt der Spieler die Kugeln nicht, fallen sie in Kugelschächte links und rechts neben dem Hauptschacht. Eine Auszahlung von 2 Pence erfolgt ab fünf im mittleren Schacht gefangenen Kugeln, insgesamt kann man 8 Pence gewinnen, wenn es gelingt, alle Kugeln zu fangen. Die Spielanleitung ist in einem Fenster im linken unteren Teil des Spielfelds angebracht. Gegenüberliegend befindet sich ein freier Raum für den Jackpot. Für das Spiel mit Jackpot konnte das Gerät umgestellt werden. Allerdings läßt sich nicht mehr feststellen, in welcher Form das Spiel dann ablief, da die entsprechende Spielanleitung fehlt. UG

BRYANS
PAYRAMID
PAYRAMID
INSERT ONE PENNY

50 REKORD (?)

Hermann Enge, Leipzig-Wahren, 1929 (?)
Münzung: 10 Pfennig
52 × 19 × 70

Dieses Kugel-Balanciergerät gehört zu den Spielautomaten, die als Reaktion auf die zahlreichen »Bajazzo-Prozesse« (vgl. Kat. Nr. 45) entwickelt wurden, die den »Bajazzo« zumindest teilweise als Glücksspiel verboten. Um den Aufstellern die Möglichkeit zu geben, ihre »Bajazzo«-Geräte anderweitig verwenden zu können, bauten verschiedene Firmen Spielscheiben, die den »Bajazzo« ersetzen konnten. Der einzige bislang bekannte Nachweis über dieses Exponat findet sich in einer Annonce vom August 1929, in dem das Gerät »REKORD« als »vollkommener Bajazzoersatz« angeboten wird (Abb. 227). Allerdings unterscheidet sich das ausgestellte Gerät geringfügig von dem annoncierten, dessen Spielfeld nur aus Stiften besteht. Ähnliche Geräte, die ebenfalls für den Umbau des »Bajazzo« angeboten wurden, sind beispielsweise der »Atlantic-Flieger« der Automatenfabrik »Atlantic«, Berlin, oder die »Kugel-Schaukel« von Curt Thielemann, Leipzig (Abb. 226).

226 »Kugel-Schaukel«, Curt Thielemann, Leipzig 1930

Durch den Münzeinwurf wird die Kugel zum Spiel freigegeben, die Münze fällt durch einen Schacht in die Auszahlschiene auf der Vorderfront. Ebenso wie beim »Bajazzo« wird die Kugel dann durch Drehen des rechten Griffs in einer Führung im Inneren des Gerätes zum Ausgangspunkt über dem Spielfeld befördert. Ziel des Spiels ist es, durch geschicktes Drehen des runden Spielfelds, auf dem Stifte und Stege aufgebracht sind, die Kugel in die Fangtasche gleiten zu lassen. Gelingt dies, so löst die Kugel einen Hebel aus, durch den der Auszahlmechanismus in Bewegung gesetzt wird.

Mit der »Glücksspinne« brachte Th. Bergmann & Co., Hamburg-Altona, noch 1953 ein sehr ähnliches Gerät heraus. Gespielt wird hier direkt mit der Münze, die auch über ein drehbares Nagelfeld gleitet und dann in eine von fünf Fangtaschen mit unterschiedlicher Wertigkeit balanciert werden soll. UG

Der Automat 3 (1929), S. 27 (»Atlantic-Flieger«), 58 (»REKORD«); 4 (1930), S. 89 (»Kugel-Schaukel«). Zulassungsschein der Physikalisch-Technischen Bundesanstalt, Braunschweig, vom 14.9.1953 (»Glücksspinne«).

227 Annonce für den »REKORD«, Hermann Enge, Leipzig 1929

Einwurf
10 Pfg.

51 Jemoc

Max Jentzsch & Meerz, Leipzig, 1926 (?)
Münzung: 10 Pfennig
52 × 15 × 68,5

Eine Variante der Kugel-Balanciergeräte stellt der »Jemoc«-Automat dar, bei dem direkt mit der Münze gespielt wird. Vermutlich wurde das Gerät vor 1927 hergestellt, da es in keiner Ausgabe der Zeitschrift »Der Automat«, die ab 1927 regelmäßig erschien, annonciert ist.
Die Münze wird oben rechts eingeworfen und erscheint wieder oben rechts im Spielfeld. Mit dem Griff in der Mitte des Geräts kann der Spieler die dreieckigen Segmente so bewegen, daß die Münze auf ihnen entlang gleitet und in das mit »Gewinn« gekennzeichnete Loch balanciert wird. Gleitet die Münze von einem der Segmente ab, so landet sie in der Jackpotschiene, oder, wenn letztere voll ist, in der Kasse. Bei einem Gewinn löst die Münze den Hebel für das Auszahlrad, das abwechselnd 20, 30 und 40 Pfennige freigibt.

Obwohl es sich hier um ein reines Geschicklichkeitsspiel handelt, kam es auch hier zu Prozessen, die die Fragestellung behandelten, inwieweit Balanciergeräte Glücks- oder Geschicklichkeitsspiele seien.

1950 brachte Erich Büttner den »Balanc« auf den Markt, der exakt denselben Aufbau des Spielfeldes zeigt wie der »Jemoc«. UG

Der Automat 2 (1928), S. 6, 13, 18 (Prozesse).
Automaten-Markt 2 (1950), S. 27 (»Balanc«).

Gewinn
„Jemoc"-
Geschicklichkeitsspiel.
abwechselnd 20, 30, 20, 40 Pfg. in bar.
Jugendlichen unter 16 Jahren ist das Spielen auf diesem Automaten verboten!

52 Fortuna

Hersteller unbekannt, Deutschland, 1904 (Belg. Pat. 182 523, D.R.G.M. 236 684)
Münzung: 5 Pfennig
37 × 20,5 × 98

Die »Fortuna« gehört zu den ältesten, noch erhaltenen Geldspielautomaten mit Warengewinn aus deutscher Produktion.

Den Urtyp dieses Gerätes bildet das »Tivoli« von Frank Urry, das 1892 in England patentiert wurde. Die eingeworfene Münze wird durch einen Hebel von oben in das Spielfeld geschleudert, das mit versetzten Stiftreihen besetzt ist. Je nach dem Fallbogen der Münze gelangt diese entweder direkt in die Kasse oder in vier seitliche Fangvorrichtungen, über die die Münze an den Spieler zurückgegeben wird. Trifft sie in die Fangtasche in der Mitte des Spielfeldes, so erhält der Spieler eine Zigarre im Wert der Münze.

In dem Sortiments-Katalog der Deutschen Automaten-Gesellschaft Stollwerck & Co. von 1895/96 ist als einziger Geldspielautomat mit Warengewinn ebenfalls ein »Tivoli«-Automat abgebildet, der mit 5 Pfennigen gemünzt wurde und bis auf die etwas unregelmäßiger angeordneten Stiftreihen und die drei Fangtaschen mit dem Gerät von Urry weitgehend übereinstimmt.

Eine Variante dieser Spielanordnung weist der Spielautomat »Fortuna« auf, bei dem die Fangtaschen im Spielfeld fehlen und die Rückwand ausschließlich mit versetzt angeordneten horizontalen Stahlstiftreihen bedeckt ist. Die von oben ohne Schleuder eingeworfene Münze gelangt entweder direkt in die Kasse oder aber vor eine der fünf Gewinnzahlen am unteren Rand des Spielfeldes. Bei einem Treffer bleibt die Münze vor dem markierten Zahlenfeld liegen, durch Andrücken eines entsprechenden Stiftes darunter wird ein Stromkreis geschlossen und über eine Batterie ein Glockensignal ausgelöst. Durch Drücken des seitlichen Schiebers fällt die Münze anschließend nach unten in die Kasse. Der Warengewinn wird dem Spieler sodann durch den Wirt ausgehändigt: bei Treffern auf die seitlichen Zahlenfelder gab es ein oder zwei Zigarren im Wert von 3 und 6 Pfennig, wurde die 3 in der Mitte getroffen, so mußte der Wirt zwei Schoppen Bier ausgeben.

Die Datierung des Gerätes läßt sich durch das angegebene Gebrauchsmuster belegen, das am 31.8.1904 für Wilhelm Becker in Frankfurt eingetragen wurde (D.R.G.M. 236 684). Außerhalb der Patentklasse 42, die unter dem Sammelbegriff »Instrumente« auch die »Selbstkassierer« umfaßt, befindet sich dieses Gebrauchsmuster versteckt in der Patentklasse 54 »Papiererzeugnisse, Reklame«. Entsprechend lautet auch die Beschreibung des Geräts: »Elektrischer Reklameapparat, bei welchem der Stromkreis durch ein hineingeworfenes Geldstück geschlossen wird, welches nach einem Druck auf den Knopf in die Kassette fällt.« Für wen hiermit Reklame gemacht werden sollte, läßt sich nicht recht erkennen. Da dieses Thekengerät in Gastwirtschaften und möglicherweise auch in Tabakgeschäften aufgestellt war, diente es wohl, wie die gleichzeitigen amerikanischen »trade stimulators« (vgl. Kat. Nr. 39), zur Anregung des Verkaufs und in dieser Form eben auch als Reklame. Die Aufschrift »Fortuna« auf der Rückwand des Geräts gibt vielmehr den eigentlichen Zweck des Automaten deutlich zu verstehen. Da der Spieler keinen weiteren Einfluß auf die Bahn der eingeworfenen Münzen nehmen kann, ist es tatsächlich völlig dem Zufall überlassen, ob ein Treffer erzielt wird oder nicht.
Das ebenfalls auf dem Automaten vermerkte belgische Patent ließ sich nicht überprüfen; vermutlich ist hier jedoch das Spielprinzip vorgegeben. CK

Costa, S. 40, Abb. S. 120 (»Tivoli« von Urry).
Münchner Illustrierte 4 (1988), Abb. S. 59.

EINWURF
5 PFG.
1 2 3 4 5
Fortuna
1 2 3 4 5
D. R. G. M. 236684
Für 5 Pfg.-Stücke. — Einwurf oben.
Belg. Patent 182523.
Nr. 1 2 Zigarren à 3 Pf.
Nr. 2 1 Zigarre à 6 Pf.
Nr. 3 2 Schoppen Bier.
Nr. 4 1 Zigarre à 6 Pf.
Nr. 5 2 Zigarren à 3 Pf.
Bei jedem Gewinne bleibt das Geldstück sichtbar liegen und wird durch Drücken auf die gelben Knöpfe durch elektrisches Glockensignal angezeigt.

53 ONKEL THEODOR

Hersteller unbekannt, Deutschland, um 1905
Münzung: 5 Pfennig
39 × 20,5 × 58

Der »ONKEL THEODOR« gehört in die Gruppe der Münzschleuderspiele, wie sie seit ca. 1895 auch in Deutschland bekannt waren. Von diesen Geräten, die mit dem Sammelbegriff »Tivoli« erfaßt wurden (vgl. Kat. Nr. 52), unterscheidet sich der »ONKEL THEODOR« im wesentlichen nur durch die fehlenden Stiftreihen im Spielfeld. Die an der rechten Seite eingeworfene Münze fällt unsichtbar zwischen der Rückwand und dem schwarzen Metallstreifen mit den vier numerierten Feldern vor eine Schleudervorrichtung. Um diese zu betätigen, wird der rote Hebel gesenkt und losgelassen, worauf die Münze in einem Bogen in das Spielfeld geschleudert wird. Landet sie vor einem der numerierten Zahlenfelder, so bleibt sie sichtbar in dem Fenster unter der Zahl liegen, andernfalls fällt sie direkt in die Kasse hinab. Bei einem Treffer wird der unter der Zahl befindliche Knopf gedrückt und damit ein von einer Batterie gespeister elektrischer Kontakt geschlossen, der ein Klingelzeichen auslöst. Nach der Gewinnausgabe durch den Wirt wird die gewonnene Münze durch Eindrücken des seitlichen Schiebers nach unten in die Kasse befördert. Bei Treffern in die Gewinnfelder erhält der Spieler Zigarren von unterschiedlichem Wert oder ein Glas Bier; beim Höchsttreffer vor das mit »1« gekennzeichnete Feld gibt es ein Glas Bier und eine Zigarre oder drei Zigarren.
Neben der Abweichung durch die fehlenden Stiftreihen ist wohl die Darstellung des zum Spiel anregenden »ONKEL THEODOR« auf der Rückwand des Spielfeldes das auffälligste Merkmal dieses Gerätes, das sich darin von allen Vorläufern unterscheidet. Die »Tivoli«-Geräte von Urry und Stollwerck besaßen nur einfarbige Rückwände, das Spielfeld der »Fortuna« (vgl. Kat. Nr. 52) ist mit dem Reichsadler und dem Schriftzug des Gerätenamens geschmückt. CK

1
2
3
4
Für 5-Pfg.-Stücke
D.R.G.M.
Einwurf rechts
D.R.G.M.
ONKEL THEODOR
Beliebtester und anregendster Geschicklichkeits-Automat der Neuzeit!
No. 1
No. 2
1 Cigarre à 8 Pfg.
No. 3
1 Glas Bier à 10 Pfg.
No. 4
1 Cigarre à 6 Pfg.
Anleitung:

54 OLYMPIA

Max Jentzsch & Meerz, Leipzig, 1930
Münzung: 10 Pfennig
61 × 16 × 81

Im April 1930 kündigten Jentzsch & Meerz die »OLYMPIA« als »Unterhaltungs-Geld-Automat mit 2 Reservefächern (System Komet)« an. Mit dem Hinweis auf das »System Komet« wurde das Gerät einem Automatentypus zugeordnet, der bereits vor dem Ersten Weltkrieg in Gebrauch war. Der Zigaretten-Ausspiel-Automat »Komet«, bei dem durch einen Fingerschlag die gespielte Münze in vier verschiedene Gewinnführungen geschleudert werden konnte, war in einem viel beachteten Urteil des Reichsgerichts vom 30.10.1908 als »Geschicklichkeitsspiel« bestätigt worden. Auf dieses Urteil beriefen sich auch die Nachahmer der 20er Jahre, wie Fr. West in Leipzig mit dem »Komet« (1928; Abb. 61) und W. Hugo Kegel in Dresden mit dem »Wupp-Dich« (1928). Die »Komet«-Automaten und ihre viel gebaute Abwandlung, die unter dem Namen »Elite« lief und die Münze über eine Gleitschiene per Druckknopf in die Gewinnfelder beförderte, erlebten einen kurzen Publikumserfolg in der Zeit zwischen 1928 und 1932, an dem sich so gut wie alle namhaften Firmen beteiligten. Besonders die Firma Santelmann & Priess in Hannover brachte in den frühen 30er Jahren zahlreiche Varianten des Fingerschlagautomaten auf den Markt (»Das blaue Wunder« 1930, »Die bunte Kaskade« 1930, den DEWAG »Warenautomat« 1931 mit gleichzeitiger Ausgabe einer Rolle Drops, »Alle Elf« 1931, »Jupiter« 1932 mit Trainingsvorrichtung). In der unmittelbaren Nachkriegszeit erlebten diese Geräte eine nochmalige Renaissance mit Geräten wie dem »TREFF« von Walter Steiner, Berlin (1949; Abb. 72), dem »TOTO« von Alfred Krähe, Berlin (1950), dem »TOTOMAT« von Günther Wulff, Berlin (1951; Abb. 228) und dem »TOTOMINT« von Bernhard Baldau, Püttlingen/Saar (1954).

Mit dem leicht asymmetrischen Muster der Messingschienen, Räder und Hebel und den beiden an den Jugendstil erinnernden Tänzerinnen als zusätzlichem Schmuckelement hebt sich die »OLYMPIA« aus der Masse der zeitgenössischen Fingerschlaggeräte als eine besonders reizvoll gestaltete Variante hervor.
Die gespielte Münze gleitet vor den losen Ring in der Schleudervorrichtung unterhalb des Einwurfschlitzes. Durch einen kräftigen Fingerschlag auf den Ring schleudert die Münze in das Spielfeld, wo sie entweder in einer der sechs Fangtaschen oder aber in eine der beiden winkelförmig angeordneten Führungen für die Gewinnauszahlung gelangt. Diese beiden Münzkanäle sind im unteren Teil des Spielfeldes durch Auszahlräder versperrt. Trifft nun eine geschleuderte Münze in die zweite, vierte oder sechste Auffangtasche mit 2- bis 3facher Gewinnausgabe, so gleitet sie rückwärts hinab, tritt durch die rechte der beiden Öffnungen im Mittelfeld wieder hervor und senkt im Herabfallen den Sperrhebel über dem rechten Auszahlrad, wodurch dieses freigesetzt wird und durch eine Umdrehung zwei bis drei Münzen aus der rechten Gewinnschiene auszahlt. Münzen, die in die »Reserve«-Fangtaschen gelangen, treten aus dem Schlitz links unten wieder hervor und werden dort auf der darunter befindlichen Schiene gespeichert. Der vier- bis zwölffache Gewinn kann erzielt werden, wenn das Geldstück in die dritte Fangtasche trifft. In diesem Fall kommt die Münze aus dem linken mittleren Schlitz wieder zum Vorschein, löst im Herabfallen zunächst den Sperrhebel über dem linken Auszahlrad, wodurch vier Münzen ausgezahlt werden, und entriegelt im weiteren Fall die Sperre vor der Reserveschiene, die sich völlig leert und je nach dem Stand der Auffüllung bis zu zehn weitere Münzen ausgeben kann. Sind beide Kanäle für die Gewinnauszahlung gefüllt und es wird kein Treffer erzielt, so gleitet die Münze über dem linken Münzkanal direkt in die Kasse.

CK

Der Automat 4 (1930), Nr. 4, 3. Umschlagseite.

228 »TOTOMAT«
Günter Wulff-Apparatebau,
Berlin 1951

Reserve
2-3fach
4-12fach
2-3fach
Reserve
2-3fach
OLYMPIA

55 Sputnik

NSM-Apparatebau GmbH, Bingen, hergestellt ab 1960
Münzung: 10 Pfennig
50,5 × 23 × 70,5

Unter den Geldspielautomaten sticht der »Sputnik« durch seine originelle Gestaltung und den abwechslungsreichen Spielablauf hervor. Der Start des ersten russischen Satelliten Sputnik am 4.10.1957 war eines der meistbeachteten Ereignisse am Ende der 50er Jahre. Trotz der Zeit des Kalten Kriegs war die Faszination dieses Satellitenflugs so groß, daß schon Anfang 1958 der amerikanische Kaugummihersteller LEAF einen »Sputnik Earth Satellite Bubble Gum« anbot.

Mit dem »Sputnik« wurde dann erstmals ein Spielautomat zu diesem Thema auf den Markt gebracht. Das Spielfeld zeigt das verkleinerte Weltall, bei dem die Größe und der Blickwinkel von der Erde bestimmt werden. Zentral und am größten dargestellt ist deshalb die halbe Erdkugel vom Nordpol bis zum Äquator, die plastisch aus dem Spielfeld herausragt. Am Äquator sind vier Raketen aufgestellt, die sich während des Spielablaufs mit der Erde drehen. Um die Erde angeordnet sind bunte Sterne sowie Sonne, Mond und Saturn; der »Sputnik« umkreist die Erde. Ein Spiel kann mit 10 Pfennig gespielt werden, durch eine Münzvorlage können insgesamt 10 × 10 Pfennige gespeichert werden. Nach dem Münzeinwurf beginnt der »Sputnik« um die Erde zu kreisen, und die Sterne einer Farbe leuchten. Nach etwa vier Sekunden wird die Laufrichtung des »Sputniks« geändert. Zwischen der vierten und der zwölften Sekunde kann der Spieler durch Drücken der Taste unter dem Leuchtschild »Sputnik« erneut die Richtung des Satelliten ändern. Desweiteren kann der Spieler zwischen der dritten und der elften Sekunde das Leuchten der Sterne beeinflussen. Drückt er die Taste, dann leuchten Sterne einer anderen Farbe auf.
Nach mindestens 15 Sekunden endet das Spiel, und es kommt dann zu einer Auszahlung, wenn der Satellit auf einen erleuchteten Stern zeigt. Die Höhe der Auszahlung ist auf dem Stern angegeben. Bleibt die Erdkugel so stehen, daß eine der vier Raketen genau auf eine der beiden Mondbahnen zeigt, werden 10 Pfennige ausgezahlt. Weist der Satellit auf die Sonne, wird der Höchstgewinn von 1 DM ausgezahlt; falls gleichzeitig eine der Erdraketen auf die Mondlaufbahn zeigt, entfällt der Teilgewinn von 10 Pfennigen. UG

Automaten-Markt 10 (1958), S. 68 (»Bubble Gum«).
Zulassungsschein der Physikalisch-Technischen Bundesanstalt, Braunschweig, vom 12.1.1960, Ergänzung vom 6.7.1960.
Automaten-Markt 12 (1960), S. 160.

Sputnik
Sputnik
10 Pfennig
Raketengewinn
PRÜFEN
FARBE

56 ELEKTROMAT »Revue«

Günter Wulff-Apparatebau, Berlin, 1952 (D.R.P. 931 860; Fabriknr. 13252)
Münzung: 10 Pfennig
55,5 × 16 × 81,5

Diese moderne Variante des Schleuderautomaten arbeitet mit zwei elektromotorisch betriebenen Nockenscheiben mit Auszahlsteuerung, die sich nach Einwurf der Spielmarke zu drehen beginnen und nacheinander die zehn Leuchtfenster mit Mädchenbildern und sinkenden Gewinnangaben aufleuchten lassen. Durch Herabdrücken des Hebels rechts werden nacheinander zwei Spielmarken freigegeben und in das mit Stiftreihen besetzte Spielfeld geschleudert. Um einen Gewinn zu erzielen, müssen zwei Spielmarken auf die beiden aus den Löchern herausragenden Auflagekontakte auftreffen, wo sie durch die darüber befindlichen Stifte festgehalten werden. In diesem Fall wird ein Auszahlmagnet betätigt und der beim zweiten Treffer gerade aufleuchtende Gewinn in Form von Warenbezugsmarken sofort ausgezahlt. Spielmarken, die nicht getroffen haben, fallen vor die Schleudervorrichtung zurück und können erneut ausgespielt werden.
Das Gerät kam auch mit veränderten Frontscheiben als »ELEKTROMAT Eishockey« und »Fußball« (Abb. 229) auf den Markt.

Durch die Änderungsverordnung zum § 33 d der Gewerbeordnung vom 27. Juli 1951 war die Spieldauer für Geldspielgeräte auf 15 Sekunden heraufgesetzt worden. Dieser verlängerte Spielablauf war eine Herausforderung für die Entwicklung neuer Spielgeräte, die so eingerichtet sein mußten, »daß dem Spieler für seinen Einsatz mindestens eine gewisse Unterhaltung geboten wird, selbst wenn er letzten Endes verliert« (Zitat aus dem Patent). Durch die ständig sich verändernde Gewinnchance war bei dem »ELEKTROMAT« der Unterhaltungswert während der gesamten Spieldauer sichergestellt.
Um eine Übervorteilung des Spielers zu vermeiden, durfte die Gewinnausgabe nur in Form von Warenbezugsmarken erfolgen, die nicht zum weiteren Spieleinsatz geeignet waren. Diese Form der Gewinnausgabe stellte sich bald als nachträglich heraus, da sie den Spieler ganz im Widerspruch zur Intention der Regelung zwang, für die Fortsetzung des Spieles ständig neues Geld einzusetzen. Da sich das am 18. September 1953 wieder eingeführte reine »Groschenspiel«, d.h. die Gewinnausgabe in der gängigen Währung, bereits 1951 abzeichnete, waren viele Geräte dieser Übergangszeit bereits für eine Umstellung auf Münzgewinn eingerichtet. CK

Zulassungsschein der Physikalisch-Technischen Reichsanstalt, Berlin, vom 3.3.1952 und 31.10.1953.
Automaten-Markt 4 (1952), S. 116.

229 »ELEKTROMAT« – Fußball, Günter Wulff-Apparatebau, Berlin 1952

ELEKTROMAT
6
5
7
4
8
3
9
2
10
1

57 Die Mühle im Schwarzwald

W. Hugo Kegel Automatenfabrik, Dresden, ab 1928 hergestellt
Münzung: 10 Pfennig
40 × 13 × 53

Dieses Spiel gewinnt seinen Reiz einmal durch die Spielform, eine Variante des Fingerschlagspiels, als auch durch die Darstellung einer deutsch-romantischen Mühle im Spielfeld.
Die Automatenfabrik Hugo Kegel annoncierte das Gerät erstmals 1928 und knüpfte mit dem Spielprinzip der rotierenden Zielscheibe an ähnliche Spielautomaten, die schon vor dem Ersten Weltkrieg gebaut wurden, an.

Ziel des Spiels ist das Mühlrad, das nach dem Münzeinwurf von einem Federwerk angetrieben wird und sich dreht. Einer Kurzbeschreibung des Geräts anläßlich der Leipziger Frühjahrsmesse 1929 kann man entnehmen, daß das Federwerk des Mühlrads ungefähr einmal in der Woche von dem Aufsteller aufgezogen werden mußte.
Die durch einen Fingerschlag eingeworfene Münze fällt auf eine Schiene, rollt zum Mühlrad und soll nun durch einen der Schlitze im Mühlrad laufen. In einem Spiegel, der dem Mühlrad gegenüberliegt, kann der Spieler sehen, wann das Ende der Schiene mit einem der Schlitze im Mühlrad übereinstimmt. Er muß nun die Zeit kalkulieren, die die Münze vom Abschlagen bis zum Mühlrad braucht. Trifft der Spieler, erhält er 20 oder 30 Pfennig über das Auszahlrad. Gelingt dies nicht, landet die Münze vorne in der Schiene, die zum Auszahlrad führt oder, wenn diese voll ist, in der Kasse.

UG

Der Automat 2 (1928), S. 43f.; 3 (1929), S. 17.

Benutzungs-
gebühr
10 Pf.
Die Mühle im
Gesetzlich geschützt. D. R. G. M. a.
Geschicklichkeits-Prüfer

58 Pilwin Play

Bryans Works, Kegworth/Derby, nach 1920
Münzung: 2 Pence
48 × 16,5 × 63

Der »Pilwin Play« vertritt eine weitere Variante von Geldspielautomaten, deren Spielmechanismus darin besteht, daß eine Stahlkugel über eine spiralförmige Laufbahn in eine oder mehrere Gewinntaschen geschleudert wird. Eines der ersten Geräte dieser Art war die 1900 gebaute »Heureka«, für die die Polyphon Musikwerke, Leipzig, als Hersteller genannt worden sind.
1913 erhielt Rudolf Walter von der französischen Niederlassung der New Polyphon Supply Company, London, ein Patent für einen verwandten Spielautomaten, dessen Name »Allwin« in England für die nachfolgenden Geräte dieser Art als Typenbezeichnung übernommen wurde. Möglicherweise wurde mit dem »Pilwin« eine bewußte Namensvariante des älteren »Allwin« geprägt.
Der Spielmechanismus des »Allwin« wurde in den späten 20er Jahren häufig mit dem »Bajazzo«-System kombiniert (vgl. Kat. Nr. 59) oder auch als Unterhaltungsspiel mit einer Elektrisiereinrichtung verbunden (vgl. Kat. Nr. 83).
Eine Datierung des Gerätes wird durch den Umstand erschwert, daß die 1920 gegründete Firma Bryans Works auch nach dem Zweiten Weltkrieg noch mit sehr altertümlich erscheinenden Gerätetypen auf den Markt kam.

Die Rückwand des Spielfeldes ist mit der Umrißzeichnung eines Bajazzokopfes geschmückt. In seinem geöffneten Mund im Zentrum der Spirale befindet sich das Gewinnfeld, während das Loch in seiner Halskrause die verlorenen Kugeln aufnimmt.
Mit dem Münzeinwurf oben rechts wird aus dem rechten Loch auf der Brust des Bajazzos eine Kugel ausgegeben, die vor die Schleudervorrichtung in der rechten unteren Ecke gleitet. Durch Herabdrücken des Hebels wird die Kugel in die spiralförmige Führung geschleudert. Trifft die Kugel in die Gewinntasche, so kann durch Drehen des Knopfes links neben der Ausgabeschale eine neue Kugel gespielt werden, die aus dem linken Loch auf der Brust des Clowns austritt; zugleich wird dem Spieler eine Münze ausgezahlt. CK

Costa, S. 204f. (»Heureka«).

230 »EACH WAY«, England, 50er Jahre

Win
LOST
BRYANS
Pilwin Play

59 Favorit (Das Henkeltöpfchen)

Apparatebau-Anstalt Wilhelm Furst, Berlin, 1927
Münzung: 10 Pfennig
45 × 15,5 × 71

Im Juli 1927 kündigte die Apparatebau-Anstalt Wilhelm Furst in Berlin »Das Henkeltöpfchen« als »schönstes Unterhaltungs- und Geschicklichkeitsspiel« an (Abb. 231). Dieses Gerät geriet, wie auch die »Bajazzo«-Automaten (vgl. Kat. Nr. 45), sogleich in den Verdacht des Glücksspiels. Verschiedene Aufsteller des »Henkeltöpfchens« wurden nach dem Runderlaß des Preußischen Innenministers vom 9. März 1928 strafrechtlich verfolgt, doch endeten die Prozesse mangels einheitlicher Beurteilungskriterien für die »Bajazzo«-Automaten zumeist mit Freispruch. Die Benennung »Favorit« für das ausgestellte Gerät dürfte auf eine spätere Namensänderung zurückgehen, die möglicherweise mit dem eingeprägten Datum 1932 auf einem Schild über dem Auszahlrad zusammenfällt.

Der Spielmechanismus des »Henkeltöpfchens« verbindet das Prinzip der Kugelschleuder über eine spiralförmige Bahn (vgl. Kat. Nr. 58) mit dem »Bajazzo«-System (vgl. Kat. Nr. 45). Die oben rechts eingeworfene Münze gleitet rückwärts zu dem Ausgabeschlitz links unterhalb der Kugelbahn, wo sie wieder auf dem Spielfeld erscheint und in der winkelförmigen Auszahlschiene gespeichert wird. Gleichzeitig wird aus der Öffnung rechts oberhalb der Münzschiene eine Kugel ausgegeben, die durch Herabdrücken des seitlichen Hebels nach oben in die Spirale geschleudert wird. Erreicht die Kugel den inneren Zirkel der Spirale, so fällt sie durch ein Nadelfeld herab und kann durch eine mit dem »Henkeltöpfchen« abgedeckte Fangvorrichtung aufgefangen werden. Der Fangbecher wird auf einer horizontalen Leitschiene durch Drehen des Knopfes links unten hin und her bewegt. Die gefangene Kugel gleitet mit dem Fangbecher nach links in die Ausgangsstellung zurück, wo sie rückwärts herabfällt und dabei die Sperre für das Auszahlrad entriegelt. Je nach momentaner Füllung des Münzspeichers zahlt das Gerät bis zu vier Wertmarken oder Münzen aus. Nichtgefangene Kugeln verschwinden in dem Loch unterhalb des Fangbechers, überschleuderte Kugeln werden über die Führung in der äußeren Spiralwindung zum nochmaligen Spiel an den Schleuderhebel zurückgeführt.
Ein vergleichbares Spielprinzip zeigt auch der für den englischen Export bestimmte »AIRSHIP PROFIT SHARER« von Max Jentzsch & Meerz, Leipzig, von 1929 (?), bei dem der Kugelfangbecher mit einem Zeppelin verkleidet ist. CK

Der Automat 1 (1927), S. 27; 2 (1928), S. 29 (Prozesse).
Costa, S. 204 (»AIRSHIP PROFIT SHARER«).

231 Werbung für das »Henkeltöpfchen«, 1927

Sportautomat
« Favorit »
Das 10 Pfg.-Stück
abgerollt ist.

60 BINGOLUX

Günter Wulff-Apparatebau, Berlin, 1960
Münzung: 10 Pfennig
48 × 22,5 × 72

Dieses Gerät ist eine elektromechanische Weiterentwicklung des Kugelschleudertyps, der mit dem Prinzip der Dreier-Gewinnkombination verbunden ist. Als Spielsituation werden auf dem Spielfeld drei Männer bei einer Würfelrunde vorgestellt, wobei einer der Spieler sein Gegenüber auffordert: »Mach es besser!«.
Nach dem Münzeinwurf erhält der Spieler nacheinander drei Kugeln, die durch den Hebel rechts unten abgeschossen werden. In einem transparenten Anzeigefeld unter den Auffangvorrichtungen wird »SPIEL FREI« angezeigt, sobald die Kugel freigegeben ist. Wird der Hebel nicht bedient, so wird die Kugel automatisch abgeschossen. Aus dem Kreisbogen fällt die Kugel durch drei Nagelreihen mit versetzten Stiften in eine der vierzehn verschiedenfarbig gekennzeichneten Auffangschächte. Die jeweilig getroffene Farbe leuchtet auf dem Gewinnplan oben in allen Kombinationen auf. Der Gewinnplan staffelt sich von 10 Pfennig bis zu 1 DM für drei Treffer in die weißen Fangschächte. Wird bei einem Spiel eine der Farbkombinationen erzielt, die auf dem Gewinnplan in senkrechten Kolonnen angeordnet sind, so wird außer den Farbfeldern noch der unter dieser Farbkombination angegebene Gewinnbetrag von innen beleuchtet und der angezeigte Betrag ausgezahlt.
Eine Einrichtung zur Münzvorlage ermöglicht es, bis zu zehn Münzen im voraus einzusetzen, nicht gespielte Münzen werden durch Druck auf den Rückgabeknopf zurückerstattet, ein Tiltmechanismus sperrt die Auszahlung bei unerlaubtem Schütteln oder Schlagen. Durch Betätigung des roten Kontrollknopfs unten links wird das erzielte Ergebnis nochmals auf dem Gewinnplan angezeigt. CK

Zulassungsschein der Physikalisch-Technischen Bundesanstalt, Braunschweig, vom 1.11.1960.
Automaten-Markt 12 (1960), Anzeige nach S. 746, S. 761.

SPIELREGEL
GEWINNPLAN
BINGOLUX
Mach' es besser!
ACHTUNG!
KONTROLLE

61 THE ADVANCE PIN TABLE

Hersteller unbekannt, England, um 1932 (?)
Münzung: 1 Penny
30 × 58 × 20

Eine Neuerung in der langen und vielfältigen Frühgeschichte der Flipper brachte Montague Redgrave im Mai 1871 mit dem »Improvements in Bagatelles« heraus, das als der Vorläufer der späteren Pinball-Spiele angesehen werden kann. Bei diesem Gerät wurde erstmals anstelle des bis dahin üblichen Queues ein Schlagbolzen zum Abspielen der Kugel verwendet. Die Kugel läuft über ein leicht schräges Spielfeld, das mit Taschen und Toren besetzt ist, in denen die Kugel gefangen werden kann.

Erste Pinball-Spiele mit Münzeinwurf sind seit 1878 belegt. Eine kontinuierliche Produktion dieses Spiels setzte allerdings erst nach 1931 mit den amerikanischen Nadelspielen »BAFFLE BALL« von David Gottlieb, Chicago, und »BALLYHOO« der späteren Bally Manufacturing Corporation, Chicago, ein. Beim Spielaufbau wurden die gleichen Elemente verwendet, die seit dem Ende des 19. Jahrhunderts mit kleinen Abwandlungen patentiert worden waren: Mit einem Federbolzen schießt man Kugeln auf ein leicht schräg stehendes Spielfeld, die Kugeln werden dort von Nadeln abgelenkt oder in eingelassene Löcher geleitet, die unterschiedlich bewertet sind. Ziel des Spiels ist es, eine möglichst hohe Punktzahl zu erreichen.

Bei dem ausgestellten Spiel werden nacheinander neun silberne und eine goldene Kugel ausgegeben, die in mit Nadeln eingefaßte Löcher mit der Punktzahl von 100–1000 geschossen werden können. Die Kugeln bleiben in den Löchern sichtbar liegen, so daß am Ende des Spiels die Punktzahl zusammengezählt werden kann. Die goldene Kugel zählt dabei doppelt. Das in seiner Gestaltung relativ schlichte Tischgerät könnte aufgrund seines Spielablaufs aus den Anfängen der industriellen Großproduktion der Nadelspielgeräte stammen. Da aber jede Bemalung, wie sie die amerikanischen Geräte ab 1931 aufweisen, fehlt, könnte auch eine frühere Datierung infrage kommen. Die amerikanischen Modelle wurden sehr bald in Europa rezipiert und oftmals direkt nachgeahmt. Das ausgestellte Gerät ist im Aufbau des Spielfelds dem »BALLYHOO« ähnlich, der als Zusatzeinrichtung ein »Bally Hole« besitzt, das den Gesamtgewinn verdoppelt, wenn eine Kugel trifft.
In Deutschland übernahmen ab 1933 alle größeren Automatenhersteller die Nadelspiele in ihr Programm (Abb. 91f.). Neben den Standgeräten kamen innerhalb desselben Jahres auch Tischmodelle auf den Markt, die als »Tura Junior«, »Circus Junior« oder »Ballota Baby« angeboten wurden.

UG

Der Automat 6 (1933), S. 265, 321 (Tischmodelle).
McKeown, S. 13–17.
Rubin, S. 90 (»BALLYHOO«, »BAFFLE BALL«).
Costa, S. 129 (Pinball-Spiele seit 1878).

THE ADVANCE PIN TABLE
FOR AMUSEMENT ONLY
BRITISH MADE
PLACE COIN IN SLOT AND PUSH
KNOB TO RELEASE BALLS FOR PLAY
PUSH LOWER BUTTON ON RIGHT
TO LIFT ONE BALL AT A TIME
10 BALLS 1D

62 ERBÜ-Rennen

Erich Büttner, Leipzig, 1935
Münzung: 5 und 10 Pfennig
52 × 109 × 98

Der Erfolg, den die Flipperspiele seit 1933 hatten, ließ die Hersteller nach immer neuen Varianten suchen. Nach den ersten einfachen Nagelspielen kamen schon 1932 die sogenannten Klappenspiele auf, an deren Spiellöchern Klappen montiert sind, die sich nach einem Treffer schließen. Gleichzeitig dienen die Klappen, die bei manchen Spielen auch weiterhin mit Nägeln kombiniert wurden, zur Ablenkung der Kugeln.
Die kombinierten Sport-Nagelspiele, wie das »ERBÜ-Rennen«, stellen eine Neuerung der Themen bei den Nagelspielen dar. Das erste Pferderennspiel, »TURA-DERBY« der Tura-Werke, Leipzig, kam im Herbst 1934 auf den Markt. Jentzsch & Meerz folgten mit zwei verschiedenen Pferderennspielen, dem »HANDICAP« und dem »IMO-RENNEN« (Abb. 233), die sich in der Anzahl der Pferde und auch im Spielablauf unterscheiden.

Das »ERBÜ-Rennen« wurde auf der Leipziger Herbstmesse 1935 vorgestellt. Das Spiel, das von zwei Personen gespielt werden kann, hat fünf Rennbahnen, auf denen kleine Spielzeugpferde mit Jockeys voranrücken. Ziel des Spiels ist es aber nicht nur, die Pferde in das Ziel zu bringen, sondern möglichst viele Punkte zu erhalten. Für 5 Pfennig erhalten die Spieler zwölf Kugeln, für 10 Pfennig die doppelte Anzahl. Zunächst muß mit der Kurbel eine Feder gespannt werden, die die Pferde zum Startpunkt zurückholt. Es erscheint in der Mitte unterhalb des Spielfelds das Schild »Start«. Dann können die Kugeln durch Ziehen der unteren rechten Stange freigegeben werden, durch das Ziehen des darüberliegenden Knaufes wird jeweils eine Kugel ins Spielfeld geholt. Eine abgeschossene Kugel umläuft das ovale Spielfeld auf der vorgegebenen Bahn eineinhalbmal, am Ende der Bahn wird sie durch eine Feder gebremst. Wenn sie dann noch schnell genug ist, läuft die Kugel weiter bis zu einer Bremsvorrichtung an der linken Seite des Spielfeldes, durch die sie dann auf das Nagelfeld abgelenkt wird. Läuft die Kugel in eines der mit einem Hufeisen gekennzeichneten Löcher, rückt das Pferd, dessen Nummer in dem Hufeisen steht, voran. Fällt die Kugel in das Loch »ferner liefen«, ist sie verloren, läuft sie jedoch durch das Spiel, ohne gefangen zu werden, kann sie erneut ausgespielt werden. Eine besondere Bedeutung besitzt das Loch mit Klappe über dem mittleren Pferd, das der sogenannte Favorit ist: Wird dieses Loch getroffen, läuft das Pferd ins Ziel, und die Klappe schließt sich. Der Spieler erhält 4000 Punkte. Dadurch wird das dahinterliegende Loch freigegeben, bei dem jeder Treffer doppelt so viel zählt. Die Pferde 1 und 5 brauchen drei Sprünge bis zum Ziel, die Pferde 2 und 4 zwei Sprünge. Die Pferde besitzen im Vergleich zu den richtigen Sportspielen hier nur dekorative Funktion. Wesentlich für den Spielausgang ist die Punktzahl der Spieler, die diese nach jedem Durchgang notieren können.

Die früher auf dem Markt erschienenen Rennspiele wie das »IMO-RENNEN« und das »TURA-DERBY« sind in ihrem Spielablauf etwas einfacher gestaltet. Bei letzterem befinden sich die Fanglöcher jeweils über den Pferden, die weiterziehen, wenn die Kugel in die Fangtasche trifft. Wenn der Spieler mit zwölf Kugeln alle Pferde zum Ziel bekommt, erhält er ein Freispiel. UG

Der Automat 7 (1934), S. 309 (»Tura-Derby«), 8 (1935), S. 73, 242.

232 Detail des »ERBÜ-Rennen«

233 »IMO-Rennen«, Max Jentzsch & Meerz, Leipzig 1935

Ferner liefen
Ferner liefen
4000
4000
ERBÜ
Für 5 Pfg. 12 Kugeln
Für 10 Pfg. 2x12 Kugeln

63 Hanno-Bombenfeuer

Hanno-Automatengesellschaft mbH, Hannover, 1937 (?)
Münzung: 5 und 10 Pfennig
54,5 × 105 × 98,5

Anläßlich der Leipziger Herbstmesse 1936 wurde erstmals über das »Bombenfeuer« berichtet. Neben anderen gleichzeitig erscheinenden Geräten, wie dem »Iho-Cup« von M. Holthaus, Essen, wurde hier ein Mechanismus aufgenommen, der schon 1934 mit dem »Fleet« von Bally eingeführt worden war. Zum ersten Mal konnten mit dieser neuen Entwicklung Kugeln aktiv ins Spiel gebracht werden, ohne daß der Spieler den Abschußbolzen betätigt. Nach dem Zufallsprinzip wird eine Kugel wieder abgeschossen, wenn die Kugel, mit der gerade gespielt wird, in ein bestimmtes Loch gefallen ist. Auf diese Weise können sich mehrere Kugeln auf einmal auf dem Spielfeld befinden.

Das »Hanno Bombenfeuer« wurde zunächst nur mit einer Münzung von 10 Pfennig angeboten, ab 1937 kamen Geräte mit 5 und 10 Pfennig-Münzung auf den Markt, bei denen der Spieler 10 bzw. 20 Spielkugeln erhielt. Wie der Name schon sagt, wurde für die Gestaltung des Spiels die Kriegsthematik gewählt, die sich schon wegen der Möglichkeit, Kugeln abzuschießen, anbot. Auch bei anderen Spielgeräten läßt sich in diesen Jahren eine Vorliebe für kriegerische Motive beobachten (Abb. 223f.). In diesem Fall wurden sogar die drei Kanonen, die die Kugeln selbsttätig abschießen, in der Werbung durch Namen gekennzeichnet: die beiden kleinen als »Mörser« und die große als »Dicke Berta«. Letztere hieß nach einer Kanone des Ersten Weltkriegs, die nach Berta Krupp benannt worden war.
Nach dem Münzeinwurf zieht man mit dem unteren Griff die Kugeln heraus, die man dann nacheinander mit dem oberen Bolzen abschießen kann. Wird die Kugel nur leicht abgeschossen, rollt sie gleich in den unteren Teil des Spielfelds, wo sie in Feldern mit 100–400 Punkten gespeichert wird. Gelangt sie in die »Dicke Berta«, so wird sie automatisch wieder herausgeschossen. Schießt der Spieler die Kugel heftig genug ab, umläuft sie im oberen Teil des Spielfeldes die halbrunde Bahn, an deren Ende sie von einer Feder zurückgestoßen wird. Dann landet sie in einem der beiden Felder, die mit einem »?« gekennzeichnet sind. Die Kugel wird von dort nach dem Zufallsprinzip entweder zum Ausgangspunkt weitergeleitet oder durch die »Stollen« zu einer der kleinen Kanonen, oder sie ist verloren. Sind Kugeln in den kleinen Kanonen gelandet, dann können sie nur abgeschossen werden, wenn eine anschließend ausgespielte Kugel in das Feld »links« oder »rechts« trifft und dort den entsprechenden Kontakt auslöst. Die Kugel wird dann zum weiteren Spiel freigegeben. Durch das Schießen der kleinen Kanonen können wiederum 1000–4000 Punkte erzielt werden. Die höchste Gesamtpunktzahl, die in mehreren Spielen erreicht werden kann, ist 84 000. UG

Der Automat 10 (1936), S. 222; 11 (1937), nach S. 128.

234 »BLINKFEUER«
Automatenbau Paul Bohlmann,
Berlin 1937

FREI
LINKS
RECHTS
1000
MAGAZIN
LINKS
RECHTS
400
200
100
1000
MAGAZIN
400
200
100
1000
10 Pfg

64 TURA-GLOCKEN-BOMBER

Tura-Werk GmbH, Leipzig, 1938
Münzung: 5 Pfennig (8 Kugeln), 10 Pfennig (16 Kugeln)
66 × 121 × 116

Mit Einführung des »Bumper« von Bally 1937 endet die Ära der Nadel- und Klappenspiele. An die Stelle von Löchern, über denen die Kugeln liegen bleiben oder in die sie hinabfallen, wurden nun Türme aus gewundenen Metallfedern (Bumper) in das Spielfeld gesetzt. Bei Berührung dieser Schlagtürme durch die Kugel wurde ein elektrischer Kontakt geschlossen und die jeweilige Punktzahl automatisch aufaddiert. Eine Kugel konnte so bei ihrem Lauf über das Spielfeld an mehreren Türmen anschlagen und damit die Gewinnzahlen deutlich heraufsetzen.

Zur Herbstmesse in Leipzig 1937 brachten Max Jentzsch & Meerz, Leipzig (Abb. 235), und das Tura-Werk, Leipzig, zwei »Bomber« mit 12 Schlagtürmen heraus, die als weitgehende Kopien des »Bumper« von Bally bezeichnet werden können. Die Bomberspiele, wie sie in der Folgezeit in Deutschland genannt wurden, erhielten in den nächsten Jahren zahlreiche Verbesserungen, die von der Erhöhung der Zahl der Schlagtürme über Licht- und Glockeneffekte bis hin zum allmählichen Herauswachsen einer beleuchteten Zählvorrichtung (backflash) an der Rückseite des Spielgerätes reichen. Aufgrund der gesetzlichen Einschränkung der Geldspielautomaten mit Geld- oder Wertmarkengewinn durch die nationalsozialistische Regierung stiegen die Bomber als reine Unterhaltungsgeräte rasch zum beliebtesten Spielautomaten der späten 30er Jahre auf.

Nach Einwurf der Münze wird der Hebel links herabgedrückt, wodurch die Kugeln vom vorigen Spiel abrollen und der Zählmechanismus an der Rückwand auf Null gestellt wird; zugleich werden die beiden Blinkleuchten vorne eingeschaltet. Mit dem Hebel rechts vorne wird eine Kugel freigegeben, die durch Ziehen des Schlagbolzens darüber abgeschossen wird. Bei ihrem Lauf über die Holzfläche berührt die Kugel einige der 19 Türme, wobei die silbernen Türme je 1000 Punkte und die goldenen Türme in der Mitte je 10 000 Punkte aufrechnen und zugleich eine Glocke ertönen lassen; konvex gekrümmte Metallfedern sind als zusätzliche Führungselemente in das Spielfeld eingefügt. Die abgerollte Kugel gleitet nach vorne in eine Sammelschiene. Das Gerät besitzt eine automatische Zählvorrichtung mit dreistelligem Zählwerk an der Rückwand (backflash) und einen Tiltmechanismus, der bei Kippen oder Schlagen des Gerätes in einem kleinen Sichtfenster unter dem vordersten goldenen Turm angezeigt wird und den Spielvorgang abbricht. CK

Der Automat 12 (1938), Nr. 11, 1. Umschlagseite.
McKeown, S. 23.

235 »IMO-BOMBER«, Max Jentzsch & Meerz, Leipzig 1937

Tura

65 Nürburg

Max Jentzsch & Meerz, Leipzig, 1939
Münzung: 5 Pfennig (6 Kugeln), 10 Pfennig (12 Kugeln)
61 × 122 × 153

Mit den auf der Herbstmesse 1938 in Leipzig vorgestellten »IMO-Diamant« (Abb. 94) und »IMO-Weltflug«-Bombern von Max Jentzsch & Meerz, Leipzig, wurde die beleuchtete Rückwand (backflash), die in Amerika seit 1935 bekannt war und die die erreichte Punktzahl über aufleuchtende Zahlenfelder anzeigt, auch in Deutschland eingeführt. Verchromte Platten ersetzten das hölzerne Spielfeld, die Lichteffekte wurden vermehrt und der Spielablauf durch Überrollkontakte (Rollover) mit Glockenton und durch Freikugeln erweitert. In der kurzen Zeit bis zum Ausbruch des Zweiten Weltkrieges waren in Deutschland neben Max Jentzsch & Meerz vor allem das Tura-Werk, Leipzig, und Theodor Bergmann, Hamburg-Altona, die Hauptkonkurrenten bei der Herstellung der Elektro-Bomber.

Der »Nürburg«-Bomber, der auf der Frühjahrsmesse 1939 in Leipzig gezeigt wurde, simuliert mit dem Design der beleuchteten Rückwand ein Autorennen auf dem Nürburgring, auf dem die berühmten »Silberpfeile« in den 30er Jahren internationale Preise gewannen. Nach Einwurf der Münze vorne links und Drücken des Knopfes darunter werden die Kugeln in der vorderen Rinne in die Abschußlinie abgesenkt. Der erste Ball wird durch Drücken des rechten unteren Knopfes ausgegeben und durch den Federschlagbolzen darüber abgeschossen. Im Spielfeld sind fünfzehn mit verschiedenen Farben beleuchtete Schlagtürme (Bumper) verteilt, zehn paarweise angeordnete Leuchttürme bilden fünf Gassen mit Überrollkontakten in Form einer leicht herausragenden Metallfeder (Rollover), die bei Überrollen durch die Kugel herabgedrückt wird. Zu Beginn des Spieles sind die gelbe und die beiden grünen Gassen erleuchtet. Bei jeweils erreichten 5000 Punkten leuchten abwechselnd die grüne oder die rote Gasse auf, während die gelbe Gasse ständig erleuchtet bleibt. Passiert eine Kugel eine erleuchtete Gasse, so werden 10 000 Punkte addiert und durch einen Gongschlag angezeigt. Auf der Anzeigetafel sind zu Spielbeginn fünf erleuchtete Wagen am Start zu sehen, bei jedem 1000-Punkte-Treffer durch Berühren der Schlagtürme erscheint ein Wagen als Leuchtbild an der entsprechenden Etappe der Rennstrecke; werden in der ersten Runde 10 000 Punkte erreicht, so leuchtet das Zahlenfeld in der Anzeige darunter auf.

Bereits 1934 hatte R. Vierling in Berlin ein »Nürburgring«-Nadelspiel vorgestellt, bei dem die Assoziation des Autorennens durch ein Steuerrad an der Schmalseite des Gerätes verstärkt wurde. Auch die »Avus« in Berlin, Deutschlands älteste Autorennbahn, hatte 1931 dem Geschicklichkeitsautomat »Avus«, einem Wandgerät von West & Ludewig, Leipzig, als Anregung für die Dekoration der Rückwand gedient, bei dem ein Auto, vermutlich als Münz oder Kugelfänger, in der Vertikalen hin und her bewegt werden konnte. CK

Der Automat 5 (1931), Nr. 3, 2. Umschlagseite (»Avus«); 8 (1934), S. 167 (»Nürburgring«); 13 (1939), S. 58, Werbung nach S. 92.

ZIEL
10000 20000 30000 40000 50000 60000 70000 80000 90000 100000
110000 120000 130000 140000 150000 160000 170000 180000 190000 200000
Nürburg

66 REVUE

Theodor Bergmann & Co., Hamburg-Altona, 1957
Münzung: 10 Pfennig
55 × 120 × 150

Im August 1939 kündigte Th. Bergmann & Co. seinen Alarm-Bomber »FAVORIT« mit Dauerzählwerk und Freikugelvorrichtung an, der als letzte Vorkriegsproduktion auf den Markt kam. Trotz der Zerstörung des Werks durch Bomben und Demontage gelang es bereits in den ersten Jahren nach dem Krieg, die Produktion von Spielautomaten in bescheidenem Umfang wieder aufzunehmen. Mit Spielgeräten wie »TURF« und »Tempo-Tempo« (Abb. 96) von Bergmann setzte die deutsche Nachkriegsproduktion von Flippern ein, die nun alle mit den 1947 von Harry Mabs erfundenen und erstmals in den »HUMPTY DUMPTY« (D. G. Gottlieb, Chicago) eingebauten Flipperarmen ausgestattet waren. Diese durch zwei seitliche Knöpfe zu bewegenden Arme am vorderen Ausgang des Spielfeldes ermöglichen es dem Spieler, vermehrt Einfluß auf den Verlauf der Kugel zu nehmen, und setzen damit die Anforderungen an die Geschicklichkeit deutlich herauf.

Mit den Pin-up-Girls auf der Spielfläche und an der Rückwand (backflash) präsentiert sich das Gerät in dem typischen Design der 50er Jahre. Die Bezeichnung »REVUE« spielt auf das »Szenenbild aus einer Ausstattungsrevue« an der Rückwand an. Die abgeschossene Kugel gelangt durch sechs Gassen mit vier Überrollkontakten (rollover) in das Spielfeld. An die Stelle der veralteten einfachen Schlagtürme (bumper) sind nun die beleuchteten Puffertürme (thumper-bumper) getreten, die die Kugel bei Berührung wieder von sich wegstoßen. Als weitere Neuerung enthält das Spielfeld zahlreiche Banden (slingshot), die mit Mädchenköpfen geschmückt sind und bei Berührung unterschiedliche Punktzahlen im Bereich der 100 000 bis 400 000 aufaddieren. Unter den dreieckigen Banden an den Seiten im mittleren Spielfeld befinden sich kleine Zielscheiben (target), die bei Berührung durch die Kugel 1 Million Punkte bringen. Kleine, wenig aus der Spielfläche herausragende Kontakte (button) steigern ebenfalls die Punktzahl, wenn sie bei Licht von der Kugel überrollt werden. Von den Puffertürmen abprallend, können die Kugeln im oberen Spielfeld in die beiden seitlichen Bahnen geleitet werden, wo Überrollkontakte weitere Punkte sammeln. Im Hut des Mannes oberhalb der Flipperarme befindet sich ein Kugelausstoßloch und darunter ein weiterer Kontakt, der, sofern er beleuchtet ist, beim Überrollen ein Freispiel ermöglicht. Die beiden Flipperarme werden in der bis heute üblichen Form durch Drücken der beiden seitlichen Knöpfe bewegt.
Die Rückwand zeigt das Freispiel an und zählt rechts die Punktzahl im Bereich der Hunderttausend und links die Millionen. Die erreichten Punkte zwischen 10 000 und 90 000 leuchten unter den verschiedenen Mädchen auf dem Laufsteg auf. CK

Automaten-Markt 9 (1957), S. 177.

FREISPIEL
MILLION
HUNDERT TAUSEND
REVUE

67 CONTROL TOWER

Williams Manufacturing Company, Chicago, 1951
Münzung: 1 DM
72 × 143 × 151

Die 1945 gegründete Williams Manufacturing Company (seit 1964 Williams Electronics) gehört neben den gleichfalls in Chicago angesiedelten Bally Manufacturing Corp., D. Gottlieb & Co. und Chicago Coin zu den vier großen amerikanischen Flipperherstellern der Nachkriegszeit. Neben den ehemals marktbeherrschenden amerikanischen Fabrikaten hat die nationale Produktion, wie sie in Japan, Italien und Spanien nach 1945 aufgenommen wurde, an Bedeutung gewonnen.

Die überaus komplexen Spielfunktionen, die die Geräte der Nachkriegszeit kennzeichnen, sind vor allem darauf angelegt, die Punktzahl durch Rückgabe der Kugel aus Ausstoßlöchern, durch spezielle Punktfelder, wie hier dem »CONTROL-TOWER«-Feld in der Mitte, und durch ein eigenes Bonussystem heraufzusetzen. Mit wachsender Punktzahl hebt ein Flugzeug von der Startbahn ab, jeder Punktgewinn bringt es dem Himmel näher. Schlägt ein Spieler gegen das Gerät, so reagiert der Tilt-Mechanismus, und das Flugzeug stürzt ab. Auf der Rückwand erscheint ein brennendes Flugzeug mit dem Schriftzug »Tilt«. CK

Williams
CONTROL TOWER
MILLIONS
1
2
3
4
5
6
7
8
9
100,000
200,000
300,000
400,000
500,000
600,000
700,000
800,000
900,000

68 CRITERIUM 75

RECEL, S. A., Madrid, 1975
Münzung: 50 Pfennig (1 Spiel), 1 DM (3 Spiele), 2 DM (7 Spiele)
74 × 142 × 190

Neben den USA als dem marktbeherrschenden Flipperhersteller brachten nach 1945 auch Japan, Frankreich, Italien und Spanien Flipper heraus, die sich jedoch im wesentlichen an der Entwicklung der amerikanischen Geräte orientierten.

Das spanische Gerät kann von vier Spielern gespielt werden, deren jeweilige Punktzahl in den vier, seit 1958 eingeführten mechanischen Zählwerken an der Rückwand angezeigt wird. Neben verschiedenen Sport- und Spielarten gehörten die Wettbewerbe, wie hier das als Dekor gewählte Radrennen, zu den beliebtesten Themen des Flipperdesigns.
Die verglasten Seitenflächen des Gerätes geben Einblick in das Innere des Geräts mit seinem Gewirr von Stromkreisen und Relais, die die verschiedenen, von den Spielelementen ausgehenden Impulse an die Zählvorrichtung weiterleiten. CK

Automaten-Markt 27 (1975), Nr. 5, S. 36.

EURO
FLIP
CRITERIUM 75
PLAYERS
BALL
IN PLAY

69 Flipperscheiben

Die Entwicklung eines Flippers läuft meist in zwei getrennten Arbeitsgängen ab: der Gestaltung des Spielfelds und dem Design des Flippers. Auch wenn das Design die Gestaltung des Spielfeldablaufs miteinbeziehen muß, ist doch das Hauptkriterium, daß der Flipper durch grelle Farben und die gewählten Motive auf sich aufmerksam macht.
Beliebte Themen der Flipperscheiben sind Sportarten, Glücksspiele wie Poker und Roulette, Varieté mit Tänzerinnen, Westernszenen, Comic-Helden, vor allem aus dem Science Fiction-Bereich, oder, wenn jugendliche Spieler angesprochen werden sollen, beispielsweise der Zirkus und Idole aus der Popmusik wie Elton John. Die Gestaltung muß zumindest großflächige Elemente besitzen, die schnell erfaßt werden können. In den 60er Jahren läßt sich ein Zusammenhang mit der Pop Art erkennen. UG

McKeown, S. 103, 117.
Abraham Melzer (Hg.), Flipper, Herrsching 1977.

JUNGLE, D. Gottlieb & Co., Chicago, 1960

JUMPING JACK, D. Gottlieb & Co., Chicago, 1963

ROYAL FLUSH, D. Gottlieb & Co., Chicago, 1964 (?)

HI-SCORE POOL, D. Gottlieb & Co., Chicago, 1967

LADY LUCK, Williams Electronic Inc., Chicago, 1968

SEE SAW, Bally Manufacturing Corp., Chicago, 1970

SHERIFF, D. Gottlieb & Co.,
Chicago, 1971

HIGH HAND, D. Gottlieb & Co.,
Chicago, 1973

JUBILEE, Williams Electronics Inc.,
Chicago, 1973

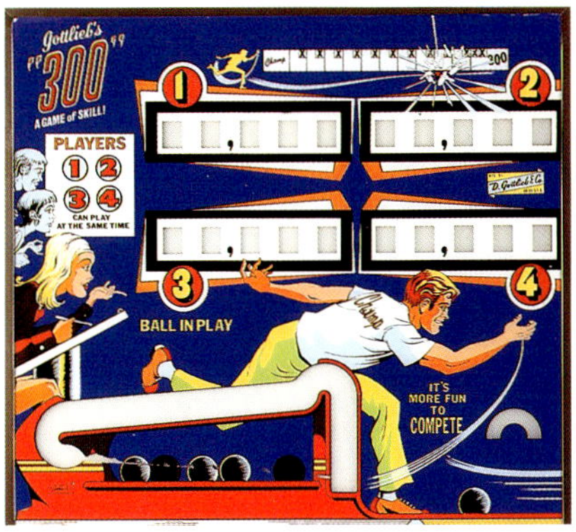

»300«, D. Gottlieb & Co.,
Chicago, 1975

Ro Go, Bally Manufacturing Corp.,
Chicago, 1975

CAPT. FANTASTIC,
Bally Manufacturing Corp., Chicago, 1976

SURF CHAMP, D. Gottlieb & Co.,
Chicago, 1976

Evel Knievel, Bally Manufacturing Corp.,
Chicago, 1977

HAUNTED HOUSE, D. Gottlieb & Co.,
Chicago, 1982

70 HANDICAP

Max Jentzsch & Meerz, Leipzig, 1930
Münzung: 5 und 10 Pfennig
42 × 42 × 47

Bei diesem auf der Frühjahrsmesse 1930 in Leipzig (Abb. 236) vorgestellten Gerät handelt es sich um ein Pferderennen für zwei Spieler, das nach einer Form des Galopprennens benannt ist. Unter einer Glaskuppel sind auf Zeigern kleine Pferde mit Jockeys angebracht, die von zwei Spielern über jeweils eine Kurbel im Kreis herumgeführt werden. Die Spieldauer beträgt nur eine Runde, der Sieger wird durch Hochgehen der Signalfahne am Ziel angezeigt.

Angeboten wurde das »HANDICAP« in sechs verschiedenen Ausführungen, die sich in der Münzung und Auszahlung unterscheiden. Bei der einfachsten Ausführung zahlt man für ein Spiel nur 5 Pfennig ein, eine Variante dazu ist z.B. die Einzahlung von zweimal 5 Pfennig, von denen dem Sieger einmal 5 Pfennig ausgezahlt werden. Das relativ einfache Spielprinzip findet sich vor allem bei englischen Wettbewerbsspielen, die auch ähnliche Themen wie Pferderennen, Fahrradrennen oder aufsteigende Flugzeuge verwandten. 1896 wurde von D. T. Doughty und C. A. Barrett ein englisches Patent auf ein Pferderennen, das mit dem »HANDICAP« nahezu identisch ist, angemeldet.
Vor allem in den 20er Jahren wurden die englischen Spiele in aufwendiger gestalteten Vitrinenschränken angeboten, bei denen meist der Hintergrund aus einem gemalten Bild besteht.
Ein Beispiel für diese Art der Automatengestaltung ist auch das ausgestellte Fußballspiel (vgl. Kat. Nr. 73). UG

Der Automat 4 (1930), S. 70, 96.
Costa, S. 138f. (Englische Wettbewerbsspiele).

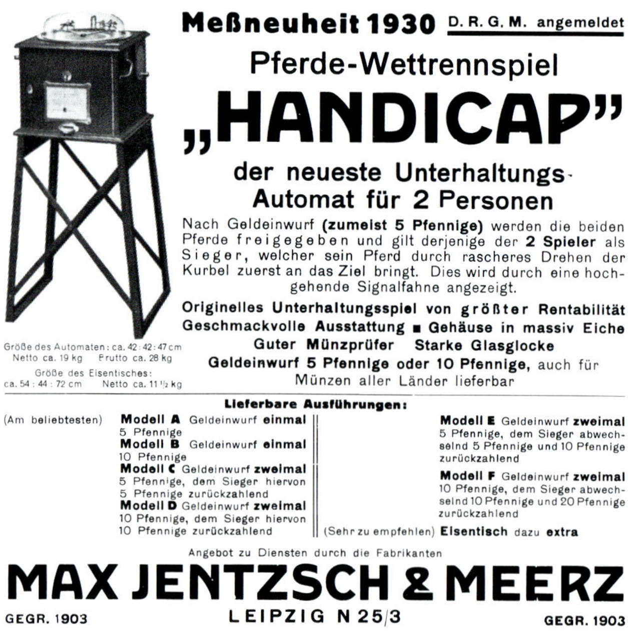

236 Annonce für das »HANDICAP«, Max Jentzsch & Meerz, Leipzig 1930

237 Detail des »HANDICAP«

D. R. G. M. a.
Pferde-Wettrennspiel
„HANDICAP“
FÜR 2 PERSONEN
Einwurf 10 Pfennig.
Alsdann den Knopf ganz hineindrücken und die Kurbel bis zum Ziel so schnell wie möglich rechts herumdrehen. Der Sieger wird durch Hochgehen der Signalfahne angezeigt.

71 Boxautomat

Ludo, Frankreich, 1932
Münzung: 25 Centimes, heute: 1 Schweizer Franken
69 × 36,5 × 38

Sportspiele, bei denen zwei Spieler in eine Wettbewerbssituation treten, gehören zu den ältesten münzbetätigten Automaten. Besonders in England wurde dieser Typ des Unterhaltungsautomaten schon früh in vielen Varianten auf den Markt gebracht. Neben den beliebten Pferderennen (vgl. Kat. Nr. 70), die in den 30er Jahren durch Autorennen verdrängt wurden (vgl. Kat. Nr. 74), und den Fußballspielen (vgl. Kat. Nr. 73) wurden auch Rad-, Hunde- und Hürdenrennen sowie Wettruderer, Kopfballspieler und aufsteigende Hubschrauber als Kampfspiele angeboten. 1894 erhielt Charles Ingrey aus London das erste deutsche Patent für eine »Selbstkassierende Schauvorrichtung mit boxenden Figuren« (D.R.P. 83 639, Abb. 238). Zu den erhaltenen bzw. belegten Boxautomaten gehören der Boxautomat von M. P. Kramer (Datum unbekannt), »The KNOCKOUT« der London Automatic Machine Company, London, 1922, die »K-O FIGHTERS« von Charles Fey, 1926, »SILVER GLOVES« der International Mutoscope Reel Company, New York, 1937/38 (Abb. 102), der Boxautomat der Firma MODAF, Leipzig, von 1939, der »Boxring« von Jost, Offenthal, von 1954, und der »Boxomat« von J. Ulrich aus Diessen am Ammersee von 1955.

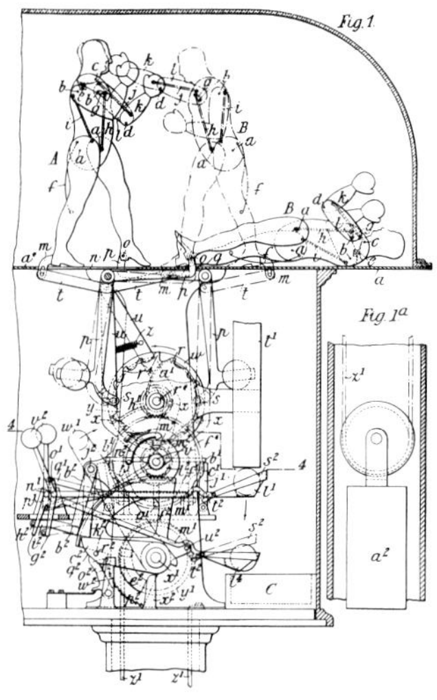

238 Konstruktionszeichnung für einen Boxautomat von Charles Ingrey, London 1894

Nach Einwurf der Münze wird der Griff an der Vorderseite herausgezogen und dadurch die Arretierung der beiden Spielfiguren gelöst; zugleich wird eine eingebaute Zeituhr in Betrieb gesetzt, die eine Spieldauer von 40 Sekunden ermöglicht. Die beiden Boxer aus Alugufß sind auf drehbaren Scheiben befestigt, die durch die beiden Griffe an den Seiten vor und zurück und nach den Seiten bewegt werden können. Ist der Boxer in Angriffsstellung gebracht, so kann der rechte bzw. linke Arm mit der Lederpolsterung durch Drücken des Lederprellbocks bewegt werden. Bei einem K.O.-Schlag auf das Kinn des Gegners kippt die getroffene Figur nach hinten. Sie wird durch Anheben des Holzhebels an der Vorderseite zur Fortsetzung des Wettkampfes wieder aufgerichtet. Eine automatische Zählvorrichtung ist nicht vorhanden.

Die Mechanik der Boxerarme wird durch Luftdruck in Betrieb gesetzt. Durch das Andrücken der Lederprellböcke an den Seiten wird Luft über zwei durch Schläuche verbundene Blasebälge zu den Armen geleitet, die durch den Druck nach vorne schnellen. Eine Klappe zwischen den beiden Blasebälgen bleibt während des Ablaufs der Zeituhr geschlossen, so daß die Luft frei hindurchströmen kann. Mit dem Ende der Spielzeit öffnet sich die Klappe und unterbricht damit den Luftstrom. CK

Der Automat 13 (1939), S. 58 u. 87 (Boxautomat von MODAF).
Automaten-Markt 6 (1954), S. 124 (»Boxring«); 7 (1955), S. 51 (»Boxomat«).
Chapuis/Droz, S. 384f. (Boxautomat von Kramer).
Muntautomaten. S. 106, Abb. 126.
Fey, S. 225 (»K-O FIGHTERS«).
Freie Stunde. Magazin für Sparkassenkunden 32 (1984), H. 8, S. 16 m. Abb.
Costa, S. 140 (»The KNOCKOUT«).

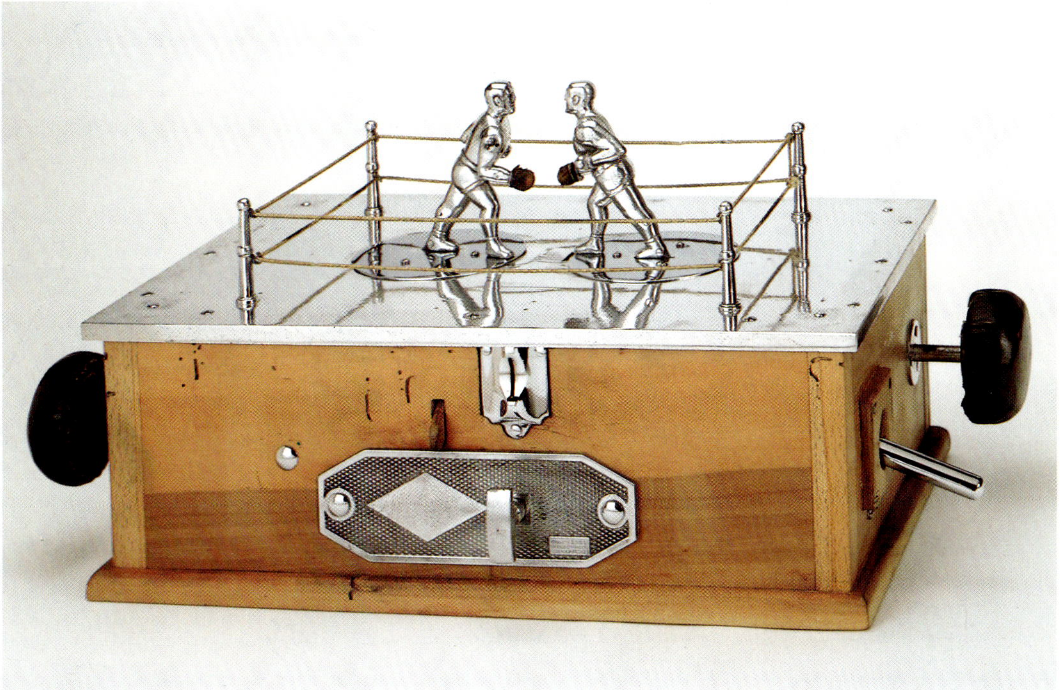

72 IMOHOCKEY, Modell A

Max Jentzsch & Meerz, Leipzig, 1936
Münzung: 5 Pfennig und 10 Pfennig (Doppelspiel)
60 × 112 × 108

Mit der Einsetzung der Physikalisch-Technischen Reichsanstalt als Prüfungsinstanz für alle Geldspielautomaten (25.6.1934) und der Durchführungsverordnung vom 22.5.1935, die Spielgeräte mit Geld- oder Wertmarkenausgabe nur mehr auf Veranstaltungen von begrenzter Dauer unter freiem Himmel zuließ, waren die Hersteller von Spielautomaten gezwungen, das Schwergewicht ihrer Produktion von dem Prinzip der Gewinnmöglichkeit auf reizvolle Unterhaltungsspiele wie Lochbillards, Nadel- und Klappenspiele sowie Schieß- und Sportspiele zu verlagern. In der kurzen Zeitspanne zwischen 1936 und 1938 standen die Kampfspiele, wie die Sportspiele wegen ihrer durch zwei Spieler gegebenen Wettbewerbssituation genannt wurden, an der Spitze der Beliebtheitsskala, wurden jedoch durch die 1938 aufkommenden »Bomber«-Spiele (vgl. Kat. Nr. 64) bald wieder zurückgedrängt.

Zu dem älteren Fußball-Automatenspiel kam zur Frühjahrsmesse 1936 der Eishockey-Automat als Neuheit hinzu, der sogleich als »der meistverlangte Unterhaltungsautomat« gerühmt wurde. Außer Max Jentzsch & Meerz, Leipzig, die den Eishockey-Automaten 1936 in drei Versionen mit zwei, vier und sechs Spielern vorstellten, beteiligten sich 1936/37 annähernd zehn Firmen an der Herstellung von Eishockey-Geräten, darunter Paul Schülke, Berlin (Abb. 105), Walter Rosenkranz, Leipzig, Johannes Möbius, Leipzig, Fritz Jüngst, Velbert, Erich Büttner, Leipzig, die Hanno-Automaten-Gesellschaft, Hannover, und Th. Bergmann & Co., Hamburg-Altona. In den ersten Jahren nach der Währungsreform, als die zunächst noch stockende Produktion durch zahlreiche Vorkriegsmodelle überbrückt wurde, erlebte das »IMO-6er-Hockey« aus der Herstellung der IMO-Automatenfabrik H. Jentzsch GmbH in Bielefeld-Brackwede 1951 ein kurzes Comeback, dem 1956 noch das »OLYMPIA-HOCKEY« aus der Herstellung von Heinrich Santelmann, Hamburg, folgte.

Gemeinsame Merkmale der Eishockey-Automaten sind die in sich unbeweglichen Spielfiguren, die durch Drehen der Knöpfe an den beiden Schmalseiten des Geräts um ihre Achse gedreht werden können und dabei mit dem Hockeyschläger den Ball wegstoßen. Bei der Variante mit sechs Eishockeyfiguren bewegt jeder der beiden Spieler durch den Drehknopf außer dem jeweiligen Torwart noch einen Verteidiger in der zweiten Linie und einen Stürmer vor dem Tor des Gegners. Nach Einwurf der Münze rollen zunächst die Kugeln durch Betätigen des linken Knopfes zur Ausgabe ab. Durch Ziehen des rechten Knopfes wird eine Kugel an der rechten Seite des Spielfeldes ausgegeben. Trifft eine Kugel ins Netz, so fällt sie nach unten; der Treffer wird automatisch auf einer Anzeige auf der rechten Seite der Spielfeldumgrenzung angezeigt. CK

Der Automat 10 (1936), S. 65f.
Automaten-Markt 2 (1950), Titelblatt von Nr. 8 (»IMO 6er-Hockey« von H. Jentzsch GmbH).

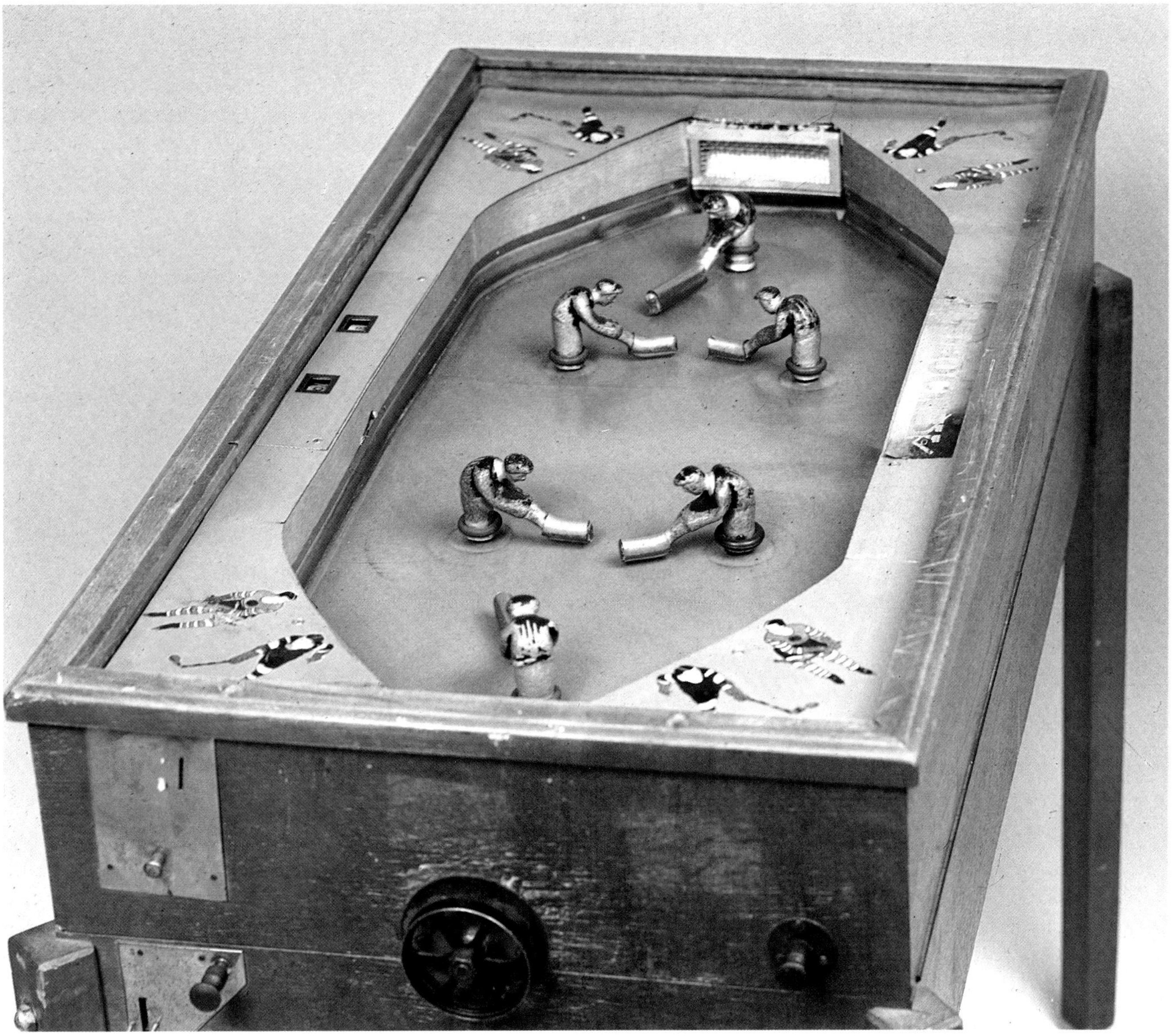

73 Fußballspiel

Hersteller unbekannt, England (?), um 1925 (?)
Münzung: 2 Pennies
189 × 41 × 152,5

Dieses Vollfußballspiel ist ein typisches Beispiel für die anglo-amerikanischen Sport- und Wettkampfgeräte der 20er und 30er Jahre, die in den »arcades« ausgestellt waren. Gestaltet sind diese Geräte wie Vitrinenschränke, in deren oberem verglasten Teil die Spieler wie auf einer Bühne stehen. Der Hintergrund ist meist mit einer idealen Landschaft oder mit einem Stadion ausgemalt.
Bei dem ausgestellten Spiel befinden sich merkwürdigerweise 26 Spieler auf der Spielfläche. Die Spieler sind fest montiert und besitzen ein bewegliches rechtes Bein, mit dem der Ball weitergespielt wird. Zudem steht jede Figur in einer Vertiefung, damit der Ball automatisch vor dem beweglichen Bein des Fußballers landet. Jeder Spieler übernimmt nach Münzeinwurf eine Mannschaft, die er mit einem Griff an der Vorderseite des Schranks bewegen kann. Der Torwart läßt sich als einzige Figur auch nach den Seiten bewegen. Bekleidet sind die Spieler mit roten und blauen gestrickten Trikots.

Vergleichbare Geräte wurden sowohl von englischen als auch von amerikanischen Firmen hergestellt, so z.B. das englische »FOOTBALL« (1925), bei dem die Fußballspieler allerdings mit jeweils drei Griffen gespielt werden. Aus der gleichen Zeit stammt das »PLAY FOOTBALL« der amerikanischen Firma Chester Pollard. UG

Rubin, S. 84 (»PLAY FOOTBALL«).
Jerry Ayliffe, American Premium Guide to Jukeboxes and Slot Machines, Gumballs-Tradestimulators-Arcade, Florence/Alabama 1985, S. 218 (»PLAY FOOTBALL«).
Costa, S. 101 u. 143 (»FOOTBALL«), 139–143 (Englische Sportspiele).

239 Detail des Fußballspiels

74 ERBÜ KOMPRESSOR

Erich Büttner, Leipzig, 1939
Münzung: 5 und 10 Pfennig
80 × 97 × 139

Das Autorennspiel ist eine der letzten Neuentwicklungen aus dem Bereich der Spielautomaten, die noch 1939 auf den Markt kamen. Autorennspiele waren vor allem in den 30er Jahren besonders in Deutschland beliebt. Dabei kann man die zwei folgenden Spieltypen unterscheiden: Bei Spielen wie dem »Wer fährt die beste Zeit« der ADE Automaten- und Schnellwaagenfabrik GmbH, Berlin, muß man eine Kugel anstelle des Autos über eine kurvige Strecke in möglichst kurzer Zeit steuern. Die zweite Spielart, die dem »HANDICAP« (vgl. Kat. Nr. 70) gleicht, ist ein Wettrennen, bei dem zwei oder vier Spieler die Autos mit einer Kurbel antreiben. Bei dem »ERBÜ KOMPRESSOR« wird das Auto von einem elektrischen Laufwerk angetrieben, das der Spieler nicht direkt beeinflussen kann. Seine Aufgabe ist es, die zwei Schranken, die sich links und rechts über dem Spielfeld befinden, so schnell zu öffnen, daß der Wagen nicht gestoppt wird. Um die Schranken zu öffnen, dreht man den Knopf auf der rechten Seite entweder nach rechts oder links. Auf der Skala über dem Spielfeld wird jede gefahrene Runde angezeigt. Ziel des Spiels ist es nun, während der Spielzeit möglichst viele Runden zu erreichen.

Der Name des Spiels sowie einzelne Details nehmen Bezug auf die zeitgenössische Autoproduktion: Der kleine Wagen im Spiel (Abb. 240) ist die Nachbildung eines bekannten Rennwagens, der in diesem stromlinienförmigen Design von der Auto-Union zwischen 1937–1940 gebaut wurde. Berühmt wurde der Rennwagen durch den Geschwindigkeitsweltrekord über 400 km/h, den Bernd Rosemeyer 1937 mit ihm aufstellte. Der Name »Kompressor« spielt ebenfalls auf die Rennwagenproduktion jener Jahre an. Zum Verdichten des Benzingemischs wurde nur bei Renn- und Sportwaren ein Kompressor verwendet, der in seiner Wirkung dem heutigen Turbo entspricht. Die Gestaltung der Verkehrsszene in der Mitte des Spiels ist in der Darstellung der Autos und Häuser ebenfalls zeitgenössisch, die leuchtende Ampel in der Mitte der Kreuzung wurde so seit den 20er Jahren aufgestellt. UG

Der Automat 7 (1933), S. 89 (»Wer fährt die beste Zeit«); 13 (1939), S. 53, 58, 208.

240 Detail des »ERBÜ KOMPRESSOR«

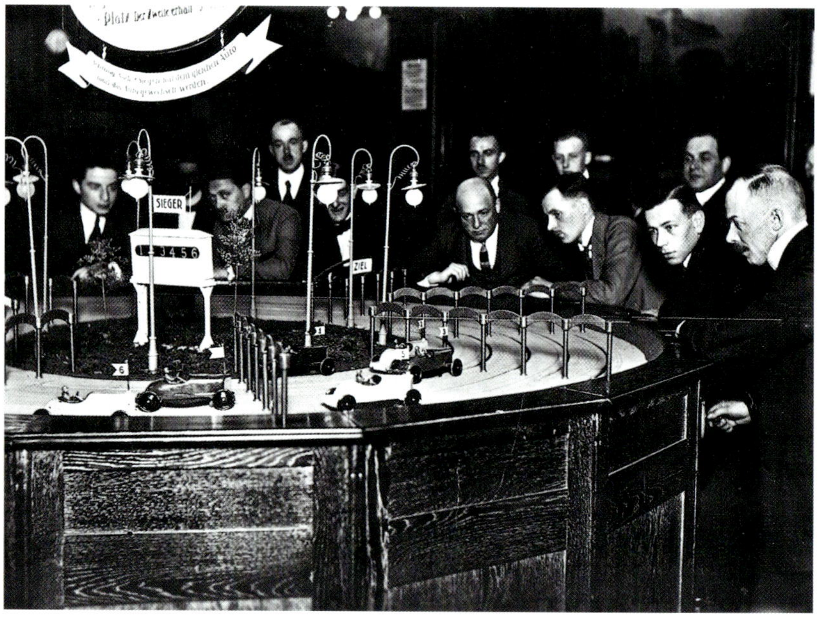

241 Autorennen als Sportspiel, Berlin 1919

50
40
60
30
70
20
80
10
90
100
MODE
10

75 Tura-Amboss

Tura-Werk GmbH, Leipzig, 1938
Münzung: 10 Pfennig (ehemals auch 5 Pfennig)
79,5 × 51,5 × 206

Faustschlag-Ballspiele verbinden eine Kraftleistung mit einer gewissen Geschicklichkeit, da es darauf ankommt, den Ball in Halterungen mit unterschiedlichen Gewinnzahlen zu schleudern. Zur Herbstmesse 1938 brachten Th. Bergmann & Co., Hamburg-Altona (»Allotria«) und die Tura-Werk GmbH in Leipzig zwei fast identische Faustschlag-Ballgeräte heraus, die als reine Unterhaltungsgeräte ohne Gewinnauszahlung keiner Genehmigungspflicht unterlagen.

Nach Einwurf der Münze werden mit dem Knopf in der Mitte die Ballhalterungen gedreht und alle Bälle vom vorigen Spiel nach unten gekippt. Durch Drücken des Hebels rechts stellen sich die Auffangringe wieder in die Horizontale, zugleich rollt der erste Ball vor den Schleudermechanismus. Durch einen kräftigen Faustschlag auf das gepolsterte Schlagbrett werden die Bälle nacheinander in die mit verschiedenen Gewinnzahlen markierten Halterungen geschleudert. Die Gummibälle (heute Tennisbälle) sind nach drei Farben sortiert, wobei die roten Bälle einfach, die blauen doppelt und der gelbe Ball dreifach zählt. CK

Der Automat 12 (1938), S. 247.

Tura-Amboss
5000
4000
4000
3000
3000
3000
2000
2000
2000
1000
1000
1000

76 Warenkran

Hersteller unbekannt, Frankreich, um 1934
Münzung: 1 Franc
66 × 65 × 171

Die Kranautomaten wurden in den 20er Jahren zuerst in den USA eingeführt. Auf dem europäischen Markt waren diese Geräte als amerikanischer Import und dann auch als Eigenproduktion vor allem in Frankreich beliebt, während sie sich in Deutschland erst nach dem Zweiten Weltkrieg durchsetzen konnten. Da der Erhalt der Ware, meist Süßigkeiten oder Spielzeug, von der Geschicklichkeit des Spielers beim Einstellen des Kranes abhängt, waren diese Geräte als Unterhaltungsautomaten vor allem in den »arcades«, auf den Jahrmärkten, in Kaffeehäusern und auf Bahnhöfen zu finden.
Durch die umseitige Verglasung des Krangehäuses bot das Gerät einem größeren Personenkreis ausreichend Gelegenheit, die Bemühungen des Spielers zu verfolgen; damit wurde zugleich der Anreiz erhöht, selbst einen Versuch zu wagen. Die ersten Warenkräne arbeiteten rein mechanisch, doch wurden sie bald mit Elektromotoren ausgestattet, die die Mechanik des Kranarmes steuerten.

Mit dem Einwurf der Münze wird der Greifer automatisch heraufgezogen und damit in die Ausgangsposition gestellt. Durch Betätigung der beiden Drehknöpfe rechts kann der Spieler nun versuchen, den Kran über dem ausgewählten Gegenstand in Position zu bringen. Mit dem unteren Hebel wird der Kranarm über der Fläche mit den Gewinnen nach den Seiten bewegt, der obere Drehknopf hebt und senkt den Arm, was durch eine Skala an der Rückwand angezeigt wird (»ARRIÈRE«, »MILIEU«, »AVANT«). Durch den Knopf unter dem Einwurfschlitz wird der Greifmechanismus ausgelöst, der den Greifer zuschnappen läßt, den Kranarm aufrichtet und den Gewinn über dem Ausfallschacht herabfallen läßt. Der Gewinn wird aus der Kipplade in der Mitte entnommen. Hat der Spieler bis zum Ablauf der Zeituhr keinen Greifversuch unternommen, so vollzieht der Kran automatisch eine Greifaktion in der zuletzt eingestellten Position.

CK

Die elektrischen Kranautomaten, Der Automat 9 (1935), S. 79f.
Rubin, S. 81.
Costa, S. 189f.

77 Anschütz-Schnellseher

Ottomar Anschütz, 1887; gebaut von Siemens & Halske, Berlin, 1892–1895
Münzung: 10 Pfennig
86 × 39 × 200

Ottomar Anschütz (1846–1907) gelang es mit diesem Apparat, die von ihm seit 1882 im Anschluß an die Reihenaufnahmen von Étienne Jules Marey und Edward Muybridge durchgeführten Momentaufnahmen einzelner Handlungsabläufe wieder in Bewegung umzusetzen.

Anschütz hatte zunächst Versuche mit der »Laterna magica« (Stroboskop) unternommen, in der die Reihenbilder auf der Innenwand einer drehbaren Trommel umlaufend angebracht sind und durch Sehschlitze zwischen jedem Bild bei der Rotation der Eindruck eines Bewegungsablaufes entsteht. 1887 entwickelte Anschütz das »Elektrotachyskop«, bei dem die Phasenbilder als Diapositive kreisförmig auf einer aufrecht stehenden, rotierenden Bildscheibe angebracht und durch einen Sehschlitz zu betrachten sind. Das zunächst mit einer Handkurbel zu bedienende Gerät (Abb. 242) wurde im gleichen Jahr im Preußischen Kultusministerium in Berlin erstmals vorgeführt. Auf der »Internationalen Elektrotechnischen Ausstellung« in Frankfurt am Main 1891 erregte der nun durch einen Münzeinwurf zu bedienende »Schnellseher« allgemeines Aufsehen. 1892 wurde er in Wien und London gezeigt und war 1893 noch vor Edisons »Kinetoscope« (Abb. 153) auf der Weltausstellung in Chicago zu sehen.
Nachdem die Deutsche Automaten-Gesellschaft Stollwerck & Co. in Köln die Serienproduktion abgelehnt hatte, übernahmen Siemens & Halske in Berlin zwischen 1892 und 1895 die Herstellung des Apparates, von dem insgesamt etwa 100 Stück gebaut wurden, davon 78 Apparate in Schrankform mit Geldeinwurf und eine kleinere Zahl in abgewandelter Sonderausführung für den Hausgebrauch. Für die große Attraktion, die dieser Apparat ausübte, sprechen die Betrachterzahlen, die im Juni (16 618) und Juli (17 271) 1892 im Berliner Ausstellungspark aufgrund der eingeworfenen Münzen gezählt wurden. Trotz der Weiterentwicklung in einen Projektionsapparat (1894), der die Vorführung der Reihenbilder vor einem großen Publikum ermöglichte, geriet der »Schnellseher« bald in Vergessenheit, nachdem 1895 durch die erste echte kinematographische Projektion mit dem »Cinématographe« der Brüder Lumière die Ära des Films begründet worden war.

242 »Elektrotachyskop« für den Handbetrieb von Ottomar Anschütz, 1887

Anschütz–Schnellseher.

Auf einer kontinuierlich rotierenden Stahlplatte von 1,5 m Durchmesser werden 24 kreisförmig angeordnete Diapositive, die hier Männer beim Bockspringen wiedergeben (Abb. 243), an einer Schauöffnung vorbeigeführt und dabei von einer Geißlerschen Röhre in Spiralform intermittierend beleuchtet, so daß sich der Eindruck eines lebenden Bildes ergibt. CK

Photographisches Wochenblatt 13 (1887), S. 94.
Le Moniteur de la Photographie 26 (1.7.1887), S. 104.
Die Internationale Elektrotechnische Ausstellung, 1891, Nr. 18, S. 991.
Friedrich v. Zglinicki, Der Weg des Films. Die Geschichte der Kinematographie und ihrer Vorläufer, Berlin 1956, S. 121f.
H. Köcke, Ottomar Anschütz – ein Meister der Reihenbilder, Bild und Ton 19 (1966), S. 344–346.
S. Kaufmann, Die Zeit der »sprechenden Porträts«, Bild und Ton 29 (1976), S. 311–313.
Costa, S. 195f.

243 Bilderfolge aus dem »Schnellseher«

78 Mutoskop

Deutsche Mutoskop und Biograph Gesellschaft, Berlin, um 1905
Münzung: 10 Pfennig
46 × 26 × 62

Das »Mutoskop« war die letzte und zugleich erfolgreichste Erfindung auf dem Gebiet der »lebenden Bilder«, die sich auch noch länger neben der gleichzeitig einsetzenden Attraktion des Films behaupten konnte. 1895 erhielt Herman Casler aus Syracuse/N.Y. das englische Patent für »Mutoscopes, or devices for showing the changing positions of a body or bodies in action« (Pat. Nr. 14 439; D.R.P. 89 058 ebenfalls 1895); im gleichen Jahr wurde die American Mutoscope Company in New York ins Leben gerufen, die bald durch Tochtergesellschaften auch in Europa vertreten war. Neben die aus Gußeisen gefertigten und reich verzierten Standmodelle (»Iron-Horses«) der Frühzeit traten bald auch Thekenmodelle in schlichten Holzkästen.

Die Idee für das »Mutoskop« beruht auf dem Prinzip der stroboskopischen Bewegungstäuschung, wie sie mit dem Abblätterbuch des Engländers J. B. Linnett 1868 patentiert worden war und durch den Filmpionier Max Skladanowsky auch in Deutschland weite Verbreitung fand. In diesem »Daumenkino« werden mehrere einseitig zusammen-

244 »Mutoskop«-Herstellung, um 1900

245 Aufnahmen für das »Mutoskop« mit der »Biograph-Kamera«, um 1900

geheftete Phasenbilder so rasch abgeblättert, daß der Eindruck einer Bewegung entsteht.
In Erweiterung dieses Prinzips umfaßt das »Mutoskop« 800 bis 1000 einzelne Phasenbilder, die radial auf einem drehbaren Zylinder angeordnet sind und durch Drehen der Kurbel beliebig schnell umgeblättert werden; der Münzeinwurf entsperrt lediglich die Kurbel. Der Betrachter blickt durch eine lichtabschirmende Schauöffnung von oben auf die Bilder, die durch ein Glas hinter der Schauöffnung ihr Licht empfangen oder auch elektrisch beleuchtet werden. Die Reihenaufnahmen für das »Mutoskop« wurden mit einer speziellen, motorgetriebenen »Biograph«-Kamera aufgenommen (Abb. 244), die später auch mit einer stereografischen Aufnahmetechnik ausgestattet war (vgl. Kat. Nr. 79).
Während zunächst das gehobene Bildungsbürgertum als Zielpublikum für das »Mutoskop« umworben wurde, entwickelte sich der preiswerte Schauautomat in der Zeit vor dem Ersten Weltkrieg bald zu einem beliebten Unterhaltungsgerät für jedermann, das auf keinem Jahrmarkt und Vergnügungsplatz fehlte. Die beliebtesten Folgen der Bilderserien waren komödiantische Szenen wie »How the Old Maid Got a Husband«, »An Affair of Honour« mit einem Duell oder »Fight for a Bride«. Das ausgestellte Gerät zeigt die Sprengung eines Fabrikschornsteins in allen Phasen der Explosion, der Rauchentwicklung und des langsamen Umsinkens des Schlotes. CK

Friedrich v. Zglinicki, Der Weg des Films. Die Geschichte der Kinematographie und ihrer Vorläufer, Berlin 1956, S. 124–128.
A. H. Eskind, She Banked in Her Stocking; or, Robbed of Her All: Mutoscopes Old and New, in: M. Deutelbaum (Hg.), »Image« on the Art and Evolution of the Film, New York 1979, S. 27–30, Abb. 26–34.
Leben und Arbeiten im Industriezeitalter. Katalog der Ausstellung im Germanischen Nationalmuseum, Stuttgart 1985, S. 643f., Nr. 20/10.
Costa, S. 197f.

79 Whitings' SCULPTOSCOPE

American Novelty Company, Cincinnati/Ohio, 1910
Münzung: 1 Penny
17,5 × 26 × 33,5

Als in den späten 80er Jahren des vorigen Jahrhunderts auch die Bildbetrachter mit Münzeinwürfen ausgestattet wurden, war es zuerst das Stereoskop, das für diese Zwecke genutzt wurde. Das Prinzip der Stereofotografie basiert auf den Erkenntnissen des englischen Physikers Charles Wheatstone (1802–1875), der sich bereits um 1839, als die Entdeckung der Fotografie durch Joseph-Nicéphore Niépce (1765–1833), Louis Jacques Mandé Daguerre (1787–1851) und William Fox Talbot (1800–1877) bekannt wurde, mit dem Phänomen des beidäugigen Sehens befaßt hatte.
Mit Hilfe zweier Kameras, die das gleiche Objekt in einem Winkelabstand von 18° aus beliebiger Entfernung fotografierten, und eines entsprechenden Bildbetrachters, eben dem Stereoskop, in dem die beiden Aufnahmen in einem Augenabstand von ca. 20 cm zu sehen waren, konnte eine plastische Wirkung der Bilder erzielt werden, die dem räumlichen Sehen weitgehend entsprach. Ab 1847 kam die mit zwei Linsen ausgestattete Stereokamera hinzu, die die Anfertigung stereoskopischer Aufnahmen wesentlich vereinfachte.

246 »Kalloskop«, um 1890

Bereits im November 1886 erhielt William Spiers Simpson das erste Patent für einen Stereobetrachter mit Münzeinwurf. Wenig später kam das »Kalloscop« auf, das außerordentlich erfolgreich war und oft kopiert wurde (Abb. 246). In der Bezeichnung »Sculptoscope« des aufgestellten Geräts wird die plastische Wirkung der Bilder deutlich gemacht.

247 Stereografische Aufnahme aus »Whitings' SCULPTOSCOPE«

Neben berühmten Bauwerken und geographischen Sehenswürdigkeiten kamen bald auch Bilderfolgen in Gebrauch, die vor allem auf das männliche Publikum zielten und dazu angetan waren, den Betrachter in die Rolle des Voyeurs zu versetzen (Abb. 150).

Die Ankündigung auf der Vorderseite des Gerätes verspricht: »Whiting's travel system embraces the world«. Der Betrachter blickt durch die Schauöffnung an der Schräge der Front auf die Bilder, die durch verglaste Öffnungen oben und an den Seiten Licht empfangen. Jedes Bild kann so lange wie gewünscht betrachtet werden und wird durch einen Knopfdruck mit dem nächstfolgenden vertauscht. Insgesamt faßt das Gerät 80 verschiedene, in schmale Blechschienen eingeschobene Bilder, die auf einem Zylinder radial angeordnet sind und beim Weitertransport von oben herunterklappen. Je 20 Bilder waren für einen Penny zu sehen. Das »Panoptikum« der Bildauswahl reicht von biblischen Darstellungen über Kriegsschauplätze aus dem Ersten Weltkrieg und exotischen Jagdszenen bis hin zu heimischen Strandvergnügungen und bürgerlichen Genreszenen (Abb. 246). CK

Baier, S. 167–170 (Stereofotografie).
Rubin, S. 88.
Costa, S. 193f. (»Kalloscope«).

80 SHOW YOUR STRENGTH

Mills Novelty Company, Chicago, 1904
Münzung: 10 Pfennig
55 × 70 × 170

Kraftmesser gehören zu den frühen Jahrmarktautomaten, die auch sehr bald »selbstkassierend« waren. Die beiden ersten in Deutschland angemeldeten Patente auf Kraftmesser mit Münzeinwurf stammen von Percival Everitt, einem der großen Erfinder aus dem Bereich der Münzautomaten. In dem Patent von 1887 ließ sich Everitt einen »Apparat zum Messen der Muskelkraft« patentieren, bei dem der Benutzer im Sitzen an einem nahezu waagrechten Griff zieht und sich mit den Füßen abstützen kann (D.R.P. 40 258). Angezeigt wird die vollbrachte Leistung wie bei den Waagen durch einen Zeiger über einer Scheibe. Kurz darauf meldete Everitt einen »Selbstkassierenden Schlagkraft-Meßapparat« (D.R.P. 42 350) an, bei dem die »Kraft eines Schlages« auf einen »Schlagstempel« angezeigt wird. Wie schon diese beiden Beispiele zeigen, zählen zu den Kraftmessern alle Geräte, bei denen Körperkräfte in irgendeiner Form erprobt werden können. So kann der Benutzer durch Schlagen, Pressen, Drücken (vgl. Kat. Nr. 81 und Abb. 249), Ziehen, Treten oder auch durch Blasen, wie beim Lungenprüfer, sich testen und vor den Zuschauern darstellen, aber auch seine Aggressionen abbauen. Aus diesem Grund wird den Kraftmessern oft auch eine Tier- oder Menschengestalt gegeben: Stiere, deren Hörner zusammengedrückt werden, Tiger, die man am Schwanz zieht (Abb. 248), oder der »Watschenmann«, den man in das Gesicht schlägt. Gerade als ergänzende Geräte, die einträglich und robust waren, wurden die Kraftmesser mit Münzung gerne auf Vergnügungsorten wie Jahrmärkten oder in den »arcades« der USA aufgestellt.

Bei dem Kraftmesser von Mills wird der Benutzer direkt aufgefordert, seine Kraft zu zeigen – »Show your strength« –, um sich sozusagen mit dem auf der Zeigerscheibe abgebildeten Muskelmann zu messen. Nach dem Münzeinwurf, der einen Sperrmechanismus löst, kann man den Griff, der mit einer starken Spiralfeder verbunden ist, nach oben ziehen. Läßt man den Griff los, wird der Zeiger der Skala arretiert, und das Ergebnis läßt sich ablesen. Außerdem kann der folgende Benutzer seine Kraft mit dem Vorergebnis, das weiterhin angezeigt bleibt, messen. Die jeweiligen Ergebnisse werden auf der Anzeige kommentiert, zudem kann man ablesen, welches Gewicht man hochgezogen hat.
Eingerahmt wird die Skala von einer gußeisernen Eule, dem Warenzeichen der Mills Novelty Company, die vor allem für ihre Geldspielgeräte und Orchestrien bekannt war. Nach dem sehr guten Verkaufserfolg des Geldspielgeräts »THE OWL« (vgl. Kat. Nr. 31) hatte Mills die Eule als Warenzeichen übernommen.
In einem Katalog aus der Zeit nach 1904 werden die gute Verarbeitung des Kraftmessers und die verwendeten Materialien, Eichenholz und Eisen, hervorgehoben. Der Preis betrug 60 Dollar, nach den Angaben der Werbung sollte das Gerät 46,53 Dollar in 30 Tagen einbringen. UG

Dering, S. 160ff. (Deutsche Kraftmesser ohne Münzung).
Costa, S. 179–184.

MILLS
PERFECT MUSCLE
DEVELOPER
500
400
600
300
700
SHOW YOUR STRENGTH
200
800
100
900
THE ARROW
SHOWS THE LAST LIFT
Can You Beat It?
0

81 NÉNETTE

Hersteller unbekannt, Frankreich, 50er Jahre (?)
Münzung: 10 Francs
51 × 40 × 137 (mit Gestell)

Bei dem Kraftmesser »NÉNETTE« muß der Benutzer mit einer Hand den inneren Griff gegen den äußeren Griff drücken. Eine Skala von 10–100 zeigt die erbrachte Kraft an. Als Zeiger dient hier das Bein der Varieté-Tänzerin. Bei 100 Punkten hebt sich zusätzlich das Röckchen, und man sieht den spitzenbesetzten Slip von »NÉNETTE«.
Weiterhin zeigt der Apparat auch noch in einem Sichtfenster, über dem eine Sphinx zu sehen ist, einen Horoskopspruch. Die Sprüche sind auf einer Walze aufgebracht, die durch den Druck angetrieben wird und beim Loslassen arretiert. Das Horoskop gibt Ratschläge zur Glückszahl und zur Liebe, es sagt Erbschaften, Glück und Verleumdungen voraus.
Dieser kuriose Kraftmesser gibt dem angesprochenen männlichen Benutzer gewissermaßen die Möglichkeit, seine Muskelkraft mit seinem Erfolg bei den Frauen zu korrelieren. Er erfüllt damit die auch bei dem Kraftmesser von Mills (vgl. Kat. Nr. 80) erwünschte Funktion für den Benutzer, sich durch den Kraftmesser zur Schau zu stellen. UG

248 Kraftmesser
»Pull the Tiger« im Jahre 1988

249 Kraftmesser »Globus«,
Max Jentzsch & Meerz, Leipzig, 1928

Einwurf 10 Pfg.
Elektrisier-Automat „ELEKTRO"
mit Unterhaltungsspiel
Einwurf 10 Pfennig.
Alsdann die beiden vorderen Griffe erfassen u. langsam nach rechts drehen, worauf die Elektrisier-Einrichtung in Tätigkeit tritt.
Hierauf den kleinen Knopf drehen, damit eine Spielkugel erscheint. In „Check" getroffen kommt Geld zurück, nachdem der links unten befindliche Knopf 2 × rechts gedreht worden ist.
2112

84 THE HAUNTED HOUSE

Hersteller unbekannt, England, 30er Jahre (?)
Münzung: 1 Penny
62 × 48 × 109

Automaten mit beweglichen Figuren und Gegenständen, die eine kurze Szene wiedergeben, wurden vor allem in England hergestellt. Nach Costa soll John Dennison einer der ersten gewesen sein, der diese Automaten, »working models«, entwickelte und von 1875–1924 produzierte. Heute sollen noch annähernd dreißig dieser Geräte erhalten sein, die allerdings auch teilweise umgebaut wurden. Die frühen Modelle zeigten Züge, Autos und technische Abläufe, später bevorzugte man unterhaltende oder auch belehrende Szenen. Spukszenen, wie sie bei dem ausgestellten Gerät zu sehen sind, gehören ebenso zum beliebten Repertoire. Eine feste Datierung des Geräts läßt sich nicht erbringen, da auch noch nach 1950 ähnliche Geräte in England hergestellt wurden.

Nach dem Münzeinwurf beginnt die Figur, die am Tisch sitzt, ihr Geld zu zählen, die Kerze flackert, d.h. sie bewegt sich etwas nach oben und nach unten. Dann beginnt der Spuk: Die Türen im Hintergrund öffnen sich, Geister erscheinen und verschwinden wieder, eine Skulptur bewegt sich, und der Portraitierte im Bilderrahmen wackelt mit dem Kopf. Kurz vor Ende der Spielzeit wird die Spiegelwand beleuchtet, und es erscheint eine verhüllte Gestalt (Abb. 251). Andere Szenen, die bei Costa wiedergegeben werden, sind z.B. der »Spuk auf dem Kirchhof« oder »Die englische Hinrichtung«. Noch 1954 wurde ein Schauautomat von Markie Kraft, einem englischen Automatenhersteller, angeboten, bei dem eine Hinrichtung gezeigt wird. UG

Automaten-Markt 6 (1954), S. 223 (Schauautomat von Kraft).
Costa, S. 209–216.

251 Detail des »HAUNTED HOUSE«: Eine verhüllte Gestalt erscheint

THE
HAUNTED HOUSE
Place Penny in Slot

85 INTERNATIONALES Heiraths Vermittlungs Bureau

Hersteller unbekannt, Österreich, 1897
Münzung: 6 Heller
65 × 45 × 150

Die Vorhersage über kommende Geschehnisse durch ausgewählte Personen gehört mit zu den ältesten magischen Praktiken der Menschheit. Der Reiz des Geheimnisvollen, wie er die griechischen Orakel umgab und in der Astrologie und Alchemie bis ins 17. Jahrhundert fortwirkte, hat seine Wirkung bis heute nicht verloren. Zu denken ist nur an die Horoskope in den Boulevardzeitungen, an die auch von einflußreichen Persönlichkeiten aufgesuchten Wahrsager und Wahrsagerinnen und an die Renaissance des Tarock, der dem Einzelnen Gelegenheit gibt, aus den Karten sein vergangenes, gegenwärtiges und zukünftiges Leben zu erforschen. Wenn nun mit der Einführung der münzbetätigten Automaten auch Horoskope automatisch erstellt wurden, so birgt sich darin ein besonderer Effekt, der mit der »objektiven« Funktion des Automaten vorgibt, jede menschliche Fehlbarkeit auszuschalten.

In einem bühnenartigen Schauraum sind verschiedene handkolorierte Kartonfiguren zu sehen, die sich in einer Art Wettbüro befinden. Ein Mann bringt einen gefüllten Geldsack herbei, ein anderer trägt die Aufschrift »100.000 fr.« auf seinem Rücken. Die beiden Münzeinwürfe links und rechts versprechen dem heiratswilligen Herrn eine genaue Beschreibung seiner zukünftigen Braut, der Dame entsprechend den Bräutigam. Die eingeworfene Münze gleitet rückwärts auf einer Laufschiene in einen Schlitz am Schieber, aus dem sie halb herausragt. Wird nun der Zuggriff herausgezogen, unter dem die Münze eingeworfen wurde, so bewegt sich ein Schubmechanismus nach vorne, der aus einem der beiden Kartenstapel mit zwei flachen Fingern ein Kärtchen in den Ausgabeschacht hinausschiebt. Beim Zurückgleiten des Zuggriffes wird die Münze in die Kasse nach unten geschleudert. Leider sind die Kärtchen, auf denen man über seinen künftigen Ehepartner Aufschluß erhielt, nicht mehr vorhanden.
Das ausgestellte Gerät stammt aus dem Wiener Prater und war wahrscheinlich in einer Schießbude aufgestellt. CK

Hans Pemmer/Ninni Lackner, Der Wiener Prater einst und jetzt, Leipzig/Wien 1935, S. 175, Nr. 109 (vermutlich ehemaliger Aufstellungsort ohne Erwähnung des Automaten).
Berlin, Berlin, S. 418, Nr. 26/29.

252 »Wunderstuhl«, Horoskopautomat aus dem Angebot der DAG, Köln 1895/96

INTERNATIONALES
Heiraths Vermittlungs Bureau
1897
Für Damen
Für Herren
NUR KUPFER-GELD!
Warten bis die 3-Zweihellerstücke hinuntergefallen sind, dann ziehen.
Heiraths-Automat
Jede Dame bekomt aus diesen Heirathsbureau ihren zukünftigen BRÄUTIGAM samt genauer Beschreibung
Heiraths Automat.
Jeder Herr bekomt aus diesen Heirathsbureau seine zukünftige BRAUT samt genauer Beschreibung.
Einwurf 6 heller
Einwurf 6 heller

86 ORAKEL-AUTOMAT

Hersteller unbekannt, Deutschland, um 1936
Münzung: 10 Pfennig
46,5 × 14,5 × 68

Wohl die häufigste Variante der Wahrsageautomaten ist mit einer Spruchscheibe ausgestattet, die sich bei Münzeinwurf zu drehen beginnt oder aber mit einem Zeiger versehen ist, der sich über den Sprüchen dreht. Bereits 1889 war eine als »Selbstkassierende Schaustellungsvorrichtung« bezeichneter Horoskopautomat des englischen Automatenpioniers Percival Everitt in Deutschland patentiert worden (D.R.P. 53 405). Ein besonders reizvoller Horoskopautomat mit Namen »Kleopatra« befand sich auch im Sortiment der Deutschen Automaten-Gesellschaft Stollwerck & Co. in Köln aus der Zeit um 1895/96 (Abb. 253). Zahlreiche Gebrauchsmuster und Patente aus den folgenden Jahren belegen die anhaltende Popularität dieser Unterhaltungsautomaten.

Als unter den Nationalsozialisten die Geldspielautomaten mit Gewinnmöglichkeit weitgehend eingeschränkt wurden, erlebten die reinen Unterhaltungsautomaten eine jähe Hochkultur. In dieser Zeit ist auch die Entstehung des »ORAKEL-AUTOMAT« anzusetzen, der, wie ein zweites erhaltenes Exemplar dieser Art, nach einfachsten mechanischen Prinzipien in handwerklicher Eigenproduktion hergestellt ist. Die eingeworfene Münze gleitet rückwärts über eine Führungsschiene auf ein Schaufelrad, das durch das Gewicht der Münze in Rotation versetzt wird (Abb. 254). Das Schaufelrad ist an der Vorderseite des Automaten mit einem Zeiger verbunden, der sich über einer kreisförmig angeordneten Spruchauswahl dreht. Die Zeigervorrichtung schmücken ein bekränzter Widderkopf und sechs Temperamentsdarstellungen; die sechszehn zur Auswahl gestellten Sprüche enthalten in erster Linie Warnungen, wie »Das Standesamt, oh hör mein Wort, Das ist für Dich ein Schreckenswort!« oder »Nie wirst Du einen Heller erben, Und wenn Dir tausend Onkel sterben!«, aber auch Ermunterungen, wie »Du darfst vor keinem Hemmnis weichen, Willst Du Dein schönes Ziel erreichen!«
Aufgeklebter Flitter, ein Spiegel und zwei Frauenporträts, wie sie auch auf den gleichzeitigen »Bomber«-Spielen zu finden sind, geben dem Gerät sein zeittypisches Aussehen. CK

253 »Kleopatra«, Orakelautomat, Peters & Co., Gaggenau 1895/96

254 Spielmechanik des »ORAKEL-AUTOMAT«

10 Pfg.
ORAKEL AUTOMAT
Ich sage Dir die Zukunft nach Einwurf von 10 Pfg.

87 CHYROMANT AUTOMAT

Hersteller unbekannt, Deutschland, um 1900
Münzung: 20 Pfennig
86,5 × 70 × 199

Neben den Horoskopautomaten, die auf eine gestellte Frage mit einem Textkärtchen antworten (vgl. Kat. Nr. 85) oder aus einer sichtbaren Auswahl von Lossprüchen einen bestimmten Text durch einen Zeiger auswählen (vgl. Kat. Nr. 86), gehören die Handleseautomaten zu den geheimnisvollsten Geräten, da sie vorgeben, aus den Linien der aufgelegten Hand eine Prognose über das Schicksal des Fragenden zu stellen.

Der »CHYROMANT AUTOMAT« ist zweifellos einer der ältesten erhaltenen Unterhaltungsautomaten aus deutscher Produktion. Da seine Mechanik weitgehend zerstört ist und wesentliche Teile, darunter auch der Münzeinwurf, fehlen, kann seine ehemalige Funktionsweise nur annähernd erschlossen werden. Laut Anweisung drückt der Fragende seine Hand auf die Metallplatte, die auf der Deckplatte des Sockels eingelassen ist. Ein (nicht mehr vorhandener) Schalter wird sodann auf »Dame« oder »Herr« eingestellt. Werden nun die Münzen eingeworfen, so erscheint auf der linken Seite ein Ausdruck auf einem Papierstreifen, auf dem das Horoskop abgelesen werden kann.
Die Metallplatte, auf die die Hand gepreßt wird, ist mit kleinen beweglichen Stiften versehen, die sich nach Inbetriebnahme um die Hand schlossen (Abb. 255). Zwischen dieser Platte und der Walze mit den Horoskopsprüchen im Mittelteil bestand ein elektromechanischer Kontakt, über den durch die individuelle Form der Hand und die Wahl »Dame« oder »Herr« jeweils ein bestimmter Spruch auf der Walze ausgewählt wurde. Reste einer Beleuchtungsanlage lassen erkennen, daß in den Löchern an der Deckplatte bunte Lämpchen aufleuchteten; hinter der auf Glas aufgezeichneten Hand mit den Lebenslinien und den Sternkreisen an der Front des Mittelteils befindet sich ein Zeiger, der während der Befragung zu kreisen begann.
Noch 1953 waren sehr ähnliche Handleseautomaten in Gebrauch, bei denen in gleicher Weise die Hand auf eine Platte gepreßt und ein Schicksalsspruch ausgedruckt wurde. CK

Costa, S. 156 (englischer Handleseautomat von 1932).
Automaten-Markt 5 (1953), S. 151.

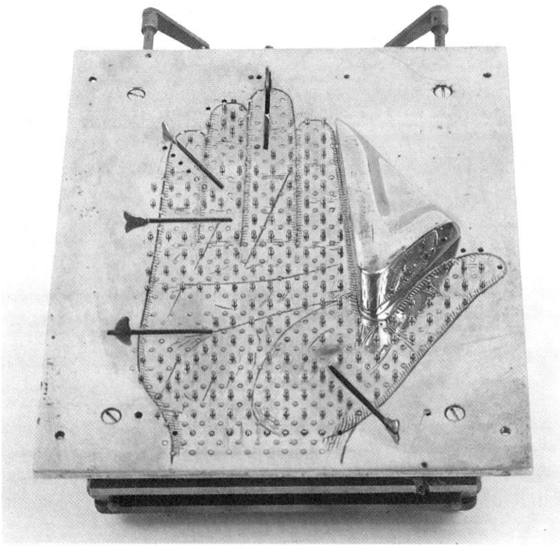

255 Handplatte des »CHYROMANT-AUTOMAT«

CHYROMANT-AUTOMAT
IHR KARAKTER UND SCHICKSAL
AUS DEN LINIEN UND DER
FORM IHRER HAND
DER APPARAT ELEKTRISIERT NICHT

88 ELECTRA

Automates Electra GmbH, Köln, ab 1907 (?)
Münzung: 5 Pfennig
27,5 × 53 × 67

Schießstände, bei denen man gegen ein Entgelt auf dem Jahrmarkt schießen konnte, kamen um 1840 auf. Sie entwickelten sich aus den Schießständen der traditionsreichen Schützenvereine und waren dementsprechend noch in zwei Teile geteilt, den Schießstand und die Zielscheibe. 1879 soll erstmals eine geschlossene Bude von Xaver Stehbeck, Erding, aufgestellt worden sein.

In dem ersten Patent, das in Deutschland für einen »Schießstand nach Art der selbstthätigen Verkaufsapparate« von George R. Ostheimer 1890 angemeldet wurde, erhält man nach Münzeinwurf eine bestimmte Anzahl von Schüssen, und es wird bei einem »Centrumstreffer dem Schützen selbstthätig ein Preis ausgeliefert« (D.R.P. 53 759). Wie bei vielen anderen selbstkassierenden Automaten wurde auch hier nur der Münzeinwurf zu einem schon früher entwickelten Unterhaltungsgerät hinzugefügt.
Die selbstkassierenden Schießautomaten waren vor allem so konstruiert, daß sie auch in geschlossenen Räumen, d.h. in Gaststätten aufgestellt werden konnten, ohne daß für die Gäste eine Gefahr bestand. Während in dem erwähnten Patent von Ostheimer ein offener Schießstand gezeigt wird, meldete The Scottish Inventions Company Lim. 1891 in Deutschland den ersten Zimmerschießstand mit Münzung an, bei dem in einem geschlossenen Kasten mit einer Münze geschossen wird (D.R.P. 60 407).

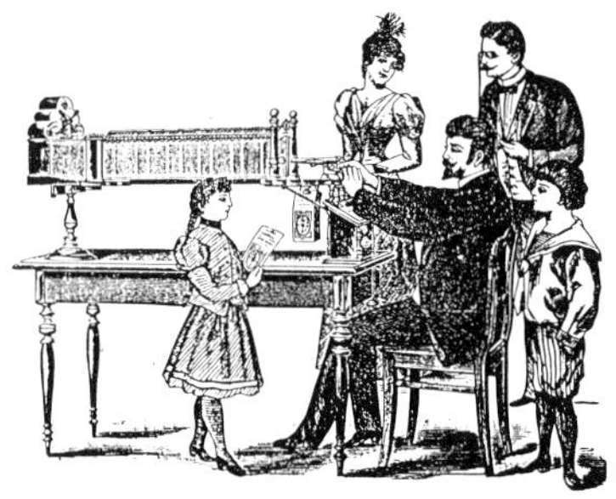

256 »Zimmerschießstand« aus dem Angebot der DAG, Köln 1895/96

Nach einem ähnlichen Prinzip funktioniert auch der Schießautomat »ELECTRA«, bei dem die Münze als Munition dient. Die Pistole selbst ist beweglich montiert. Trifft man den Münzschlitz am anderen Ende des Kastens, so daß die Münze durchfällt, ertönt ein Glockensignal, das mittels einer Batterie ausgelöst wird. Als Gewinn erhält der Spieler »Wein, Bier, Cognac oder Cigarren im Werthe von 10 Pfennigen«. Der Glockenton war ein Signal für den Wirt, der den Gewinn ausgeben mußte.
An der Schmalseite des gußeisernen Gehäuses ist eine Emailtafel mit Jugendstilornamenten angeschraubt. Die an der Seite des Kastens aufgebrachte Aufforderung »Ueb Aug und Hand für's Vaterland«, die sich bis zum Ersten Weltkrieg und erneut vor dem Zweiten Weltkrieg häufig auf Schießbuden oder Schießautomaten fand, gibt die Legitimation für die Schießübungen. Die Automates Electra GmbH, Köln, wurde am 19. Juli 1907 in Köln in das Handelsregister eingetragen, um die in Paris bestehenden Lizenzen an den »ELECTRA«-Schießautomaten nutzen zu können. Ob schon vor diesem Zeitpunkt in Deutschland »ELECTRA«-Schießautomaten produziert und verkauft wurden, läßt sich nicht mehr feststellen. Möglicherweise läßt sich dieser Schießstand auch mit zwei Patenten von Hugo Künzel, Köln, 1899 und 1902 in Zusammenhang bringen. In dem D.R.P. 119 456 wird ein in der Form und im Prinzip sehr ähnliches Schießgerät angemeldet, das allerdings mit Spielkugeln oder Medaillen gespielt wird. In dem zweiten Patent von Künzel ist derselbe Schießapparat ergänzt durch ein elektrisches Signal, das bei einem Treffer durch den Münzkontakt ausgelöst wird (D.R.P. 147 672; Abb. 257).

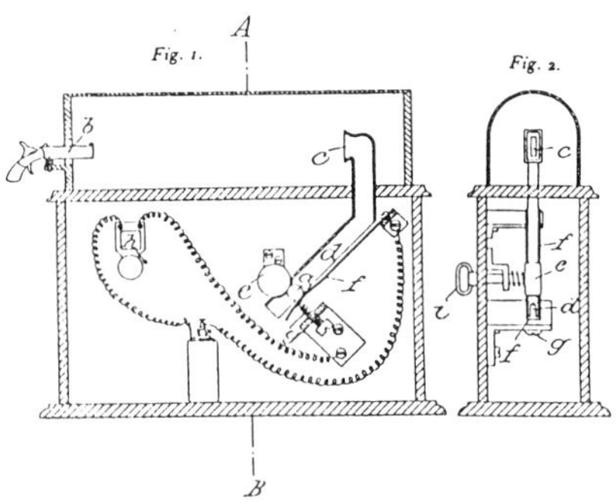

257 Schießstand aus dem Patent von Hugo Künzel, Köln 1902

Ähnliche Geräte produzierten auch die International Mutoscope Reel Company mit dem »SHOOTSCOPE« (um 1926), die Firma Paul Schülke, Berlin, mit der »Loreley« (ab 1927) sowie die Vermos AG, Köln, mit dem »Vermos-Schießsport-Automat« (um 1928). UG

Zeitschrift für Instrumentenbau, 27 (1907), S. 1159 (Automates Electra GmbH).
Der Automat 1 (1927), S. 8 (»Loreley«); 2 (1928), S. 14 (»Vermos-Schießsport-Automat«).
Muntautomaten, S. 76.
Dering, S. 145–156 (Schießstände, allgemein).
Rubin, S. 87 (»SHOOTSCOPE«).
Costa, S. 171 (»SHOOTSCOPE«).

Aug und Hand für's Vaterland
ELECTRA
Electrischer
Schiessautomat
Wein, Bier, Cognac oder Cigarren,
im Werthe von 10 Pfg.

89 Sankt Hubertus

Max Jentzsch & Meerz (?), Leipzig, um 1925 (?)
Münzung: 10 Pfennig
48,5 × 21,5 × 54,5

Mit diesem Schießautomaten wird die Jagd, deren Schutzpatron »Sankt Hubertus« ist, als Motiv für Schießübungen angesprochen. Der Schauraum im oberen Teil des Geräts ist wie eine Guckkastenbühne gestaltet, auf der man durch Bäume hindurch auf einer Lichtung den Hasen laufen sieht.
Nach dem Münzeinwurf muß zunächst mittels einer Kurbel an der rechten Seite die Antriebsfeder aufgezogen werden, durch die dann eine Scheibe in Bewegung gesetzt wird, an deren Rand Hasen sitzen. Der Spieler muß nun auf den vorüberziehenden Hasen zielen. Ein Hebel in der Mitte des Automaten stellt den Abzug einer Pistole dar, mit dem der »Schuß« ausgelöst wird. Zieht man an dem Hebel, bleibt die Scheibe stehen. Wenn das Ende des »Laufs« mit der Markierung auf dem Hasen übereinstimmt, hat man getroffen. Es werden automatisch 20 Pfennig ausgezahlt, die von einem »Horn« akustisch angekündigt werden.

Dieser Typ des Schießautomaten gehört zu den sehr beliebten und immer wieder nachgebauten Geräten. Ein sehr frühes Gerät soll 1903 in Frankreich von Le Dentu unter dem Namen »Le tir au Lapin« oder »La chasse« hergestellt worden sein. Weiterhin kündigten die Original-Musikwerke Paul Lochmann 1908 einen Schießautomaten »Hab Acht« (Abb. 258) an, der dem »Sankt Hubertus« sehr ähnlich ist, allerdings wird hier mit einem Revolver gezielt. Jentzsch & Meerz, Leipzig, inserierten seit März 1927 für den Schießautomaten »Hubertus«, der anscheinend in verschiedenen Varianten hergestellt wurde. Im Zusammenhang mit der Gesetzgebung dieser Jahre, die Glücksspiele verbot und nur Geschicklichkeitsspiele zuließ (vgl. Kat. Nr. 45), gab es auch Prozesse um den »Hubertus«, bei denen das Gerät aber meist doch als Geschicklichkeitsspiel eingestuft wurde. Auch nach dem Zweiten Weltkrieg wurde von der IMO-Automatenfabrik Helmut Jentzsch GmbH, Bielefeld-Brackwede, ein »Diana«-Schießgerät (1957) angeboten, das sich weiterhin der auf einer Scheibe laufenden Hasen und Füchse bedient. Bei einem Treffer wird hier ein elektrischer Kontakt geschlossen, der dann die Trefferanzeige auslöst.
UG

Zeitschrift für Instrumentenbau 29 (1908), S. 125 (»Hab Acht«).
Der Automat 1 (1927), S. 4.
Muntautomaten, S. 77 (Schießautomat von Le Dentu).

258 Schießstand »Hab acht«, Original-Musikwerke Paul Lochmann GmbH, Leipzig 1908

Sankt Hubertus
ANWEISUNG:
Auf Einwurf von einem 10-Groschenstück in die Öffnung rechts oben die Kurbel an der rechten Seite aufziehen. Mit dem Zurucklassen der Kurbel setzt sich das Jagdwild in Bewegung; dasselbe soll im Moment des Vorbeiziehens durch Abdrücken des unterhalb des Zielrohres nach vorn ragenden Hebels getroffen werden. Befindet sich das Visier des Zielrohres in einer Richtung mit dem Zentrum des Wildes, dann fallen selbsttätig zwei Zehngroschenstücke in die vordere Schale.
Schiess-Automat

90 SMASH HITLER

British American Novelty Company (?), um 1940 (?)
Münzung: 1 Penny (?)
60 × 56 (ohne Pistole) × 174

Im Gegensatz zu den Kraftmessern, bei denen man seine Aggressionen sehr wohl an Figuren in Menschengestalt auslassen kann, sind diese als Ziel bei Schießautomaten eher tabu. Eine Ausnahme stellt dieses Gerät dar, das aus der Situation des Zweiten Weltkriegs entstanden ist, wie auch ein anderes Spiel, bei dem der Spieler aufgefordert wird: »Poison this Rat«. Der Spieler versucht dabei die Kugel in den offenen Mund Hitlers zu spielen, um ihn damit zu vergiften. Bei beiden Geräten wird Adolf Hitler vorwiegend durch den kleinen Schnauzbart und die Haarlocke charakterisiert.

Der Kasten des Schießautomaten nimmt mit seinen militärischen Tarnfarben die Kriegssituation auf, in der das Gerät gebaut wurde. Im Gegensatz zu den beiden anderen Schießgeräten (Kat. Nr. 88f.) wird hier mit Kugeln geschossen. Die Pistole, in die die verschossenen Kugeln durch zwei Kanäle zurücklaufen, läßt sich sowohl nach oben und unten als auch nach links und rechts bewegen. Der Schütze zielt auf die fünf Zähne Hitlers (Abb. 259), die nach hinten klappen, wenn sie getroffen werden. Bei erneutem Münzeinwurf werden die Zähne wieder nach vorne geklappt.

UG

Rubin, S. 87 (»Poison this Rat«).
Costa, S. 177.

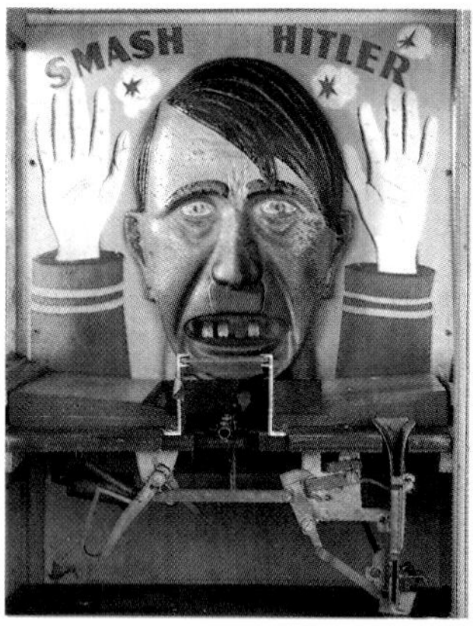

259 Detail des »SMASH HITLER«

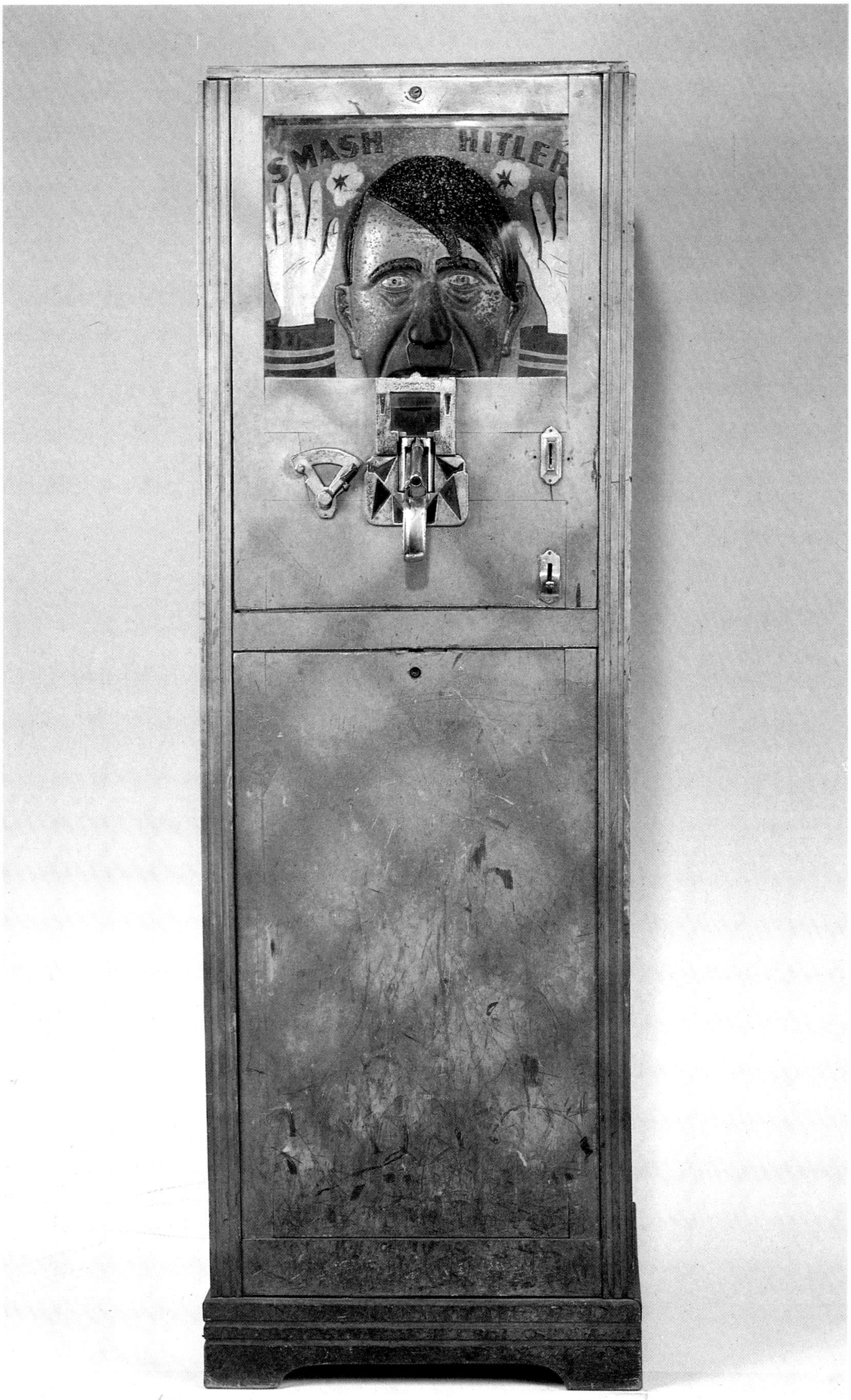
SMASH
HITLE

91 Zungenschleifer

Hersteller unbekannt, Österreich, um 1900 (?)
Münzung: ?
61 × 14 × 61

Das Gerät gehört in die Gruppe der belebten Bilder, die sich seit dem 18. Jahrhundert besonderer Beliebtheit erfreuten. Vor einer gemalten Rückwand werden bei diesen Bildern bestimmte Elemente, meist Figuren, aber auch Mühlräder und Uhren, durch ein Uhrwerk in Bewegung gesetzt.

Das ausgestellte mechanische Bild illustriert vor dem Hintergrund einer alpenländischen Landschaft mit Kirche das satirische Motiv des »Zungenschleifens«. Gewisse Elemente der gemalten Figuren sind als Eisenschablonen beweglich in das Ölbild eingefügt. Wird nun das Uhrwerk in Gang gesetzt, so bewegt der Junge links neben dem Schleifstein Unterkiefer und Augen; mit dem rechten Fuß treibt er den Stein an, und das Rad beginnt zu kreisen. Die Frau vor dem Mahlstein senkt den Unterkiefer, streckt die Zunge heraus und blickt nach unten. Die Szene wird von einer Frau rechts im Bild beobachtet, die bedenklich mit dem Kopf wackelt, wodurch der Eindruck entsteht, daß sich die Augen bewegen. Der Münzeinwurf, wie er bei dem »Zungenschleifer« über dem Rahmen angebracht ist, ist möglicherweise erst eine spätere Zutat.

Die Bezeichnung »Zungenschleifer« für Personen, die viel schwätzen und üble Nachrede führen, ist schon seit dem späten 16. Jahrhundert belegt. So spricht etwa Aegidius Albertinus (1560–1620) in seinem »Zeitkürzer« von 1603 von »einem advocat und zungenschleifer, der sich ernehrt mit procurieren und schwetzen«. In den »Emblemata secularia«, Oppenheim 1611, von Johann Theodor de Bry, einem emblematischen Lasterspiegel, handelt das 6. Emblem von der üblen Nachrede (Calumnia) und zeigt in dem zugehörigen Kupfer eine Mühle, in der die bösen Zungen geschliffen werden. Das zugehörige Epigramm erklärt die Darstellung (Abb. 260):

Ich hört einst sagen einen Mann/
Gewiß ists/daß er etwas kan:
Er wolt lieber in Distel vnd Dorn baden/
Als mit falschen Zungen seyn beladen/
Dan Disteln vnd Dornen stechen sehr/
Doch falsche Zungen noch viel mehr/
Drumb ich hierauff mich geleget hab/
Daß ich von Zungen das böß abschab/
Vnd schleiff sie stets auff vnserm Stein/
Förcht doch es werd verlohren seyn.

260 Zungenschleifen,
Kupferstich von Johann Theodor de Bry, 1611

Die Volkstümlichkeit dieses Motives illustriert auch eine Schießscheibe der Firma Ratschek von 1894, auf der ein Teufel einer Frau die »böse Zunge« am Schleifstein abwetzt. CK

Chapuis/Droz, S. 147–162 (Bewegliche Bilder).
Bowers, S. 114 (Bewegliche Bilder).
Dering, S. 151f. m. Abb. Nr. 235 (Schießscheibe).
Heckmann, S. 248f. (Bewegliche Bilder).

92 Singvogelautomat

Hersteller unbekannt, Frankreich (?), Ende 19. Jahrhundert
Münzung: heute 5 Pfennig
Durchmesser: 32; Höhe: 56

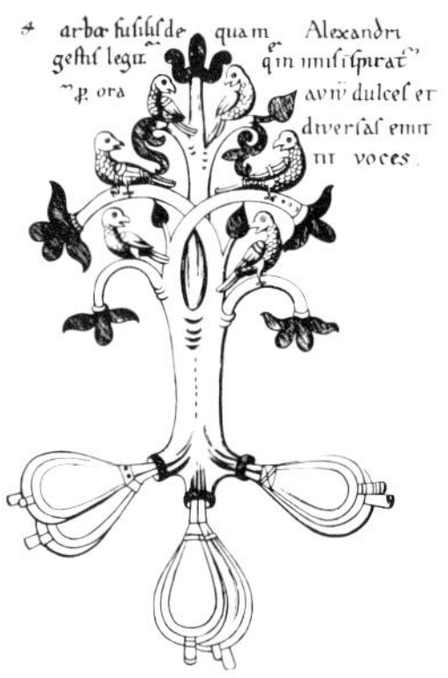

261 Baum mit künstlichen Singvögeln, Kupferstich nach einer mittelalterlichen Handschrift von Martin Gerbert, 1774

Überlegungen zum Bau künstlicher Vögel stehen ganz am Anfang der Automatengeschichte. Sie finden sich schon in den Werken des Heron von Alexandria und werden wiederholt seit der Renaissance dargestellt, so etwa in den Werken von Athanasius Kircher (1602–1680) und bei Salomon de Caus (1576–1626).
Offenkundig hat die Vorstellung, Singvögel künstlich nachzubilden und sie somit jederzeit zur eigenen Unterhaltung verfügbar zu haben, stets einen besonderen Reiz besessen, der dementsprechend auch literarisch reflektiert wurde. So findet sich beispielsweise im »Trojanerkrieg« des Konrad von Würzburg (um 1225–1287) vor dem Palast des Priamos ein künstlicher Baum aus Gold, Silber und Juwelen, in dessen Ästen Vögel sitzen, die immer singen (Abb. 261). Während hier die Faszination über die mechanischen Möglichkeiten vorherrscht, geht das bekannte Märchen »Die Nachtigall« von Hans Christian Andersen (1805–1875) auf den Konflikt zwischen Natur und Technik ein.

Mechanische Singvögel, deren Zwitschern durch Kolbenflöten erzeugt wird, sind seit der Mitte des 18. Jahrhunderts bekannt. Den ersten soll 1752 der Schweizer Pierre Jaquet-Droz (1721–1790) in der Form eines Kolibris gebaut haben, der in einer Tabaksdose verborgen ist. In der Folgezeit entstanden in der Schweiz, Frankreich und im Schwarzwald Zentren für die Herstellung künstlicher Singvögel. Die kunstvollen Automaten in Form von Käfigen oder Volièren waren repräsentative Schmuckstücke in den Wohnräumen des Adels und des Bürgertums.
Die Ausstattung des Vogelkäfigs mit einem Münzeinwurf weist auf einen »Standortwechsel« in den öffentlichen Raum hin. Wie sich aus dem Katalog eines Händlers von 1900 ersehen läßt, wurden diese Stücke zu dem Zeitpunkt als »Cassen- und Schaustücke für Schausteller« angeboten, die den Käufern gute Einnahmen garantierten. Stil und Bauweise wurden dabei weitgehend von den Vorgängern aus der ersten Hälfte des 19. Jahrhunderts übernommen. So findet sich beispielsweise in einem Sortimentskatalog der Deutschen Automaten-Gesellschaft Stollwerck & Co., Köln, von 1895/96 ein »Aves«-Automat (Abb. 262) mit zwei singenden Vögeln, der in Form und Gestaltung dem ausgestellten Exponat sehr ähnlich ist. In dem Katalog wird der Automat den »Herren Restaurateuren warm empfohlen«.
Der ausgestellte Käfig besteht aus einem vergoldeten Holzsockel und Metallkäfig, in dem auf einem künstlichen Felsen drei Vögel (blau, rot und türkis-gelb) sitzen. Mit einem Schlüssel wird die Feder gespannt, die das Werk antreibt; durch Einwurf der Münze wird der Ablauf ausgelöst. Die Vögel zwitschern, drehen die Köpfe und bewegen die Schnäbel und Schwänze. Gesteuert wird das Werk von sechs Kurvenscheiben, auf denen jeweils der Gesang und der Bewegungsablauf »gespeichert« sind. Auf einer Achse, die durch das Federwerk angetrieben wird, sitzen die Kurvenscheiben und die Scheibe, die den Blasebalg bewegt und damit die Luft für die Flöte liefert. Über eine Kurvenscheibe wird der Kolben in der Flöte gesteuert, der somit die Tonhöhe bestimmt. Eine zweite Kurvenscheibe steuert die Luftzufuhr für die Pfeife. Durch kurze Unterbrechungen der Luftzufuhr wird das Zwitschern der Vögel hervorgerufen. Die restlichen vier Kurvenscheiben steuern die Bewegung. UG

262 Vogelautomat »Aves« aus dem Angebot der DAG, Köln 1895/96

Chapuis/Droz, S. 199–227 (Mechanische Singvögel).
Bowers (1972), S. 78f. (Katalog von 1900).
Peter G. Schuhknecht, Mechanische Singvögel, Langenhagen 1977/78.
Herbert Heckmann, Die andere Schöpfung. Geschichte der frühen Automaten in Wirklichkeit und Dichtung, Frankfurt/Main 1982, S. 59 (Singvögel in der Literatur).
Jüttemann, S. 143f. (Mechanische Singvögel).

93 Karussell mit Spielwerk

Bornand Frères, Sainte-Croix, um 1880
Münzung: 1 Schweizer Franken
Durchmesser: 57; Höhe: 63

Dieser kleine Musikautomat mit tanzenden Püppchen und sich drehendem Karussell stellt eine Schweizer Sonderentwicklung vor, die in Deutschland nur wenig nachgeahmt wurde. Die bekanntesten Musikautomaten dieser Art wurden von Auguste Lassueur, Sainte-Croix, hergestellt, dem es gelang, einen Vertrag mit der Jura-Simplon-Bahn 1897 abzuschließen, der es ihm gestattete, ähnliche Musikautomaten in den Wartesälen aufzustellen.

Das Musikwerk dieser Automaten besteht aus einem Stahlkamm und einer Stiftwalze. 1796 baute Antoine Favre das erste Modell, bei dem auf einer Metallscheibe einzelne Stimmzähne so montiert wurden, daß sie durch eine Stiftwalze angezupft, eine Melodie erzeugten. Durch diese Erfindung wurde die französische Schweiz zum Mutterland der Walzen-Musikdosen. 1814 entwickelte François Lecoultre den aus einem Stück gearbeiteten Stimmkamm, bei dem die einzelnen Zähne angezupft werden. Die Dämpfung der Zähne, die notwendig ist, um Töne schnell wiederholen zu können, ohne daß der vorausgegangene Ton noch nachklingt, geht ebenfalls auf Lecoultre zurück. Mit diesem Prinzip waren die Voraussetzungen geschaffen für die bedeutende Schweizer Musikdosenindustrie, die bis 1850 überwiegend in Genf und dann in Sainte-Croix produzierte.

Das Spielwerk des Karussells besteht aus einem Stimmkamm mit 65 Zähnen und einem gestifteten Zylinder, auf dem sechs Melodien gespeichert sind (Abb. 263). Angetrieben werden das Spielwerk, das Karussell und zwei bewegliche Tänzerinnen von einer Feder, die mittels des Griffes gespannt wird. Der Münzeinwurf löst das Spiel aus. UG

Weiss-Stauffacher, S. 23, 77.
Jüttemann, S. 205 (Schweizer Spieldosen).

263 Spielwerk des Karussells

Bornand Frères
Ste Croix Suisse

94 Symphonion Eroica

Fabrik Lochmann'scher Musikwerke AG, Leipzig-Gohlis, ab 1893 hergestellt (Fabriknr. 199074)
Münzung: 10 Pfennig
71,5 × 45 × 204

264 Innenansicht des Symphonions »Eroica«

265 Symphonion Concert-Tanz-Automat, um 1895

Das Symphonion »Eroica« gilt wegen seiner besonderen Klangqualität und seines Volumens als eines der Spitzenprodukte der mechanischen Musikinstrumentenindustrie um die Jahrhundertwende. Erstmals wurde es auf der Leipziger Messe 1893 präsentiert. Noch im Jahr darauf wurde es auf der Antwerpener Weltausstellung als »letzte Neuheit« vorgestellt, die die meisten Besucher anlockte. »Das Werk, dem kaum das Mechanische anzuhören ist, wird von einem schrankartigen Gehäuse umschlossen, das alle Vorzüge der neuesten Holzbearbeitungstechnik zeigt.«

Das Symphonion »Eroica« gehört zu der großen Gruppe der Musikwerke mit Lochscheibe und Stahlkamm, die 1885 etwa zeitgleich von dem Engländer Ellis Parr und Paul Lochmann, dem Direktor der Lochmann'schen Musikwerke, entwickelt wurde. Als Toninformationsprogramm dient die Lochscheibe aus Blech, die so gestanzt ist, daß auf der Unterseite kleine Nocken hervorstehen. Diese wiederum setzen Anreißrädchen in Bewegung, die die Stahlzinken des Stimmenkamms anzupfen. Die Lochscheiben erwiesen sich gegenüber den gestifteten Walzen (vgl. Kat. Nr. 93) als wesentlich robuster und konnten zudem leichter produziert werden, so daß sie sich schnell durchsetzten und vor allem der Leipziger Industrie zum Aufschwung verhalfen.

Ein weiterer Vorteil der Lochplattenspielgeräte beruht auf ihrer Klangstärke, die es ermöglichte, daß diese Instrumente neben den Orchestrien auch in Wirtshäusern und Cafés aufgestellt wurden. Der Preis betrug nach einem Sortimentskatalog der Deutschen Automaten-Gesellschaft Stollwerck & Co., Köln, von 1895/96, die neben den eigenen auch firmenfremde Automaten vertrieben, 500 Mark, mit Uhraufsatz 600 Mark und die drei Scheiben 3,60 Mark. Der besondere Reiz der »Eroica« liegt nun in dem Zusammenspiel dreier synchron laufender Lochscheiben (Abb. 264), wobei die Töne des Musikstücks über alle drei Scheiben chorisch verteilt sind und die Melodie in der oberen Scheibe eingestanzt ist. Jeder Lochscheibe sind jeweils zwei Stimmkämme mit 51 Zungen zugeordnet, die einen Tonumfang von B bis cis^5 aufweisen. Angetrieben wird das Spielwerk von zwei synchron laufenden Federwerken, die an der rechten Seite des Schranks aufgezogen werden. Durch den ebenfalls rechts angeordneten Münzeinwurf wird das Spiel ausgelöst.

Der in dem Messebericht von 1893 hervorgehobene Holzschrank entspricht dem Geschmack der Gründerzeit, der historisierende Stilelemente bevorzugte. Die Vorderfront zeigt hinter Glas die Reproduktion einer Allegorie der Musik – zwei kaum bekleidete Frauen, eine davon mit Schmetterlingsflügeln, mit mehreren Musikinstrumenten. Das Bild ist mit »Konkulé« signiert.

UG

Zeitschrift für Instrumentenbau 14 (1893), S. 825 (Weltausstellung).
Bowers (1972), S. 225f.
Arthur W. J. Ord-Hume, Clockwork Music, New York 1973, S. 103–115 (Lochplattenspieldosen, Patente).
Jüttemann, S. 219–232 (Lochplattenspieldosen).

Symphonion
Musik-Automat.

95 Kalliope Panorama Nr. 176 P

Kalliope Musikwerke, Leipzig, 1902
Münzung: 10 Pfennig, heute: 1 DM
84 × 44 × 216 (mit Plattenschrank)

Der Musikautomat »Panorama« von Kalliope gehört ebenso wie die »Eroica« (vgl. Kat. Nr. 94) zu den von Lochplatten gesteuerten Instrumenten. Während des Spiels läuft in einem Sichtfenster unterhalb der Lochplatte ein Pferderennen vor einer idealen Landschaft ab (Abb. 266). Besonders wegen der Möglichkeit, auch auf die Pferde zu setzen, war dieser Musikautomat in Gaststätten sehr beliebt.
Der Musikschrank »Panorama Nr. 176 P« besitzt einen Doppelstimmkamm mit 120 »extrabreiten« Zähnen sowie 12 Glocken. Ebenso wie die Stimmenkämme werden die Glocken über Hebel mit Anreißrädchen zum Klingen gebracht. Das Spielwerk und das Pferderennen werden von einem Federwerk angetrieben, das mit einer Kurbel gespannt und mittels des Münzeinwurfs ausgelöst wird.
Angeboten wurde der Typ »Panorama« in verschiedenen Ausführungen, die je nach der Größe des Holzschranks, dem Durchmesser der Platten und der Anzahl der Zähne des Stimmenkamms im Jahr 1903 zwischen 390 Mark und 460 Mark kosteten. Der Automat »Nr. 176 P« wurde für 380 Mark angeboten, der Plattenschrank für 72 Mark.

Die Firma Kalliope Musikwerke existierte von 1895–1919. Neben den großen Musikautomaten stellte sie Spieldosen in den unterschiedlichsten Ausführungen für den privaten Gebrauch her. Auch wurden Musikwerke für Spielautomaten, wie z.B. für Billardtische (Abb. 12), und ab 1904 »Sprechmaschinen« (Grammophone) unter dem Namen »Odeon« produziert. UG

Zeitschrift für Instrumentenbau 22 (1902), S. 983.
Bowers (1972), S. 110.
Hendrik H. Strengers, The Kalliope Makers, in: Musical Boxes and Other Musical Marvels – A Decade of Enjoyment, hg. von Angelo Rulli, St. Paul/MN 1987, S. 119–135 (Firmengeschichte).

266 Pferderennen vor dem Spielwerk der Kalliope »Panorama Nr. 176 P«

Erstes Harburger Musikwaaren-Geschäft
Friedrich Lebens

96 Spezial Concerto Orchestrion

Carl Bendel, Musikwerke-Fabrik, Saulgau/Württbg., um 1912
Münzung: 10 Pfennig
94 × 53 × 213

Anfang des 19. Jahrhunderts wurden Orchestrien erstmals als bestaunenswerte Automaten für Fürstenhöfe gebaut. Sie sollten, wie der Name schon sagt, gesteuert von einem Automaten, ein ganzes Orchester ersetzen. Berühmte Instrumentenbauer und Mechaniker wie Johann Nepomuk Mälzel (1772–1838), Johann Gottfried Kaufmann (1751–1818) und sein Sohn Friedrich Kaufmann (1785–1866) bauten Orchestrien, die vor allem Trompeten und Paukenwerke verwandten. Diese Automaten blieben aber immer Einzelstücke. Erst ab 1850 setzte die Serienproduktion der Orchestrien ein, die im wesentlichen Pfeifen, gelegentlich ergänzt von Trommeln und Xylophon, enthielten. Zentren des Orchestrionbaus waren der Schwarzwald und Leipzig.

Um 1900 kam als Variante das Piano-Orchestrion auf, dessen Grundlage ein Saitenspannrahmen ist, zu dem die anderen Instrumente wie Pfeifen, Triangel, usw. hinzugenommen werden. Neben der musikalischen Gestaltung wurde auch besonderer Wert auf eine ansprechende, ästhetische Gestaltung der Orchestrienschränke gelegt. Durch spezielle bunte Gläser, Lichteffekte, Lampen und Kerzen gestaltete man die Orchestrien als attraktive Einrichtungsgegenstände für private Haushalte oder Cafés, Tanzsalons und Wirtshäuser. Bei den letzteren ersetzten sie nun tatsächlich die wesentlich teureren Orchester.

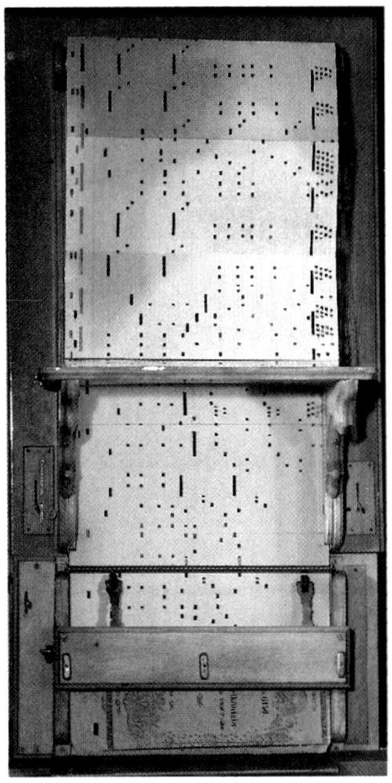

267 Innenansicht mit Leporello-Lochstreifen des »Special Concerto Orchestrion«

Das »Spezial Concerto Orchestrion« stellt eine Weiterentwicklung des von Giovanni Racca und W. Seward 1886 entwickelten »Piano melodico« dar. Dieses durch gelochte Kartonbücher gesteuerte Instrument zeichnet sich durch die sogenannte Tremolo-Mechanik aus, die es ermöglicht, auch die Tonlänge beim Anschlagen der Saite zu bestimmen. Bei dem ausgestellten Orchestrion handelt es sich um die vertikale Variante des »Piano melodico«. Sie verfügt über 48 Saitenchöre mit dem Umfang G – g^3, ein Glockenspiel, zwei Triangel und eine Marschtrommel. Als Programmträger dienen Leporello-Lochstreifen aus Karton in einer Breite von 369 mm. Der Lochstreifen, der von einem Andrückblock mit Gummirädern gehalten wird, läuft über 57 Abtasthebel (Abb. 266). Sobald ein eingestanztes Loch erscheint, geben die Hebel nach und lösen damit die Anschlaghämmer, die ständig vibrierend gehalten werden. Somit kann dann entsprechend der Länge des Loches der angeschlagene Ton tremolierend gehalten werden. Ausgelöst wird das Tremolo durch einen Mechanismus, der mit der Leiste, auf der die Hämmer sitzen, verbunden ist. Weitere neun Abtasthebel lösen das Glockenspiel, die Trommel und die Triangeln aus, die reizvollerweise von den zwei Holzfiguren an der Vorderfront geschlagen werden.

Der Antrieb erfolgt über ein Federwerk, das mit einer Kurbel gespannt wird, der Münzeinwurf setzt das Spiel in Gang. Das Ende eines jeden Musikstücks ist auf dem einzelnen Lochstreifen markiert. Indem der Betreiber nun mehrere Musikstücke miteinander in einer Schleife verband, konnte das Orchestrion bespielt werden, ohne daß jedesmal ein neuer Karton eingelegt werden mußte.

Inwieweit es sich bei den Musikwerken Carl Bendel um ein selbstproduzierendes Unternehmen oder um einen Musikalienhändler handelt, läßt sich nicht mehr feststellen. Für ähnliche Instrumente mit Tremolotechnik meldete Carl Bendel Gebrauchsmuster an (D.R.G.M. 69 132 von 1897 und D.R.G.M. 98 783 von 1898), die aber mehr dem Schutz der Bauweise dienten. Wahrscheinlich ließ sich die Firma Bendel von einem in Saulgau ansässigen Schreiner die Musikschränke herstellen und bezog die Mechanik möglicherweise von einer italienischen Firma.

UG

Ord-Hume (1970), S. 50, 70–73 (Piano melodico).
Jüttemann, S. 128–135, 257, 283–303 (Orchestrien, Piano melodico).

Special Concerto Orchestrion
65936

97 Welte-Mignon Reproduktionsklavier

M. Welte & Söhne, Freiburg i.Br., 1906
Münzung durch Münzeinwurfkästchen (vgl. Kat. Nr. 98)
172 × 72 × 147

Mit dem »Welte-Mignon Reproduktionsklavier« wurde ein Endpunkt in der Entwicklung der selbstspielenden Klaviere hinsichtlich der Vollkommenheit der Aufnahme- und Wiedergabequalität erreicht. Im Vergleich zu den Orchestrien, die besonders durch ihre vielfältige Instrumentierung wirken sollten, wurde bei den selbstspielenden Klavieren mehr auf die gute Wiedergabe des Stücks geachtet.

Das Reproduktionsklavier geht auf zwei Vorläufertypen zurück, die in größerem Umfang erst seit den 90er Jahren des 19. Jahrhunderts hergestellt wurden. Das eine ist das elektrische Klavier, auch oft Pianino mit Elektroantrieb genannt, dessen Lochstreiben eine Pneumatik steuerten, die wiederum zum Anschlagen der Tasten führt. Auf den Lochstreifen war zumeist nur die Tonhöhe und -länge gespeichert. Angetrieben wurde das Klavier oftmals durch einen Akkumulator, da in den 90er Jahren die Stromversorgung noch weitgehend auf die Großstädte beschränkt war (Abb. 269). Der Nachteil dieser einfachen Klaviere war, daß sie nur zwei Elemente des Klavierspiels wiedergaben, und so versuchte man mit den Kunstspielklavieren auch die Tempi, die Tonstärke und die Dämpfung wiederzugeben. 1899 brachte die Aeolian Organ and Music Company, New York, das »Pianola« heraus, einen sogenannten Vorsetzer, der vor das Klavier gestellt wurde und mit hölzernen Fingern die Tasten anschlägt. Der Vorsetzer wird von einem Lochstreifen gesteuert. Der »Spieler« hatte eine zusätzliche Eingriffsmöglichkeit, indem er mit Hebeln die Tempi, Tonstärke und Dämpfung regulieren konnte. Auf dem Lochstreifen wurde dann auch von bekannten Interpreten eingezeichnet, wie weit der Hebel für die Tonstärke verstellt werden muß. Die deutsche Variante des »Pianola« brachte Ludwig Hupfeld 1902 mit dem »Phonola« heraus.

Aus diesen beiden Typen entwickelte sich das Reproduktionsklavier, dessen wesentliche Merkmale die selbsttätige Betonungseinrichtung und der Antrieb durch einen Elektromotor sind. Die Nuancierungen werden hier auch auf dem Lochband angegeben. Am 2. Mai 1904

268 Das »Welte-Mignon« im »Schloß des Freiherrn v. V. ... Baden-Baden«, um 1914

meldeten M. Welte & Söhne eine »Vorrichtung an mechanischen Tasteninstrumenten zur Abstufung des Tastenanschlages« zum Patent an (D.R.P. 162 708), das von Karl Bokisch (1876–1952) entwickelt wurde. Mit einer komplexen pneumatischen Einrichtung konnten die Stärke des individuellen Anschlags und die Tempi wiedergegeben werden. Man begann nun bei Welte, Aufnahmen mit berühmten Interpreten und auch Komponisten wie Claude Debussy, Manuel de Falla, Edvard Grieg, Gustav Mahler und vielen anderen einzuspielen (Abb. 122). Insgesamt wurden allein von Welte 6000 Aufnahmen – auch mit Tanz- und Unterhaltungsmusik – hergestellt. Um das Aufnahmeverfahren machten Welte & Söhne ein besonderes Geheimnis, das bis heute nicht gelöst werden konnte, da die Aufnahmeanlage 1944 verbrannte. Vermutlich entstanden die Aufnahmen folgendermaßen: Kohlestifte mit einem großen Widerstand, die an den Klaviertasten angebracht waren, tauchten je nach Anschlagstärke unterschiedlich tief in ein Quecksilberbad unterhalb der Tasten und beeinflußten so die Menge des fließenden Stroms, die dann aufgezeichnet wurde. Andere Firmen, die nach Welte auch mit der Herstellung der Reproduktionsklaviere begannen, haben die Dynamik des Spiels nachträglich zusammen mit dem Künstler auf die Lochsteifen übertragen. Von Welte wird dergleichen nirgendwo berichtet, so daß die Hypothese des Quecksilber-Verfahrens eine gewisse Wahrscheinlichkeit besitzt. Die Pedalbewegung und die Tonlänge konnten einfach durch das Schließen elektromagnetischer Kontakte aufgenommen werden.

Bei dem ausgestellten Klavier, das das Deutsche Museum 1906 direkt von Welte & Söhne geschenkt bekam, handelt es sich um ein reines Reproduktionsklavier ohne Tasten. Abgespielt wird es mit der grünen Standardrolle T 98, die 88 Töne im Umfang $2A$-c^5 und je fünf Linien für die Dynamik im Baß und im Diskant umfaßt. Auf dem »Welte-Mignon« konnten auch Rollen anderer Firmen abgespielt werden. Da das »Welte-Mignon Reproduktionsklavier« nur zur Wiedergabe benutzt wurde, ist auch die Gestaltung des Gehäuses der Wohnkultur der Jahrhundertwende angepaßt (Abb. 268). Durch die schwere Form und die Messingapplikationen entstand eine Mischung aus Klavier und Buffet. War das »Welte-Mignon« in einem öffentlichen Raum, einem Café oder Restaurant aufgestellt, konnte der Motor auch mittels eines Münzeinwurfkästchens (vgl. Kat. Nr. 98) in Betrieb gesetzt werden. Allerdings suchte Welte seine Käuferschicht eher im gehobenen Bürgertum und im Adel, wie dies durch veröffentlichte Käuferlisten belegt wird. Danach wurde das »Welte-Mignon« nur in Grand Hotels und auf Luxusdampfschiffen öffentlich aufgestellt. UG

Werner König, Das Welte-Reproduktionsklavier und seine musikgeschichtliche Bedeutung, in: Weiss-Stauffacher, S. 194–201.
Peter Hagmann, Das Welte-Mignon-Klavier, die Welte-Philharmonie-Orgel und die Anfänge der Reproduktion von Musik, Bern/Frankfurt a. M./New York 1984 (Europäische Hochschulschriften, Reihe XXXVI: Musikwissenschaft, Band 10).
Weiss-Stauffacher, S. 224.
Jüttemann, S. 246ff. (Pianola), 270 (Elektrisches Klavier), 273–281 (Reproduktionsklavier).

98 Münzeinwurfkästchen

In den 90er Jahren des vorigen Jahrhunderts wurden die ersten Orchestrien mit einem elektrischen Motor angetrieben, den wegen der noch sehr seltenen Anschlußmöglichkeiten an das Stromnetz ein Akkumulator speiste (Abb. 269). Mit der Nutzung des elektrischen Stroms für mechanische und pneumatische Musikinstrumente kamen auch die Münzkästchen auf. Sie wurden an der Wand oder auf dem Tresen angebracht, und jeder Gast konnte von der Ferne das nächste Musikstück bezahlen. Nachteilig für den Gast war nur, daß die meisten Münzeinwurfkästchen mehrfache Münzung nicht speicherten, d.h. oftmals wurde ein Musikstück von mehreren Gästen bezahlt. Naheliegend war es deswegen auch für den Wirt, möglichst viele Münzeinwürfe aufzustellen.

Der Auslösemechanismus, den die meisten Einwurfkästchen besaßen, funktionierte folgendermaßen: Durch die Münze wurde ein Schaltbügel nach unten in einen offenen Quecksilberschalter gedrückt, der so den Stromkreis schloß. Weniger zuverlässig waren die rein mechanischen Schalter, da die Metallkontakte leichter oxidierten.

Von den ausgestellten Münzkästchen hebt sich eines von den meist einfach gebauten Vergleichsstücken ab: Der Münzeinwurf in Gestalt eines pneumatischen Klaviers, das mit floralen Ornamenten geschmückt ist, zeigt eine Abspielvorrichtung für Lochstreifen unterhalb der Tastatur, wie sie Peterson & Co., Berlin, Hupfeld, Leipzig, und K. Heilbrunn & Söhne, Berlin, als elektrische Klaviere anboten. Möglicherweise wurde das Münzeinwurfkästchen von der Berliner Firma Kuhl & Klatt hergestellt, die 1901 folgendes Gebrauchsmuster anmeldete: »Mit Einwurföffnung für die Münze versehenes Miniaturpiano, welches die elektrische Auslösevorrichtung für das selbstspielende Musikinstrument enthält.« (D.R.G.M. 151 186). UG

269 Elektrisches Pianino mit Kunst-Spiel-Apparat, Münzeinwurfkästchen und Akkumulator von Ludwig Hupfeld, Leipzig 1900

Bowers (1972), S. 711.
Jüttemann, S. 24, 270.

99 Münzgrammophon

Mammut Werke, Carl Below, Leipzig, um 1905
Münzung: 10 Pfennig
Gehäuse 46 × 41 × 23; Trichter: Durchmesser: 49; Länge 81

Ungefähr zehn Jahre nach der Entwicklung der Schallplatte durch Emil Berliner 1887 (D.R.P. 45 048) wurden die ersten Grammophone mit Münzung patentiert und gebaut. Emil Berliner hatte seine Versuche zum Grammophon schon 1877 begonnen mit der Weiterentwicklung einer Aufnahme- und Wiedergabeeinrichtung, bei der auf den Tonträger die Schallinformation seitlich ausgelenkt in einer spiralförmigen Rille eingraviert war. In den nächsten Jahren experimentierte Berliner mit Glasplatten, die von einer Rußschicht überzogen waren und in die der Stift der Aufnahmemembran Rillen einritzte. Durch fotogalvanoplastische Verfahren ließen sich daraus Metallschallplatten herstellen. Ein weiteres Aufnahmeverfahren ähnelte in der Herstellung einer Radierung. Eine polierte Zinkblechscheibe wurde in eine dünnflüssige Wachs-Benzol-Lösung getaucht, so daß nach dem Verdunsten des Lösungsmittels eine dünne Wachsschicht zurückblieb. Bei der Aufnahme wurden die Schallwellen in die Wachsschicht geritzt. Die Platte wurde dabei mit einer Wasser-Alkohol-Lösung überspült, um die abgeschabten Wachspartikel abzuspülen, die sonst die Nadel in ihrer Bewegung gestoppt hätten. Anschließend wurde die Platte in eine Chromsäurelösung gelegt, die dann die Schallfurchen einätzte. Wegen der schlechten Tonqualität der Zinkplatten suchte Berliner lange nach einem geeigneten Material. Aber erst 1897 konnte er die Schellackplatte entwickeln, die auch dem längeren Abspielen standhielt. Ein Jahr zuvor hatte Eldridge R. Johnson Berliners Grammophon mit einem Federantrieb ausgestattet. Die erste deutsche Firma, die Berliner 1898 gründete und die ausschließlich Schallplatten produzierte, war die Deutsche Grammophon GmbH, Hannover. In den folgenden Jahren kam es fast zu einer Grammophon-Euphorie; zahlreiche Schallplatten- und Grammophonfirmen wurden gegründet, nachdem der Traum, die menschliche Stimme mit einer Maschine wiederzugeben, in Erfüllung gegangen war. Grammophone oder Sprechmaschinen, wie sie ebenfalls genannt wurden, kamen auch in den phantasievollsten Gehäusen auf den Markt als Puppen, Zigarrenkisten, Christbaumständer, Blumentöpfe usw.

Das ausgestellte Münzgrammophon verfügt über den Tonarm, eine Neuentwicklung, die erstmals 1905 von der Firma Lindström herausgebracht wurde. Bei den früheren Modellen war der Trichter direkt an der Schalldose angebracht und wurde meist von einem Schwenkstab, der auf einer am Gehäuse befestigten Halterung lag, gehalten. Stieß man nun bei diesen Grammophonen an den Trichter, verrutschte dieser samt der Schalldose und die Platte wurde verkratzt. Als vorteilhaft erwies sich nun die Entwicklung des Tonarms, der selbst beweglich war und die Schalldose mit dem Trichter verband, der wiederum fest in seiner Halterung saß. Gerade in Cafés und Restaurants, in denen die Münzgrammophone aufgestellt waren, konnten die Platten nun sicherer abgespielt werden. Aus diesem Grund waren auch die Walzenspielautomaten (vgl. Kat. Nr. 100) mit Saphir, der erst nach häufigem Abspielen gewechselt werden mußte, wesentlich geeigneter für die öffentliche Aufstellung. Um die Nadel zu wechseln, kann bei dem ausgestellten Grammophon die Tondose nach oben gedreht werden. Der Kegeltrichter des ausgestellten Grammophons könnte etwas älter als das Gerät sein, denn um 1905 waren schon die weitausladenden Blumentrichter mit ziselierten Ornamenten aufgekommen (Abb. 125). Um das Grammophon in Betrieb zu nehmen, muß zunächst der Motor aufgezogen werden, der dann durch den Münzeinwurf ausgelöst wird. UG

Jütteman (1979), S. 77–83 (Anfänge der Schallplatte), S. 145 (Plattenspieler-Automaten).
100 Jahre Schallplatte, S. 14–18 (Anfänge der Schallplatte), 48 (Gründung der Deutschen Grammophon GmbH).

100 REGINA HEXAPHONE

The Regina Company, Rahway/N.J., hergestellt zwischen 1915 und 1921
Münzung: 1 Nickel
62 × 47 × 162 (mit Aufsatz)

In der Geschichte der Musikautomaten steht das »HEXAPHONE« an der Grenze zu den Jukeboxes, da es schon eine Auswahl von sechs Musikstücken anbietet, die auf mit Zelluloid beschichteten Walzen gespeichert sind. Ähnliche Entwicklungen gab es auch von anderen Firmen; die spektakulärste war wohl das »MULTIPHONE« von 1905 (Multiphone Operating Co., New York), bei dem unter 25 Walzen, d.h. Musikstücken, gewählt werden konnte.

270 Annonce für das Regina »HEXAPHONE«, um 1920

Als Tonträger findet hier noch die ursprünglich von Thomas Alva Edison entwickelte Walze ihre Verwendung. Patentiert wurde der »Phonograph« Edisons am 19.2.1878 (US-Patent Nr. 200 521). Obwohl Edison sehr bald eine Firma zur Verwertung dieses Patents gründete, wurde die weitere Entwicklung der Musikautomaten überwiegend von anderen bestimmt.
Der erste Phonograph mit Münzeinwurf wurde am 23.9.1889 im Palais Royal Saloon in San Francisco vorgestellt. Dieser von Louis Glass entwickelte Phonograph besaß vier Hörschläuche, zu denen jeweils ein Münzeinwurf gehörte. Der Erfolg dieser Geräte war so groß, daß sie schon bald in Kaufhäusern, »arcades« oder Jahrmärkten aufgestellt wurden. In Tanzcafés und Bars fand man dagegen Phonographen mit Schalltrichtern.

1909, zu einer Zeit, in der sich der Plattenspieler schon weitgehend durchgesetzt hatte, entwickelte Edison unter dem Namen »Amberol« eine Walze aus Zelluloid, die man vier Minuten abspielen konnte. Die bläulich schimmernden Walzen fanden auch beim »HEXAPHONE« Verwendung (Abb. 271).
Der »HEXAPHONE«-Automat, der in vier verschiedenen Ausführungen zwischen 1909 und 1921 produziert wurde, zählte zu den beliebtesten Phonographen mit Münzeinwurf der Regina Company. Nach dem Münzeinwurf an der rechten Seite kann der Benutzer mit einem weiteren Knopf eine der sechs Walzen auswählen, die um eine drehbare Trommel montiert sind. Die Nummer der eingestellten Walze wird von einem kleinen Pfeil angezeigt. Mit einer Kurbel wird anschließend das Federwerk durch sechs Umdrehungen aufgezogen. Eine waagrecht auf der Walze aufliegende Schalldose nimmt über die Nadel den Ton ab; über den Tornarm wird der Schall zu dem unter den Walzen liegenden, in den Schrank integrierten hölzernen Trichter weitergeleitet. In dem absperrbaren Fach am Fuß des Schranks konnten die auswechselbaren Walzen aufbewahrt werden.
UG

Read, S. 106f.
Cynthia A. Hoover, Music Machines-American Style, Washington 1971, S. 36f.
Bowers (1972), S. 212.
Jüttemann (1979), S. 24–33 (Edison), 179–181 (Schalldosen), 193–195 (Hörschlauch, Trichter), 211f. (Walzen).

271 Walzen des »HEXAPHONE«

REGINA
HEXAPHONE
FIRST: Pull out Slide, Insert a Nickel and Push Forward.
SECOND: Turn Knob on Side of Case until you Have the Record you Wish to Play. See Number to which Arrow is Pointing.
THIRD: Give Crank Six Turns, until Instrument Starts Playing, THEN STOP.

101 Wurlitzer Model 61

The Wurlitzer Company, North Tonawada/N.Y., ausgeliefert zwischen 1938 und 1939
Münzung: 5 Cents, heute: 10 Pfennig
51 × 46 × 55

Die Wurlitzer »Model 61« gehört zu den relativ seltenen Tischmodellen, die für kleinere Bars, Stehrestaurants, aber auch für Geschäfte wie die typisch amerikanischen Drugstores, entwickelt wurden. Dabei ging man von der Vorstellung aus, daß kleine Geräte zumindest noch auf der Bar oder in einem Regal unterzubringen seien. Die Anzahl der verkauften Geräte, insgesamt 8260, bestätigte dieses Konzept. Zusätzlich boten andere Firmen Konsolen für die Tischmodelle an. Neben Wurlitzer produzierte auch Rock-Ola, Chicago, zur gleichen Zeit Tischgeräte.

Bei dem ausgestellten »Model 61« handelt es sich um das erste Tischmodell von Wurlitzer, bei dem neben Holzfurnieren zusätzlich Plastik in die abgerundeten Ecken eingesetzt wurden. Bunte oder marmorierte Plastikteile ergänzten seit 1938 die ursprünglich reinen Holzgehäuse der Musikboxen. Neben Plastik verkörperten auch die verchromten Beschläge und Gitter das neue moderne Design, das durch gediegen wirkende Holzfurniere, z. B. von Wurzelhölzern, ergänzt wurde.
Vergleicht man die »Model 61« mit den großen Musikboxen, die zeitgleich hergestellt wurden, so stellt sie im Design annähernd die verkleinerte Fassung der Wurlitzer »Model 500« dar. Allerdings verzichtete man bei dem Tischmodell auf die Plastikpilaster neben den Lautsprecher-Gittern und auf die rotierenden Farbzylinder in den Eckpilastern.
Eine neue Entwicklung, die erst 1938 eingeführt wurde, war die Tastatur zum Wählen der Musikstücke anstelle der zuvor ausschließlich gebräuchlichen Wählscheibe. Insgesamt standen bei diesem Tischmodell 12 Titel zur Verfügung, wobei von einer Platte immer nur eine Seite bespielt werden konnte. Der waagrecht gelagerte Plattenstapel wird von vier um die Platten angeordneten Stäben bewegt, d.h. die über der ausgewählten Platte liegenden Platten werden nach oben geschoben, und der Tonabnehmerarm bewegt sich dann zur Platte. Das Tonabnahmesystem ist elektrodynamisch, der Verstärker arbeitet mit dem Röhrensystem, das erst Ende der 50er Jahre durch die Transistortechnik abgelöst wurde. UG

Lynch, S. 88.
Frank Adams, Wurlitzer Jukeboxes and Other Nice Things, 1934–1974, Seattle 1983 (Tischmodelle).

Marlene Dietrich
Hans Albers
Johannes Heesters
Heinz Rühmann
Sten Kenton
Zarah Leander
Jodler Peppi
Louis Armstrong
Tommy Dorsey
Benny Goodman
WURLITZER
CANCEL

102.1 Seeburg Symphonola 1–47

Seeburg Corporation, Chicago/Ill., 1947
Münzung: 1 Nickel, 1 Quarter, 1 Dime
Durchmesser: 90; Höhe: 143

Die erste Musikbox, die nach dem Zweiten Weltkrieg in den USA auf den Markt kam, war die Seeburg »Model S 1–46«, die bis auf kleine Unterschiede in der Farbe des Holzes und der Plastikkuppel bis 1948 gebaut wurde. Wohl ziemlich schnell erhielt die bei den meisten Sammlern und Liebhabern nicht sehr beliebte Musikbox auch Spitznamen wie »Trashcan«, »Ashcan«, »Washing Machine« oder »Barrel«. Aber nicht nur die Form einer Aschentonne, sondern auch die Verletzung eines der wichtigsten Prinzipien beim Design der Musikbox, die »Sehbarkeit« der Platten und des Plattenspielers, erklärt die mangelnde Beliebtheit dieses Modells. Andererseits war nach den Kriegsjahren der Bedarf an neuen Musikboxen so groß, daß sich die Seeburg »Models S 1–46 – S 1–48« doch gut verkaufen ließen.
Als Materialien verwendete man bei der »Model S 1–47« rotes Plastik, Metall, lackiert mit einer dunklen Holzmaserung, verchromte Metallbeschläge und bläuliche Spiegelgläser. Der integrierte Lautsprecher ist mit einem von Metallfäden durchwirkten Stoff bespannt.
Um die Musikbox mit den Platten (78 UpM) zu beschicken, läßt sich sozusagen der Deckel der »Abfalltonne« öffnen. Insgesamt können 20 Platten waagrecht gestapelt werden. Jede einzelne Platte wird in einem Rahmen gehalten; zum Abspielen wird eine Platte auf dem Rahmen herausgeschwenkt und waagrecht von oben abgespielt. Eine Neuerung liegt bei den durchsichtigen, aus Plexiglas bestehenden Wahltasten vor: Titel und Interpreten des Musikstücks wurden direkt unter der Wahltaste befestigt, so daß man den gewünschten Titel direkt drücken kann. In den beiden mittleren Sichtfenstern wird links die laufende Nummer angezeigt und rechts der Kredit, d.h. wieviele Nummern schon im voraus bezahlt sind. UG

Krivine, S. 79.
Lynch, S. 78.
Frank Adams, Seeburg Jukeboxes. 60 Years of Fun, 1927–1987, Arlington 1987, S. 61.

102.2 Seeburg Lautsprecher

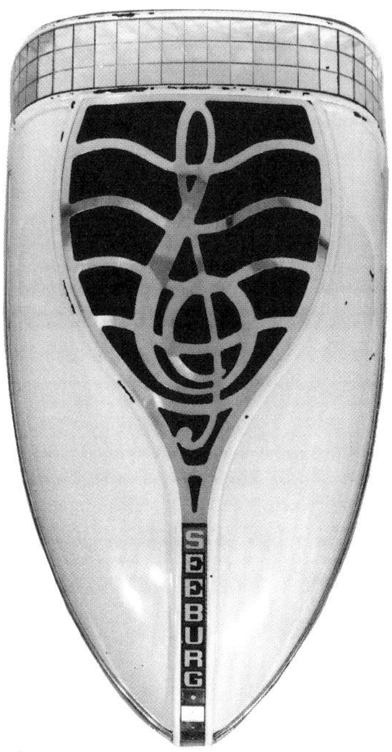

Seeburg Corporation, Chicago/Ill., um 1947
Durchmesser: 44; Höhe: 76

Als Zubehör zu den Symphonola Musikboxen wurde dieser Wandlautsprecher entwickelt. In der Form des Lautsprechers wiederholt sich dabei das als Parabel gestaltete verchromte Ziergitter über dem Lautsprecher der Musikbox. Die bläulichen Spiegelgläser nehmen ein weiteres Stilelement der Musikbox auf. Zudem ist das Gitter des Wandlautsprechers mit einem verchromten Notenschlüssel verziert. Verkauft wurden solche Lautsprecher für Lokale oder Tanzbars mit größeren Räumen, bei denen das Volumen des in die Musikbox integrierten Lautsprechers nicht ausreichte. UG

Lynch, S. 106.

Seeburg

103.1 Wurlitzer Model 1015

The Wurlitzer Company, North Tonawada/N.Y., ausgeliefert zwischen 1946 und 1947
Münzung: 5, 10 und 25 Cents
88 × 66 × 155

Die Wurlitzer »Model 1015« gilt bis heute als die bekannteste Musikbox, nicht nur, weil von ihr 56 246 Geräte produziert und verkauft wurden, sondern auch, weil sie immer wieder in allen Größen und für die verschiedensten Verwendungszwecke reproduziert wird.
Als die Wurlitzer »Model 1015« im Jahr 1946 auf den Markt kam, wurde eine umfassende und in diesem Ausmaß erstmalige Werbekampagne initiiert, durch die sich im Bewußtsein der Amerikaner die »Model 1015« als Synonym für die Musikbox festsetzen sollte. Neben den üblichen Großanzeigen in Zeitungen und Illustrierten (Abb. 272) wurden auch Werbeträger

272 Annonce der großangelegten Werbekampagne für die Wurlitzer »Model 1015«, 1948

25¢ 10¢ 5¢
WURLITZER
MAKE SELECTION

aller Art wie Taschentücher, Cocktailstäbchen, Deckchen usw. eingesetzt, bedruckt mit dem Wurlitzer Logo »Johnny-One-Note«. Letzteres wies auch als Leuchtreklame am Eingang von Bars, Restaurants und Hotels den Weg zu jeder Wurlitzer Musikbox. Verbunden wurde das Logo mit dem Slogan: »The name that means music to millions«.

Der Entwurf der »Model 1015« stammte von Paul Fuller, dem Chef-Designer der Werke, der seit 1934 die Gestaltung der Musikboxen prägte. Form und Aufbau des Gehäuses weisen darauf hin, daß Fuller sie möglicherweise schon 1941 als Weiterentwicklung der Modelle »850« und »950« geplant hatte, die dann wegen des Zweiten Weltkriegs nicht ausgeführt werden konnte.
Ihre Attraktivität gewinnt die »Model 1015« vor allem durch den ständigen Wechsel der Farben in den Plastiksäulen des äußeren Bogens. Erreicht wird dieser Effekt durch sich drehende Farbspiralen in den transparenten Plastiksäulen. Zwischen ihnen befinden sich zusätzlich acht sogenannte »bubbles tubes«, d.h. gefärbte Röhren, in denen Blasen in Flüssigkeiten aufsteigen. Auch alle anderen Elemente der Musikbox wie der umgedrehte Bogen über dem Lautsprecher, die Anzeigeschildchen der Titel, auch der Münzeinwurf und das Wurlitzer Signet wurden beleuchtet. Zudem finden sich in einem neuen und ungewohnt umfangreichen Maß verchromte Metallverzierungen. Keine wesentlichen Neuerungen brachte dagegen die technische Ausstattung der »Model 1015«.
Der Benutzer kann aus 25 Titeln, neben denen jeweils eine Taste angebracht ist, wählen. Der Plattenspieler ist – wie bei fast allen Wurlitzer-Modellen üblich – waagrecht angeordnet; die gewünschte Platte wird aus dem Plattenstapel herausgenommen und zum Tonarm hingeführt. Der Hintergrund des »Plattenschranks« zeigt ähnlich wie bei den oben erwähnten Vorgängermodellen einen Theatervorhang, vor dem Noten auf konzentrischen Kreisen angeordnet sind. Das wichtigste Gestaltungsprinzip der »Sehbarkeit« des Plattenspielers wird auch hier beibehalten.

UG

Krivine S. 79, 83, 151 (Paul Fuller).
Lynch, S. 60.
Frank Adams, Wurlitzer Jukeboxes and Other Nice Things, 1934–1974, Seattle 1983 (»Model 1015«).
Rick Botts, A Complete Identification Guide to the Wurlitzer Jukebox, Des Moines/Iowa 1984 (Liste aller Wurlitzer-Modelle ohne Seitenangabe).

103.2 Wurlitzer Lautsprecher 4008 (Replik)

The Wurlitzer Company, North Tonawada/N.Y., 1948
Durchmesser: 85

Unter den 1948 hergestellten Lautsprechern nimmt dieser besonders deutlich das Design der Musikbox »Model 1015« auf. Facettierte Spiegel im Mittelpunkt und um die Lautsprecherverkleidung geben die wechselnden Farben der modellierten und konzentrisch angeordneten Plastikringe, die sich drehen, wieder. Eingefaßt werden die Plastikringe von ähnlichen verchromten Appliken, die auf dem äußeren Bogen der Wurlitzer »Model 1015« den mittleren »Schlußstein« einfassen.
Der Lautsprecher kann sowohl an die Decke als auch an die Wand montiert und mit allen anderen Lautsprechern kombiniert werden. UG

Krivine, S. 79, 83.
Lynch, S. 60, 102.
Frank Adams, Wurlitzer Jukeboxes and Other Nice Things, 1934–1974, Seattle 1983 (Lautsprecher).

104 AMI Model B

AMI Incorporated, Grand Rapids/Wisconsin, 1947
Münzung: 10 und 20 Cents
79 × 60 × 165

Die AMI Incorporated zählt ebenso wie Wurlitzer zu den frühen Herstellern von Musikinstrumenten, die schon bald die Möglichkeiten, die in der Produktion von Musikboxen lagen, erkannten. Vor allem konnte sie schon 1927 eine Erfindung von B. C. Kenyon weiterentwickeln: den Plattenspieler mit 20 Wahlmöglichkeiten, der zudem beide Seiten der Platten bespielte. Auf einem beweglichen Wagen sind die Platten senkrecht gelagert, mit einer Art eiserner Hand können sie herausgehoben und mit Hilfe einer runden Fassung auf den Plattenteller gelegt werden. Dieses Plattenspielprinzip wurde bei den meisten AMI Musikboxen eingesetzt.

Die AMI »Model B« ist die etwas abgewandelte Fassung der ersten Nachkriegsjukebox von AMI, der »Model A« mit dem Spitznamen »Mother of Plastic« (Abb. 133). Erstmals wurde hier in einem ungewöhnlichen Ausmaß transparentes Plastik verwendet, das durch sich drehende Farbräder laufend changierte und, wie es heißt, an die Farbe von Eiscreme erinnert. Die »Model B« ist etwas weniger grell, aber im Vergleich mit den Musikboxen anderer Firmen besteht die Wirkung auch hier in dem außergewöhnlichen Plastikgehäuse. Im Gegensatz zu der Wurlitzer »Model 1015« ist die gesamte Gestaltung der AMI »Model B« wesentlich strenger in den Formen. Einzig in der modellierten Plastikhaube werden noch den Barock imitierende Formen verwendet. Die beleuchtete Plattenanzeige befindet sich in der Mitte, und durch jeweils einen neben der Anzeige befindlichen Druckknopf kann gewählt werden. Insgesamt stehen 40 Titel von 20 Platten zur Auswahl. Sie wurden nach dem oben beschriebenen System ausgewechselt. Die »Model B« war eine der letzten Musikboxen, die ausschließlich Platten mit 78 UpM abspielen konnten. Für 10 Cents konnte man einen Titel, für 20 Cents drei Titel hören. UG

Read, S. 307.
Krivine, S. 79.
Lynch, S., 63f.

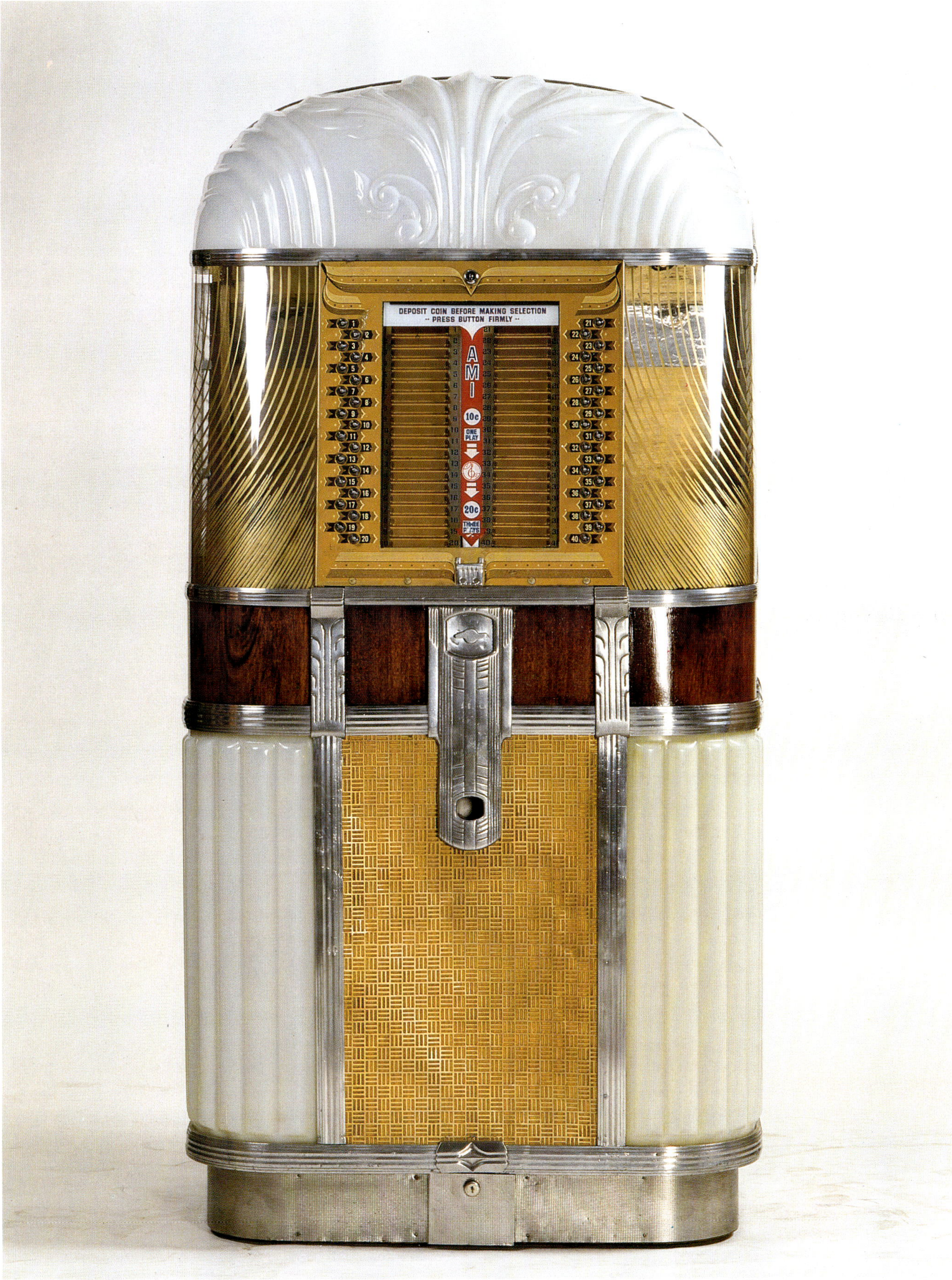
DEPOSIT COIN BEFORE MAKING SELECTION
-- PRESS BUTTON FIRMLY --
AMI
10c
ONE PLAY
20c

105 Rock-Ola Model 1422

Rock-Ola Manufacturing Corporation, Chicago/Ill., 1946
Münzung: 5, 15 und 25 Cents
75 × 67 × 148

Die Rock-Ola Manufacturing Co. begann 1934 mit der Produktion von Musiboxen und war lange Zeit – nach Wurlitzer – zweitgrößter Hersteller. Spezifisch für die Rock-Ola Modelle war einmal die Wählscheibe anstelle von Tasten zum Auswählen des gewünschten Titels und die Art des Plattenspielers. Die Platten werden waagrecht gestapelt, die gewünschte Platte wird durch die Halterung aus dem Stapel genommen, und der Plattenteller wird zusammen mit dem Tonarm in die Höhe der Platte angehoben; dabei kann nur die obere Seite bespielt werden.

Die Rock-Ola »Model 1422« kam als erste Musikbox dieser Firma nach dem Zweiten Weltkrieg auf den Markt und ist der erste Typ aus der »MAGIC GLO«-Reihe. Wie auch bei den anderen Musikboxen dieser Zeit werden die Stilelemente und die Beleuchtungseffekte der Vorkriegsjahre weitergeführt. Hier weisen einerseits die strenge Form und andererseits die verspielten Dekorteile und die Lichteffekte einen interessanten Kontrast auf. Alle Plastikteile werden beleuchtet: In den Seitensäulen und im Oberteil befinden sich fluoreszierende Röhren, und die mittlere Plastikverkleidung sowie die abgerundeten oberen Ecken werden mit Glühbirnen beleuchtet. Über das verchromte Ziergitter in der Mitte, das nur in der unteren Hälfte den Lautsprecher verdeckt, wurde zusätzlich noch einmal ein Holzgitter aufgesetzt. Die Anordnung des Plattenspielers im oberen Teil der Musikbox, hinter einem Sichtfenster, entspricht auch dem bei Wurlitzer üblichen Design. Hinter dem Plattenspieler findet sich die Darstellung eines Schlößchens im antikisierenden Stil des ausgehenden 18. Jahrhunderts. Insgesamt stehen 20 Musiktitel auf 20 Platten zur Wahl, die nach dem oben beschriebenen System abgespielt werden; die Wahl erfolgt durch Druck der unter dem angezeigten Titel liegenden Taste. Die Titel wiederum befinden sich direkt in dem Sichtfenster vor dem Plattenspieler. UG

Lynch, S. 62.
Read, S. 317f.

ROCK-OLA

106 Wandmünzeinwürfe

273 »Play-Boy« der Seeburg Corporation, Chicago 1939

Eine Weiterentwicklung der Münzeinwürfe für die elektrischen Klaviere und Orchestrien (vgl. Kat. Nr. 98) stellen die sogenannten Wallboxes dar. Das erste Modell dieser Art war der drahtlose und transportable »Pla-Boy« (Abb. 173) mit 20 Wahlmöglichkeiten, den Seeburg 1939 auf den Markt brachte. Die Idee dabei war, daß beispielsweise die Gäste in einem Restaurant von ihrem Platz aus den gewünschten Titel selbst wählen konnten, was dem Aufsteller höhere Einnahmen versprach. Ein Jahr später kam auch von Seeburg eine weitere Variante auf den Markt, die »Melody Parade«, eine an der Bar montierte Wallbox, die die fünf Hits der Woche anbieten sollte. Da während des Zweiten Weltkriegs bei allen Herstellern die Produktion nur reduziert im Stil der Vorkriegsmodelle weiterlief, stellten andere Firmen erst ab 1946 die Wandwahlboxen her. UG

106.1 Wurlitzer Bar Box Model 2140

274 Annonce für die Wurlitzer Bar Box »Model 2140«, 1948

The Wurlitzer Company, North Tonawada/N.Y., 1948
Münzung: 5 und 10 Cents
19 × 17,5 × 17

Diese elegante, stromlinienförmige »Bar Box« kann direkt auf dem Tresen einer Bar montiert werden. Wurlitzer stellte sie 1948 als die »kleinste Bar Box« vor, »die je gebaut wurde«. Die Werbeidee war dabei, daß an einem Tresen in relativ kurzen Abständen »Bar Boxes« montiert sein sollten, um so eine ständige Benutzung der Musikbox zu garantieren (Abb. 274). Insgesamt stehen 24 Titel zur Auswahl, die auf einer rotierenden Walze aufgebracht sind. Durch das Sichtfenster sind jeweils vier Titel zu sehen, die direht durch Druck der links neben dem Titelstreifen vorhandenen Taste gewählt werden können. Um die Titelanzeige weiterzubewegen, muß die Taste rechts neben dem Fenster gedrückt werden. UG

Frank Adams, Wurlitzer Jukeboxes and Other Nice Things, 1934–1974, Seattle 1983 (Bar Box).

106.2 Seeburg Model 3W1 WALL-O-MATIC

Seeburg Corporation, Chicago/Ill., 1948
Münzung: 1 Nickel, 1 Dime, 1 Quarter
30 × 15 × 28

Eingeführt wurde diese Wallbox zusammen mit der Musikbox »M-100A«, die als erste 100 Wahlmöglichkeiten besaß. Die Wallbox wurde auch noch während der 50er Jahre für alle Musikboxen mit einer Auswahl von 100 Titeln eingesetzt. Die 100 Titelstreifen sind auf Anzeigetafeln mit jeweils 20 Titel aufgeklebt. Mit einem Druckknopf auf der Oberseite der Box kann man die Tafeln weiterblättern. Die Titel sind mit Buchstaben und Zahlen gekennzeichnet, die dann auf einer Tastatur unterhalb der Anzeige eingegeben werden. Für einen Quarter erhielt man sechs Spiele, für einen Dime zwei Spiele und für einen Nickel entsprechend ein Spiel.
Alle Münzen werden durch denselben Münzschlitz eingeworfen. UG

Frank Adams, Seeburg Jukeboxes. 60 Years of Fun, 1927–1987, Arlington 1987, S. 65.

SOUND OFF
VAUGHN MONROE
VAUGHN MONROE
MARIAN MAYE
PROGRAM
PRESS BAR TO CHANGE PROGRAM

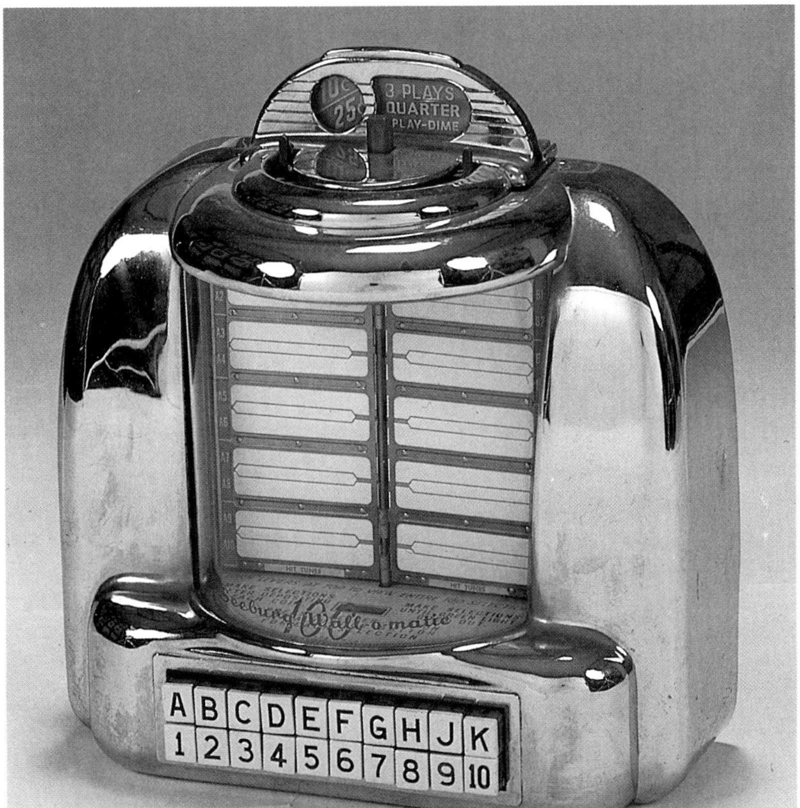
3 PLAYS
QUARTER
PLAY-DIME
25¢
A B C D E F G H J K
1 2 3 4 5 6 7 8 9 10

107 AMI Continental 2

AMI Incorporated, Grand Rapids/Wisconsin, 1962
Münzung: 10 Pfennig, 50 Pfennig und 1 DM
79 × 76 × 163

Das »Goldene Zeitalter« der Musikboxen nennt Vincent Lynch sein Buch über die Musikboxen von 1937 bis 1948, und er schließt es mit der ersten Musikbox im neuen Stil, der Seeburg »M-100A«, die mit den verspielten oder grellen Ausführungen aus den 30er Jahren und ihren Weiterführungen in den Nachkriegsjahren nichts mehr gemein hat. Anstelle von transparentem Plastik in allen Farben und verschiedenen Hölzern wurden jetzt verchromte Teile und aus Plastik hergestellte Holzfurniere verwendet. Eckige Formen lösten die runden, bogenförmigen der 40er Jahre ab, während das Gehäuse für den Plattenspieler die Formen der gebogenen Windschutzscheiben aus den Autoserien der 50er Jahre aufnahm. Eine technische Neuerung brachte die Seeburg »M-100A« auch noch durch die Auswahl aus 100 Titeln; 1955 folgte dann die »Select-o-Matic« erstmals mit 200 Wahlmöglichkeiten.

Aus den Musikboxen nach 1948 sticht die AMI »Continental 2« vor allem wegen ihres eigenwilligen und doch zeittypischen Designs heraus. Besonders auffällig sind die Glaskuppel über dem Plattenspieler und die aufgesetzte Anzeigentafel für die Musiktitel in Form eines Radarschirms. Beides erinnert an Elemente der Raumfahrt, die Ende der 50er Jahre durch den Start des ersten Sputniks am 4.10.1957 und den ersten bemannten Weltraumflug mit Juri Gagarin 1961 ein besonders aktuelles Thema waren (vgl. Kat. Nr. 55).
In der Werbung von 1962 wird neben der »raffinierten und attraktiven Gestaltung« vor allem das sogenannte »Stereo-Round« hervorgehoben, d.h. durch die vier in die Musikbox integrierten Lautsprecher konnte überall im Raum Stereo ohne weitere Zusatzboxen gehört werden. Die 100 Platten werden in einem senkrecht laufenden Karussell gelagert, mit einem Bügel wird die ausgewählte Platte auf den waagrechten Plattenspieler transportiert. Der Musiktitel ist mit einer Kombination aus einem Buchstaben und einer Zahl gekennzeichnet, die dann mittels der entsprechenden Tasten eingegeben werden. Eine weitere technische Besonderheit ist der sogenannte »Automix«: Mit dem Plattenspieler konnten sowohl 45 UpM-Platten als auch 33 UpM-Platten nacheinander abgespielt werden, die die Musikbox automatisch an der Größe des jeweiligen Kreisausschnitts in der Mitte der Platte unterscheiden konnte. UG

Automaten-Markt 14 (1962), Nr. 1, 2. Umschlagseite.
Read, S. 323ff. (Seeburg »M-100A«).
Lynch, S. 110 (Seeburg »M-100A«).

AMI
Continental 2
STEREO-ROUND

108 FANFARE 100 STEREO

NSM-Apparatebau GmbH, Bingen, 1959
Münzung: 20 Pfennig, 50 Pfennig und 1 DM
76 × 66 × 131,5

Die »FANFARE 100 STEREO« wurde erstmals auf der 12. Automatenmesse in Frankfurt vom 30.8.–3.9.1959 vorgestellt. Unter den in Deutschland produzierten Musikboxen war sie eine der ersten mit Stereowiedergabe, nachdem 1958 von den USA ausgehend die Stereoschallplatte international eingeführt wurde. Das erste Patent für das Stereoaufnahmeverfahren geht allerdings schon auf das Jahr 1931 zurück: Der Engländer Alan Blumlein meldete damals das erste Patent für die Aufnahme zweier verschiedener Schallinformationen auf einer Rille an, 1932 stellte er die 78 UpM Platte im Stereoverfahren her. In den folgenden Jahrzehnten wurden weitere Aufnahmeverfahren entwickelt, die sich aber schließlich nicht durchsetzen konnten. Mitte der 50er Jahre einigte sich die Plattenindustrie auf die Blumlein-Technik und begann mit der Serienproduktion der Stereoplatten. Natürlich mußten die Hersteller der Musikboxen möglichst schnell auf diese »neue« Entdeckung aus den USA reagieren, so daß manche Musikbox oftmals nur dem Namen nach Stereo war. Wiegandt-Automaten, Berlin, brachten mit der »Diplomat C« 1958 die erste deutsche Stereo-Musikbox auf den Markt.

Bei der »FANFARE 100 STEREO« handelt es sich um eine »echte« Stereo-Musikbox, die in der Formgebung und Technik weitgehend mit ihrem Vorläufermodell von 1958, der »Fanfare 100«, übereinstimmt. Im Vergleich zu den Musikboxen der 40er Jahre dominiert hier die Anzeige der 100 Musiktitel, die die ganze Breite der Musikbox einnimmt. Sie ist in den oberen Teil integriert, in dem das Plattenabspielsystem untergebracht ist und der von einem Glassturz abgedeckt wird. Durch das silberne Maschinengitter über dem Lautsprecher und die Metallbeschläge sowie die Farbgebung im Hintergrund des Plattenspielers wirkt das Design nüchtern und kühl.

Eine spezielle Entwicklung von NSM-Apparatebau ist das Plattenwechselsystem: Insgesamt sind 50 Platten auf einer Stapelsäule gelagert, gehalten werden sie von drei Haltezungen. Bei der Wahl eines Titels werden die Halterungen nach innen gezogen, so daß durch Impulse gesteuert die Platten solange herabfallen, bis die gewünschte Platte auf dem Plattenteller ist. Durch einen Aufzug können die Platten in den oberen Teil des Stapelstifts transportiert werden. Damit beide Seiten der Platten abgespielt werden können, besitzt der Tonarm auf der Ober- und Unterseite einen Saphir. Wird die B-Seite einer Platte gewählt, hebt sich der Tonarm und spielt mit der Oberseite die über ihm hängende Platte ab. An der Oberseite der Stapelsäule befindet sich ein Druckknopf, mit dem manuell ohne Münzung der Plattenwechsel gesteuert wird.
Der Vorteil dieses Plattenstapelsystems ist, daß die Platten nicht durch einen Greifarm oder Hebel beschädigt werden können. Allerdings muß bei einem Auswechseln der Platten immer der gesamte Stapel entnommen und die Änderung genau markiert werden. Im Gegensatz zu den anderen Systemen, bei denen die Platten meist in einem Karussell gelagert sind, gerät hier bei einem einzigen Fehler die gesamte Zählung der Platten in Unordnung. Fällt beispielsweise einmal eine Platte zuviel nach unten, verschiebt sich der ganze impulsgesteuerte Wahlmechanismus um eine Stelle.
Mittels eines Vorwählaggregats können insgesamt alle 100 Titel vorgewählt werden. Für 20 Pfennig erhielt man einen, für 50 Pfennig drei und für 1 DM sechs Titel. Die Nummer der gespielten Platte wird in einem Sichtfenster angezeigt. Alle Münzen werden durch denselben Einwurfschlitz geworfen. Die mechanische Münzprüfung erfolgt nach Größe, Gewicht und Legierung der Münzen. UG

Automaten-Markt 10 (1958), S. 685 (»Diplomat C«); 11 (1959), S. 507a, 583.
Bedienungshandbuch für die FANFARE 100 STEREO.

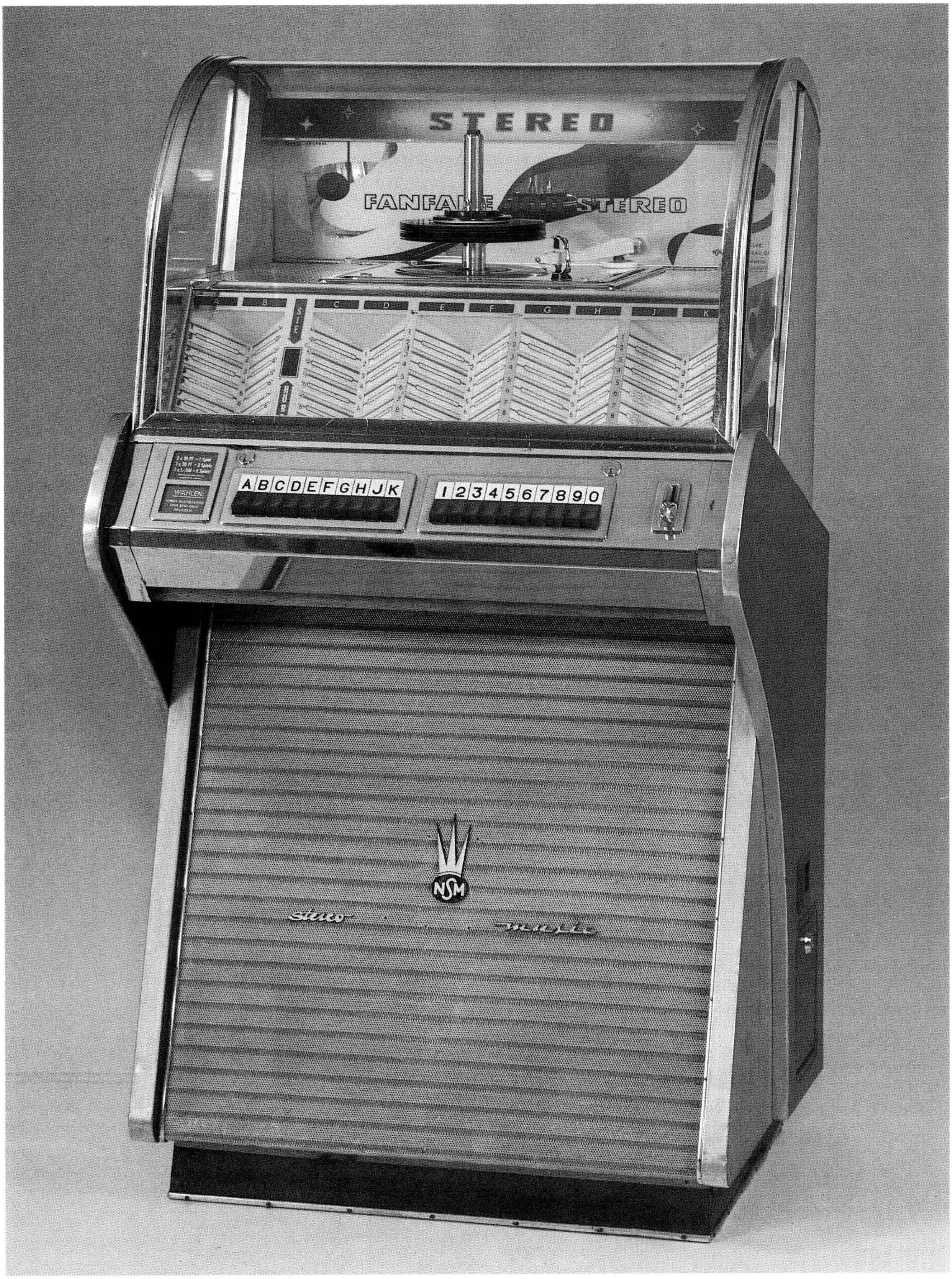
STEREO
STEREO
WÄHLEN:
ABCDEFGHJK
1234567890
NSM

109 BOSCO Photographie-Automat

Conrad Bernitt, Hamburg, 1894
Münzung: 50 Pfennig
60 × 50 × 280

Am 16. Juli 1890 war der »Apparat zur selbstthätigen Aufnahme und Fertigstellung von Photographien« von Conrad Bernitt patentiert worden (D.R.P. 58 613), doch bis zur endgültigen Konstruktion sollten noch vier Jahre vergehen. Der »Bosco«-Automat, benannt nach dem bekannte Taschenspieler und Zauberkünstler Bartolomeo Bosco (gest. 1863), wurde 1894 in Berlin in der Urania und in Castans Panoptikum in der Kaiserpassage aufgestellt und blieb bis nach der Jahrhundertwende der beliebteste Selbstfotografierer, der auf keinem Jahrmarkt fehlte. Die Fotografien wurden in eine aufklappbare Schutzhülle eingelegt, die auf der aufgeschlagenen Gegenseite mit einem Text oder auch einem Bild werbewirksam auf den »Bosco«-Automat hinwies (Abb. 172, 275).

Ein Vorläufer des Bosco-Automaten war der Selbstfotografierer von Christel Föge, Joseph Raders und Carl Griese (D.R.P. 51 081; Abb. 171), der bereits 1889 auf der hamburgischen Gewerbe- und Industrie-Austellung die Aufmerksamkeit des Publikums erregt hatte und auch auf der ersten »Internationalen Elektrotechnischen Ausstellung« in Frankfurt 1891 gemeinsam mit dem »Schnellseher« von Anschütz (vgl. Kat. Nr. 77) zu sehen war.
Während bei dem Automaten von Raders/Föge die Wartezeit für eine Fotografie vom Moment der Aufnahme bis zur Ausgabe noch fünf Minuten und bei dem »Bosco«-Automaten noch drei bis vier Minuten betrug, stellte der auch in Deutschland verbreitete »Photomaton« des Amerikaners Anatole M. Josepho von 1929 in 20 Sekunden acht Aufnahmen fertig, die nach wenigen Minuten ausgegeben wurden.

Der Münzeinwurf setzt ein Federwerk in Gang, das durch eine Schaltwalze die folgenden Vorgänge auslöst: Einschieben einer neuen Platte ins Magazin, Belichten unter Entzünden eines Magnesium-Blitzlichtes, Aufgießen des Entwicklers, der Fixierung, Abbrausen, Bleichen und Ausgabe der Platte. Der nötige Wasservorrat ist im Dach des Automaten untergebracht, die verbrauchten Lösungen und das Spülwasser fließen in einen Behälter ab. Als Bildträger dienten dünne mit schwarzem Lack beschichtete Eisenbleche im Format 5 cm × 7,5 cm, die sich gegenüber den sonst in Gebrauch befindlichen Glasplatten als billing und haltbar erwiesen (Ferrotypie). Durch einen erhöhten Rand (D.R.P. 57 159) bildete die Bildplatte zugleich die Schale für den Entwickler, die Fixierflüssigkeit und eine Lösung zum Tönen des Bildes. Eine Glocke signalisierte dem Benutzer den Zeitpunkt der Aufnahme. CK

Leipziger Illustrirte Zeitung, Bd. 102, Nr. 2654, 12. Mai 1894, S. 516.
Wolfgang Baier, Geschichte der Fotografie, Halle a.d. Saale 1964, S. 293f., Abb. 99 und 102.

275 Ferrotypie aus dem »Bosco-Automat«

Bosco
Bosco
Photographie-
Automat.
Automat
Bosco
Photographie
Bosco
Photographie

110 Münzfernsprecher

Felten & Guilleaume-Carlswerk AG, Nürnberg, um 1905
Münzung: 10 Pfennig
32 × 28 × 91

Die ersten 100 »Fernsprech-Automaten« der Firma Stock & Co. wurden 1899 in Berlin am 5. Juni angeschlossen, um »dem Publikum in erweitertem Umfange bequeme und billige Gelegenheit zur Benutung des Fernsprechers zu geben«. Schon bei dieser ersten Erprobung in Berlin war geplant, weitere Automaten anzuschließen und den Versuch auf andere Städte auszuweiten. Aufgestellt wurden die Automaten »in den Schaltervorräumen von Post- und Telegraphenanstalten, in Gastwirthschaften, Konditoreien, Cigarrenhandlungen u.s.w.«

Der ausgestellte Fernsprecher wurde dem Deutschen Museum schon 1906 von Felten & Guilleaume geschenkt. Die Firma, die vor allem durch ihre Kabelproduktion bekannt ist, hatte 1904 die Firma Friedrich Heller in Nürnberg aufgekauft, um auch im Telephonapparatebau Fuß zu fassen. Letzteres gelang wohl nur in sehr beschränktem Maß. Die Benutzerspuren auf dem Apparat lassen vermuten, daß das Gerät noch aus der Produktionszeit der Firma Heller stammte und schon aufgestellt war, bevor es gestiftet wurde. Möglicherweise ließen Felten & Guilleaume ihr Firmenschild nachträglich aufbringen.
Der Apparat besteht aus einem pultförmigen Holzgehäuse, an dem oben das bewegliche Sprechmikrophon und an den Seiten zwei Hörer angebracht sind, von denen heute der rechte fehlt. Das Gebrauchsmuster, das auf dem Mikrophon eingeprägt ist, wurde 1903 von dem Münchner Friedrich Reiner angemeldet (D.R.G.M. 201 753), dessen Firma auch Fernsprechautomaten herstellte. Das Gebrauchsmuster bezieht sich auf die Halterung des Mikrophons. Im oberen Teil des Pults befindet sich die Kasse, im unteren Teil ist Platz für die Mikrophonbatterien.
Erst wenn der Teilnehmer den linken Hörer abnimmt, wird der Stromkreis geschlossen und die Verbindung mit dem Amt hergestellt. Im Gegensatz zu den meisten Automaten mit Münzung muß der Teilnehmer erst zahlen, wenn er die Leistung erhalten hat, d.h. wenn die Vermittlung durch das Amt zustandegekommen ist. Ist die Verbindung hergestellt, wird der Anrufer aufgefordert, 10 Pfennig zu zahlen. Die Münze gleitet über eine Schiene, die als Münzprüfer für den Durchmesser und die Dicke dient, fällt dann in einen Schacht und legt den Münzschalter um. Der Vermittlungsbeamte hört das Umschalten und weiß dadurch, daß der Anrufer bezahlt hat. Erst dann stellt er die Verbindung mit dem anderen Teilnehmer her. Wird eine zu kleine Münze eingeworfen, fällt sie aus der Schiene direkt in die Kasse, ist die Münze zu dick, dann bleibt sie im oberen, doppelten Teil der Schiene hängen und kann durch das Drücken des Knopfes gelöst werden.
UG

Elektrotechnische Zeitschrift, 3. August 1899, Heft 31, S. 551–553 (Fernsprech-Automaten in Berlin).
Horst A. Wessel, Die Entwicklung des elektrischen Nachrichtenwesens in Deutschland und die rheinische Industrie, Wiesbaden 1983 (Zeitschrift für Unternehmensgeschichte, Beiheft 25), S. 798f. (Firmengeschichte).

111 Gasautomat

Isaria-Zähler-Werke GmbH, München, 1908
Münzung: 10 Pfennig
43 × 21 × 41

1908, als Oskar von Miller die Isaria-Zähler-Werke, München, um die Überlassung eines Gasautomaten zu Demonstrationszwecken bat, gehörte dieser Automat zum täglichen Leben der kleinbürgerlichen und ärmeren Bevölkerung. Die Versorgung der Haushalte mit Strom hatte zwar schon begonnen, blieb aber noch den vermögenderen Teilen der Bevölkerung vorbehalten. Die ersten englischen Patente für einen durch Münzeinwurf betätigten Gasmesser meldeten 1887 W. Price und R. W. Brownhill an. Und schon 1888 ließ sich letzterer dann auch in Deutschland einen »Apparat zum selbstthätigen Verkauf von Gas« patentieren (D.R.P. 48 388, 48 389). Allerdings wurden erst 1895 in Berlin, Dessau und Leipzig die ersten Gasautomaten gebaut und von den Gasgesellschaften der jeweiligen Städte aufgestellt. Bei vielen Gesellschaften war es üblich, die Gaszuleitungen nicht nur bis zu den Häusern zu legen, sondern auch die Kosten innerhalb der Häuser zu tragen, da man so hoffte, die Abnehmerzahl ausreichend hoch zu halten. Nach Schäfer besitzt der Gasautomat gegenüber dem reinen Zähler Vorteile sowohl für die Gasgesellschaften als auch für die Abnehmer. Die Gaswerke sparen sich das Ablesen des Zählerstands und haben keine Schwierigkeiten mit sogenannten »faulen Kunden«, die die Rechnung nicht bezahlen. Die Abnehmer andererseits können das Gas in kleinen Mengen kaufen und sich das Wirtschaftsgeld besser einteilen. Zudem erlangt der Verbraucher so »auf leichte Art all die großen Vorteile, die das Gas im Wohnhaus bietet, nämlich helles und unbestritten billigstes Licht und bequeme, jederzeit betriebsbereite, reinliche Kochgelegenheit«. An dieser sehr positiven Beschreibung der Vorteile des Gasverbrauchs läßt sich auch indirekt ablesen, daß die Verwendung von Gas nicht unumstritten war. Die Explosionsgefahr und die Giftigkeit des Gases hatten es in der öffentlichen Wertschätzung gegenüber dem Strom zurückgedrängt.

Bei dem ausgestellten Gerät wurden die Metallwände des Automaten durch Glas ersetzt, um zu zeigen, wie das Gas durch den Zähler läuft. Der Münzeinwurf befindet sich getrennt in einem eigenen Kästchen mit einer Zähluhr. Nach Münzeinwurf muß man den Griff entsprechend der eingeworfenen Geldmenge drehen. Dadurch wird ein sogenanntes »Geldrad« weitergestellt, das nach Verbrauch der zustehenden Gasmenge ein weiteres Rad arretiert. Die insgesamt verbrauchte Gasmenge wird durch die Zähluhren am Hauptgerät festgestellt; die Zähluhren am Münzeinwurf zeigen an, wieviel Gas jeweils verbraucht wird. UG

Fr. Schäfer (Hg.), Drei Abhandlungen über Gasautomaten, München und Berlin 1910. S. 3–9.
Wolfgang Schivelbusch, Lichtblicke. Zur Geschichte der künstlichen Helligkeit im 19. Jahrhundert, München 1983.
Berlin, Berlin, S. 200, Nr. 10/59.

276 Gaszähler mit Münzeinwurf, E. Kiesewetter & Co., Berlin 1910

ISARIA-ZÄHLER-WERKE
KUBIK
METER

112 Prägeautomat

Hersteller unbekannt, USA, um 1925
Münzung: 10 Pfennig
55,5 × 62 × 137

Mit dem Prägeautomaten, der vor allem auf Bahnhöfen, aber auch an Ausflugszielen, Bädern und Jahrmärkten aufgestellt wurde, konnte sich der Benutzer seinen Namen oder sonst einen beliebig langen Text auf einem Aluminiumstreifen ausdrucken. Das in den USA in den 20er Jahren hergestellte Gerät war ausschließlich für den Export nach Deutschland bestimmt und blieb bis Mitte der 50er Jahre ohne Konkurrenz. 1955 boten verschiedene Importeure den »Standard Metal Typer« der Manufactures of the Standard Metal Typer, Chicago, an, der als eine modernisierte Version des alten Prägeautomaten erscheint.

Die Münze wird an der Vorderseite in einen Schiebemechanismus eingelegt, der beim Hereindrücken den Zeiger auf der Deckplatte entsperrt (Abb. 183). Dieser Zeiger kann nun in beiden Richtungen bewegt werden und auf jeweils einen Buchstaben, eine Zahl oder ein Satzzeichen auf der Peripherie der runden Platte ausgerichtet werden; mit dem Zeiger wird im Inneren zugleich eine Scheibe mit erhabenen Buchstaben gedreht und das ausgewählte Zeichen unter das Aluminiumband geführt. Das Prägen des ausgewählten Zeichens geschieht durch den vorderen Hebel an der rechten Seite, der bis zum Anschlag herabgedrückt wird. Nach dem Einstanzen des Zeichens wird das Metallband für das nächste Zeichen weitergeschoben. Ist das gewünschte Wort fertig eingegeben, so wird der hintere Hebel an der rechten Seite nach vorne gezogen und damit das geprägte Metallteil von der Aluminiumrolle abgeschnitten und in den Ausgabeschacht an der Front ausgeworfen. Für 10 Pfennig können sechs Buchstaben geprägt werden.

Das schier unverwüstliche Gerät, das noch heute auf einigen Bahnhöfen zu finden ist, wurde im Laufe der Jahre dem veränderten Publikumsgeschmack angepaßt. Die geschweiften Füße wurden durch einen geraden Sockel ersetzt, und die ebenfalls geschwungene Rückwand wurde gegen einen rechtwinkligen Rahmen vertauscht. Die Verkleidung des Geräts mit Kunststoff und gehämmerten Blechplatten und der grelle Ölfarbenanstrich der Deckplatte lassen kaum noch etwas von dem ehemaligen Reiz des Gerätes erahnen (Abb. 277). CK

Automaten-Markt 7 (1955), S. 661 (»Standard Metal Typer«).

277 Prägeautomat im Jahr 1928

PRÄGE SELBST
BEDIENUNGSANLEITUNG
10 Pf. Stück einlegen und Schieber ganz nach innen hineindrücken
Zeiger auf gewünschten Buchstaben stellen und rechten unteren Hebel jedesmal langsam herunterdrücken
Wenn das Schild fertig ist, rechten oberen Abschneidehebel nach vorn ziehen. Das Schild erscheint vorne in der Öffnung
1 -Stück für 6 Buchstaben
vor 7. Buchstab. noch 10 Pf., u.s.w.
EIGENTUM MARTHA KLETT
8031
EICHENAU b. MÜNCHEN / ROGGENSTEINER ALLEE 3
3
Abschneider

113 Personen-Waage (Modell X)

Seitz-Werke GmbH, Kreuznach, 1928 eingeführt
Münzung: 10 Pfennig
50 × 69 × 189

Münzbetätigte Waagen gehören zu den ältesten Münzautomaten. 1887 berichtete das »Neue Münchener Tagblatt«: »Eine weitere patentierte automatische Waage (System Everts) wie deren mehrere in öffentlichen Lokalen seit einiger Zeit hier aufgestellt sind, befindet sich seit gestern auch in der Passage Schlüssel. Bekanntlich zeigen diese Waagen nur bei Einwurf eines 10 Pf. = Stückes bis zur Höhe von 125 Kilo das Gewicht an.« Bereits am 22.8.1886 hatte George Salter aus West Bromwich/England ein Patent für eine »Waage mit einer durch das Gewicht einer Münze auslösbaren Sperrvorrichtung« erhalten (D.R.P. 39 664). Ein Jahr später folgte die Waage mit Kartendruck und Ausgabevorrichtung (United States Machine and Inventions Company, New York, D.R.P. 46 592). Auch die Deutsche Automaten-Gesellschaft Stollwerck & Co., die die Verbreitung von Münzautomaten in Deutschland vor der Jahrhundertwende in großem Stil betrieb, führt in ihrem Sortimentskatalog von 1895/96 eine Münzwaage von Schaefer & Reiner in Köln (vermutlich D.R.P. 71 297) auf. In den späten 20er Jahren dominierten die Seca-Automatenwaagen von Vogel & Halke, Hamburg, und die Waagen der Seitz-Werke, Kreuznach, auf dem deutschen Markt.

1928 wurde die neue Seitzwaage »Modell X« mit Kartenausgabe dem Publikum vorgestellt. Gegenüber den elektrischen Personenwaagen hatte sie den Vorteil, daß sie rein mechanisch arbeitete und damit nicht an einen festen Standort gebunden war. Durch den Ausdruck des Gewichts mit Datumsangabe auf einer Karte war die Diskretion gewahrt und der Benutzer der Waage vor peinlicher Neugier geschützt. Zum größeren Anreiz wurden die Waagen in der Folgezeit mit weiteren Dienstleistungen verknüpft. So kündigte 1931 die Deutsche Photo-Automaten GmbH in Frankfurt eine »Photowaage« an, die für 20 Pfennig in fünf Minuten ein Foto in Paßgröße mit Datums- und Gewichtsangabe anfertigte; die Hannoversche Waagen- und Maschinenfabrik in Latzen warb für einen »GLORIA-Feinwiegeautomaten« mit »Herzschlag-Spiegel«. Nach dem Krieg kamen Waagen in Gebrauch, die bei richtiger Einschätzung des Gewichts das Geld zurückerstatteten. Moderne »Gewichtscomputer« bieten heute neben der Gewichtsangabe auch Tips zum Biorhythmus, ein Horoskop und, mit einer Meßvorrichtung verbunden, auch eine Fettmassenbestimmung. CK

Neues Münchener Tagblatt 11 (1887), Nr. 16, S. 6 (Münzwaage, System Everts).
Personenwaagen, Der Automat 2 (1928), S. 43.
Der Automat 5 (1931), S. 199 (»Photowaage«); 6 (1932), S. 53 (»GLORIA-Feinwiegeautomat«).

278 Münzwaage mit Kartenausgabe, Sielaff Maschinenfabrik AG, Berlin, um 1934

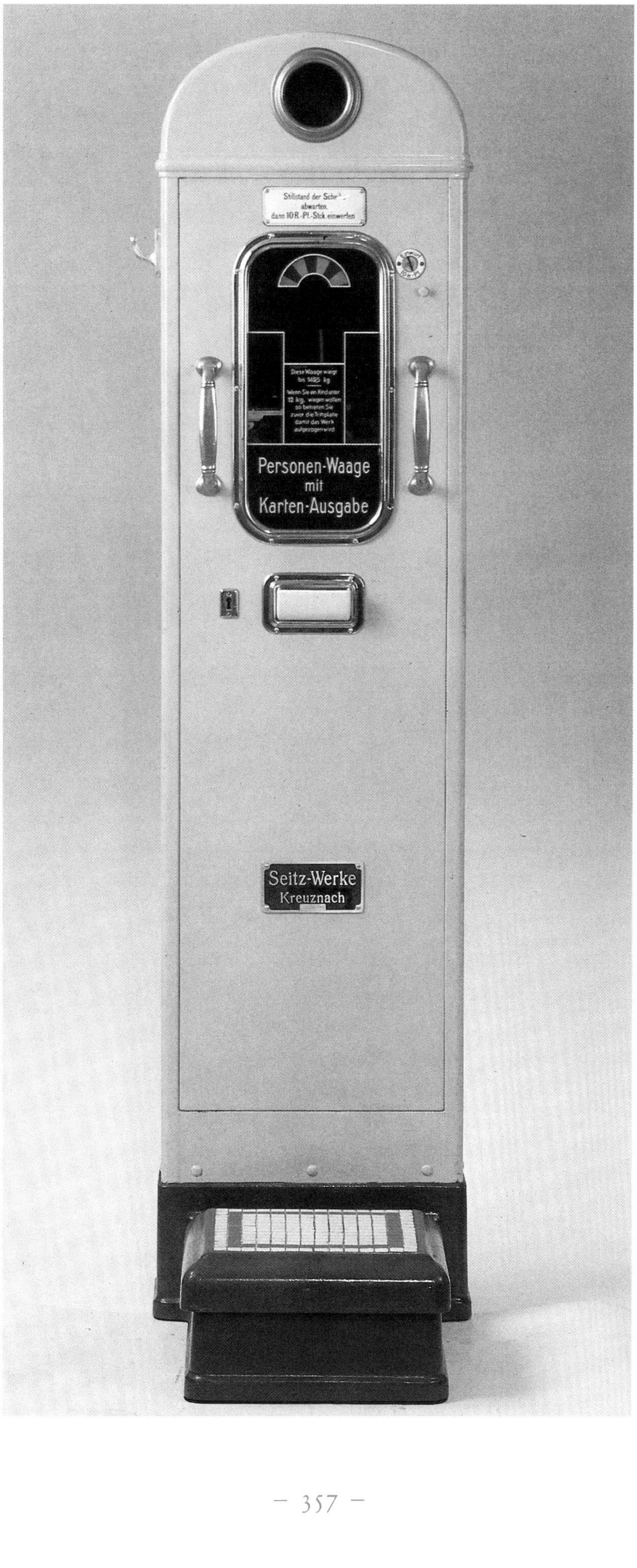
abwarten
dann 10 R.-Pf.-Stck. einwerfen
Diese Waage wiegt
bis 149,5 kg
Personen-Waage
mit
Karten-Ausgabe
Seitz-Werke
Kreuznach

114 Parkuhr

Kienzle Apparate GmbH, Villingen, 1954 eingeführt, Baujahr 1956 (Fabriknr. PU-2675, PU-2663)
Münzung: 10 Pfennig
38 × 10 × 138

In den USA, wo das Auto seit den 20er Jahren als Massenverkehrsmittel die Straßen beherrschte, wurde bereits 1935 in Oklahoma City die erste Parkuhr aufgestellt, die nach der Erfindung von Carl C. Magee die zulässige Parkzeit durch einen münzbetätigten Kurzzeitmesser am Straßenrand einschränkte. Diese Praxis der Parkzeitbegrenzung wurde in Deutschland 1939 auch aufgrund ihres finanziellen Ertrags für die Stadtverwaltungen positiv gewertet, doch kam es nicht mehr zu einer Einführung der Automaten.

Erst mit Beginn der Massenmotorisierung Mitte der 50er Jahre wurde das Problem des Parkraums auch in Europa akut. In kritischen Bereichen wie den Geschäftsvierteln mit stark fluktuierendem Verkehr sollte der knappe Parkraum von Dauerparkern freigehalten werden und zugleich die Möglichkeit für kurzfristiges Halten gegeben sein. Basel führte 1952 die ersten Parkautomaten in Europa versuchsweise ein, 1954 folgten in Duisburg die ersten Parkautomaten in Deutschland aus der Produktion der Firma Roberto Ehrismann, Lugano. Weitere Geräte wurden noch im selben Jahr von der »Telefon und Normalzeit« in Frankfurt, der in Villingen im Schwarzwald ansässigen Uhrenfabrik Kienzle und der Deutschen Parkometer GmbH, Hannover, vorgestellt. Da die Parkuhren häufig in Verbindung mit Parkverbotsschildern aufgestellt waren (vgl. Abb. 279), ließen verschiedene Prozesse gegen Parksünder, die die durch die Parkuhr begrenzte Abstellzeit ihrer Autos überschritten hatten, schon im folgenden Jahr die Frage nach der Rechtmäßigkeit dieser Automaten aufkommen. Erst durch die Änderung der Straßenverkehrsordnung am 1. Mai 1956 wurden die Parkuhren endgültig als Mittel gegen die Parkraumnot legitimiert.

Da die Kosten für die Wartung der Parkuhren häufig den Gewinn überschreiten, sind in jüngster Zeit die Parkuhren in verschiedenen deutschen Städten durch Parkscheinautomaten, Zonen mit eingeschränktem Halteverbot und Bereiche, in denen die Parkscheibe benützt werden darf, ersetzt worden. CK

Um den Parkautomaten, Der Automat 13 (1939), S. 112f.
Ramseyer, Funktion, rechtliche Grundlagen und Möglichkeit von der Einführung von Parkingmetern in Europa, Straße und Autobahn 8 (1954), S. 257–261.
K. Callsen, Parkautomaten in Deutschland, Automaten-Markt 6 (1954), S. 93f.
Parkautomaten in Duisburg bewährten sich, Automaten-Markt 6 (1954), S. 167.
Parkometer in Europa im Kommen, Automaten-Markt 6 (1954), S. 294.
Parkuhren jetzt Teil der Verkehrsordnung, Automaten-Markt 8 (1956), S. 290.

279 Parkuhr im Halteverbot, München, 50er Jahre

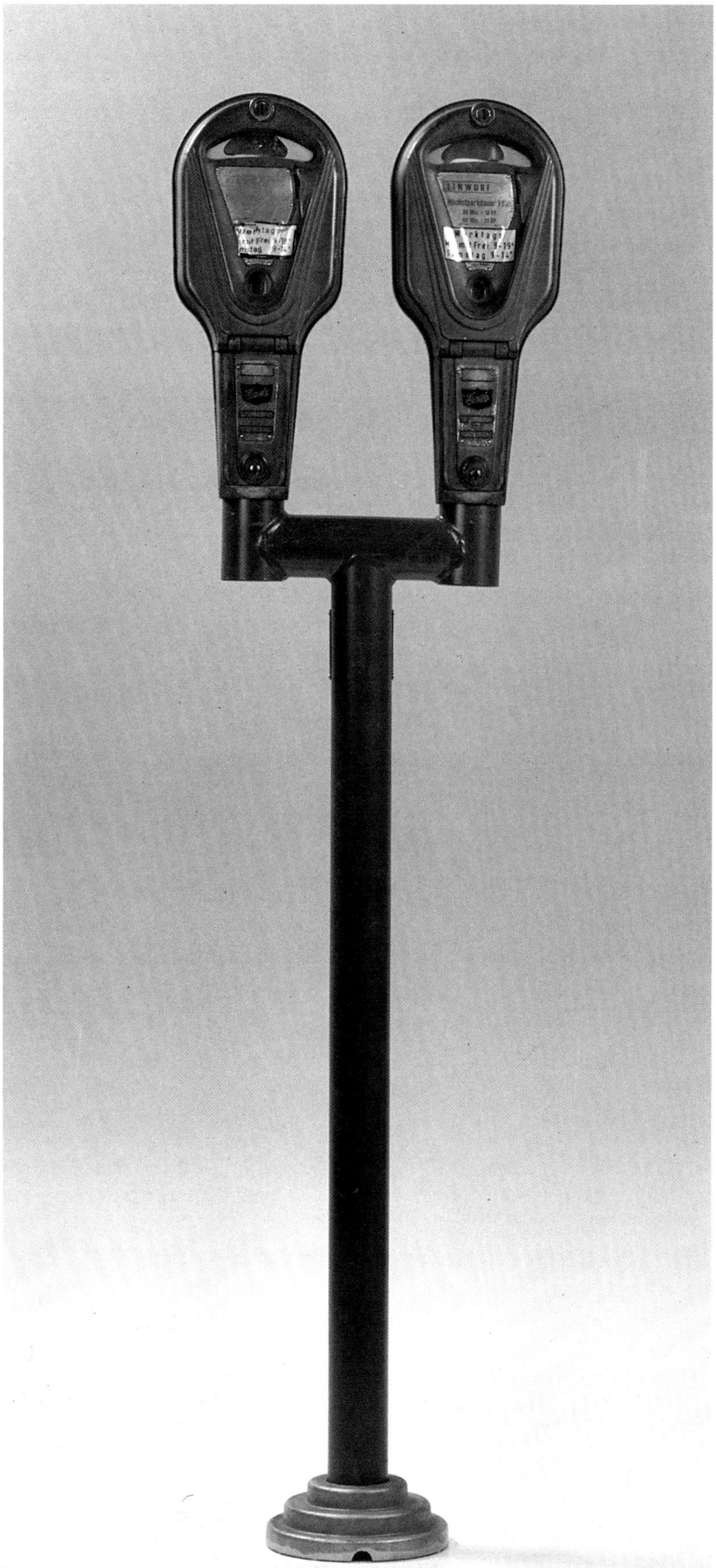
EINWURF
Höchstparkdauer

115 Reit-Automat (Big Bronco)

NOVA Apparate GmbH, Hamburg, 1953 eingeführt
Münzung: 10 Pfennig
59 × 168 × 140

Die Erfindung des Reitautomaten (kiddie-ride) geht angeblich auf das Jahr 1931 zurück, in dem der Amerikaner Otto Hahs ein mechanisches Reitpferd für seine Kinder auf Münzeinwurf umgestellt haben soll. Seine Blütezeit begann jedoch erst in der Mitte der 50er Jahre, als der Einzelhandel das kiddie-ride als Attraktionsmittel für Kinder einzusetzen begann. Von Anfang an waren die kiddie-rides für die Aufstellung vor oder in Warenhäusern bestimmt, wo sie als »Kinder-Aufbewahrungsautomat« sich bald wachsender Beliebtheit erfreuten.
1953 stellte die NOVA, Hamburg, als erste deutsche Firma den in Lizenz des Exhibit Supply, Chicago, hergestellten »Big Bronco« auf der Herbstmesse in Frankfurt vor. Das Cowboypferd als Urtyp des kiddie-ride wurde schon bald durch andere Tiere und die verschiedensten Fahrzeug- und Fluggeräte ergänzt, die auch mit Musik ausgestattet waren. CK

Jeder Tag bringt neue Kunden, Automaten-Markt 6 (1954), S. 72f.
The first kiddie ride in 1931, Automaten-Markt 6 (1954), S. 110.
Ein »Kinder-Aufbewahrungsautomat«, Automaten-Markt 7 (1955), S. 112.

280 Moderner Kinder-Reitautomat

116 Bimbo-Box

UTA Elektroakustik – Walter Talk, Stuttgart, 1958
Münzung: 10 Pfennig
75 × 57 × 163

Mit der »Bimbo-Box« als Musikautomat mit elektronisch gesteuerter Affenkapelle wurde 1958 die alte Tradition der münzbetätigten Musikkapellen wieder belebt. So hatte bereits im Jahre 1898 die Fabrik Leipziger Musikwerke, vorm. Paul Ehrlich & Co., in Leipzig eine »Affen-Kapelle« herausgebracht, bei der auf der Altane drei Affen musizierten und die Zuschauer durch ihr »lebhaftes Mienenspiel« erheiterten.
Aus der Einschätzung der »Bimbo-Box« bei ihrer Vorstellung auf der Frankfurter Messe 1958 klingt das Erstaunen über diese Neuerung auf dem Automatenmarkt. »Es mag eigenartig klingen, aber dem Charakter nach müßte man diese BIMBO BOX eigentlich unter die Reitautomaten einreihen; denn wie diese hat die BIMBO BOX die festumrissene Aufgabe, Attraktion zu sein und eine gewisse Unterhaltung zu bieten, die sowohl zerstreuender als auch vom Zeitbegriff ablenkender Art sein kann. Denn darauf kommt es bei den Geräten dieser Art doch letztlich an. Sie stehen vor den Warenhäusern, vor Großläden und selbst in den Firmen als Magnet für die Kinder, so bei Einkaufsabsichten der Eltern den Firmen eine starke Steuermöglichkeit bietend. Sie stehen an diesen Plätzen und vertreiben den Kindern die Zeit, so den einkaufenden Erwachsenen Ruhe und unbeschwerte Muße schenkend. Es ist ja nicht immer der eigene Genuß, der nur das Kind gefangen nimmt, es freut sich diebisch und stundenlang auch an dem Erleben anderer Kinder. Und an solchen Geräten, seien es Reitautomaten oder BIMBO BOX, steht kaum jemals ein Kind allein.«

Das mit einem Endlostonband (Tefiphonband) ausgestattete Gerät verfügt über ein Repertoire von 150 verschiedenen Musikstücken und einer 12-Watt-Hi-Fi-Verstärkeranlage mit drei Lautsprechern. An Stelle der Affen konnten auch andere Musikanten wie Hasen oder Disneyfiguren (Abb. 281) eingesetzt werden. Die Firma Wiegandt, Berlin, brachte 1958 die »Bimbo Box« auch im Charakter einer Jukebox mit 60 Wahlmöglichkeiten für einzelne Musikstücke heraus. Ein Jahr später wurde das Gerät nun als »Bimbo's KIDDIE SHOP« von der UTA-Elektroakustik mit einem Warenautomaten für Süßigkeiten verbunden und das Musikrepertoire auf 225 Titel erweitert. CK

Zeitschrift für Instrumentenbau 18 (1898), S. 911 (»Affen-Kapelle«).
Internationale Neuheiten, Automaten-Markt 10 (1958), S. 141.
Kinder-Unterhaltungsautomaten, Automaten-Markt 10 (1958), S. 212.
BIMBO-BOX mit 60 Wahlmöglichkeiten, Automaten-Markt 10 (1958), S. 560.
Werbeanzeige, Automatisch verkaufen 3 (1959), S. 174 (»Bimbo's KIDDIE SHOP«).

281 »Bimbo-Box« mit Disneyfiguren

Bimbo-Box

117 ROTOTRON (Demonstrationsmodell)

Bally Wulff Automaten GmbH, Berlin, 1980
Münzung: 30 Pfennig
65 × 24 × 90

Der im Jahre 1980 auf der Internationalen Automaten Messe (IMA) erstmals vorgestellte Geldspielautomat »Rototron Atlas« weist in technischer Hinsicht zwei Neuerungen auf: die Steuerung der Funktionsabläufe durch einen Mikroprozessor und die Ausbildung der Spielwalze als Rotor eines Elektromotors. Daraus resultiert einerseits eine höhere Flexibilität bei der Spielgestaltung und ein besserer Schutz gegen Manipulationsversuche, andererseits wird die Anzahl der mechanischen Teile drastisch reduziert.

Nach dem Entwurf des Minimaleinsatzes von 30 Pfennig setzen sich alle 5 Walzen in Bewegung. Zunächst wird das linke Walzenpaar gestoppt – durch Betätigung der Start/Stop-Taste kann dieses vom Spieler wieder in Bewegung gesetzt werden. Im weiteren Verlauf des Spiels kann der Spieler nun nacheinander das rechte Walzenpaar und dann die mittlere Walze durch Betätigen dieser Taste anhalten. Ohne Eingriff des Spielers halten die Walzen nach einer vorgegebenen Zeit selbsttätig an. Stimmen in den Gewinnfenstern drei Geldbeträge überein, so wird der angezeigte Betrag in den Gewinnspeicher übernommen. Durch Druck auf die Auszahlungstaste wird das Spiel beendet und der Gewinn ausgeschüttet. Ansonsten läuft ein neues Spiel an, der Einsatz wird aus dem Gewinnspeicher automatisch abgezogen.

Zusätzlichen Spielanreiz bietet das Gerät durch die Möglichkeit, Sonderspiele zu gewinnen. In diesen wird bei jeder Gewinnkombination ein Betrag von zwei Mark gewonnen. Zum Gewinn einer Serie von Sonderspielen müssen die auf der Frontseite angegebenen Kombination von Sonderzeichen (hier eine symbolisierte Weltkugel – auch das Zeichen der Weltbank) in den Gewinnfenstern erscheinen. Der hier ausgestellte Automat besitzt drei Serienreihen mit jeweils 6 Feldern – insgesamt 18 gewinnträchtige Kombinationen tragen zur Belebung des Spielablaufs bei.

Das Plexiglasgehäuse erlaubt den freien Blick auf den inneren Aufbau des Automaten. Die einzelnen Funktionsbaugruppen sind als Module konzipiert und über Flachbandkabel und Kabelbäume miteinander verbunden. Links und rechts der Steuereinheit mit der vorgesetzten Geldspeicheranzeige sind die beiden Münzprüfer mit den Münzröhren zu sehen. Über den bereits erwähnten Spielwalzen befindet sich ein Ventilator, der für Luftzirkulation im Innern des Gerätes sorgt. Eine Anzahl Leuchtdioden, die der Anzeige des Standes auf den Sonderspielleitern dienen, sind zusammen mit der Speicheranzeige für die Sonderspiele auf einer »gedruckten Platine« im unteren Drittel des Automaten angebracht. Ein Blick auf die Mikroprozessorbaugruppe ist nicht möglich, diese befindet sich in einem Metallgehäuse, das der Abschirmung gegen äußere Störeinflüsse dient. JW

Wulff präsentiert die Technologie der 80er Jahre, Automaten-Markt 32 (1980), Nr. 2, S. 65f.

ROTOTRON

118 HANG-ON

Sega, Japan (Herstellung), NOVA Apparate GmbH & Co. KG, Hamburg (Import/Vertrieb), 1985
Münzung: 2 × 1 DM (1 Spiel) oder 5 DM (3 Spiele)
166 × 199 × 133

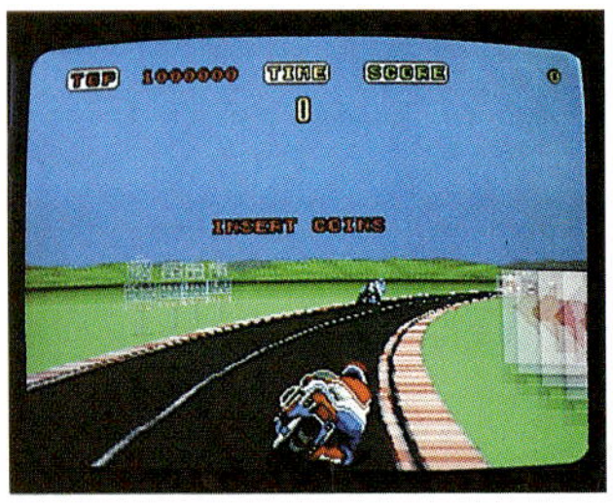

282 Motorradrennen auf dem Bildschirm des »HANG-ON«

Als nach langjährigen Pilotstudien 1972 das Videospiel »Pong« des Amerikaners Nolan Bushnell in den USA auf den Markt kam und zum Verkaufsschlager wurde, begann eine Revolutionierung auf dem Gebiet des Unterhaltungsautomaten. Die Möglichkeiten der elektronischen Computertechnologie setzten neue Maßstäbe, die für die weitere Entwicklung der Unterhaltungsspiele bestimmend wurde.

1973 wurden in Deutschland mit »PADDLE BATTLE« und »TV Ping-Pong« die ersten Importe aus den USA vorgestellt, die zunächst ebenfalls die Idee des Tennisspieles aufgriffen. Mit diesen Zwei-Mann-Geräten konnte ein Wettkampf ausgetragen werden, bei dem jeder Spieler versuchen mußte, auf dem Bildschirm einen kleinen weißen Punkt, der den Ball darstellte, mit Hilfe eines Drehknopfes über das Netz in Form einer leuchtenden Punktreihe auf die gegnerische Seite zu schlagen. Die Animation des Gerätes mit dem hin und her huschenden Ball war auch zu sehen, wenn das Gerät nicht bespielt wurde.
Neue Themen kamen 1974 hinzu, wie die Fahrt eines Raumschiffes zwischen Meteoriten (»Space Race«, Atari), das Fußballmatch (»SOCCER«, RAMTEK), das Eishockey (»PRO HOCKEY«, Williams) und der Panzerwettkampf (»TANK«, Kee-Games). Bei dem »PONG DOUBLES« und dem »QUADRAPONG« von Atari konnten vier Spieler zugleich sich am Wettkampf beteiligen. Mit dem »TRAK 10« von Atari kam im Herbst 1974 einer der ersten elektronischen Fahrsimulatoren auf den deutschen Markt, bei dem der Spieler einen weißen Punkt mit Hilfe eines Lenkrades, Gas- und Bremspedal sowie einer Dreigangschaltung über eine gestrichelte Rennbahn steuert. Der Fahrsimulatur »Nürburgring/3« der Dr.-Ing. Reiner Foerst GmbH, Gummersbach, von 1980 bot erstmals ein farbiges Videobild, »welches den Eindruck erweckt, als wäre es in einer wenn auch öden und absolut ebenen Landschaft von einer Filmkamera am lichten Tage aufgenommen.«

Der »HANG-ON« von Sega wurde 1985 auf der Herbstmesse der Automatenbranche in Tokio vorgestellt. Der besondere Reiz dieses Gerätes besteht in der Integration des Bildschirms in eine Motorradausführung, die sich von einem echten Motorrad kaum unterscheidet. Durch das Körpergewicht kann die Maschine bis zu zwölf Grad in Seitenlage gebracht und damit die Lenkung des Motorrades auf dem Bildschirm beeinflußt werden; die Beschleunigung bzw. Verringerung der Fahrgeschwindigkeit wird, wie beim echten Motorrad, durch den rechten Handgriff des Lenkers reguliert. Auf dem Bildschirm wird ein Motorradrennen simuliert, bei dem Kollisionen mit anderen Fahrern und mit Hindernissen auf und neben der Strecke vermieden werden müssen (Abb. 282). Ziel des Spiels ist es, die vorgegebenen Streckenabschnitte möglichst schnell zurückzulegen; wird der Kontrollpunkt vor Ablauf der Spielzeit erreicht, so erhält der Spieler eine Zeitgutschrift und gelangt direkt in den nächsten Streckenabschnitt. CK

Neu auf dem deutschen Markt: Paddle Battle, Automaten-Markt 25 (1973), Nr. 5, S. 42.
Neuheiten-Angebot auf der DAT-ima, Automaten-Markt 25 (1973), Nr. 11, S. 25–27.
»Track 10«: ein toller »Renner« von Atari, Automaten-Markt 26 (1974), Nr. 9, S. 24.
Neuer Fahrsimulator »Nürburgring/3«, Automaten-Markt 32 (1980), Nr. 1, S. 20.
Bevor die internationalen Messen ihren Pforten öffnen, präsentierte Sega einen Super-Knüller, Automaten-Markt 37 1985), Nr. 9, S. 28f.

HANG-ON
7
KG NOVA APPARATE GMBH & CO
NOVA
APPARATE
WINTERHUDER WEG 31 2000 HAMBURG 76
HOW TO PLAY
SEGA
HANG-ON
TOKYO JAPAN

119 Demonstrationstafel eines elektronischen Verkaufsautomaten

Deutsche Wurlitzer GmbH, Stemwede, 1988
Münzung: 10 Pfennig bis 5 DM in beliebiger Reihenfolge
98 × 38 × 150

Die Demonstrationstafel zeigt die für einen Zigarettenautomaten heutiger Technologie verwendeten elektronischen und elektromechanischen Bauelemente und ihr Zusammenwirken. Kennzeichnend für derartige Geräte ist die Verwendung eines zentralen Mikroprozessors – hier ein MC 6803, ein 8 bit µP von Motorola – zur Steuerung der einzelnen Funktionsabläufe in der typischen Konfiguration mit Festwertspeicher für das intern ablaufende Programm und einem Datenspeicher für die Verwaltung der anfallenden Daten.

283 Moderner elektronischer Warenautomat, Wittenborg Automaten GmbH, Hannover

Die vom – autonom arbeitenden – elektronischen Münzprüfer über eine serielle Standardschnittstelle ausgetauschten Daten über Anzahl und Art der eingeworfenen Münzen werden vom »Controller« zur Ansteuerung einer vierstelligen Digitalanzeige aufbereitet.

Drücken auf eine der Wahltasten veranlaßt die Steuerung, den eingeworfenen Münzbetrag mit dem für den gewählten Schacht programmierten Warenpreis zu vergleichen. Bei Übereinstimmung, bzw. Überschreiten des Warenpreises wird das Auswurfrelais des gewählten Schachtes angesteuert, der Auswurfmotor eingeschaltet und, nach erfolgter Warenausgabe, werden die Arbeitsrelais für den Münzrückgeber betätigt. Bei Unterschreiten des Warenpreises leuchtet die Anzeige »Falscher Kredit« im Anzeigefeld des Automaten auf. Dort werden auch die Betriebsbereitschaft, der Ausverkauf eines Warenschachtes sowie der Zustand des Wechselgeldspeichers angezeigt.

Der Einsatz des Mikroprozessors in der Steuerelektronik des Automaten ermöglicht es, die Zuordnung der Wahltasten zu den einzelnen Warenschächten flexibel zu gestalten. Über ein Programmiertastenfeld, das nach Öffnen des Gehäuses zugänglich wird, können neben dem Programmieren des Warenpreises die gewünschten Zuordnungen vorgenommen werden. Hinzu kommt die Möglichkeit der Mehrfachbelegung, sowohl von Tasten wie von Schächten, und ein Gleichverkaufsmodus. Bei diesem werden alle Schächte, die mit der gleichen Ware belegt sind, gleichmäßig ausverkauft.
Schließlich läßt sich als Alternative zur Restgeldherausgabe der Mehrfachverkauf bis zur Höhe des eingeworfenen Betrages programmieren. Insgesamt sieben, über die Programmiertasten anwählbare Unterprogramme geben darüberhinaus Auskunft über die Einzelumsätze, den Gesamtumsatz, die Anzahl der Betätigungen der Rückgabetaste und die Anzahl der Stromausfälle.
Zur Überprüfung der mechanischen Funktionselemente des Gerätes ist ein weiteres Unterprogramm vorgesehen. Hier können die Einzelfunktionen und der Münzprüfer unabhängig voneinander untersucht werden. JW

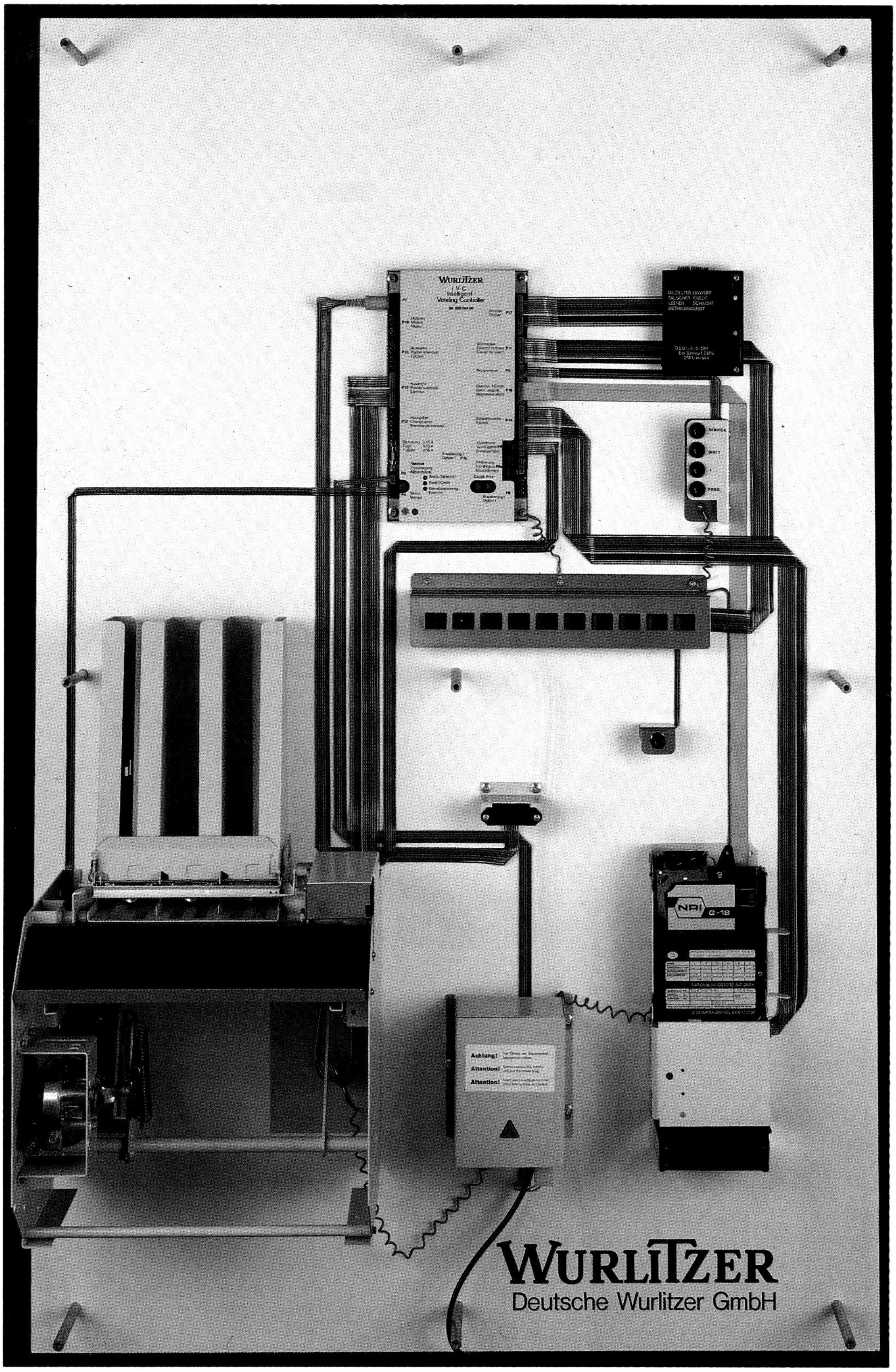
WURLITZER
Deutsche Wurlitzer GmbH
Achtung!
Attention!
Attention!
NRI
G-18

120 Münzprüfer

Automaten, die selbsttätig eine Ware ausgeben, ein Spiel ermöglichen, ein Musikstück wiedergeben oder eine Dienstleistung erfüllen, müssen mit einem geeigneten Kontrollmechanismus ausgestattet sein, der sicherstellt, daß die geforderte Münze auch tatsächlich eingeworfen worden ist. Dies wird durch den Münzprüfer gewährleistet, der im Laufe der Entwicklung ständig verfeinert wurde und heute in der Lage ist, Durchmesser, Dicke, Gewicht, Legierung, Prägung und Rändelung einer Münze zu kontrollieren.

Durch die Größe und Breite des Einwurfschlitzes ist bereits eine erste Kontrolle über die eingeworfene Münze gegeben. Frühzeitig konnten auch schon zu kleine Münzen erfaßt werden, die z. B. aus einer geneigten und seitlich geöffneten Führung herausgekippt (Abb. 177) oder über eine primitive Gewichtsmessung ausgeschieden wurden.
Mit dem Leistenprüfer wurde schließlich ein vielseitiger Kontrollmechanismus eingeführt, in dem die eingeworfene Münze verschiedene Prüfstationen durchläuft. Geprüft werden hier Durchmesser, Dicke, Gewicht und über einem Magneten auch die Legierung der Münze. Den beliebten »Fadentrick«, bei dem die eingeworfene Münze durch einen angeklebten Faden wieder zurückgeholt wird, verhindert ein Messer im Münzkanal; »Tilt«-Pendel unterbrechen den Kontrollvorgang, sobald der Automat gekippt wird. Heute sind Leistenprüfer mit mehreren Kanälen für verschiedene Münzen ausgestattet, die die eingeworfenen Münzen auf unterschiedlichen Bahnen durch die entsprechenden Prüfstationen leiten.
Eine eigene, vor allem in den USA beliebte Variante der Münzprüfung stellt die Schiebeauslösung dar, bei der die Münze in eine Aussparung eines herausragenden Schiebers eingelegt wird. Hier dient die Münze als Kupplungsglied eines Schiebemechanismus, der nur ausgelöst werden kann, wenn Größe und Dicke der Münze den Vorgaben entsprechen.
Mit den mechanischen Prüfgeräten konkurrieren heute die elektronischen Münzprüfer. Diese sind mit mehreren Sensoren ausgerüstet, die mit den jeweiligen Daten für die Größe, die Dicke und die Legierung der Münze programmiert sind und die Werte der vorbeigleitende Münze mit den gespeicherten Vorgaben vergleichen. Eine Umstellung auf andere Währungen läßt sich hier ohne große Eingriffe durch entsprechende Änderung der Meßwerte erreichen. CK

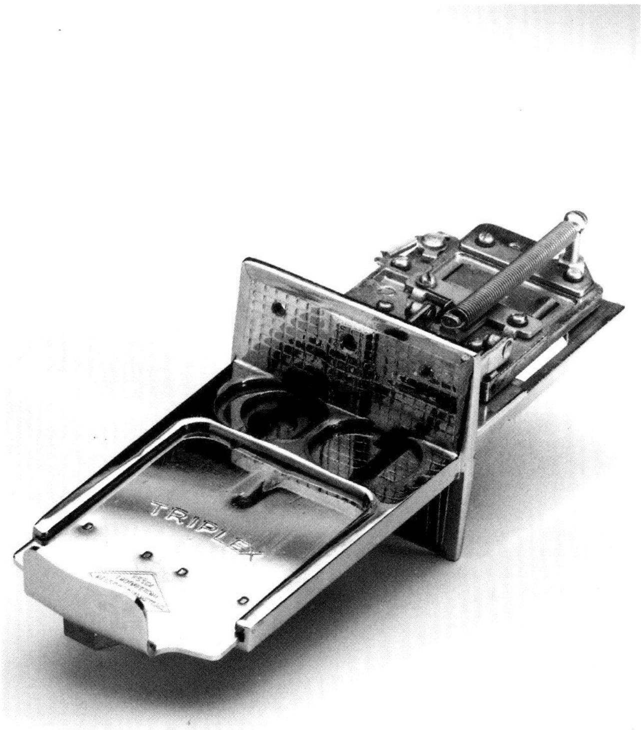

120.1. Schiebe-Auslösung, Triplex, London; eingestellt für 1 DM-Annahme.

120.2. Mechanischer Leistenprüfer. Firma Sielaff GmbH & Co., Apparatebau Herrieden, Herrieden; eingestellt auf 5 DM-Annahme.

120.3. Mechanischer 3-Kanal-Münzprüfer, transparentes Anschauungsmodell der NSM-Apparatebau, Bingen, eingestellt auf die Annahme von 10 und 50 Pfennig und 1 DM.

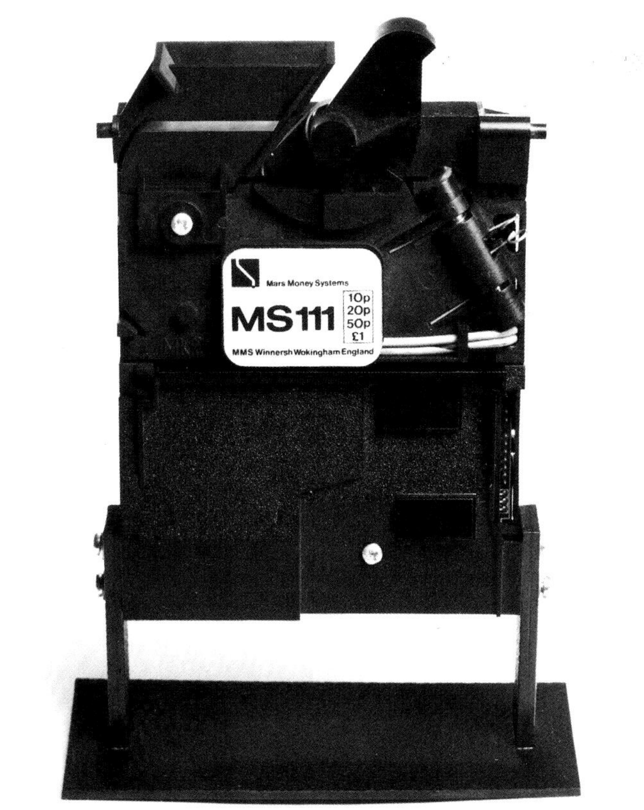

120.4. Elektronischer Münzprüfer, MS 111 Multi-Modell, Mars Money, Viersen; programmiert auf die Annahme von 10 Pfennig und 1, 2 und 5 DM.

Ausgewählte Bibliographie

Adams, Frank, *Wurlitzer Jukeboxes and Other Nice Things, 1934–1974*, Seattle/WA 1983

Adams, Frank, *Seeburg Jukeboxes. 60 Years of Fun, 1927–1987*, Arlington/WA 1987

Ahrends, Martin, *Das große Geld. Spielsucht: Fallbeispiele-Symptome-Therapie*, München 1983

Der Automat. Das Fachorgan der internationalen Automaten-Wirtschaft, 1–17 (1927–1943)

Automaten-Markt. Fachzeitschrift für die gesamte Automaten-Wirtschaft, 1 ff. (1949 ff.)

Ayliffe, Jerry, *American Premium Guide to Jukeboxes and Slot Machines. Gumball-Tradestimulators-Arcade*, Florence/Alabama 1985

Bailly, Christian, *Automata. The Golden Age, 1848–1914*, London 1987

Beyer, Annette, *Faszinierende Welt der Automaten. Uhren-Puppen-Spielereien*, München 1983

Bowers, Q. David, *Put Another Nickel in. A History of Coin-Operated Pianos and Orchestrions*, New York 1966

Bowers, Q. David, *Encyclopedia of Automatic Musical Instruments*, New York 1972

Brauers, Jan, *Von der Äolsharfe zum Digitalspieler*, München 1984

Brengelmann, J. L./Waadt, S., *Verhalten in Glücksspielsituationen*, München 1985

Bühringer, G./Gerchow, J., *Analyse des Gefahrenpotentials von Geldspielautomaten mit Gewinnmöglichkeit. Projektbeschreibung*, München 1984

Bueschel, Richard M., *An Illustrated Price Guide to the 100 Most Collectible Slot Machines*, Wheatridge/Colorado 1978

Bueschel, Richard M., *An Illustrated Price Guide to the 100 Most Collectible Slot Machines. Including a Guide to Collectible Laws by States*, Bd. 2, Wheatridge/Colorado [2]1980

Bueschel, Richard M., *An Illustrated Price Guide to the 100 Most Collectible Slot Machines. Including a Listing of Slot Machines Serial Numbers by Manufacturers, 1897–1965*, Bd. 3, Wheatridge/Colorado 1981

Bueschel, Richard M., *An Illustrated Price Guide to the 100 Most Collectible Trade Stimulators*, Wheatridge/Colorado 1978

Bueschel, Richard M., *An Illustrated Price Guide to the 100 Most Collectible Trade Stimulators*, Bd. 2, Wheatridge/Colorado 1979

Chapuis, Alfred/Droz, Edouard, *Les Automates. Figures artificielles d'homme et d'animaux. Histoire et téchnique*, Neuchâtel 1949

Ciolina, Erhard und Evamaria, *Garantirt aecht. Das Reklame-Sammelbild als Spiegel der Zeit*, München 1987

Clark, John E. T., *Musical Boxes. A History and an Appreciation*, London [3]1961

Colmer, Michael, *Les Flippers*, Paris 1976

Costa, Nic, *Automatic Pleasures. The History of the Coin Machine*, London 1988

Dering, Florian, *Volksbelustigungen. Eine bildreiche Kulturgeschichte von den Fahr-, Belustigungs- und Geschicklichkeitsgeschäften der Schausteller vom 18. Jahrhundert bis zur Gegenwart*, Nördlingen 1986

De Waard, Romke, *From Music Boxes to Street Organs*, New York 1967

Enes, Bill, *Silent Salesmen. An Encyclopedia of Collectible Gum, Candy & Nut Machines*, Lenexa/Kansas 1987

Fey, Marshall, *Slot Machines. An Illustrated History of America's Most Popular Coin-Operated Device*, Las Vegas 1983

Fröhling, Ulla, *Droge Glückspiel*, München 1984

Für Augen und Ohren. Von der Spieluhr zum akustischen Environment. Objekte, Installationen, Performances in der Akademie der Künste 20. Januar bis 2. März 1980, Berlin 1980

Geddes, Robert N., *Slot Machines on Parade*, Long Beach/California 1980

Giedion, Sigfried, *Die Herrschaft der Mechanisierung: Ein Beitrag zur anonymen Geschichte*, Frankfurt a. M. 1982

Großstadt im Aufbruch, Köln 1888. Ausstellung des Historischen Archivs der Stadt Köln in Zusammenarbeit mit der Stadtsparkasse Köln, 15. April–1. Juli 1988, o. O. u. J.

Günther, Hanns, Automaten. Die Befreiung des Menschen durch die Maschine, Stuttgart 1930

Hagmann, Peter, *Das Welte-Mignon-Klavier, die Welte-Philharmonie-Orgel und die Anfänge der Reproduktion von Musik*, Bern/Frankfurt a. M./New York (Europäische Hochschulschriften, Reihe XXXVI: Musikwissenschaft, Band 10)

Hand, I./Kaunisto, E., *Multimodale Verhaltenstherapie bei problematischem Verhalten in Glücksspielsituationen (»Spielsucht«): Eine Kritik am »Suchtmodell« und erste empirische Ergebnisse nach einem »Neurosenmodell« zur Ableitung therapeutischer Interventionen*, Sonderdruck vom 1.11.1984 aus der *Zs. »Suchtgefahren«*

Haspels, Jan Jaap, Automatic Musical Instruments, their Mechanics and their Music, 1580–1820, Koendijk 1987

Heckmann, Herbert, *Die andere Schöpfung. Geschichte der frühen Automaten in Wirklichkeit und Dichtung*, Frankfurt a. M. 1982

Heister, Hanns-Werner/Warneken, Bernd Jürgen u. a., *Segmente der Unterhaltungsindustrie*, Frankfurt 1974

Hendricks, Gordon, *The Edison Motion Picture Myth*, Berkeley/Los Angeles 1961

Hoover, Cynthia A., *Music Machines-American Style. A Catalog of the Exhibition*, Washington 1971

Huff, Hartmut, *Shoot again. Das totale Flipperbuch*, Bergisch Gladbach 1987

100 Jahre Schallplatte. Von Hannover in die Welt. Beiträge und Katalog zur Ausstellung vom 29. September 1987 bis 10. Januar 1988 im Historischen Museum Am Hohen Ufer, Hamburg 1987

100 Jahre Telefon in Nürnberg und Fürth. Eine Ausstellung der Postabteilung des Verkehrsmuseums Nürnberg vom 1.8.–30.9.1985, Nürnberg 1985

Huret, Jules, *Berlin um Neunzehnhundert*, München 1909, Nachdruck Berlin 1979

Jüttemann, Herbert, *Mechanische Musikinstrumente. Einführung in Technik und Geschichte*, Frankfurt a. M. 1987

Jüttemann, Herbert, *Phonographen und Grammophone*, Braunschweig 1979

Keuten, Falk, *Mechanische Spielobjekte und Automaten mit vielen Vorschlägen zum Selbermachen*, München 1987

Kimpel, Harald/G. Hallenberger (Hg.), *Zukunftsräume. Bildwelten und Weltbilder der Science Fiction*, Ebersberg 1984

Knoll, Joachim H. u. a., *Das Bildschirmspiel im Alltag Jugendlicher*, Opladen 1986

Korczak, Dieter (Hg.) *Die betäubte Gesellschaft. Süchte: Ursachen-Formen-Therapien*, Frankfurt a. M. 1986

Krivine, J., *Juke Box Saturday Night*, London 1977

Kummer, Heinz und Heinz Joachim, *Glücksspiele in Deutschland. Eine Dokumentation*, Mainz 1987

Kuske, Bruno, *100 Jahre Stollwerck-Geschichte, 1839–1939*, Köln 1939

Landels, John Gray, *Die Technik der antiken Welt*, München [3]1983

Leitherer, Eugen/Wichmann, Hans, *Reiz und Hülle. Gestaltete Warenverpackungen des 19. und 20. Jahrhunderts*, Stuttgart 1987

Lynch, Vincent/Henkin, Bill, *Jukebox. The Golden Age*, Berkeley 1981

Manfred Schmidt präsentiert: Tolle Erfindungen des 19. Jahrhunderts, Oldenburg 1975

McKeown, Harry, *Pinball Portfolio*, Secaucus/NJ 1976

Melzer, Abraham (Hg.), *Flipper*, Herrsching 1977

Meyer, Gerhard, *Geldspielautomaten mit Gewinnmöglichkeit – Objekte pathologischen Glücksspiels*, Bochum 1983

Muntautomaten. Verzameling Jean-Claude Baudot. Katalog der Ausstellung in Brüssel vom 26. November 1982 – 16. Januar 1983, Brüssel 1983 (Französische Ausgabe unter dem Titel: *Machines à Sous)*

Das mechanische Musikinstrument. Journal der Gesellschaft für selbstspielende Musikinstrumente e. V., 1 ff. (1975 ff.)

Ord-Hume, Arthur W. J. G., *Player-Piano. The History of the Mechanical Piano and How to Repair it*, South Brunswick/New York 1970

Ord-Hume, Arthur W. J. G., *Clockwork Music. An Illustrated History of Mechanical Musical Instruments from the Musical Box to the Pianola, from Automaton Lady Virginal Players to Orchestrion*, New York 1973

Ott, Ulrich (Hg.), *Literatur im Industriezeitalter*, 2 Bände (Marbacher Kataloge 42/1–2), Marbach am Neckar 1987

Phonographische Zeitschrift. Officielles Organ des Internationalen Vereins für phonographisches Wissen, 1–34 (1900–1933)

Phonographs & Grammophones. A Symposium Organised by The Royal Scottish Museum in Connection with the Exhibition Phonographs and Grammophones and the Centenary of the Invention of the Phonograph by Thomas Alva Edison, Edinburgh 1977

Read, Oliver/Welch, Walter L., *From Tin Foil to Stereo. Evolution of the Phonograph*, Indianapolis/New York 1959

Rien, Mark W./Dorén, Gustaf Nils, *Das neue Tabago Buch. Ein Buch vom Tabak und der Kulturgeschichte des Rauchens*, Hamburg 1985

Rohwedder, Dirk, *Das Automatenspiel. Moderne Freizeitgestaltung*, Vaduz 1987

Rosen-v. Hoewel, Harry Siegfried Sigismund v./Rauschenbach, Gerhard (Hg.), *Handbuch der deutschen Automaten-Wirtschaft 1956*, Köln/Berlin 1956

Rubin, Ken und Fran, *Drop Coin Here. The Book of Antique Coin-Operated Gambling, Vending and Arcade Machines*, New York 1979

Rulli, Angelo, *Musical Boxes and Other Musical Marvels – A Decade of Enjoyment*, St. Paul/MN 1987

Schäfer, Fr. (Hg.), *Drei Abhandlungen über Gasautomaten*, München/Berlin 1910

Schuhknecht, Peter G., *Mechanische Singvögel*, Hannover 1977/78

Sharpe, Roger C./Hamilton, James, *Pinball!*, New York 1977

Simmen, René (Hg.), *Der mechanische Mensch. Texte und Dokumente über Automaten, Androiden und Roboter*, Zürich 1967

Tafelmaier, Michael und Walter, *Die dreidimensionale Verführung. Reklame auf alten Blechdosen*, Dortmund 1982

Tolbert, Candice und Jim, *TILT/The Pinball Book*, Berkeley/CA 1978

Weiss-Stauffacher, Heinrich/Bruhin, Rudolf (Hg.), *Musikautomaten und mechanische Musikinstrumente. Beschreibender Katalog der Seewener Privatsammlung*, Zürich 1975

Wendel, Siegfried, *Das mechanische Musikkabinett*, Dortmund 1983

Zeitschrift für Instrumentenbau. Central-Organ für die Interessen der Fabrikation von Musikinstrumenten und des Handels, 1–63 (1890–1942/43)

Zglinicki, Friedrich v., *Der Weg des Films. Die Geschichte der Kinematographie und ihrer Vorläufer*, Berlin 1956

Register

Personen und Firmen

Stichwortregister
Alle Gerätenamen sind in Normalschrift gesetzt.